U0143154

国家社科基金资助学术通俗读物

唐长安城坊古今注

崔凯　著

科学出版社
北　京

内 容 简 介

本书从城市建筑、历史文献、历史地理、文学艺术等学科角度对唐长安城进行解读，图文并茂，主要叙述记录唐长安城人居生活的主体——坊，整体结构继承传统志书体例而有所创新，主要内容共分为坊名释义、古今地址对照、历史考证、坊中诗文等部分。除此之外，在各坊中又选录了相对应的部分出土或传世文物和碑刻拓片的图像，将《旧唐书》《新唐书》中涉及各坊史料进行了全面整理，对历代长安图存佚情况进行了梳理与分析。力图使大众通过本书对唐长安城有直观深入的了解，使这座旷世名都更加立体、细致、生动地呈现在大众面前，以多样呈现方式填补了中国城市建筑史研究领域的空白。

本书不仅为关注唐长安城的社会公众进行了全面翔实的整理与解读，还为历史考古、建筑学、城乡规划、古代艺术等领域的学者提供了研究参考。

图书在版编目（CIP）数据

唐长安城坊古今注 / 崔凯著 . —北京：科学出版社，2024.7
ISBN 978-7-03-078372-1

Ⅰ.①唐…　Ⅱ.①崔…　Ⅲ.①长安（历史地名）—地方史—唐代　Ⅳ.①K294.11

中国国家版本馆CIP数据核字（2024）第072057号

责任编辑：李春伶　李秉乾 / 责任校对：张亚丹
责任印制：肖　兴 / 封面设计：有道文化

科 学 出 版 社 出版
北京东黄城根北街 16 号
邮政编码：100717
http://www.sciencep.com

河北鑫玉鸿程印刷有限公司印刷
科学出版社发行　各地新华书店经销
*
2024年7月第 一 版　开本：787×1092　1/16
2024年7月第一次印刷　印张：26 1/2　插页：2
字数：252 000
定价：**98.00元**

（如有印装质量问题，我社负责调换）

唐长安城古今叠合图

怀德
市
光德
通义
通化
开化
崇义
宣阳
市
常乐
崇化
怀远
延康
兴化
丰乐
安仁
长兴
亲仁
安邑
靖恭
丰邑
长寿
崇贤
崇德
安业
光福
永乐
永宁
宣平
新昌
延平门
延兴门
待贤
嘉会
延福
怀真
崇业
靖善
靖安
永崇
升平
升道
永和
永平
永安
宣义
永达
兰陵
安善
昭国
修行
立政
常安
通轨
敦义
丰安
道德
开明
大业
晋昌
修政
敦化
和平
归义
大通
昌明
光行
保宁
昌乐
通善
青龙
缺名
永阳
昭行
大安
安乐
延祚
安义
安德
通济
曲池
芙蓉苑
曲江池
安化门
明德门
启夏门

唐长安城与今西安市区道路重合图

芙蓉苑

曲江池

常乐　靖恭　新昌　道政　　升平　立政　敦化　缺名

市　　安邑　宣平　升平　修行　修政　青龙　曲池

宣阳　亲仁　永宁　崇　昭国　晋昌　通善　通济

崇义　长兴　永乐　靖安　安善　大业　昌乐　安德

开化　安仁　福　靖善　兰陵　开明　保宁　安义

通化　丰乐　安业　崇业　　教　　道德　光行　延祚

通义　兴化　崇德　怀真　宣义　丰安　昌明　安乐

光德　延康　崇贤　延福　安　敦义　大通　大安　安化门

市　　怀远　长寿　嘉会　永平　通归义　昭行

怀德　崇化　丰邑　待贤　永和　常安　和平　永阳

明德门

安化门

延平门

图 例：

古今道路完全重合者

古今道路接近重合者

唐长安城两种类型的坊结构示意图

西北隅	北门之西	北门之东	东北隅
西门之北	十字街西之北	十字街东之北	东门之北
西门之南	十字街西之南	十字街东之南	东门之南
西南隅	南门之西	南门之东	东南隅

四门坊结构示意图

两门坊结构示意图

序　一

新年之初，我接到西安建筑科技大学青年学者崔凯先生的电话，介绍了他近来的学术研究情况，并邀我为他十年磨一剑的新著《唐长安城坊古今注》作序。对此，我欣然答应，以此诚表祝贺之意。

在我的印象中，崔凯是一位追求上进、勤于思考、孜孜实干、卓有成就的年轻人。我真正与他有缘结识的中间桥梁实际上还是唐长安城遗址。他尽管从事的研究领域是城市人居环境和城市建筑历史，但正如他自己所言，因为"少喜究古"，故"乘长安地利之便，发考古证今之心"，一直对唐长安城遗址十分钟情，在城址调查、考古、研究、保护方面做出了一些极有意义的事。他曾与导师王树声先生等一起完成了北宋吕大防石刻《长安图》残图的补绘工作，并长期用功于唐长安城的研究，发表了与中国古代都城史、唐长安城相关的一系列学术论文；还受邀进行与隋唐长安城历史相关的专题讲座。尤其值得一提的是，他还和我们西安唐城考古队合作，主持了《千年追忆——西安建筑科技大学地缘历史展》的展览活动，展示了西安建筑科技大学雁塔校区位处唐长安城亲仁、永宁两坊的独特历史渊源和校园地缘文化。

里坊是中国古代封闭式城市中独有的长方格形城市结构（后为古代日韩所学），相当于现代城市中的街区。里坊的四周围以夯土围墙，围墙中间开有坊门，坊内分布居民宅第、道观佛寺等房屋建筑，坊内道路有十字街和更小的曲巷。里坊的外面是城市街道。里坊的设置主要是为了方便城市管理。

崔凯所作的此部《唐长安城坊古今注》，主要从坊名解释、古今地址对照、附考、坊中诗四个角度来对唐长安城郭城的各个里坊进行注解，这对一名非考古专业的学者来说，如非出于赤诚的热爱、拥有坚毅的耐力，可以说是难以完成的一项艰巨任务。首先，关于对唐长安坊名的来源和释义，研究者历来少有涉及，有的只是一两个坊名的考释，而该书是对110坊的坊名逐一进行追溯，多数来自三代至汉的经典著作，可说是前所未有的。其次，古今地名对照简明精要，作者根据《长安志》《唐两京城坊考》等历史文献，对照马得志先生《唐代长安城考古纪略》等考古报告去一一亲身实地踏勘，不说是否都完全精确无误，但用功之勤，无疑是值得赞许的，这一工作甚有利于今后在现今城市中开展唐长安古地名的标识，更方便广大游客对街道坊门、名人宅第等古迹的寻访问古。第三，附考部分，鉴于前人徐松的《唐两京城坊考》、李健超的《增订唐两京城坊考》等书中已经对主要的坊中建筑和经历做了较详细的叙述，故该书只重点对两书缺引的史料和新发现的考古资料进行补充性的叙述，并展开相应考证，以亲仁坊为例，该书详细收录并分析了"大唐回元观钟楼铭并序"碑文、贵妃豆卢氏墓志志文等内容，这对所在里坊的全面了解和深入研究具有重要价值。整体来看，该书为社会公众较为深入地认识了解唐长安城提供了十分生动直观的帮助，对于关注唐长安城领域的学者也提供了重要研究参考。

此外，值得一提的是，书中起首配有作者和他的团队绘制的三张插图，比较精确。一张是古今城区重叠图，是根据卫星地图、唐长安城关键遗址 GPS 精确点位相校而套合；另一张是重要遗迹图，此图精确标注了主要的遗迹遗物发现地点。第三张是古今街道对应标识图，可以形象地说明现今街道与唐代街道叠合的状况。这三张插图是该书不可或缺的，可起到画龙点睛的作用。

唐长安城是中国古代盛世唐朝的都城，其宏大的规模、中轴对称和井字形的规整格局，以及在中西方经济文化交流丝绸之路上发挥的引领作用，奠定了它在古代中国乃至世界上的重要地位，历来是国内外学术界研究的重点对象。尽管几十年来，该领域的研究成果已经汗牛充栋，但仍有许多薄弱和空白之处值得去加强和弥补。我们惊喜地看到，进入 21 世纪以来，这一领域正越来越多地涌现出像崔凯这样视野宽广、富有创新性的年轻学者，从他们的身上，我们看到了唐长安城研究和保护的光辉前景。

是为序。

安家瑶

2024 年 1 月 16 日于北京花园北路

序 二

有关唐长安城坊，可追溯到隋人宇文恺设计建造国都大兴城，唐立国后更名为长安城，并在其基础上多有增补拓展。韦述《两京新记》堪称唐人最完备的长安研究著作，惜今只余残卷存世。此后宋人宋敏求《长安志》、张礼《游城南记》、程大昌《雍录》，元人李好文《长安志图》、骆天骧《类编长安志》，清人徐松《唐两京城坊考》等书，对长安城涉及问题多有诠释和发明。20 世纪30 年代初，民国政府西京筹备委员会曾组织人力测绘当时西安城及其周边地理形势等，绘制出今天看来价值非凡的西安市地形图，对于研究古长安城贡献至多。中华人民共和国成立之后长安城考古发掘蓬勃开展，马得志、杭德州、安家瑶，以及至今仍活跃在考古一线的龚国强、韩建华、张全民等辛勤工作，记录整理长安考古发掘一手资料。此外，20 世纪 90 年代史念海主编的《西安历史地图集》影响亦颇大。近代至今，对这座城市进行文字考述者也大有人在，史念海、武伯伦、杨鸿年、曹尔琴、牛致功、马正林、李健超及日本足立喜六、平冈武夫、妹尾达彦等学者自不必说，张永禄、辛德勇、杜文玉、韩保全、尚民杰、李令福、徐畅，还有北京大学荣新江教授主持的"唐长安读书小组"，均在唐长安城研究的不同领域取得诸多成就，做出突出贡献。

西安建筑科技大学的崔凯同志师从著名城市规划专家王树声教授，多年倾心研究唐长安城，独辟蹊径多有心得。近日，他将其所著《唐长安城坊古今注》书稿示我，我认真翻阅这部图文并茂的著作，对其中内容深有感触，权作"序"言以发微。

首先，该书书稿编排体例独特，别具一格。作者结合隋唐以前的经典文献，首次注释解读唐长安城中各坊名称，探析其创设之初的命名缘由和文化内涵。结合文献、考古资料绘制了目前最为精确的唐长安城坊古今对照地图、古今道路重合图、已知遗迹图，这些应该说是该书的最大亮点。作者对唐长安城坊的见解，既体现在精心绘制的地图中，又在单列的"古今址"中明确地揭示出来，使读者对唐长安坊居人物、寺观，以及坊中主要标志和今天西安城市的对应地点有了较为明晰的了解。当然，通过近现代精确地图结合文献记载、考古成果，对古今具体地点的精确对应排比，或存在些许风险，但作者始终秉承科学的研究手段和认真的治学态度，精心甄别排比，进而得出结论，相信能够得到学界的肯定和认同。书中遴选收录《旧唐书》《新唐书》中与长安各坊相关史料，具有文献推理论证的功能，而其中"坊中诗"，编排和该坊关联的唐人诗作，有的坊在唐代颇具盛名，所以唐人关联诗作就很多，作者尽可能地全面收录，使读者通过唐人诗作了解该坊的风景趣闻，这在现有唐长安研究著作中并不多见，值得肯定。附录中又收录与唐长安关联古今地图数十幅，不仅是对正文编排论述的补充，而且有助于读者查阅。

其次，考证精密，新见迭出。作者将一些在古今地图对照中不便表达的信息，通过"附考"全盘托出，显示出较为深厚的文史考据功底。众所周知，有关长安坊里的研究学界积淀深厚，要想获得意想不到的收获，必须明晰洞察现有研究。从作者"附考"引用书目看，作者在此用功良多，值得推崇。而"附考"中许多颇有见地的看法，大多为作者考证现存史料和实地考察所得。例如，《唐两京城坊考》记"昌乐坊"中官园的位置为"坊西"，作者进一步解释"坊西"为坊内西侧，不可能是昌乐坊的西边。因兰陵坊有"萧氏池台"，书稿引用《隋书》卷七十九《萧岿传》记载，加之隋唐两代"兰陵坊"名均无变化，确认该坊为宇文恺规划的原始坊名，所谓的"萧氏池台"应为隋代旧物。又胜业坊有"狗脊岭"，此前学界未见有进一步考释，作者认为"今东关南街与兴庆西路之间有古迹岭，音同而字异"，其位于唐胜业坊东南区域内，而1933年西安市地形图中，明清西安城东南城角与乐居场之间有一突出高地，高地东北角标注有"古迹岭"地名，作者对比复原图确认该高地范围正位于崇仁坊东南隅资圣寺之东侧、东市西北隅、胜业坊西南区域内，与诸文献记载相合，为唐时狗脊岭无疑。如此通过考证现存史料，并结合实地考察得出结论者还有如：敦义坊中有隋正觉寺，为隋广平王杨雄所立，作者以周边坊多为王宅，推测该正觉寺之前或为隋广平王杨雄宅邸；醴泉坊中的波斯胡寺非景教寺院；《长安志》载太平公主宅北有异僧方回宅，作者经过严密考证，此"方回"应为"万回"，究其缘由，此乃明清时代传抄所误植。对于嘉会坊"武本宅"，作者对李健超、张沛两先生关联看法提出质疑，认为武本墓志中的夫君谯国公，就是同坊的窦宣礼其人；"高思府"并非张沛先生比正的"河南禹县西南高氏邑"。作者还依据《太平广记》卷二百四十三《窦乂传》记载，推算出窦乂家庙的大约面积。对于1970年出土的"何家村遗宝"，学界一直讨论热烈，作者在"兴化坊"条下"附考"中，洋洋洒洒地提出翔实论据，探讨最有可能的宝藏之主。作者还依据查阅到的史料，将"保义坊"正名为"保宁坊"，将"光禄坊"正名为"善和坊"等。如此例子还有很多，在此不赘。由此可见，作者并非只是依据现存史料比对考释，而是紧贴学界已有研究，经过缜密考证，最终形成科学严谨的结论。

最后，多学科、多类型交叉融合，推动"长安学"研究更上一层楼。自20世纪八九十年代开始，"长安学"研究在国内悄然兴起，而古都西安作为"长安学"的原点、汉唐丝绸之路的起点所在，陕西师范大学成立"国际长安学研究院"，西安文理学院有"长安历史文化研究中心"，西北大学也有相关的研究机构，有关古长安涉及的诸多问题得到广泛关注，各类研究成果层出不穷。作者通过现存史书记载，前人研究成果，以及最新的考古发掘报告，并援引古都长安古今地图，采取科学比正探讨，潜心研究占据唐长安城主体的"坊"，提取其中历史文化要素，力求在有效彰显保护城市文化遗产的同时，将厚重的历史文化展现在读者面前，进而让学术研究成果更具生动化、具象化、普及化，这从书中收录的诸多各类史料，以及珍贵精美的典型文物照片，形式各异的古今地图就可了解很多。无疑，这种研究使"长安学"研究更加接近大众，即在注重学术探讨的同时，增加了读者对唐长安文化主体更多的直观认识。

总之，该书从历史文献、城市建筑、地理环境、文学艺术多学科多角度，解读了唐长安坊里变迁风云、风貌故事，图文并茂地将这座千年都城更加立体、细致、生动地展现在读者面前。不仅如此，全书以丰富多样的呈现方式，填补了中国城市建筑史研究领域空白，丰富了唐长安城研究内容，推进了该领域的基础性研究向纵深发展。与此同时，该书真实地展现了西安作为历史上丝绸之路起点的历史文化风貌，藉以提振民族文化自信，有效地推动了中华民族文明创新性发展、创造性转化，讲好中国故事，把古都西安建成具有历史文化特色的国际化大都市，均具有重要意义。最后，该书还可为探讨同类型的古代都市提供了新的思路和方法，并为今天西安新的城市规划提供了重要的文化支撑与价值参考。

当然，作为唐长安城"坊"多角度研究的探索性学术著作，其中"坊名"探究，古今地名异同比正，古今长安图关系梳理，以及对唐人笔记、官修正史、诗文总集、新出碑志中等关联文献的旁征博引，逐一查找收录，具体事件人物的考释……凡此种种，作者均遵循学术研究规范尽心尽力，让我们与作者共勉，为"长安学"研究添砖加瓦。期待作者再接再厉，在学术研究中取得更大的成绩。

是为序！

拜根兴

2023 年 12 月 24 日夜

于陕西师范大学长安校区居安陋室

自 序

余少喜究古，于路途见残砖断瓦辄好执而辨析之，发过往之遐思。后自东鲁西游，求学长安，客居三辅。周秦故址，处处经闻，汉唐旧迹，历历在目。每阅古史，对照今昔，叹兴衰之无常，赞郅治之长隆。

今西安即唐长安，曩者尝读唐书、阅城志，坊中名物，条分缕析，征文据典，一一分记。公卿起落，悲欢离合，事详备至。当时风貌，如在咫尺。然有文无相，长发班马之思；同域异时，空余黄鹤之叹。

当李唐末世，茂贞挺定鼎之思，雅好回禄；克用怀悖逆之心，常行大掠。天子失天，竟无尺寸之尊；全忠无忠，渐逞凶残之志。及狂彻屋木，强移车驾，大迁诸民，在昔光华之地，唯断垣废沟，荒烟蔓草，沉寂千年。经游者无不哀惜之，哀之故志以纪之，惜之故书以存之。先是开元大盛之际，韦学士作京记，名物所目，皆有实录。自宋至今，或集或补，或考或释，虽代远年隔而述续有恒，宋志程录、骆氏类编、徐氏坊考，先世典册，启昭后学，岂虚誉哉？近世至今，考古大兴，诸先生以科学之法析残存之迹，有测有征，有器有断，发迭代之未知，解史册之谜团，彼此相映，其功何啻百倍。

于是乘长安地利之便，发考古证今之心，由亲仁而始，诸坊逐一考释之。纠一二同好，凡一宅一寺，一府一园，必求今昔相合，确者踏勘其地，循史志而推寻之，十数载间，考坊百余，辑成一书，撷取唐宋之文，名为古今之注。

生今世，以今法，续前志，使后之观者知吾侪志古之不绝，兴革利弊，景慕中华盛世之风华也。赵彦若曰："监千载余弊，修丰镐故事，以泽吾人。"则是书之作，会通其意欤？

是为记。

岁癸卯霜序之月，东鲁崔凯于长安亲仁里

凡　例

1. 本书研究对象为占据唐长安外郭城主体的坊，因市亦在群坊围合之中，故亦作略述，其余内容除特别需要外不予收录。

2. 本书按照古志体例分为街东、街西两部分，各坊顺序及位置亦以古法排列。

3. 本书只记录历史文献中有确切位置的内容，无确切位置但记载内容较多者亦选择其要以作考证，对于无确切位置又无法考证的内容，重要者只列其目，其他不予收录。

4. 限于篇幅实际，对于记载位置详细者，每坊尽取其全，郭城南部之坊，记载内容较少，且具体内容的位置不确切者，只录坊门或十字街（横街）中心位置。

5. 所绘制古今对照图，为结合考古资料与历史文献记载两者而成，以现代地图为底图依据，在绘制过程中对部分与实际有出入的数据进行了核对校准，所绘图在现有条件下力求做到精确。同时，将唐长安与今西安城中古今重合之道路另附一图予以标示，完全重合者以红色示之，部分重合者以绿色示之。

6. 书中所标识今址，是古代文献叙述中所对应现代区域内的参考点。

7. 城中部分宅邸、寺观，历史文献中并未直接记录具体位置，但根据文献本身所述进行推断，可求证出，故一并记入。

8. 除记录古今位置信息之外，又将所见历史文献中与之相关的信息择要附考于其后，以求读者理解生动。

9. 坊名考释力求做到言简意赅，所征引解释一律引用隋唐以前成书的文献著作，以便分析理解隋唐时期规划建设者为其命名之真义。

10. 各坊古今址之后附有结合文献记载针对坊中一些细节内容之考证，引证诸家，阐发其微，以求启发于同仁，促进研究。过往诸书，遇有细节征引文献多节引片段，然一叶所障，诚难知其全。故书中涉及引证所考者，一律求引文之全面。

11. 各坊之后录有坊中诗，诗或为直指坊名，或为明确含有坊内名物者，各诗来源均取自于《全唐诗》。

12. 部分坊及市的局部曾进行考古发掘，有公开考古平面图或照片者，择要选录。部分坊有地上遗存或有复原建筑者，亦将现状照片选录入相应位置。

13. 书中部分坊内曾出土或传世相关文物，因文物数量品类繁多，择要选其一二附入各坊。中华人民共和国成立至今，西安周边区域发掘的唐代墓葬中，有出土墓志明确记载墓主人所终坊里宅第者，亦选择有显著特征的生前使用器物归入相应坊中。

14. 书中附有《旧唐书》《新唐书》中所述长安城里坊原始史料以备查考。

15. 书中所引著述名称，常见者用其简名，如《说文解字》内称《说文》，《两京新记》内称《新记》等，不一一陈述。征引诸书版本，统一于书尾参考文献标注。

16. 限于笔者水平与遗址现状，书中内容难免有误证、疏漏，恳求方家指正，以期完善。

目 录

卷上 朱雀门街东

卷下　朱雀门街西

朱雀门街东

朱雀门街东第一街

兴道坊

朱雀门街东第一街，从北第一坊

一、坊名释

《说文》曰："兴者，起也。""道，所行道也。"《孟子·公孙丑下》曰："得道者多助，失道者寡助。"是"道"又有道德、道义之释，兴道者，使道义兴起也。班固《白虎通·谏诤》曰："夫四弼兴道，率主行仁。"而兴道又有引导之义，《周礼·春官·大司乐》曰："以乐语教国子，兴道讽诵言语。"郑玄注："兴者以善物喻善事。道读曰导，导者言古以剀今也。"又，兴道之名在景龙三年（709）曾更名瑶林，以避驸马都尉武攸暨（攸暨之父名怀道）讳。武氏败，景云元年（710）复名兴道。

二、古今址

西南隅，至德女冠观，今址：朱雀东坊南区 13 号楼。
东门，今址：南门盘道交叉口正中心。
西门，今址：省建行朱雀路家属院两栋高层东南三角形绿化带。

三、附考

《旧唐书》卷三十七《五行志》曰："其年（开元八年）六月二十一日夜，暴雨，东都谷、洛溢，入西上阳宫，宫人死者十七八。畿内诸县，田稼庐舍荡尽。掌关兵士，凡溺死者一千一百四十八人。京城兴道坊一夜陷为池，一坊五百余家俱失。"《朝野佥载》亦云："开元八年……上阳宫中水溢，宫人死者十七八。其年，京兴道坊一夜陷为池，没五百家。"按，《朝野佥载》作者张鷟经历多在武周、开元间，兴道陷池一条应为实。相较《旧唐书》与《朝野佥载》之文字，此处就整体而言，书详而载略，应为另有所据。开元八年（720）

夏，京、洛一带为多雨之时，多有水灾记载。而此处兴道坊一夜陷为池，500余家俱沉陷于地中，则为大灾害。大雨之中或之后地面塌陷亦属常有之事，但如此大面积整体塌陷，确属罕见。按，《唐代长安城考古纪略》所供兴道坊东西宽 562 米，南北长 500 米，面积达 421.5 亩。沉陷事如为确证，沉陷多深，具体情况如何，尚待将来实际勘探发掘。但此坊遗址除南门盘道与长安路段尚无建筑分布外，其余均已建筑成群，是否保存有痕迹待考。又查，李健超《增订唐两京城坊考》所录，开元八年之后，此坊内尚多有官员宅第，坊内隋开皇所创之至德女冠观在宣宗时尚且存在，则开元八年塌陷状况及塌陷后修复措施亦可略知。

开化坊

朱雀门街东第一街，从北第二坊

一、坊名释

《说文》曰："开，张也。化，教行也。"开化者，以张教行也。南朝宋顾愿《定命论》曰："夫建极开化，树声贻则，典防之兴，由来尚矣。"

二、古今址

半以南，大荐福寺，今址：金泉小区 2 号楼至中贸广场一带。

西门之北，法寿尼寺，寺为隋开皇六年所立，今址：西安市第六中学分校操场；振兴路、朱雀东坊、中贸街，三街围合部分。

西门北壁第二板门王家，今址：朱雀东坊西区 2—5 号楼。

西北角酒肆，今址：朱雀东坊南区 24 号楼之东办事处新西里社区居委会。

东门，今址：中贸街南郭路与长安北路十字交叉口靠东区域。

西门，今址：四民巷（现名中贸街）西端，朱雀东坊西区 2 号楼之南。

三、附考

大荐福寺半以东在隋为炀帝在藩旧宅，按《隋书》所记，帝于开皇元年（581）立为晋王，时年十三。仁寿四年（604），高祖崩而即位。以此计算，炀帝于开化坊宅前后所居二十年。其间，"高祖幸上所居第，见乐器弦多断绝，又有尘埃，若不用者，以为不好声妓，善之"。此处文帝观其作风所幸之第，当指开化坊所居。

诸书皆云《太平广记》卷八十六《任三郎》一节，提及王鄩于开化坊西北角酒肆偶遇任三郎，此王鄩书中云为凤州宾祐员外，除《太平广记》记此名外，《北梦琐言》亦有唐四方馆主名为王鄩者，不知两王鄩为同一人否？《太平广记》所录大多皆是前朝旧事，其真伪参半，但就叙述两京城市事物而言，应是现实所出，无过分虚构之理。此处言及开化坊西北角有酒肆，无论其地有无此肆，就其所述亦应知在唐之时，长安坊内开设酒肆亦属寻常之事。上文古今址中暂按实证相记。

日僧圆仁《入唐求法巡礼行记》卷三载荐福寺于开成六年（841）二月八日至十五日开佛牙会之盛况，描述甚详细："荐福寺开佛牙供养。蓝田县从八日至十五日设无碍茶饭，十方僧俗尽来吃。左街僧录体虚法师为会主，诸寺赴集。各设珍供：百种药食，珍妙果花，众香严备，供养佛牙及供养楼廊下敷设不可胜计。佛牙在楼中庭，城中大德尽在楼上，随喜赞叹。举城赴来，礼拜供（养）。有人施百石粳米、廿石粟米；有人（施）无碍供馂头足、有人施无碍供杂用钱足；有人供无碍薄饼足；有人施诸寺大德老宿供足。如是各各发愿布施，庄严佛牙会，向佛牙楼散钱如雨，求法僧等十日往彼随喜。登佛牙楼上，亲见佛牙，顶戴礼拜。兼入翻经院，见义净三藏影，壁上画三藏摩顶松树。街西兴福寺亦二月八日至十五日开佛牙供养，崇圣寺亦开佛牙供养。城中都有四佛牙：一、崇圣寺佛牙，是那吒太子从天上将来与终南山宣律师；一、庄严寺佛牙，从天竺入腿肉里将来，护法迦毗罗神将护得来；一、法界和尚从于阗国将来；一、从土蕃将来。从古相传如此，今在城中四寺供养。"今所见所谓佛牙者，于科学审视，大多皆古生物牙齿化石，形体较之人牙巨大，于佛所遗留断然不合。然自古佛教徒有供奉之习俗，圆仁所述长安城大寺内所供养者，应皆是此类。于佛教而言，此物的宗教意义与象征要大于其真实性质。《入唐求法巡礼行记》为日记形式，所载在唐所睹所经风物甚为齐全，其在长安求法生活期间，记录虽多与佛教有关，但随之间记城市、政治、文化、生活等内容，在研究关注长安者尤为珍贵直接。

坊内荐福寺有壁画，《历代名画记》有述："荐福寺（天后飞白书额）。净土院门外两边，吴画神鬼，南边神头上龙为妙。西廊菩提院，吴画维摩诘本行变。律院北廊张璪、毕宏画。西南院佛殿内东壁及廊下行僧并吴画，未了。"

四、坊中诗

至开化里寿春公故宅（韦应物）

宁知府中吏，故宅一徘徊。历阶存往敬，瞻位泣余哀。废井没荒草，阴牖生绿苔。门前车马散，非复昔时来。

奉和幸大荐福寺（寺乃中宗旧宅）（赵彦昭）

宝地龙飞后，金身佛现时。千花开国界，万善累皇基。北阙承行幸，西园属住持。天衣拂旧石，王舍起新祠。刹凤迎雕辇，幡虹驻彩旗。同沾小雨润，窃仰大风诗。

开化坊遗址出土菩萨造像（隋，现藏西安博物院，笔者拍摄）

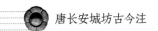

荐福寺应制（一作刘宪诗）（萧至忠）

地灵传景福，天驾俨钩陈。佳哉藩邸旧，赫矣梵宫新。香塔鱼山下，禅堂雁水滨。珠幡映白日，镜殿写青春。甚欢延故吏，大觉拯生人。幸承歌颂末，长奉属车尘。

奉和幸大荐福寺应制（寺即中宗旧宅）（李峤）

雁沼开香域，鹦林降彩斿。还窥图凤宇，更坐跃龙川。桂舆朝群辟，兰宫列四禅。半空银阁断，分砌宝绳连。甘雨苏燋泽，慈云动沛篇。独惭贤作砺，空喜福成田。

奉和幸大荐福寺（寺即中宗旧宅）（李乂）

象设隆新宇，龙潜想旧居。碧楼披玉额，丹仗导金舆。代日兴光近，周星掩曜初。空歌清沛筑，梵乐奏胡书。帝造环三界，天文贯六虚。康哉孝理日，崇德在真如。

奉和幸大荐福寺（寺即中宗旧宅）（郑愔）

旧邸三乘辟，佳辰万骑留。兰图奉叶偈，芝盖拂花楼。国会人王法，宫还天帝游。紫云成宝界，白水作禅流。雁塔昌基远，鹦林睿藻抽。欣承大风曲，窃预小童讴。

和荐福寺英公新构禅堂（丁仙芝）

上人久弃世，中道自忘筌。寂照出群有，了心清众缘。所以于此地，筑馆开青莲。果药罗砌下，烟虹垂户前。咒中洒甘露，指处流香泉。禅远目无事，体清宵不眠。枳闻庐山法，松入汉阳禅。一枕西山外，虚舟常浩然。

同皇甫侍御题荐福寺一公房（李嘉祐）

虚室独焚香，林空静磬长。闲窥数竿竹，老在一绳床。啜茗翻真偈，然灯继夕阳。人归远相送，步履出回廊。

题荐福寺衡岳暕师房（韩翃）

春城乞食还，高论此中闲。僧腊阶前树，禅心江上山。疏帘看雪卷，深户映花关。晚送门人出，钟声杳霭间。

荐福寺送元伟（耿沣）

送客攀花后，寻僧坐竹时。明朝莫回望，青草马行迟。

同苗员外宿荐福寺僧舍（李端）

潘安秋兴动，凉夜宿僧房。倚杖云离月，垂帘竹有霜。回风生远径，落叶飒长廊。一与交亲会，空贻别后伤。

宿荐福寺东池有怀故园因寄元校书（李端）

暮雨风吹尽，东池一夜凉。伏流回弱荇，明月入垂杨。石竹闲开碧，蔷薇暗吐黄。倚琴看鹤舞，摇扇引桐香。旧笋方辞箨，新莲未满房。林幽花晚发，地远草先长。抚枕愁华鬓，凭栏想故乡。露余清汉直，云卷白榆行。惊鹊仍依树，游鱼不过梁。系舟偏忆戴，炊黍愿期张。末路还思借，前恩讵敢忘。从来叔夜懒，非是接舆狂。众病婴公干，群忧集孝璋。惭将多误曲，今日献周郎。

酬灵彻上人以诗代书见寄（时在荐福寺坐夏）（权德舆）

莲花出水地无尘，中有南宗了义人。已取贝多翻半字，还将阳焰谕三身。碧云飞处诗偏丽，白月圆时信本真。更喜开缄销热恼，西方社里旧相亲。

题荐福寺僧栖白上人院（李频）

空门有才子，得道亦吟诗。内殿频征入，孤峰久作期。高名何代比，密行几生持。长爱乔松院，清凉坐夏时。

寄荐福寺栖白大师（张乔）

高塔六街无不见，塔边名出只吾师。尝闻朝客多相□，记得□□数句诗。

荐福寺讲筵偶见又别（一作别后）（韩偓）

见时浓日午，别处暮钟残。景色疑春尽，襟怀似酒阑。两情含眷恋，一饷致辛酸。夜静长廊下，难寻屐齿看。

忆荐福寺南院（徐夤）

忆昔长安落第春，佛宫南院独游频。灯前不动惟金像，壁上曾题尽古人。鹍鸠声中双阙雨，牡丹花际六街尘。啼猿溪上将归去，合问升平谙秉钧。

荐福寺赠应制白公（一作栖白大师）（曹松）

才子紫檀衣，明君宠顾时。讲升高座懒，书答重臣迟。瓶势倾圆顶，刀声落碎髭。还闻穿内去，随驾进新诗。

忆荐福寺牡丹（胡宿）

十日春风隔翠岑，只应繁朵自成阴。樽前可要人颓玉，树底遥知地侧金。花

9

界三千春渺渺，铜槃十二夜沈沈。雕槃分篆何由得，空作西州拥鼻吟。

奉和幸大荐福寺（宋之问）

香刹中天起，宸游满路辉。乘龙太子去，驾象法王归。殿饰金人影，窗摇玉女扉。稍迷新草木，遍识旧庭闱。水入禅心定，云从宝思飞。欲知皇劫远，初拂六铢衣。

奉和荐福寺应制（宋之问）

梵筵光圣邸，游豫览宏规。不改灵光殿，因开功德池。莲生新步叶，桂长昔攀枝。涌塔庭中见，飞楼海上移。闻韶三月幸，观象七星危。欲识龙归处，朝朝云气随。

安仁坊

朱雀门街东第一街，从北第三坊

一、坊名释

本名安民坊，高宗永徽元年（650）避太宗李世民讳更名安仁，后沿袭之。《论语·里仁》曰："仁者安仁，知者利仁。"是知该坊命名之义。仁德者安于仁之道也。

二、古今址

西北隅，荐福寺浮图院，今址：友谊西路小雁塔北门。

东南隅，赠尚书左仆射刘延景宅，今址：长安北路之西高尔夫花园、太平洋大厦、中工电子市场一带。

坊西南，汝州刺史王昕宅，今址：荐福寺路以南，小雁塔苗圃家属楼以北。

东门，今址：长安北路91号富成大厦。

西门，今址：西安博物院内湖边桥之东。

三、附考

2018年1月23日，中国新闻社新闻报道考古人员在隋唐安仁坊的西南隅发掘出唐代建筑基址，据称应是一处达官贵人的宅邸。又云出土有唐代砖瓦、

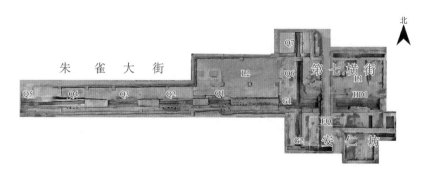

安仁坊西北角及朱雀大街五桥遗址发掘区域俯瞰照片

图片来源："天街"曾有五座桥——中国古代最早的五桥并列遗址现身朱雀大街（《陕西日报》2023年2月25日，西安市文物保护考古研究院供图）

安仁坊外朱雀大街南北车辙近景

图片来源：张全民、辛龙《隋唐长安城 2012 年考古新收获》（国家文物局《2012 中国重要考古发现》，文物出版社 2013 年版）

陶瓷残片、彩绘小坐佛壁画残片等。既言发现佛教壁画残片，应无宅邸中墙壁绘佛教壁画之理。此处与坊内荐福寺浮图院相近，或为浮图院之附属建筑亦未可知。

坊内有杜氏家族宅，其始者应为杜佑之父希望。按《杜佑墓志》所述，佑即卒于此。又，佑及诸子孙宅疑皆在此坊中。《旧唐书》卷一百四十七杜佑之从子式方传中有述，"时（式方）父（杜佑）作镇扬州，家财巨万，甲第在安仁里，杜城有别墅，亭馆林池，为城南之最"。按，佑本传所记，"贞元三年……迁检校礼部尚书、扬州大都督府长史，充淮南节度使"。故《式方传》中所述应为贞元三年（787）之后的事。又，杜佑之孙杜牧亦曾居于此宅。《唐两京城坊考》引牧于宣宗大中四年（850）所作《上宰相求湖州第二启》文："某幼孤贫，安仁旧第置于开元末，某有屋三十间而已。去元和末，酬偿息钱，为他人有，因此移去。八年中凡十徙其居，奴婢寒饿，衰老者死，少壮者当面逃去，不能呵制。止有一竖，恋恋悯叹，挈百卷书，随而养之。奔走困苦无所容，归死于延福私庙，支拄欹坏而处之。长兄以一驴游丐于亲旧，某与弟颐食野蒿藿，寒无夜烛，默念所记者凡三周岁，遭遇知己，各及第得官。"杜佑元

石砚（唐）

出土时间：2003 年夏

出土地点：西安市友谊西
路 68 号小雁塔东院

图片来源：《隋唐长安城遗
址（考古资料编）》

和七年（812）卒，牧云元和末以宅还债，元和共 15 年，言末为十三至十五
年。一代名相杜佑卒后七八年而其子孙中竟有家道中落至典房还债者，可叹也
夫！牧晚年自撰墓志铭又云终于安仁里，则当时其应复迁回旧宅。

荐福寺浮图（小雁塔）今貌

图片来源：笔者拍摄

光福坊

朱雀门街东第一街，从北第四坊

一、坊名释

《说文》曰："光，明也。福，佑也。"《诗经·齐风·南山有台》云："邦家之光。"故，光有荣昭之义。贾谊《道德说》云："安利之谓福。"是光福有荣昭其福义。

二、古今址

东南隅，永寿公主庙，景云中赐姜皎为鞠场，今址：陕西省图书馆之南长安路立交北边道路中央苗圃。

庙北为姜皎宅，今址：今陕西省图书馆。

隔街旧窦怀贞宅，今址：陕西省体育局。

西南隅，李氏之庙，今址：陕西省政务大厅—体教公寓一带。

建于光福坊高坡上的陕西省图书馆

图片来源：笔者拍摄

东门，今址：长安北路陕西省文化和旅游厅。

西门，今址：省体育场西北部，飞达体育场店。

三、附考

姜皎宅在永寿公主庙北，庙创设于中宗二次即位后，约在神龙中，故知皎宅在立庙之前。睿宗景云中，庙废，赐皎为鞠场，故知皎宅之南为其鞠场，既为鞠场当广阔之地，其门前开阔至此。据《旧唐书》卷五十九载，姜皎在武周长安中为尚衣奉御，皎与父行本在武周中曾同供职于内廷。玄宗在藩时，与皎交好，过从甚密。玄宗即位后拜殿中少监，常呼其为姜七，并赐以宫女、名马及诸珍物不可胜数。玄宗又尝与皎在殿庭赏一嘉树，皎称其美，玄宗遽令徙植于其家。后皎为秘书监，开元十年（722），因漏泄禁中语而获罪，中书令张嘉贞奏请施以廷杖，配流岭外。遂下制曰："秘书监姜皎，往属艰难，颇效诚信，功则可录，宠是以加。既忘满盈之诫，又亏静慎之道，假说休咎，妄谈宫掖。据其作孽，合处极刑，念兹旧勋，免此殊死。宜决一顿，配流钦州。"

皎因杖刑而致重伤，行至汝州而卒，年五十余。后玄宗念旧，以礼葬之，仍遣中使存问其家。天宝六载（747），授皎男庆初等官；七载（748），赠皎吏部尚书。庆初袭封楚国公。昔庆初尚未周岁时，玄宗许诺姜皎以庆初配公主，后因皎获罪而沦落二十余年。李林甫为皎之甥，为相时奏此事，故于天宝十载（751），诏庆初尚新平公主，授驸马都尉。永泰元年（765），拜太常卿。据史所记，当皎得幸时，其宅广阔华丽，竟得公主庙址而为鞠场，又有禁中之嘉树移植其中，至于宫女、名马、珍物不可胜数。及获罪，子沦落，家衰败。在主上思旧好，慰问其家，复加恩遇，子为驸马，宠遇官封，其前后起伏，能不叹乎？

西南隅李氏之庙在唐文宗大和时存在，《卢景修墓志》中所载景修来长安举进士第，落第后而蹴居于城中，于大和五年（831）十月二日终于此庙。所载甚详。而此庙为何人何时所立，持续时间多久，尚需考。

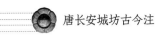

靖善坊

朱雀门街东第一街，从北第五坊

一、坊名释

隋时名遵善坊，《说文》曰："遵，循也。善，吉也。"《国语·晋语》曰："善，德之建也。"故遵善本义应为循吉也。又，《左传·昭公十二年》曰："供养三德为善。"三德者，《尚书》《周礼》各不相同，《尚书》为正直、刚克、柔克，《周礼》为至德、敏德、孝德。而佛教亦有三德之说，《华严经疏》注为恩德、断德、智德。结合此坊尽一坊之地为佛教遵善（兴善）寺来看，此处遵善应为遵循供奉佛教三德之义。唐代更名为靖善坊，《广雅》曰："靖，安也。"故靖善之名有平安吉祥之义。

二、古今址

大兴善寺，尽一坊之地，今址：西安音乐学院；大兴善寺。
东门，今址：长安中路西旅国际中心西北角。
西门，今址：新加坡小区 7 号楼南、8 号楼西之空地。

三、附考

兴善寺置于隋都规划之始，初名遵善寺，《续高僧传》卷二十一《隋京师大兴善寺释灵藏传八》云：僧灵藏与文帝其交甚笃，及文帝移都南皋，使藏任选形胜而置国寺。"藏以朝宰惟重，佛法攸凭，乃择京都中会，路均近远，于遵善坊天衢之左而置寺焉，今之大兴善是也。"此处所记尤为重要，不仅言置寺之主，且述及该寺选址之妙处，即京都中会，路均远近。皇城之南列坊九排，而靖善、崇业为其中心处，察靖善坊位置，南北皆等置四坊，故知中会、均远近之意。

《太平广记》卷九十九《蛤像》记文宗曾赐兴善寺异蛤，其事云：唐文宗喜食蛤蜊。一日食蛤，见有劈之不裂者。文宗焚香而祝。蛤遂开，中有二菩萨像。"文宗遂置金粟檀香合，以玉屑覆之，赐兴善寺，令致敬礼。至会昌中，毁佛像，遂不知所在。"

《历代名画记》记寺内壁画："兴善寺殿内壁画至妙，失人名（按裴《录》云：'此寺有刘焉画。'恐是）。西南舍利塔内曹画，西面尹琳画。东廊从南第三院小殿柱间，吴画神，工人装损。三藏院阁画至妙，失人名。"

四、坊中诗

题兴善寺后池（卢纶）

隔窗栖白鹤，似与镜湖邻。月照何年树，花逢几遍人。岸莎青有路，苔径绿无尘。永愿容依止，僧中老此身。

宿兴善寺后堂池（李端）

草堂高树下，月向后池生。野客如僧静，新荷共水平。锦鳞沉不食，绣羽乱相鸣。即事思江海，谁能万里行。

春雪题兴善寺广宣上人竹院（杨巨源）

皎洁青莲客，焚香对雪朝。竹内催浙沥，花雨让飘飘。触石和云积，萦池拂水消。只应将日月，颜色不相饶。

紫薇花（白居易）

紫薇花对紫微翁，名目虽同貌不同。独占芳菲当夏景，不将颜色托春风。浔阳官舍双高树，兴善僧庭一大丛。何似苏州安置处，花堂栏下月明中。

题僧禅院（一作题兴善寺英律师院）（马戴）

虚室焚香久，禅心悟几生。滤泉侵月起，扫径避虫行。树隔前朝在，苔滋废渚平。我来风雨夜，像设一灯明。

和薛侍御题兴善寺松（许棠）

何年剧到城，满国响高名。半寺阴常匝，邻坊景亦清。代多无朽势，风定有余声。自得天然状，非同涧底生。

题兴善寺僧道深院（张乔）

江峰峰顶人，受法老西秦。法本无前业，禅非为后身。院栽他国树，堂展祖师真。甚愿依宗旨，求闲未有因。

和薛监察题兴善寺古松（薛一作崔）（张乔）

种在法王城，前朝古寺名。瘦根盘地远，香吹入云清。鹤动池台影，僧禅雨雪声。看来人旋老，因此叹浮生。

兴善寺贝多树（张乔）

还应毫末长，始见拂丹霄。得子从西国，成阴见昔朝。势随双刹直，寒出四墙遥。带月啼春鸟，连空噪暝蜩。远根穿古井，高顶起凉飙。影动悬灯夜，声繁

徐浩书《不空和尚碑》拓片局部（唐）
收藏单位：西安碑林博物馆
图片来源：陈根远提供

过雨朝。静迟松桂老，坚任雪霜凋。永共终南在，应随劫火烧。

题兴善寺寂上人院（郑谷）

客来风雨后，院静似荒凉。罢讲蛩离砌，思山叶满廊。腊高兴故疾，炉暖发余香。自说匡庐侧，杉阴半石床。

题兴善寺（郑谷）

寺在帝城阴，清虚胜二林。藓侵隋画暗，茶助越瓯深。巢鹤和钟唳，诗僧倚锡吟。烟莎后池水，前迹杳难寻。

题兴善寺隋松院与人期不至（崔涂）

青青伊涧松，移植在莲宫。藓色前朝雨，秋声半夜风。长闲应未得，暂赏亦难同。不及禅栖者，相看老此中。

投献吏部张侍郎十韵（李洞）

苔染马蹄青，何曾似在城。不于僧院宿，多傍御沟行。隐岫侵巴叠，租田带渭平。肩囊寻省寺，袖轴遍公卿。梦入连涛郡，书来积雪营。泪随边雁堕，魂逐夜蝉惊。发愤巡江塔，无眠数县更。玄都一病客，兴善几回莺。贡艺披沙细，酬恩戴岳轻。心期公子念，滴酒在雕楹。

赠兴善彻公上人（李洞）

师资怀剑外，徒步管街东。九里山横烧，三条木落风。古池曾看鹤，新塔未吟虫。夜久龙髯冷，年多麈尾空。心宗本无碍，问学岂难同。

游长安诸寺联句·靖恭（善）坊大兴善寺·老松青桐联二十字绝句

段成式：有松堪系马，遇钵更投针。记得汤师句，高禅助朗吟。**张希复**：乘晴入精舍，语默想东林。尽是忘机侣，谁惊息影禽。**郑符**：一雨微尘尽，支郎许数过。方同嗅薝卜，不用算多罗。

游长安诸寺联句·靖恭（善）坊大兴善寺·蛤像联二十字绝句

段成式：相好全如梵，端倪只为隋。宁同蚌顽恶，但与鹬相持。**张希复**：虽因雀变化，不逐月亏盈。纵有天中匠，神工讵可成。

游长安诸寺联句·靖恭（善）坊大兴善寺·圣柱联句

段成式：天心惟助善，圣迹此开阳。**张希复**：载恐雷轮重，絚疑电索长。**段成式**：上冲挟蝳蟵，不动束银铛。**张希复**：饥鸟未曾啄，乖龙宁敢藏。

寄兴善寺崔律师（无可）

沐浴前朝像，深秋白发师。从来居此寺，未省有东池。幽石丛圭片，孤松动雪枝。顷曾听道话，别起远山思。

咏兴善寺佛殿灾（李荣）

道善何曾善，言兴且不兴。如来烧赤尽，惟有一群僧。

冬日题兴善寺崔律师院孤松（刘得仁）

为此疏名路，频来访远公。孤标宜雪后，每见忆山中。静影生幽藓，寒声入迥空。何年植兹地，晓夕动清风。

兴善寺看雨（张萧远）

须臾满寺泉声合，百尺飞檐挂玉绳。

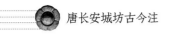

兰陵坊

朱雀门街东第一街，从北第六坊

一、坊名释

查诸书，此坊命名颇有意味，总其大义有两条，孰是孰非，权列于此以供后考。其一，以坊中有萧氏池台而名，兰陵萧氏为天下名族，梁主萧岿受隋主恩遇，以其地望而名此坊。其二，《说文》曰："兰，香草也。陵，大阜也。"既言兰陵，因其坊所处地形所名欤？查 1933 年西安市地形图，兰陵坊之南区为由北向南渐高之坡地。此坡地系由慈恩寺一带延伸而来，则兰陵之命名得如是乎？

二、古今址

东南隅，天官尚书韦待价宅，今址：陕西省军区大门附近，小寨军人服务社之北邻。

宅西，工部尚书李珍宅，今址：陕西省军区院内大楼前广场。

东门，今址：小寨天桥东南角。

西门，今址：皇家公馆北面大楼前广场，近小寨西路处。

三、附考

明德门又称五门，《太平广记》卷四十九《温京兆》云："是秋，温公出自天街，将南抵五门。"天街之南端为明德门，五门洞，故应为明德门之别称。《三水小牍》有"潜于兰陵里萧氏池台。地邻五门，以为贼不复入"之说。可知五门之称在唐代颇为流行。兰陵坊所处南距明德门尚有开明、保宁、安义三坊之隔，合1.5 千米有余，言其相近，亦属合理。

是坊处郭城之南，位置较为偏远，有唐一代坊内宅邸应较为稀疏。《全唐诗》收录有中唐诗人李益《答广宣供奉问兰陵居》一诗，自云其宅在兰陵里，其文曰："居北有朝路，居南无住人。劳师问家第，山色是南邻。"此诗虽无感抒色彩，但对当时兰陵坊位置及环境描述得十分明确，该坊毗邻朱雀大街，为通往皇城的必经之路，坊南之其他坊因更为偏远基本无人居住，天气爽朗之时，南山在目，故云"山色是南邻"。同书又收录有李益在兰陵坊所作诗两首，分别是《重阳夜集兰陵居与宣上人联句》《兰陵僻居联句》，可为旁证。三

明德门遗址广场照片

图片来源：笔者拍摄

首诗中，都提到了广宣、宣上人，知此人应为同时期著名诗僧广宣上人，与刘禹锡、韩愈等都有诗作往来。另，与李益同时代的杨巨源有《送李舍人归兰陵里》一诗，查李益为官经历，其在唐宪宗元和时曾任中书舍人，查杨巨源亦为同时期官员，宪宗时曾任秘书郎、太常博士、虞部员外郎、国子司业等职。由此可知，杨氏此诗所称李舍人当为李益。

咸通中，坊内有小说家皇甫枚宅，其《三水小牍》之首篇《赵知微》即有枚之自述"时居兰陵里第"，位置无考。又，按逸史记载，兰陵坊西有大菜园，菜园后有小宅，小门、小堂俱有。上文所述杨巨源诗中有"三亩嫩蔬临绮陌，四行高树拥朱门"之句，又可知该菜园在李益宅旁边，面积3亩左右。然菜园及小堂具体位置不确切，姑置此待考。

坊内有萧氏池台，萧氏自汉宣帝太傅萧望之而初兴，望之为东海兰陵人。至西晋末萧氏被侨置于兰陵郡，为天下名族。炀帝后萧氏之父为萧岿，《隋书》卷七十九列传第四十四《外戚传》载："萧岿，字仁远，梁昭明太子统之孙也。……高祖受禅，恩礼弥厚，遣使赐金五百两，银千两，布帛万匹，马五百匹。岿来朝，上甚敬焉，诏岿位在王公之上。岿被服端丽，进退闲雅，天子瞩目，百僚倾慕。赏赐以亿计。月余归藩，帝亲饯于浐水之上。后备礼纳其女为晋王妃，又欲以其子玚尚兰陵公主。由是渐见亲待。"隋帝待萧氏恩遇既深，规划都城，必置其居所，以兰陵名一坊之名，盖有其深意乎？萧氏池台无载具体年代与有价值信息，查兰陵之名隋唐两代均无变化，应为宇文恺规划之始所命名，则萧氏池台应为隋代旧物，至唐末仍存，如是再观《隋书》之载，则兰陵坊、萧氏池台皆为都城规划之始所为。

又，池台为唐末秘书省校书郎殷保晦全家避难处。僖宗广明中，黄巢兵乱，祸于长安。时校书郎殷保晦与妻封氏藏匿于本坊萧氏池台，封氏为乱兵所发遇害，保晦痛哭而亡。《新唐书》卷二百零五《列女传》云："殷保晦妻封，敖孙也，名绚，字景文。能文章、草隶。保晦历校书郎。黄巢入长安，共匿兰陵里。明日，保晦逃。贼悦封色，欲取之，固拒。贼诱说万词，不答。贼怒，勃然曰：'从则生，不然，正膏我剑！'封骂曰：'我，公卿子，守正而死，犹生也，终不辱逆贼手！'遂遇害。保晦归，左右曰：'夫人死矣！'保晦号而绝。"

皇甫枚《三水小牍》同载《殷保晦妻封氏骂贼死》，较详细，姑照录于此：

渤海封夫人讳询，字景文，天官侍郎敖孙也。诸兄皆贡士，有声于名场。夫人气韵恬和，容止都雅，善草隶，工文章；盛饰则芙蕖出绿波，巧思则柳絮因风起。至于婉静之法，翦制之工，固不学而生知。姻党号为淑女。……广明庚子岁，妖缠黄道，衅起白丁，关辅烽飞，辇毂遐狩。……即冬十二月七日也，邦人大溃，校书自永宁里所居，尽室潜于兰陵里萧氏池台。地邻五门，以为贼不复入。至明日，群凶雾合，秘校遂为所俘。贼酋睹夫人之丽，将欲叱后乘以载之。夫人正色相拒，确然不移，诱说万辞，俱瞑目反背而莫顾。日将夕，贼因勃然起曰："行则保罗绮于百龄，止则取齑粉于一剑。"夫人奋袂骂曰："狂贼狂贼，我生于公卿高门，为士君子正室，琴瑟叶奏，凤凰和鸣。岂意昊天不容，降此大庚，守正而死，犹生之年。终不负秽抱羞于汝逆竖之手！"言讫，遇害。贼酋既去，秘校脱身来归，侍婢迎门，白夫人逝矣。秘校拊膺失声而前，枕尸于股，大恸良久，挥泪于夫人面曰："景文景文，即相见。"遂长号而绝。三婢子睹主父主母俱殒，乃相携投浚井而死。

唐宪宗元和时，坊内建有宰相于頔家庙，今存世有权德舆所作《于頔先庙碑》（《唐金紫光禄大夫守司空同中书门下平章事充太微宫使上柱国燕国公于公先庙碑铭（并序）》，出《全唐文》卷四百九十七），节录其文曰：

国朝之制，二品已上祠四庙，三公品第一，虽有始封，亦不敢逾焉。元和五年，相国司空燕国公立新庙于京师兰陵里，司空公以文武伟才，肆勤纳忠，外贞师律，入作公相，以平乎水土，以调乎阴阳。深惟祖祢尊尊之义，昭穆亲亲之道，乃图庙食，以永代德。

公姓于氏，河南人。七代祖谨后魏柱国大将军，周太傅三老燕国文公。六代祖实，周大左辅，隋赠司空燕国安公。五代祖象贤，骠骑大将军会昌定公，惟三叶有大勋力于北朝，乞言而为惇史，体国以全至公。四代祖益州郫县令讳德威，夫人京兆韦氏。曾祖绵州显武县令讳元范，夫人北海王氏。王父赠刑部尚书讳汪，夫人北海王氏。烈考赠司空讳夐，夫人邠国太夫人京兆韦氏。

凡宗庙之数，郫县为初室，显武为二室，尚书为三室，司空为亲室，其配各以夫人氏，交神明之道也。惟郫县显武，遵道服儒，廉退洁修。且曰："邴曼容陈仲弓，吾之师也。"故仕不过六百石，而以理效闻，尚书沈冥善闭，含道特立，以处士燕居，至于没身。凡三追命，至大司寇，先司空广大而静默，恭俭而好礼。合《二雅》，循四教。推明理古之学，贬绝非圣之书。恬智交养，龟颐不惑。起家益州东阳主簿，四徙官至宁州真宁县令，又再转至泗州司马。禄至卑而仁及物，道未泰而志不慑，公卿大夫之间，尊有道而疏利权。天宝末，宰执擅朝，恶其刚介不附己，故官止郡佐。而庆延身后，朝典加恩，亦三追命，自密州刺史吏部尚书以至于论道焉……

铭曰："燕文三老，弼魏佐周。安公定公，亦播厥猷。郫县显武，一同丕矩。尚书司空，三命追崇。义训忠教，公台焜耀。乃封故地，乃建新庙。新庙是宜，膻芗告祠。齐明盛服，乃顺乃时。卑静以正，如亲听命。求福不回，孝孙之庆。刻铭斯碑，以代烝尝。"

四、坊中诗

答广宣供奉问兰陵居（李益）

居北有朝路，居南无住人。劳师问家第，山色是南邻。

重阳夜集兰陵居与宣上人联句

李益：蟋蟀催寒服，茱萸滴露房。酒巡明刻烛，篱菊暗寻芳。**广宣**：新月和秋露，繁星混夜霜。登高今夕事，九九是天长。

兰陵僻居联句

广宣：潘岳闲居赋，陶潜独酌谣。二贤成往事，三径是今朝。**李益**：生幸逢唐运，昌时奉帝尧。进思谐启沃，退混即渔樵。**杜羔**：蠹简封延阁，雕阑网上霄。相从清旷地，秋露挹兰苕。

送李舍人归兰陵里（杨巨源）

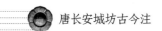

清词举世皆藏箧，美酒当山为满樽。三亩嫩蔬临绮陌，四行高树拥朱门。家贫境胜心无累，名重官闲口不论。惟有道情常自足，启期天地易知恩。

话旧（亭中对兄姊话兰陵崇贤怀真已来故事，泫然而作）（韦应物）

存亡三十载，事过悉成空。不惜沾衣泪，并话一宵中。

开明坊

朱雀门街东第一街，从北第七坊

一、坊名释

开明有通达事理之义，而又有国家社会清明之义。作通达事理义，语出《史记·五帝本纪》："尧曰：'谁可顺此事？'放齐曰：'嗣子丹朱开明。'"作社会清明义，语出晋·张隐《文士传》："今皇道开明，四海风靡。边鄙无诡随之民，街巷无异口之议。"以此坊之名，似更与后者近焉。

二、古今址

光明寺，今址：朱雀大街南段交大医学校区段；陕西省军区西邻交大社区。

东门，今址：长安南路雁塔西路十字东南角偏南处。

西门，今址：雁塔西路西安交大西二门西南至生物医学研究实验中心东北之间范围。

三、附考

接上篇"兰陵坊"，《太平广记》之《温京兆》云：过兰陵里，南入小巷，见真君等状。当为开明里所在。查开明里仅记光明寺一处，而真君为道教之神。盖此处当时所处偏远，地实荒凉，常有诡异之事发生。

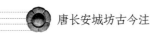

保宁坊

朱雀门街东第一街，从北第八坊

一、坊名释

《说文》曰："保，养也。"又作保佑之义。《书·召诰》曰："天地格保。"《说文》曰："宁，安也。"保宁之义，保佑平安也。

二、古今址

昊天观，尽一坊之地，今址：南北范围为健康东路以南，陕西广播电视台大楼——中泰嘉苑 4 栋北端一线以北。东西范围为国家电炉质量监督检验中心楼西端以东——中国策划研究院陕西策划中心所在楼以西，长安南路，昌明路往北 50 米处四条路围合部分。

西门，今址：青松路 27 号北方特种能源集团有限公司大楼。

东门，今址：韦一街西安国际中心一期 2 段 DK-4 北邻。

三、附考

昊天观为高宗李治为晋王时旧宅，高宗以仁孝名，故于显庆元年（656）为太宗追福改旧宅为昊天观，析观之名，为敬昊天上帝。唐高宗在九成宫，见彗星长数丈经天而过，召道士尹文操询问其征，尹认为此种天象为上天训诫儿子。如子能敬父、君能顺天，并任用贤能，斥罢佞邪，免除徭役，休止征战以应天道，彗星则可消逝。唐高宗依照建议，彗星果消。因此，高宗以自己为晋王时在长安的旧宅为太宗造昊天观，观既兴造，以道士尹文操为观主并知观事。由此可知观创始之因，事见记于员半千所撰《大唐宗圣观主银青光禄大夫天水尹尊师碑》："尊师讳文操，字景先，陇西天水人也。……高宗之在九成宫，有孛彗经天，长数丈，以问尊师。尊师对曰：'此天诫子也。子能敬父，君能顺天，纳谏征贤，斥邪远佞，罢役休征，责躬励行，以合天心，当不日而灭。'上依而行之，应时消矣。是故高宗以晋府旧宅为太宗造昊天观，以尊师为观主，兼知本观事。"

昌明路、健康东路、长安路、朱雀路围合部分与保宁坊高度重合，青松路亦与坊中横街高度重合，围合时间待考。青松路查 1933 年西安市地形图，位于八里村（西八里姑娘村）西南，为东西向，疑此路为保宁坊中横街遗存，唐

瓷盏（唐）
出土地点：西安市长安区航天产业基地唐
姜希晃墓
出土时间：2018 年 8 月
原归属地：保宁坊昊天观，墓主姜希晃于
贞元七年八月十二日终于保宁坊昊天观
图片来源：郑州大学历史学院、西安市文
物保护考古研究院《西安南郊唐上清大
洞法师姜希晃墓发掘简报》(《中原文物》
2020 年第 10 期）

以后部分沿用至今。查《陕西省西安市地名志》，西八里村在明万历时即有村，
时为军马场。之前亦应有村，保宁坊—八里村—军马场，因村之利而建军马
场，而非因场之利而建村。

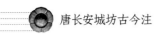

安义坊

朱雀门街东第一街，从北第九坊

一、坊名释

《尔雅》曰："安，定也。"《说文》曰："义，己之威仪也。又有正义、合宜之德之意。安义者，盖安定正义也。"

二、古今址

坊址，今址：西北政法大学北校区、无线电局家属院、长延堡购物广场一带。

东门，今址：长安南路西安雅轩酒店。

西门，今址：朱雀大街南段西北政法大学校内中楼书店。

三、附考

坊内有贞顺武皇后庙，具体位置无载。而《唐会要》云："立庙于京师昊天观之角。乾元之后，享祀乃停。"昊天观占保宁一坊之地，既云于其角立庙，则其位置应为安义坊西北隅或东北隅。按，贞顺武皇后为武惠妃，见宠于玄宗，其墓在今西安市长安区庞留村之西。

朱雀门街东第二街

务本坊

朱雀门街东第二街，从北第一坊

一、坊名释

《论语·学而》曰："君子务本，本立而道生。"故可知务本之义。景龙三年（709）曾更名玉楼，次年复旧。与西相邻之兴道坊同时更名，西瑶林、东玉楼，颇为对仗。然兴道以武怀道之讳，此务本随之对仗更改，仅为对仗乎？或为避武姓之谐音否？如是，则中宗时武氏依旧得势之情形，可想见也。

二、古今址

半以西，国子监，今址：南稍门榴园，珠江时代广场，省人大综合楼；北至南稍门仁义路。

南街之北，先天观，今址：文艺北路76号院，东越文艺路至陕西省戏曲研究院家属院一带。

东门，今址：省京剧院家属院-2栋。

西门，今址：南门广场底下停车库入口。

三、附考

《旧唐书·食货志》云玄宗天宝时曾出左藏库钱于龙兴观南街兑换京中恶钱（恶钱者，私铸之钱也）。"是时（天宝十一载后）京城百姓，久用恶钱，制下之后，颇相惊扰。时又令于龙兴观南街开场，出左藏库内排斗钱，许市人博换。"按，左藏库在皇城中太庙之后，与郭城中务本坊仅城垣之隔。京中龙兴观又有多处，计有崇化、永崇、务本三坊，崇化坊之龙兴观在坊内东南隅，观既在角，断无南街开场之条件；永崇坊之龙兴观距左藏库及两市皆非便利之地，亦不合常理。而务本坊之龙兴观，诸志所载为"坊内南街之北"，《旧唐书》

《开成石经》（唐）拓片

收藏单位：西安碑林博物馆

图片来源：陈根远提供

《开成石经》陈列现状

图片来源：笔者拍摄

中又云兑钱于龙兴观南街。务本坊西半部为国子监所占，此观位置则可界定在坊内东部区域，东南区域又未见有大型建筑，观又在南街之北，故天宝时于此开场当在其理，此处兑钱记载于逻辑而断，为务本坊之龙兴观无疑。

又，《辇下岁时记》《南部新书》皆云务本坊西门是鬼市，每风雨晦瞑时，皆闻有喧聚之声，秋冬夜闻卖干柴声，云是枯柴精，并引中秋之夜二鬼于此相和之诗："六街鼓歇行人绝，九衢茫茫空有月。""九衢生人何劳劳，长安土尽槐根生。"颇为凄清。查其址正当今南门广场地下车库入口一带，旁有繁华之商业高楼世纪金花时代广场，千余年前之鬼市今已为商业休闲区域，熙熙攘攘，昼夜不绝。

坊内先天观本名翊圣女冠观（景龙三年即 709 年，韦后所立），后三次易名，分别为景云观（景云元年即 710 年）、龙兴道士观、先天观，先天之命名在至德三年（758）。

崇义坊

朱雀门街东第二街，从北第二坊

一、坊名释

《说文》曰："崇，嵬高也。义，己之威仪也。"《尔雅》曰："崇，高也。亦有以崇喻高贵之义。"《易经乾卦》曰："利物足以和义。"又，《说卦传》曰："立人之道，曰仁与义。"名崇义者，盖崇尚道义也。

二、古今址

坊内横街之北，招福寺，今址：南郭路；体育馆南路；体育馆东路；文艺北路围合部分；陕西省商务厅家属院。

西南隅，太子左庶子、驸马都尉苏勖宅，今址：长安北路；泛美大厦。

南街之北，博陵郡王崔元晰宅；宅西，秘书监马怀素宅，今址：西安市卫生学校至泰华世纪新城一带。

东门，今址：西北电业职工大学家属院北区4号楼。

西门，今址：南门小学。

三、附考

《寺塔记》续集卷六有招福寺之详细描述：

崇义坊招福寺，本曰正觉，国初毁之，以其地立第赐诸王，睿宗在藩居之。乾封二年，移长宁公主锦堂于此，重建此寺。寺内旧有池，下永乐东街数方土填之。今地底下树根多露。长安二年，内出等身金铜像一铺，并九部乐。南北两门额，上与岐、薛二王亲送至寺，彩乘象舆，羽卫四合，街中余香，数日不歇。景龙二年，又赐真容坐像，诏寺中别建圣容院，是玄宗在春宫真容也。先天二年，敕出内库钱二千万，巧匠一千人，重修之。睿宗圣容院，门外鬼神数壁，自内移来，画迹甚异。鬼所执野鸡，似觉毛起。库院鬼子母，贞元中李真画，往往得长史规矩，把镜者犹工。寺西南隅僧伽像，从来有灵，至今百姓上幡伞不绝。先寺奴朝来者，常续明涂地，数十年不懈。李某为尹时，有贼引朝来，吏将收捕。奴不胜其冤，乃上钟楼遥启僧伽而碎身焉。恍惚间，见异僧以如意击曰："无苦，自将治也。"奴觉。奴跳下数尺地，一毛不损。囚闻之，悔懊自服，奴竟无事。

白石观音像（唐）

出土时间：1985 年 9 月

出土地点：西安市南门外冉家村南（隋正觉
寺唐招福寺遗址）

图片来源：《隋唐长安城遗址（考古资料编）》

以上所记招福寺盛时状况甚细致，其中寺内池以永乐坊东街土填之一事，
查郭城之第五岗自永乐坊穿过，其东街在当时地势高耸，都人多自此取土耶？

以往研究长安者，多将坊内南街定为大十字街之东西横街（四门者），或
东西横街（二门者），查该坊内既云横街之北为招福寺，又云南街之北为崔元
昄宅、马怀素宅。有南街表述者，又有横街表述，足见南街与横街非同一处
也。又，亲仁坊回元观，诸书表述为亲仁坊南街回元观，1986 年出土回元观
钟楼铭石碑，其文曰观在亲仁里之巽维（东南），结合此处南街之北宅邸叙述，
可知南街之述，为坊南墙之内街。

《旧唐书》卷三十七《五行志》曰："贞元二年夏，京师通衢水深数尺。吏
部侍郎崔纵，自崇义里西门为水漂浮行数十步，街铺卒救之获免；其日，溺死
者甚众。"当暴雨突发之时，城市积水于古今皆为常事，此处平地之上积水数
尺，且多溺死者，确属罕见。

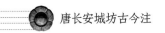

四、坊中诗

游长安诸寺联句·崇义坊招福院·赠诸上人联句

段成式：翻了西天偈，烧余梵宇香。撚眉愁俗客，支颊背残阳。**张希复**：洲号惟思沃，山名只记匡。辨中摧世智，定里破魔强。**段成式**：许睿禅心彻，汤休诗思长。朗吟疏磬断，久语贯珠妨。**张希复**：乘兴书芭叶，闲来入豆房。漫题存古壁，怪画匝长廊。

崇义里言怀（曹松）

马蹄京洛岐，复此少闲时。老积沧洲梦，秋乖白阁期。平生五字句，一夕满头丝。把向侯门去，侯门未可知。

长兴坊

朱雀门街东第二街，从北第三坊

一、坊名释

《广雅》曰："长，久也。"《尔雅》曰："兴，起也。"名长兴，寓长久兴盛之义也。

二、古今址

东北隅，侍中、驸马都尉杨师道宅，今址：文艺南路纺织品批发市场东区。

横街之南，中书令张嘉贞宅，今址：西南角，长安北路西安唐乐宫仿唐歌舞剧院，景致雅居；西北角，长安北路89号中信大厦；东南角，文艺南路陕西省测绘局家属院29栋；东北角，陕西省测绘局家属院9号楼。

东门，今址：陕西省测绘局家属院。

西门，今址：长安北路华尔国际大厦南邻院子。

三、附考

此坊有乾元观，未记其位置。而《代宗实录》记："代宗以其当王城形胜之地……遂命为观。"经查，今草场坡路为东西向，路之东正当长兴坊内，此路自西向东为一高坡，东端最高，观此坊遗址周围大地形，无有高出此处者，又查1933年西安市地形图，此处最高海拔414米，似为"形胜之地"亦未可知。

坊内有镇海军节度使、同中书门下平章事路随宅，《独异志》云："唐文宗朝宰相路随，志行清俭，常闭门不见宾客。状貌或似其先人，以此未尝视镜。又感其父没蕃，终身不肯西坐，其寝西首。"随之父泌陷于吐蕃，卒于其地，《旧唐书》卷一百五十九《路随传》记曰："泌陷蕃之岁，随方在孩提；后稍长成，知父在蕃，乃日夜啼号，坐必西向，馔不食肉，母氏言其形貌肖先君，遂终身不照镜。"随之宅既在长兴里，则上述随之孝行于此发生也，其位置待考。

唐文宗时，此坊内有朝官私庙，未云是谁家所建。见王起《请禁皇城南六坊内朱雀门至明德门夹街两面坊及曲江侧近不得置私庙奏》（《全唐文》卷六百四十三），其文曰：

鸟形石盒（唐）
出土地点：西安市长安区韦曲街道办东兆余村北唐郭仲恭及夫人金堂长公主墓
出土时间：2010 年 9 月至 2011 年 2 月
原归属地：长兴坊郭仲恭宅，墓主郭仲恭系郭子仪曾孙，于会昌四年八月廿一日终于长兴坊宅，其妻金堂长公主于乾符□年二月二十六日薨
图片来源：西安市文物保护考古研究院《唐郭仲恭及夫人金堂长公主墓发掘简报》（《文博》2013 年第 2 期）

　　奉宣，"今日已后，百官并不得于京城内置庙"者。臣等伏据《礼记》云："君子将营宫室，宗庙为先，厩库为次，居室为后。"又韦彤《五经精义对》曰："古制，庙必中门之外，吉凶大事，皆告而后行，所以亲而尊之，不自专也。"今令城外置庙，稍异《礼》文，书于史籍，恐乖圣政。伏以朱雀门及至德门，凡有九坊，其长兴坊是皇城南第三坊，便有朝官私庙，实则逼近宫阙。自威远军向南三坊，俗称围外地，至甚闲僻，人鲜经过，于此置庙，无所妨碍。臣等商量：今日已后，皇城南六坊内，不得置私庙；至朱雀门缘是南郊御路，至明德门夹街两面坊及曲江侧近，亦不得置；余围外深僻坊，并无所禁。冀不违《礼》意，感悦人心。臣等频奉圣旨，有事许再三论奏，辄罄所见，贵补聪明。

　　观此文，所含信息甚多，其至为重要者，为"恐乖圣政"之后所述。

　　今所见同题之《安德山池宴集》诗七首，分别为唐初同朝为官的七大臣所作，其中李百药诗题后注有"安德，杨师道封号"之语，故知此山池当为杨师道所有。杨师道为唐初高祖、太宗时期重臣，曾封安德郡公，其宅在长兴坊东北隅。唐初，长安城内建筑密度尚不大，此处所云山池不太可能在极其偏远的外郭城启夏门内的安德坊兴建。加之诗中有"狭斜通凤阙，上路抵青楼""上路抵平津"之句，可知此处山池与宫城皇城斜对，所谓"青楼"亦当为宫阙楼阁建筑。杨师道宅在长兴坊内东北隅，坊外即是宽阔的启夏门大街，又可知"上路抵平津"之义。斜通宫阙，外有开阔之大街，皆与长兴坊杨师道宅所处实际地理位置相应，故可明诸诗所作之地。

四、坊中诗

安德山池宴集（岑文本）

甲第多清赏，芳辰命羽卮。书帷通行径，琴台枕槿篱。池疑夜壑徙，山似郁洲移。雕楹网萝薜，激濑合埙箎。鸟戏翻新叶，鱼跃动清漪。自得淹留趣，宁劳攀桂枝。

安德山池宴集（刘洎）

平阳擅歌舞，金谷盛招携。何如兼往烈，会赏叶幽栖。已均朝野致，还欣物我齐。春晚花方落，兰深径渐迷。蒲新节尚短，荷小盖犹低。无劳拂长袖，直待夜乌啼。

安德山池宴集（褚遂良）

伏枥丹霞外，遮园焕景舒。行云泛层阜，蔽月下清渠。亭中奏赵瑟，席上舞燕裾。花落春莺晚，风光夏叶初。良朋比兰蕙，雕藻迈琼琚。独有狂歌客，来承欢宴余。

安德山池宴集（杨续）

狭斜通凤阙，上路抵青楼。簪绂启宾馆，轩盖临御沟。西城多妙舞，主第出名讴。列峰疑宿雾，疏壑拟藏舟。花蝶辞风影，蘋藻含春流。酒阑高宴毕，自反山之幽。

安德山池宴集（许敬宗）

戚里欢娱地，园林瞩望新。山庭带芳杜，歌吹叶阳春。台榭疑巫峡，荷蕖似洛滨。风花萦少女，虹梁聚美人。宴游穷至乐，谈笑毕良辰。独叹高阳晚，归路不知津。

安德山池宴集（上官仪）

上路抵平津，后堂罗荐陈。缔交开狎赏，丽席展芳辰。密树风烟积，回塘荷

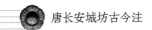

荬新。雨霁虹桥晚，花落凤台春。翠钗低舞席，文杏散歌尘。方惜流觞满，夕鸟已城闉。

安德山池宴集（安德，杨师道封号）（李百药）

朝宰论思暇，高宴临方塘。云飞凤台管，风动令君香。细草开金埒，流霞泛羽觞。虹桥分水态，镜石引菱光。上才同振藻，小技谬连章。怀音自兰室，徐步返山庄。

永乐坊

朱雀门街东第二街，从北第四坊

一、坊名释

《说文》曰："永，长也。"《论语·学而》曰："有朋自远方来，不亦乐乎？"陶渊明《桃花源记》曰："怡然自乐。"永乐者，词如其义，永远安乐也。

二、古今址

西南隅，废明堂县廨，今址：南二环东段 1 号长安立交东北角。

县东，清都观；观东，永寿寺，今址：晨阳盛世广场至延炼大厦一带。

横街之北，资敬尼寺，今址：草场坡 8 附近三五三八厂高层家属院。

东南隅，左丞相、燕国公张说宅，今址：文艺南路与南二环交叉路西北角国家电网；西侧校本部北苑教学区学生公寓 -10。

东门之南，夏官尚书王璇宅，今址：长安大学材料表面强化研究所，文艺南路知旧书店。

东门，今址：长安大学校本部游泳池旁。

西门，今址：长安北路陕西省特种设备协会后院停车场。

三、附考

北宋张礼《游城南记》云："草场坡在永乐坊，即横岗之第五爻也。"今此处亦名草场坡，足见至迟在北宋时期，此处已是今名。

据《唐两京城坊考》记此坊横街之中有古冢，李济翁《资暇集》卷中《永乐冢》记："永乐坊内古冢，今人皆呼为东王公墓，有祠堂加其上。俗以祈祀称'造化东王公'，大谬也。案：韦氏《两京新记》云：'未知姓名，时人误为东方朔墓也。当时时人已误，今又转东方朔为东王公，后代必更转为东里子产矣！'（光禄坊内亦有古冢，《新记》不载。时人以与永乐者对，遂目为王母台。张郎中谯云，常于杂钞中见光禄者，是汉朝王陵母墓，以贤呼为王母。所以东呼为王公，故附于注）。"1953 年西北工程地区文物清理队在草场坡村清理一座早于南北朝时期的北朝墓（亦有认为该墓为十六国时期者）。此墓由墓道、甬道及前室、后室等组成。长斜坡墓道在南侧，四壁刷有白石灰。出土陶俑陶器

158 件，铜饰品 13 件。以此墓规模和位置而论，当为永乐坊内古冢。如是，此冢在唐时尚有高大封土，而唐人已"未知姓名"，不能辨其年代，遂连连误称东方朔、东王公。又，若此发掘者非所记之古冢，则唐时永乐坊之范围应为一古墓群所在。唐时此坊宅邸多建于墓群之上。再，旧草场坡村民俗称村北为大坟顶，此称呼与古冢亦相应。

永乐坊遗址出土白石天王造像（唐，两尊）
出土时间：1983 年
出土地点：西安公路学院（今长安大学）校园
收藏单位：西安博物院
图片来源：笔者拍摄

40

四、坊中诗

游长安诸寺联句·永安（乐）坊永寿寺·闲中好

郑符：闲中好，尽日松为侣。此趣人不知，轻风度僧语。**段成式**：闲中好，尘务不萦心。坐对当窗木，看移三面阴。**张希复**：闲中好，幽磬度声迟。卷上论题肇，画中僧姓支。

游清都观寻沈道士得仙字（刘孝孙）

纷吾因暇豫，行乐极留连。寻真谒紫府，披雾觌青天。缅怀金阙外，遐想玉京前。飞轩俯松柏，抗殿接云烟。滔滔清夏景，嘒嘒早秋蝉。横琴对危石，酌醴临寒泉。聊祛尘俗累，宁希龟鹤年。无劳生羽翼，自可狎神仙。

游清都观寻沈道士得都字（陆敬）

聊排灵琐闼，徐步入清都。青溪冥寂士，思玄徇道枢。十芒生药笥，七焰发丹炉。缥帙桐君录，朱书王母符。宫槐散绿穗，日槿落青柎。矫翰雷门鹤，飞来叶县凫。凌风自可御，安事迫中区。方追羽化侣，从此得玄珠。

鎏金铁芯铜龙（唐）
出土时间：1975 年
出土地点：西安市南郊草场坡
收藏单位：陕西历史博物馆
图片来源：笔者拍摄

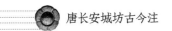
游清都观寻沈道士得芳字（赵中虚）

青溪阻千仞，姑射藐汾阳。未若游兹境，探玄众妙场。鹤来疑羽客，云泛似霓裳。寓目虽灵宇，游神乃帝乡。道存真理得，心灰俗累忘。烟霞凝抗殿，松桂肃长廊。早蝉清暮响，崇兰散晚芳。即此翔寥廓，非复控榆枋。

游清都观寻沈道士得清字（许敬宗）

幽人蹈箕颍，方士访蓬瀛。岂若逢真气，齐契体无名。既诠众妙理，聊畅远游情。纵心驰贝阙，怡神想玉京。或命余杭酒，时听洛滨笙。风衢通阆苑，星使下层城。蕙帐晨飙动，芝房夕露清。方叶栖迟趣，于此听钟声。

靖安坊

朱雀门街东第二街，从北第五坊

一、坊名释

《广雅》云："靖，安也。"《淮南子·精神》曰："清靖而无私虑。"《尔雅》曰："安，定也。"《周书·谥法》曰："好和不争曰安。"故靖安之义，安定也。此坊有名之为静安者。

二、古今址

西南隅，崇敬尼寺，今址：陕西省西安市雁塔区兴善寺东街 115 号（育才中学体育场）至育才住宅小区一带。

乐府，在崇敬尼寺之东，今址：陕西学前师范学院雁塔校区。

武元衡宅，今址：雅荷翠华小区 2 号楼之东侧空间，今似为停车场。

东门，今址：雅荷翠华小区 1 号楼。

西门，今址：长安中路西旅国际中心停车场。

三、附考

《旧唐书》卷一百五十八《武元衡传》载："（武）元衡宅在静（靖）安里，（元和）十年六月三日，将朝，出里东门，有暗中叱使灭烛者，导骑诃之，贼射之，中肩。又有匿树阴突出者，以棓击元衡左股。其徒驭已为贼所格奔逸，贼乃持元衡马，东南行十余步害之，批其颅骨怀去。及众呼偕至，持火照之，见元衡已踣于血中，即元衡宅东北隅墙之外。时夜漏未尽，陌上多朝骑及行人，铺卒连呼十余里，皆云贼杀宰相，声达朝堂，百官恟恟，未知死者谁也。须臾，元衡马走至，遇人始辨之。既明，仗至紫宸门，有司以元衡遇害闻。上震惊，却朝而坐延英，召见宰相。惋恸者久之，为之再不食。册赠司徒，赠赙布帛五百匹、粟四百硕，辍朝五日，谥曰忠愍。"

武元衡宅虽不云具体位置，而《旧唐书》中叙述已明了，其情节之生动，观诸书所载长安坊中宅第，无有如此者。按上文叙述逻辑，元衡宅应在靖安坊东门之南。

另，坊内尚记有韩愈宅，而位置尚不可考。韩愈有《示儿》与《庭楸》，诗中描述其京师宅内景况十分详尽，建筑布局及功能分区、宅主活动等一览无余，可为研究唐长安城居住空间之重要史料，原诗见后。

张籍有《祭退之》诗，诗中以近乎白描的手法叙述了张籍与韩愈交往的细节，其中有"籍受新官诏，拜恩当入城。公因同归还，居处隔一坊"一句，此处所述时间应为长庆元年（821）后张籍受韩愈举荐为国子博士，又迁水部员外郎之时。查靖安坊内有张籍宅，其在延康坊内亦有宅，即以延康坊而论，其距靖安坊尚有数坊之隔，此诗中"居处隔一坊"不知作何解？诗中张籍所述在靖安坊韩愈宅内活动场面极为细致，原诗见后。

宪宗元和十五年（820），坊内建有李夷简家庙，庙四室。1974 年，西安公路学院出土《李夷简家庙碑》一通，元和十五年（820）九月立，碑高 286 厘米、宽 104 厘米，河东节度使裴度撰文，兵部郎中萧祐书，节录其文曰：

礼之中庸曰：子为大夫，祭以大夫。故作庙之制，考室之数，视官品之高下，观祖德之厚薄也。乃今淮南节度等使、尚书左仆射、平章事李公夷简，宗属挺生，河岳间气。发自时秀，蔚为国栋。故持宪而佞邪远，理财而邦家给。出藩而长城万里，入辅而赓歌载扬。体是柔嘉，懋兹风绩。率以直道，纳于大忠。畴咨若时，阶秩崇峻。以为报本反始之道，莫大于祀事，莫严于祠宇。于是度地撰日，举国典而建家庙于长安之靖安里。增构既成，同几既设，乃奉高祖讳元懿，皇绛州刺史、赠司徒、郑惠王，为第一室，妃上谷侯氏配焉。曾祖讳敬，皇郢州刺史、赠江陵郡大都督、嗣郑王，为第二室，妃扶风窦氏配焉。王考讳察言，皇鸿胪卿、赠兵部尚书，为第三室，夫人赠弘农郡太夫人杨氏配焉。考讳自仙，皇太仆卿、怀楚等州别驾、赠尚书右仆射，为第四室，夫人赠清河郡太夫人张氏配焉。

四、坊中诗

示儿（韩愈）

始我来京师，止携一束书。辛勤三十年，以有此屋庐。此屋岂为华，于我自有余。中堂高且新，四时登牢蔬。前荣馔宾亲，冠婚之所于。庭内无所有，高树八九株。有藤娄络之，春华夏阴敷。东堂坐见山，云风相吹嘘。松果连南亭，外有瓜芋区。西偏屋不多，槐榆翳空虚。山鸟旦夕鸣，有类涧谷居。主妇治北堂，膳服适戚疏。恩封高平君，子孙从朝裾。开门问谁来，无非卿大夫。不知官高卑，玉带悬金鱼。问客之所为，峨冠讲唐虞。酒食罢无为，棋槊以相娱。凡此座中人，十九持钧枢。又问谁与频，莫与张樊如。来过亦无事，考评道精粗。趑趄媚学子，墙屏日有徒。以能问不能，其蔽岂可祛。嗟我不修饰，事与庸人俱。安能坐如此，比肩于朝儒。诗以示儿曹，其无迷厥初。

《李夷简家庙碑》(拓片)(唐)
碑石出土时间：1974年
碑石出土地点：西安公路学院
收藏单位：西安碑林博物馆

庭楸（韩愈）

庭楸止五株，共生十步间。各有藤绕之，上各相钩联。下叶各垂地，树颠各云连。朝日出其东，我常坐西偏。夕日在其西，我常坐东边。当昼日在上，我在中央间。仰视何青青，上不见纤穿。朝暮无日时，我且八九旋。濯濯晨露香，明珠何联联。夜月来照之，蔼蔼自生烟。我已自顽钝，重遭五楸牵。客来尚不见，肯到权门前。权门众所趋，有客动百千。九牛亡一毛，未在多少间。往既无可顾，

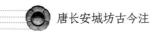

不往自可怜。

祭退之（节录）（张籍）

中秋十六夜，魄圆天差晴。公既相邀留，坐语于阶楹。乃出二侍女，合弹琵琶筝。临风听繁丝，忽遽闻再更。顾我数来过，是夜凉难忘。公疾浸日加，孺人视药汤。来候不得宿，出门每回遑。自是将重危，车马候纵横。门仆皆逆遣，独我到寝房。公有旷达识，生死为一纲。及当临终晨，意色亦不荒。赠我珍重言，傲然委衾裳。公比欲为书，遗约有修章。令我署其末，以为后事程。家人号于前，其书不果成。子符奉其言，甚于亲使令。

经靖安里（殷尧藩）

巷底萧萧绝市尘，供愁疏雨打黄昏。悠然一曲泉明调，浅立闲愁轻闭门。

安善坊

朱雀门街东第二街，从北第六坊

一、坊名释

《尔雅》曰："安，定也。"《说文》曰："善，吉也。"王羲之《快雪时晴帖》曰："佳想安善。"隋炀帝《赐书召释慧觉》曰："法师安善，寒暑惟宜。"故安善之义可明也。

二、古今址

教弩场，尽一坊之地，今址：小寨长安大学校本部西苑南门；小寨白马眼镜城；小寨雁塔区政府。

西北角，今址：长安大学建筑学院。

东门，今址：陕西历史博物馆对面，中国西安康辉国际旅行社北面。

西门，今址：小寨十字西北角，西安国际贸易中心大楼东北角。

三、附考

在复原过程中发现，安善坊中横街与小寨东路邻近，今小寨东路是否与安善坊内横街重合，待考。

又，《长安志》云，隋明堂在此坊。而隋大兴城明堂并未实际建成。《隋书》载，文帝开皇与炀帝大业间，诸臣议明堂前后三次，皆未建成。

其一，《隋书》卷四十九《牛弘传》记弘上书请依古制修建明堂，此处牛弘议明堂该书记载为开皇三年（583），弘时任礼部尚书，是为首次议明堂。

其二，事见于《隋书》卷六《礼仪志》：文帝统一后，"郊丘宗社，典礼粗备，唯明堂未立。开皇十三年，诏命议之。礼部尚书牛弘、国子祭酒辛彦之等定议，事在弘传。后检校将作大匠宇文恺依《月令》文，造明堂木样，重檐复庙，五房四达，丈尺规矩，皆有准凭，以献。高祖异之，命有司于郭内安业里为规兆。方欲崇建，又命详定，诸儒争论，莫之能决。弘等又条经史正文重奏。时非议既多，久而不定，又议罢之"。

其三，事见于《隋书》卷六《礼仪志》："大业中，恺又造明堂议及样奏之。炀帝下其议，但令于霍山采木，而建都兴役，其制遂寝。"此事《宇文恺传》亦有记载。

《隋书》记诸臣议明堂时，文帝曾命于安业里规建明堂，因多非议不能定制而作罢。《长安志》记明堂在安善里。安业、安善一字之差，而城内方位相隔甚远。其究竟为安善、安业，试为析之，查安善坊为街东第二街之纵列坊，该列坊之北直皇城太庙，南直郭外圜丘，此轴用意颇深，《隋书》卷四十九《牛弘传》曾引蔡邕明堂论曰："东曰青阳，南曰明堂，西曰总章，北曰玄堂，内曰太室。圣人南面而听，向明而治，人君之位莫不正焉。故虽有五名，而主以明堂也。"是知明堂居南，圣人既南面而听，向明而治，则太庙—明堂—圜丘一轴可定，明堂虽未建成，而当初方位应为选择而成。就目前所见文献看，安善坊在隋时并无寺观宅邸等建筑，隋唐两代皆属空坊，在隋曾被记有明堂，唐时全坊为教弩场。至于《隋书》所记安业里，此坊中西南隅为兰陵公主宅，后舍宅为寺，是资善尼寺；东南隅为修善寺，隋太师申国公李穆别宅。按议中所记明堂规模，宅第寺庙所集之处显非理想之所。是知《隋书》所记安业里为安善里之误。

史虽官修，偶有前后讹舛亦属常事，是人事纷杂，条分缕析，实为不易。

大业坊

朱雀门街东第二街，从北第七坊

一、坊名释

本名宏业，中宗神龙时，避孝敬皇帝李弘讳更名大业。宏业与大业之义同。在隋本名弘业，唐神龙中为避孝敬皇帝李弘之讳而易名为大业。弘业、大业皆相通也。《周易·系辞上》曰："盛德大业至矣哉，富有之谓大业，日新之谓盛德。"

二、古今址

东南隅，太平女冠观，今址：雁塔西路 12 号电信十所家属院。

观西：驸马杨慎交山池，今址：电信十所家属院 23 号楼至该家属院文体活动中心一带。

东门，今址：翠华路与雁塔西路十字西南角，速 8 酒店大雁塔店所在楼之西、翠微园小区之北。

西门，今址：纬二街十字东南角。

三、附考

太平女冠观本唐高祖第十子徐王元礼宅，观之西杨慎交山池原为元礼之池。杨慎交尚长宁公主，其在崇仁坊、靖恭坊皆有宅，于此又有山池。《隋唐嘉话》卷上："景龙中，妃主家竞为奢侈，驸马杨慎交、武崇训至油洒地以筑球场。"球场未知在何处，而慎交两宅一山池，足可见其奢侈。

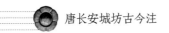

昌乐坊

朱雀门街东第二街，从北第八坊

一、坊名释

《尚书·仲虺之诰》曰："邦乃其昌。"《史记·太史公自序》曰："顺之者昌，逆之者不死则亡。"《诗·魏风·硕鼠》曰："逝将去女，适彼乐土。"昌乐之义，兴旺且安乐也。

二、古今址

官园，今址：西安邮电大学校园至西安市第九十九中学一带。

东门，今址：雁南一路（长乐坊·玺岸）。

西门，今址：纬一街与雁南一路十字东北角。

三、附考

《唐两京城坊考》记坊西为官园，此处坊西非坊外之西。因坊外之西为大路，路西为另一坊保宁坊。故官园位置应在坊内之西，但按常理推断，此坊在规划之初有东西横街，官园在横街之南还是横街之北？观诸书所记坊内信息，皆甚少。横街在规划之初有，后是否存在？值得怀疑。故官园位置应占据了该坊之西部的位置，无论南北。官园内供进梨花蜜，此园内有成片之梨树，且有专集蜜之所。该坊所留内容较之北边诸坊皆少，偌大一坊之中，除初唐时期的屈突通宅外，更无他宅第有记录，盖因所处偏南，坊中人烟甚少，有唐一代，唯有魏徵家庙、蒋系家庙、官园而已。

坊内大中、咸通之际建有魏公先庙，崔玙撰、柳公权书，原碑见于宋人金石记载，后佚。清雍正十二年（1734）出土于西安府陕西布政使司署（今西安市社会路一带），发现时即已残损。民国三十六年（1947），该碑运于西安碑林博物馆收藏，后佚。《全唐文》卷七百四十一收录有该碑残文，今亦可见此碑残拓。节录其文曰：

（上阙）特进侍中赠太尉郑国文贞公魏氏在贞□立家庙于长安昌乐里。后二百卅五年，有来（阙）岁既协于帝道化光洽前此诏赠先□□□侍御史□君为吏部侍郎先夫人南阳（阙）姓日吾惟圣训，祭器不假，宗庙为先。今吾□□德惭前人，而□位卿相。岁时尚祭寝然，崇祀（阙）庙而新之，则流光归列

柳公权《魏公先庙碑》（唐）残拓

祖。虽然，吾非达礼，必稽于有司。□□太常顺考礼令，酌损前文，□勋劳考公于是靖端虚中，列上感疾，既获俞命，□□□□□□□□书练时日，□工兴事，陶斫筑□坚（阙）物宿设助祭，夜鼓四通。公祇被凤兴，缨冠鸣玉，入进于位，宾亲就□祝史赞导，虔奉祖考郑公（阙）部府君讳□神主第升于室。室上□□以祖考姚郑国夫人□东裴氏、皇考姚河东裴氏、皇考姚（阙）之事既成而退。

董钦造像（隋）
出土时间：1974 年
出土地点：西安市南郊东八里村西安石油化工学校
收藏单位：西安博物院
图片来源：笔者拍摄

安德坊

一、坊名释

《左传·襄公十一年》曰："失乐以安德。"《三国志·吴志·陆逊传》曰："今观君气陵其上，意蔑乎下，非安德之基也。"

二、古今址

东门，今址：陕西师范大学家属区专家楼 5 号楼。

西门，今址：西安外国语大学家属院 6 栋。

三、附考

其一，此坊东南即启夏门，坊内据载有右武卫将军苏方宅、术士桑道茂宅，不能确其位置。苏方是否苏定方？待考。桑道茂为德宗时长安善卜之术士，大有名声，请其相者络绎不绝，"时倾信者甚众，造诣多不即见之"。不知为何居于如此偏僻之坊。盖奇人皆远闹市而居乎？

其二，自皇城内太庙始，至郭城外之圜丘，以坊内西南建筑相连，可形成一轴线：皇城内太庙；务本坊半以西国子监（西南隅是否为孔子庙，待考）；崇义坊西南隅因地势低下原为苏勖宅，后废，不具备建大庙条件，而该坊横街北有招福寺（亦占西部）；长兴坊乾元观位置按推断在西南隅高地（为睿宗追福所立）；永乐坊西南隅曾为总章元年（668）建的明堂县廨，此廨长安三年（703）废（为何在此地建廨，其地位于西南隅重要轴线之上欤？）靖安坊西南隅崇敬尼寺（高宗崩后曾改为宫，以为别庙，曾为高宗庙所在）；安善坊一坊之地为教弩场（此坊隋代曾建明堂于此）；大业坊无；昌乐坊有官园在坊之西半部；安德坊具体无载；安德坊外为圜丘所在。

罗列内容如下：

太庙—国子监孔子庙—招福寺—乾元观（为睿宗追福场所）—明堂县廨—崇敬尼寺（高宗别庙）—隋明堂—官园—圜丘（太庙圜丘轴线）。

而与该排坊相对称之太平坊至安乐坊一线，其各坊内西南亦有可记之处，自皇城内大社起，至安乐坊止，亦形成一轴线，罗列如下：

　　大社—太平坊武成王庙—通义坊西南隅高祖旧宅（通义宫，贞观时立为寺）—兴化坊西南隅空观寺（北周佛堂所在）—崇德坊西南隅崇圣寺（太宗崩后为太宗别庙）—怀贞坊西南隅介公庙。

朱雀门街东第三街（皇城东第一街）

翊善坊

朱雀门街东第三街，从北第一坊

一、坊名释

《说文》曰："翊，飞貌。"翊与翼通，为辅佐之义，翊善为辅佐善行，该坊北即大明宫，以翊善命名，显然为臣佐君意。

二、古今址

东南隅，今址：西安马应龙肛肠医院。

西南隅，今址：西安职业中专西墙。

南门，今址：西安市新城区东大院社区便民服务站。

三、附考

经复原可知，翊善坊所在有三分之二的范围为今西安火车站所占据，其东西门恰在今陇海铁路主干线上，该坊东南角位于雁塔路，其坐落点约位于今解放超市或以西的位置；西南角位于黎明一巷，其坐落点位于今针织厂小区西南角。坊内有保寿寺，原为高力士宅，天宝九载（750）舍宅为寺，千余年前的高力士何曾想到宅第变为大量客流集散和列车轰鸣往来的火车站。

四、坊中诗

游长安诸寺联句·翊善坊保寿寺·光天帧赞联句

张希复：观音化身，厥形孔怪。脆脑泾厉，众魔膜拜。**段成式：**指梦鸿纷，榜列区界。其事明张，何不可解。**郑符：**阆阿德川，大士先天。众象参罗，福源

55

田田。**张希复**：百亿花发，百千灯然。胶如络绎，浩汗连绵。**段成式**：焰摩界戚，洛迦苦霁。正念皈依，众青如彗。**张希复**：庾宰可汰，痴膜可蜕。稽首如空，睟容若睎。**段成式**：阐提墨师，睹而面之。寸念不生，未遇乎而。

光宅坊

一、坊名释

高宗龙朔时，大明宫建成，开辟丹凤门大街分翊善坊之西半而设置。《说文》曰："光，明也。"《释名·释天》曰："光，晃也，晃晃然也。亦言广也，所照广远也。"小徐本《说文》曰："宅，所托居也。"光宅之名，以所居之明也。

二、古今址

光宅寺，今址：西安火车站及以北区域，向北达丹凤门广场西南部。

三、附考

据李肇《国史补》卷中载，此坊有车坊，在宪宗元和之前为宰相待早朝所避风雨之所，光宅坊东北角与望仙门相对，则车坊之位置应在光宅坊东北隅附近。又，按文献记载，此坊与翊善坊有横街而无纵街，非十字街形式，盖坊与禁城相邻，开东西横街而无南北纵街，以不冲宫阙也。又，《唐会要》卷四十八《议释教》载："光宅寺光宅坊，仪凤二年，望气者言此坊有异气，敕令掘，得石函，得舍利万粒，遂于此地立为寺。"《唐会要》成书以唐代德宗时《会要》（唐初至代宗时典故）、宣宗时《续会要》（德宗至武宗时典故）为主体，此光宅寺掘舍利信息为初唐时所发生，故知为唐人《会要》所记。然，《南部新书》乙卷亦载，"仪凤二年，长安光宅坊掘得石函，函之内有佛舍利万余粒"。《唐会要》成书时（建隆二年即961年），《南部新书》作者钱易尚未出生，故知《南部新书》此处文字系录自《唐会要》。

光宅坊有李揆宅，揆活动于玄宗至德宗之时，《全唐文》卷三百七十一收有李揆所作《谢赐光宅坊宅表》，未云作于何时。观其文意，知揆所居宅第意外失火，皇帝闻知恤问，并在距大明宫最近的光宅坊为其赐宅以便工作，文中说："司言北阙，已挥翰于紫垣；秩礼南宫，复影缨于丹地。"亦可知光宅坊与大明宫、兴庆宫的位置关系。录其文如下：

臣某言：中使某至，奉宣圣旨，知臣无宅，以光宅坊去内最近，赐臣宅一区。宠渥特临，喜惧交集，臣某中谢。臣自惟固陋，谬忝恩私，陛下收其琐材，擢以密职。司言北阙，已挥翰于紫垣；秩礼南宫，复影缨于丹地。故得回翔三省，出入九重。此皆禀自宸衷，不因人誉。毛发之内，曾未报于生成；雨露之恩，猥有

如来三尊佛龛（姚元景造像，唐）
年代：武周长安四年（704 年）九月十八日
收藏单位：日本东京国立博物馆东洋馆
图片来源：笔者拍摄
文物说明：该像为唐长安城光宅坊光宅寺七宝台旧物，明景泰年间安放于西安府城内宝庆寺，共一组32件。清光绪时期，日本人冈仓天心、早崎梗吉将其中15件骗购后盗运日本，其中15件藏东京国立博物馆东洋馆、3件藏奈良国立博物馆、2件藏九州国立博物馆、1件藏东京根津美术馆、4件自日本复流入美国，流美的4件分别藏于华盛顿弗利尔博物馆、波士顿美术博物馆与旧金山亚洲艺术博物馆。民国初期，日本山中商会、汉口日信银行复派员至西安继续骗购宝庆寺剩余造像，因西安民众坚决反对而未遂。

白石菩萨像（唐）

出土时间：1934 年

出土地点：西安火车站

收藏单位：西安碑林博物馆

图片来源：笔者拍摄

加于疵贱。顷以寓居失火，事忽闻天，□□□慈，亲垂恤问。环堵之业，虽有愧于鲁经；赐宅之仁，遂承荣于汉诏。况王人启户，大厦当衢，顾蝼蚁而知惭，迎燕雀而相贺。古制，宫阙近地，公卿不居，惟信臣密戚，时闻诏赐，所谓北阙甲第者，盖由远近差之。今宅在庙图，地近丹禁，朝天不远于咫尺，捧日如奋于云霄。仰惟明主之恩，实私微臣之幸，衔恩抚已，尤怀战局。誓当竭心尽节，镂骨刻肌，岂捉足而获安，誓捐躯以为报。

又，《旧唐书》卷一百二十六《李揆传》记代宗时京师长安治安乏善，城中多盗贼，有于大街之上杀人后匿置路沟者，得势宦官李辅国欲请抽调羽林军五百人巡检街道治安，李揆上书阻止，其认为，调大内军士代替金吾军士巡夜，一旦大内有变，恐难以应对。皇帝遂罢此举。此处可瞥安史大乱收复京师后的最初几年长安城治安之状况。

《历代名画记》记有坊内光宅寺壁画："光宅寺，东菩提院内，北壁东西偏，尉迟画降魔等变。殿内吴生、杨廷（庭）光画，又尹琳画西方变。"

张扶万《在山草堂日记》（民国二十三年四月二十三日）载："同印堂乘车出北门，观陇海铁路工人启土，修西安车站。其地北为唐大明宫前午门之基址，宫城残瓦极多。"《燕京学报》第二十期《陕西考古会第三届年会会务报告》同记："陇海铁路展修入陕，不无古物发现……西安车站掘获最多，陶器、铜器、石器共一百九十余号。其中有白石残佛一尊，雕工精妙，尤为不易得之古物。"查西安火车站所处位置，位于光宅坊区域内，此处所叙之白石残佛为一菩萨造像，今藏西安碑林博物馆，曾有"东方维纳斯"之誉。按其所处位置，应为光宅寺之遗物。

四、坊中诗

游长安诸寺联句·光宅坊光宅寺·中禅师影堂联句

张希复：名下固无虚，敕曹貌严毅。洞达见空王，圆融入佛地。**郑符**：一言当要害，忽忽醒诸醉。不动须弥山，多方辩无匮。**段成式**：坦率对万乘，偶答无所避。尔如毗沙门，外形如脱屣。**升上人**：但以理为量，不语怪力事。木石摧贡高，慈悲引贪恚。**段成式**：当时乏支许，何人契深致。随宜讵说三，直下开不二。

永昌坊

朱雀门街东第三街，从北第二坊

一、坊名释

始皇帝得天下，其以和氏璧琢传国玉玺，《尚书·洪范》曰："受命于天，既寿永昌。"永昌之义，盖出于此，以祈国祚永昌也。

二、古今址

护国寺，今址：大地招待所、房地三分局家属院二号楼两座楼，向南至西七路房地产管理局第三分局大楼一带。

南门，今址：西安市游泳运动管理中心之北洞天商务大厦。

北门，今址：龙翔宾馆与绿岛宾馆之间的地带。

三、附考

护国寺之位置，《长安志》等皆未记其明确方位，据日僧圆仁《入唐求法巡礼行记》卷四所载："入（永昌坊）北门西回第一曲，停墙南壁上，当护国寺后墙西北角。"由此考之，可推知寺之确切位置。

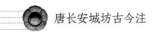

来庭坊

一、坊名释

高宗龙朔时，大明宫建成，开辟丹凤门大街分永昌坊之东半而设置。《诗经·大雅·常武》曰："四方既平，徐方来庭。"来庭为朝觐天子之义，此坊近宫阙，故名。

二、古今址

庄宅司，今址：东八路、尚俭路、东七路、尚勤路围合之区域内。

三、附考

今东八路与光宅、翊善与永昌、来庭两坊间道路重合。东六路与来庭坊中之横街重合。

庄宅司与庄宅使始置于何时，未见有明确记载。而玄宗时始置诸司使，则庄宅司、使之设当在此时，其使由宦官充任，专管皇室庄田，后来称为内庄宅使。在长安名庄宅使，在洛阳名东都庄宅使。后文宣平坊条中有该使收管旧诸王府记录。盖城内诸坊之王府、官邸之收管俱其职权之内。

永兴坊

朱雀门街东第三街，从北第三坊

一、坊名释

《说文》曰："兴，起也。"《中庸》曰："国有道，其言足以兴。"故言永兴，寓国之永久兴盛。

二、古今址

西南隅，左金吾卫，今址：东大街碑林区西安市公安局碑林分局，碑林分局后红十字会巷。

十字街西之北，荷恩寺，今址：新城区尚德路85号中国太平洋保险大厦。

西门之北，太子太师、郑国公魏徵宅，今址：南至新城国际科技大厦、东新街240号意达综合楼平安银行西安分行营业部一带；北越东新街至索菲特大厦西楼（新城区东新街319号）。

东门，今址：尚勤路中国工商银行西安支行家属院7栋。

西门，今址：东新街，新城国际科技大厦西南角。

南门，今址：东大街、大差市十字西北角。

北门，今址：西三路，新玛特南门。

三、附考

永兴坊西南隅有左金吾卫，今位置恰为西安市公安局碑林分局，其前后越千年而功能巧合，堪奇之。此坊西门之北在隋时为宇文恺宅，入唐为魏徵宅，时宅窄小鄙陋，太宗特赐宫中小殿以建，褒其清俭。宅因主而流芳，至中唐时期仍为征之后裔所居，白居易有《论魏徵旧宅状——李师道奏请出私财收赎魏徵旧宅事宜》一文，详陈魏徵后裔因贫困潦倒出售祖居而被朝廷收赎归还事宜，足为此辅证。从来一族无百年之高位富贵，古今皆如是乎？录白氏原文如下：

右，今日守谦宣令，撰与师道诏，"所请收赎魏徵宅，还与其子，甚合朕心，允依来奏"者。臣伏以魏徵是太宗朝宰相，尽忠辅佐，以致太平，在于子孙，合加优恤。今缘子孙穷贱，旧宅典卖与人，师道请出私财收赎，却还其后嗣。事关激劝，合出朝廷，师道何人，辄掠此美，依宣便许，臣知非宜。况魏

鎏金铜饰件（唐）

出土地点：西安市韩森寨张思九夫人胡氏墓

出土时间：2018 年

原归属地：永兴坊张思九宅，墓主胡氏于天宝五载十一月十三日终于永兴坊私第

图片来源：西安市文物保护考古研究院《西安韩森寨唐张思九夫人胡氏壁画墓发掘简报》（《中原文物》2021 年第 3 期）

徵宅内旧堂，本是宫中蓄，太宗特赐，以表殊恩，既又与诸家不同，尤不宜使师道与赎。计其典卖，其价非多，伏望明敕有司，特以官钱收赎，使还后嗣，以劝忠臣，则事出皇恩，美归圣德。臣苟有所见，不敢不陈，其与师道诏，未敢依宣便撰。伏待圣旨，谨具奏闻，谨奏。

又，《旧唐书》卷七十一《魏徵传》，其中记魏徵病重及太宗抚慰甚详，盖其事之所在即在此宅内，其文曰：

徵自陈有疾，诏答曰："汉之太子，四皓为助，我之赖公，即其义也。知公疾病，可卧护之。"其年，称绵惙，中使相望。徵宅先无正寝，太宗欲为小殿，辍其材为徵营构，五日而成，遣中使赍素褥布被而赐之，遂其所尚也。及病笃，舆驾再幸其第，抚之流涕，问所欲言，徵曰："嫠不恤纬而忧宗周之亡。"后数日，太宗夜梦徵若平生，及旦而奏徵薨，时年六十四。太宗亲临恸哭，废朝五日，赠司空、相州都督，谥曰文贞。给羽葆鼓吹、班剑四十人，赙绢布千段、米粟千石，陪葬昭陵。及将祖载，徵妻裴氏曰："徵平生俭素，今以一品礼葬，羽仪甚盛，非亡者之志。"悉辞不受，竟以布车载枢，无文彩之饰。太宗登苑西楼，望丧而哭，诏百官送出郊外。帝亲制碑文，并为书石。其后追思不已，赐其实封九百户。

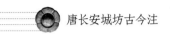

崇仁坊

朱雀门街东第三街，从北第四坊

一、坊名释

《论语·八佾》曰："人而不仁，如礼何？人而不仁，如乐何？"《论语·颜渊篇》云："子曰：克己复礼为仁，一日克己复礼，天下归仁焉。"仁为礼之本，孔子援仁入礼，故得崇仁之名。

二、古今址

南门之西，礼会院，今址：和平门西之环城公园第一处马面之西至第二处马面范围内，向北越城墙至今长乐村、下马陵社区一带。

北门之东，宝刹寺，今址：阿房宫维景国际大酒店向南至和平路 99 号金鑫国际、榕园公寓一带。寺址跨和平路，西包万达广场、和平银座、佳腾大厦区域。

东南隅，资圣寺，今址：建国门、明代所开挖之护城河恰坐落于寺址之内，建国门及东西环城公园、护城河。

西南隅，玄真观、长宁公主宅，今址：在县仓巷 5 号市交通局家属院，南越城墙至环城公园一带。

东门之北，尚书左仆射、许国公苏瑰宅，今址：中铁一局建国路小区至雍村饭店区域内。

东门，今址：建国路，建国五巷 6 号院南楼西部的北面区域。

西门，今址：县仓巷，西号巷十号楼北边建筑及停车场南部一带。

南门，今址：护城河内，与和平门西第一马面相对，近护城河南岸处。

北门，今址：大差市西南角万达广场大楼前。

三、附考

今所传下马陵董仲舒墓恰在唐代崇仁坊大街之上，此墓《长安志》等诸文献皆于崇仁坊内无载，近世以来，学者皆疑此墓为后世伪造，余亦同此说。礼会院本长宁公主宅，开元十九年（731）四月，公主与驸马杨慎交上奏将宅向西移一半交官设为礼会院，每公主、郡主、县主出嫁，都在此院成礼。安史之乱后，废而不修，遂移于长兴坊内。安史之乱中，至德元载（756），安史叛军在崇仁坊街杀霍国长公主、永王妃侯莫陈氏、义王妃阎氏、陈王妃韦氏、信王妃任氏、驸马杨朏等80余人。

《新唐书》卷八十三《长宁公主传》云："（公主）又取西京高士廉第、左金吾卫故营合为宅，右属都城，左俯大道，作三重楼以冯观，筑山浚池。帝及后数临幸，置酒赋诗。又并坊西隙地广鞠场。"长宁公主（杨慎交）宅在长安有多处，此处所记应为崇仁坊宅，因坊内西南隅玄真观东部本高士廉宅，其内西北隅本左金吾卫，《南部新书》记公主取西京高士廉第与左金吾卫合为宅，所谓右属（瞩）都城，左俯大道，应为其右紧邻皇城，其左即坊内大十字街。此处值得注意，即长安文献中所谓西南隅某某寺某某宅者，其中规模大者应占据一坊四分之一区域（如发掘证实西明寺范围），此处长宁公主宅即应是如此。又，《长安志》崇仁坊记坊南门之西为礼会院，又云本长宁公主宅，西南隅、南门之西两处方位，与前所谓"右属（瞩）都城，左俯大道"对应。《太平御览》卷一百八十引韦述《新记》曰："崇仁坊西南隅，长宁公主宅。既承恩，盛加雕饰，朱楼绮阁，一时胜绝。又有山池别院，山谷亏蔽，势若自然。中宗及韦庶人数游于此第，留连弥日，赋诗饮宴，上官昭容操翰于亭子柱上写之。韦氏败，公主随夫为外官，初欲出卖，木石当二千万，山池别馆，仍不为数。遂奏为观，以中宗号为名。词人名士，竞入游赏。"文中所云上官昭容于宅内题诗事，查《全唐诗》卷五十九，收录上官氏题诗原文，其题为《游长宁公主流杯池二十五首》，诗见下文坊中诗。

长宁公主之夫名杨慎交，《旧唐书》记为杨睿交，本名璇，少袭爵观国公，尚中宗女长宁公主。预诛张易之有功，赐实封五百户。神龙中，为秘书监。后被贬，卒于绛州别驾。《新唐诗》卷八十三《长宁公主传》记"韦氏败，斥慎交绛州别驾，主偕往，乃请以东都第为景云祠，而西京鬻第，评木石直，为钱二十亿万"。观上文《太平御览》所引，与此处基本一致，而宅第估价则有差，当以《太平御览》引文为是。两千万钱的购买力，以《新唐书》所记开元时米每斗值钱十三（"是时，海内富实，米斗之价钱十三"），以此折算，长宁公主宅第不连山池园林价值达 1 538 461.54 斗，约合米 15.4 万石。开元二十四年（736），官员薪俸情况为，一品月俸三万一千钱，一品岁给禄米七百斛（石），以月俸而论，需要玄宗时期正一品官员 967 个月（折合 80 年）的俸钱，玄宗开元时期正是唐王朝最为繁荣强盛时，以此时正一品官员收入尚需 80 年积攒，更莫谈其他品级低者了，长宁公主宅第足见豪奢。故文献中云，初欲出卖，标价后盖无应者，故遂舍宅为道观，名曰玄真观。

《历代名画记》记有玄真观内壁画："玄真观，殿内玄元及侍真座上，陈静心画乐天及神。殿内外，程雅、陈静心画。"

同书中玄真观之后记有本坊内资圣寺，"资圣寺（殷仲容题额）。檀章画中三门东窗间。南北面吴画高僧。大三门东南壁，姚景仙画经变。寺西门直西院外神及院内经变，杨廷（庭）光画。北圆塔下，李真、尹琳绢画菩萨"。

同书中资圣寺之后记有本坊内宝刹寺，"宝刹寺佛殿南，杨契丹画涅槃等变相（与裴《录》同，据裴《画录》，亦有郑画，今不见也）。西廊陈静眼画地狱变。又有杨廷（庭）光画"。

四、坊中诗

游长安诸寺联句·崇仁坊资圣寺·诸画联句

段成式：吴生画勇矛戟攒，**张希复**：出变奇势千万端。**郑符**：苍苍鬼怪层壁宽，**段成式**：睹之忽忽毛发寒。**段成式**：棱伽之力所疲殚，**郑符**：李真周昉优劣难。**段成式**：活禽生卉推边鸾，**张希复**：花房嫩彩犹未干。**郑符**：韩干变态如激湍，**段成式**：惜哉壁画世未殚。**张希复**：后人新画何汗漫。

游长宁公主流杯池二十五首（上官婉儿）

其一：逐仙赏，展幽情，逾昆阆，迈蓬瀛。其二：游鲁馆，陟秦台。污山壁，愧琼瑰。其三：檀栾竹影，飙飐松声。不烦歌吹，自足娱情。其四：仰循茅宇，俯眄乔枝。烟霞问讯，风月相知。其五：枝条郁郁，文质彬彬。山林作伴，松桂为邻。其六：清波汹涌，碧树冥蒙。莫怪留步，因攀桂丛。其七：莫论圆峤，休说方壶。何如鲁馆，即是仙都。其八：玉环腾远创，金埒荷殊荣。弗玩珠玑饰，仍留仁智情。凿山便作室，凭树即为楹。公输与班尔，从此遂韬声。其九：登山一长望，正遇九春初。结驷填街术，闾阎满邑居。斗雪梅先吐，惊风柳未舒。直愁斜日落，不畏酒尊虚。其十：雾晓气清和，披襟赏薜萝。玳瑁凝春色，琉璃漾水波。跂石聊长啸，攀松乍短歌。除非物外者，谁就此经过。其十一：暂尔游山第，淹留惜未归。霞窗明月满，洞户白云飞。书引藤为架，人将薜作衣。此真攀玩所，临睨赏光辉。其十二：放旷出烟云，萧条自不群。漱流清意府，隐几避嚣氛。石画妆苔色，风梭织水文。山室何为贵，唯余兰桂熏。其十三：策杖临霞岫，危步下霜蹊。志逐深山静，途随曲涧迷。渐觉心神逸，俄看云雾低。莫怪人题树，只为赏幽栖。其十四：攀藤招逸客，偃桂协幽情。水中看树影，风里听松声。其十五：携琴侍叔夜，负局访安期。不应题石壁，为记赏山时。其十六：泉石多仙趣，岩壑写奇形。欲知堪悦耳，唯听水泠泠。其十七：岩壑恣登临，莹目复怡心。

风篁类长笛，流水当鸣琴。其十八：懒步天台路，惟登地肺山。幽岩仙桂满，今日恣情攀。其十九：暂游仁智所，萧然松桂情。寄言栖遁客，勿复访蓬瀛。其二十：瀑溜晴疑雨，丛篁昼似昏。山中真可玩，暂请报王孙。其二十一：傍池聊试笔，倚石旋题诗。豫弹山水调，终拟从钟期。其二十二：横铺豹皮褥，侧带鹿胎巾。借问何为者，山中有逸人。其二十三：沁水田园先自多，齐城楼观更无过。倩语张骞莫辛苦，人今从此识天河。其二十四：参差碧岫耸莲花，潺湲绿水莹金沙。何须远访三山路，人今已到九仙家。其二十五：凭高瞰险足怡心，菌阁桃源不暇寻。余雪依林成玉树，残霙点岫即瑶岑。

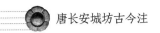

平康坊

朱雀门街东第三街，从北第五坊

一、坊名释

《尚书·洪范》曰："平康正直，强弗友刚克，燮友柔克。"言平康，寓平安之意也。

二、古今址

南门之东，菩提寺，今址：雁塔路西安市八十八号信箱家属院。

十字街之北，阳化寺，今址：雁塔路地矿局家属院；陕西省地矿局4号楼。

西北隅，隋太师、申国公李穆宅，今址：环城南路东段西安外贸大厦；西安市第九十三中学。

西南隅，国子祭酒韦澄宅，今址：永胜路陕西体育彩票业务综合楼；建西街陕西省国际体育交流中心。

西门之南，尚书左仆射、河南郡公褚遂良宅，今址：省体育局家属院9栋；陕西省西安市碑林区建西街21号省体育局家属院；和平门长胜街7号紫荆苑。

东南隅，右相李林甫宅，今址：安西街大华花园。

北里诸妓居所（北曲、中曲、南曲），今址：西安和平中医医院、建设设计院小区之东西，跨解放路西缘向西约50米范围。

东门，今址：西安市第十二中学。

西门，今址：西安市碑林区歌剧院家属院11号楼。

南门，今址：建西街煤行印制公司东邻。

北门，今址：环城南路与和平路十字西南角。

三、附考

今所存唐代诸文献中，最为详尽者为孙棨之《北里志》，书中云平康坊入北门东回有三曲，分别为北曲、中曲、南曲，其北曲循墙，中曲与南曲之门前皆通十字街。按此所述，北曲应为平康坊北门内东面顺坊墙之道路，中曲、南曲之西口则临坊内大十字街之南北街，三曲之西口皆有门。此处之曲亦极有可能为今所谓一面开口之巷也。孙文所记颇为生动细致，格局分布、院内景致等皆有述及，如在目前，对于研究当时建筑布局及景观陈设有相当价值。姑节选

鎏金莲瓣银茶托（唐）

出土时间：1957 年 5 月

出土地点：西安市和平门外建筑工地（西距雁塔路 75 米，北距西安城南墙 250 米）

收藏单位：中国国家博物馆

文物信息：据马德志《唐代长安城平康坊出土的鎏金茶托子》（《考古》1959 年第 12 期）一文可知，该银茶托共 7 枚，圈足内分别刻有"大中十四年八月造成浑金涂茶拓子一枚金银共重拾两捌钱叁分""左策使宅茶库金涂拓子壹拾枚共重玖拾柒两伍钱一""左策使宅茶库一"等字样。

图片来源：笔者拍摄

原文于此以备考：

　　平康里入北门，东回三曲，即诸妓所居之聚也。妓中有铮铮者，多在南曲、中曲。其循墙一曲，卑屑妓所居，颇为二曲轻斤之。其南曲中曲，门前通十字街，初登馆阁者，多于此窃游焉。二曲中居者，皆堂宇宽静，各有三数厅事。前后植花卉，或有怪石盆池，左右对设，小堂垂帘，茵榻帷幌之类称是。诸妓皆私有所指占，厅事皆彩版以记诸帝后忌日。

　　又，据马得志《唐代长安城平康坊出土的鎏金茶托子》记载：1957 年 5 月在西安和平门外建筑工地出土唐代鎏金"茶托子"7枚，出土地西距雁塔路东边75米，北距西安城南墙250米。文中推断出土位置在平康坊东北隅，今复考证，发现其出土地应在平康坊北门之东的位置，与东北隅尚且相距较远，其处恰是《北里志》之诸妓三曲范围，则茶托子应为诸妓居所之遗物。至于其上铭文"左策使宅茶库金涂拓子"，物固有原主，但所出之处亦可推想其易主之过程，或即至平康北里狎妓之人所赠。

《历代名画记》记有坊内菩提寺壁画："菩提寺，佛殿内东西壁，吴画神鬼。西壁，工人布色损。佛殿壁带间亦有杨廷（庭）光白画。殿内东西北壁并吴画。其东壁，有菩萨，转目视人。法师文淑（淑）亡（无）何，令工人布色损矣。东壁董谔画本行经变。佛殿上构栏，耿昌言画水族。佛殿内东壁杨廷（庭）光画（据《西京记》合有郑画，今亡）。万安观公主影堂东北小院，南行屋门外北壁，李昭道画山水。"

四、坊中诗

及第后宿平康里（一作平康妓诗）（裴思谦）

银缸斜背解鸣珰，小语偷声贺玉郎。从此不知兰麝贵，夜来新染桂枝香。

及第后宿平康里诗（郑合）

春来无处不闲行，楚润相看别有情。好是五更残酒醒，时时闻唤状头声。

游长安诸寺联句·平康坊菩萨寺·书事联句

郑符：悉为无事者，任被俗流憎。**段成式：**客异干时客，僧非出院僧。**张希复：**远闻疏牖磬，晓辨密龛灯。**郑符：**步触珠幡响，吟窥钵水澄。**段成式：**句饶方外趣，游惬社中朋。**张希复：**静里已驯鸽，斋中亦好鹰。**升上人：**金涂笔是纲，彩溜纸非缯。**段成式：**锡杖已克锻，田衣从怀塍。**张希复：**占床暂一胁，卷箔赖长肱。**段成式：**佛日初开照，魔天破几层。**张希复：**咒中陈秘计，论处正先登。**升上人：**勇带绽针石，危防丘井藤。

宣阳坊

朱雀门街东第三街，从北第六坊

一、坊名释

南朝建康城有宣阳门。《说文》曰："宣，天子宣室也。"又云："阳，高明也。"帝京为天子之居，坊居于南，万年廨所在，以宣阳名此坊则意可知。

二、古今址

东南隅，万年县廨，今址：友谊东路空军医院。

西南隅，净域寺，今址：友谊西路西安市第七十一中学。

南门之西，杞国公窦毅宅，今址：友谊西路西藏大厦；开元名都大酒店。

十字街之西北，秋官尚书、谯国公李晦宅，今址：中煤科工西安院碑林小区。

西门之北，尚书左仆射、舒国公韦巨源宅，今址：西安市第八十六中学。

十字街东之北，刑部尚书李乂宅，今址：铁一局李家村2号楼。

宅西，益州长史李衮、太子宾客郑惟忠宅，今址：铁一局李家村1号楼至雁塔路。

东北隅，兵部尚书郭元振宅，今址：陕西省疾病预防控制中心。

西门之南，右羽林军大将军高仙芝宅，今址：明盛路紫玉兰庭。

东门之北，京兆尹李齐物宅，今址：空军医院后面紫润花园。

东门，今址：太安街、安东街十字西南角。

西门，今址：明胜路东口。

南门，今址：友谊东路李家村十字西南角。

北门，今址：中国邮政储蓄银行（西安市李家村营业所）。

三、附考

据《寺塔记》载："宣阳坊净域寺，本太穆皇后宅，寺僧云，三阶院门外是神尧皇帝射孔雀处。"太穆皇后为唐高祖李渊之妻窦氏（神尧皇帝为高祖李渊之称），传列《旧唐书》后妃第一，传中记李渊射孔雀事，其略云：窦氏之父名毅，北周武帝时，毅以窦氏才貌出众，于家中门屏画二孔雀，使求婚者射之，射中孔雀目者许配成婚。先后数十人未有能中者，李渊至亦射，两发各中一目。毅大悦，遂嫁其女与渊。按，北周武帝时尚以汉旧城为都，隋文帝开皇时始迁建新都，而高祖射孔雀娶妻之事在北周武帝时，其时窦毅之宅应在汉旧城，故寺僧所云宣阳坊净域寺三阶院门外为高祖射孔雀处，当是唐人之讹传。《寺塔记》作者段成式于武宗会昌三年（843）因游长安诸寺而成记，其时距北周时已二百余年，口口相传之误当可理解。然净域寺本太穆皇后故宅于逻辑当无大误，皇后之父窦毅在《北史》卷六十一有传，云："隋开皇初，拜定州总管。累居藩镇，咸得人和。……特为朝廷所委信。"其于隋氏新都内被赐宅第亦属正常之理也。又，净域寺佛殿东廊有古佛堂，其地本雍村，堂中像设，悉是石作。相传云，隋恭帝终此堂。《隋书·恭帝》记载："恭皇帝，讳侑，元德太子之子也。……义宁元年十一月壬戌，上即皇帝位于大兴殿。"义宁二年（618）五月戊午逊位于唐，"武德二年夏五月崩，时年十五"。其本纪之尾有唐初史臣之强硬评价："（恭帝）虽欲不遵尧舜之迹，其庸可得乎！"恭帝逊位后一年即崩，年仅十五，上文云净域寺佛堂，其地或为其逊位后居所，在此为唐所弑。

万年县廨之门为隋宇文恺所造，据《太平御览》卷一百八十三引韦述《新记》所载："万年县门宇文恺所造，高宗末，太平公主出降，于县廨为婚，以县门窄狭欲毁之。高宗敕曰：'其宇文恺所作，不须拆，于他所开门。'遂存。"按，县门为宇文恺所作记载今可见者有两书皆录，分别为《太平御览》《长安志》，《太平御览》成书于北宋太宗太平兴国时，《长安志》成书于北宋神宗熙宁时，两相对照，前者较后者成书早90余年，且有官私之本，盖《太平御览》为直引《新记》，而《长安志》有所改作。今取《太平御览》记。

《历代名画记》记有坊内净域寺壁画，其文曰："净域寺（据裴《画录》，此寺有孙尚子画，今不见）。三阶院东壁，张孝师画地狱变，杜怀亮书榜子。

万年县印（唐）

出土地点：不详

收藏单位：上海博物馆

图片来源：孙慰祖、孔品屏《隋唐官印研究》（上海书画出版社，2014年版）

院门内外神鬼，王韶应画。王什书榜子（王什、杜怀亮书，人罕知。有书迹甚高，似钟书）。"

四、坊中诗

万年县中雨夜会宿寄皇甫甸（姚合）

县斋还寂寞，夕雨洗苍苔。清气灯微润，寒声竹共来。虫移上阶近，客起到门回。想得吟诗处，唯应对酒杯。

哭胡遇（朱庆馀）

寻僧昨日尚相随，忽见绯幡意可知。题处旧诗休更读，买来新马忆曾骑。不应随分空营奠，终拟求人与立碑。每向宣阳里中过，遥闻哭临泪先垂。

游长安诸寺联句·宣阳坊静域寺·三阶院联句

段成式：密密助堂堂，隋人歌屡桑。双弧摧孔雀，一矢陨贪狼。**张希复**：百步望云立，九规看月张。获蛟徒破浪，中乙漫如墙。**段成式**：还似贯金鼓，更疑穿石梁。因添挽河力，为灭射天狂。**郑符**：绝艺却南牧，英声来鬼方。丽龟何足敌，殪豕未为长。**段成式**：龙臂胜猿臂，星芒超箭芒。虚夸绝高鸟，垂拱议明堂。

升平公主旧第（罗隐）

乘凤仙人降此时，玉篇才罢到文词。两轮水砣光明照，百尺鲛绡换好诗。带砺山河今尽在，风流樽俎见无期。坛场客散香街暝，惆怅齐竽取次吹。

赠郭驸马（郭令公子暖尚升平公主令于席上成此诗）（李端）

青春都尉最风流，二十功成便拜侯。金距斗鸡过上苑，玉鞭骑马出长楸。熏香荀令偏怜少，傅粉何郎不解愁。日暮吹箫杨柳陌，路人遥指凤凰楼。方塘似镜草芊芊，初月如钩未上弦。新开金埒看调马，旧赐铜山许铸钱。杨柳入楼吹玉笛，芙蓉出水妒花钿。今朝都尉如相顾，原脱长裾学少年。

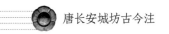

亲仁坊

朱雀门街东第三街，从北第七坊

一、坊名释

《论语·学而》云："子曰：'弟子入则孝，出则悌，谨而信，泛爱众而亲仁。行有余力，则以学文。'"则亲仁之名可知其意。

二、古今址

西南隅，咸宜女冠观，今址：建设西路新旅城。

西北隅，尚书右仆射、燕国公于志宁宅，今址：友谊东路省纪委监察厅家属院；友谊东路国家电网陕西电力供电服务中心。

十字街东之北，太子詹事韦琨宅，今址：西安建筑科技大学建材楼；材料与矿物标本陈列馆；陕西省结构与抗震重点实验室。

宅东，中书侍郎杨弘武宅、太仆卿王希隽宅，今址：西安建筑科技大学逸夫楼、体育馆。

东南隅，回元观，今址：西安建筑科技大学雁塔校区北院图书馆一带。

北门之东，驸马都尉郑万钧宅，今址：西安建筑科技大学华清广场。

东门之北，滕王元婴宅，今址：西安建筑科技大学体育馆。

东门，今址：西安建筑科技大学后勤服务中心楼（校史馆之北）。

西门，今址：测绘西路，西安碑林袁全才诊所（西夏宾馆之南，民俗村岐山面斜对过）。

南门，今址：建设西路与雁塔路十字西北角。

北门，今址：友谊东路与雁塔路十字西南角电子工业岩土基础工程公司。

三、附考

回元观本安禄山旧宅，禄山宅本在道政坊，玄宗以其宅隘陋，于亲仁坊择宽爽之地建宅，天宝九载（750）建成，其宅堂皇三重，皆像宫中小殿。唐郑嵎《津阳门诗》云："诏令上路建甲第，楼通走马如飞翚。大开内府恣供给，玉缶金筐银簸箕"等语，足见其宅华丽。

1986年11月，陕西省西安市太乙路北段的化工设计研究院建筑工地出土《大唐回元观钟楼铭》石碑一块，碑文中有"京师万年县所置回元观者，按乎其地，在亲仁里之巽维"等语，可知该坊东南隅为观址。石碑出土地在东市遗址范围之内，距亲仁坊遗址东北约 2000 米，究其原因，应是唐长安城毁灭之后，回元观的废弃使石碑置之荒野，后被人为搬作他用所致。根据同时出土的其他文物年代和文献逻辑推断，回元观石碑的迁移埋没的时间约在唐末昭宗天祐元年（904）长安城被毁至北宋初年，目前所见北宋时有关长安的研究著作、笔记中皆无此碑文之记载，相对于此碑明确点出安禄山宅位置来说，成书于熙宁九年（1076）的《长安志》中亲仁坊条对此宅的具体位置则没有明确记载。现照录此碑全文于下：

大唐回元观钟楼铭并序

银青光禄大夫守尚书左仆射上柱国彭阳郡开国公食邑二千户令狐楚撰

翰林学士兼侍书朝议大夫行尚书兵部郎中知制诰上柱国赐紫金鱼袋柳公权书

《礼》之《乐记》云：钟声铿铿以立号，号以立横，言号令之发，充满其气也。春秋之义，有钟鼓曰伐，言声其罪以责之也。而道人桑门师，亦谓为信鼓，盖以其警斋戒勤惰之心，时朝礼早暮之节。故虽幽岩绝壑，精庐静室，随其愿力，靡不施设。

京师万年县所置回元观者，按乎其地在亲仁里之巽维。考乎其时，当在至德元年（载）之正月。前此，天宝初玄宗皇帝创开甲第，宠锡燕戎。无何，贪狼睢盱，獯豕唐突，亦既枭戮，将为污潴。肃宗皇帝若曰：其人是恶，其地何罪。改作洞宫，谥曰回元，乃范真容，以据正殿，即太一天尊之座，其分身欤。

贞元十九年，规为名园，用植珍木，敕以像设迁于肃明（观名）。辇舆既陈，絙绋将引，连牛胸喘而不动，群夫股栗以相视。俄而或紫或黑，非烟非云，蓬勃窗牖之间，细缊阶砌之上。主者惶恐，即以状闻。德宗皇帝骇之，遽诏如旧。而廊庑未立，鼓钟未鸣，入者不得其门，游者不知其方。

大和初，今上以慈修身，以俭莅物，永惟圣祖玄元清静之教，吾当率天下以行之。由是道门威仪麟德殿讲论大德赐紫却玄表冲用希声，为玄门领袖，抗疏上论，请加崇饰。其明日，内锡铜钟一口，不侈不挤，有铣有于，而带篆之间，元无款识。今之人其罔闻；后之人其罔知。四年夏，有诏女道士侯琼珍等同于大明宫之玉晨观设坛进箓，遂以镇信金帛刀镜之直，并诏中朝大僚、外舍信士之所施舍，合七十万，于大殿之前少东创建层楼。栾栌既构，簨簴既设，合大力者扛而登于悬间。鲸鱼一发，坑谷皆满。初揪然而怒，徐寥然而清。沉伏既扬，散越皆黜。终峰巉以振动，观台廓而开爽。闻其声者，寝斯兴，行斯归；贪淫由是衰息，昏醉以之醒寤。虽三涂六趣之中，亦当汤火沧寒，拳楛解脱。钟之功德，可思量乎。

　　余于威仪有重世之旧，闻其所立，悦而铭之。其词曰：钟凭楼以发声，楼托钟以垂名。钟乎楼乎，相须乃成。盘龙在旋，蹲熊在衡。百千斯年，吾知其不铄而不倾。

柳公权《大唐回元观钟楼铭》（唐）拓片
碑石出土地点：西安市太乙路化工设计研究院基建工地（东市遗址）
碑石出土时间：1982 年
收藏单位：西安碑林博物馆

盤龍在旋蹲熊在衡
鐘憑樓以發聲樓托鐘以垂名鐘乎樓乎相須乃成百千斯年吾知其不鑠而不傾
與威儀有重世之舊聞其所立悅而銘之其詞曰
中而當湯火崟之舊解酲以之醒窹雖三塗六趣之
斯峯貪淫由是襄息昏醉以之醒聞其聲者寢斯興之行
終業以振動而怒徐乃前少登于東創建層樓藥檻既攎越皆黙之余
皆歸初拟然而觀臺廓然而清沈伏既揚鯨魚一發坑谷
箕籯篋既設合七十萬柁大力者扛而殿于前中朝大僚外舍信士之所施
捨金帛刀鏡之明宮之玉晨觀設壇進籙遂以鎮
信珎珎等同於間知四年夏有信士道士
侯壇珎珎等同於玉晨觀設壇進籙遂以鎮内鍚銅鐘
之仝其冈聞後之人知四年夏有詔無款識女道士今
一口不修不拆有銑有予而帶篆之間元詔無款識今
門領袖抗疏上論請加崇飾其明曰

觀主任太和清宮供奉趙冬陽前上座王辯超上座大德郭嘉真
監齋道士田令真直歲田令德直上座韓諒大德郭嘉真
盤龍在旋
開成元年四月廿日立　邰建和刻

观主太清宫供奉赵冬阳；上座韩谅；监斋任太和；前上座王辩超；大德郭嘉真；道士田令真；直岁田令德。

　　　　　　　　　　　　开成元年四月廿日　立
　　　　　　　　　　　　邵建和　刻

大唐迴元觀鐘樓銘并序

銀青光祿大夫守尚書左僕射上柱國彭郡開國公食邑三千戶令狐楚撰

翰林學士黃侍讀題□□行尚書兵部郎中知制誥上柱國賜紫金魚袋柳公權書

禮之樂記云鐘聲鏗鏗以立號號以立橫言

發亮滿其氣也春秋之義有鐘鼓曰伐言聲其罪以

責之也而道人寀門師亦謂為信鼓蓋以其警齋戒

勤惰之心朝礼暮之節故雖幽巖絕壑精廬靜

蜜隨其地顛力亦不施設京師萬年縣所置迴元觀年

按乎其地莊親仁里之里芝莫異孝乎其時當至德元年

之正月前此天寶初

玄宗皇帝創開甲第寵錫燕戎無何貪狼睢盱殘炙

唐宗既取範若曰其父是惡其地何罪改作洞宮謚曰

迴元貞元十九年規為名園用植琇木一天尊之堂勑以

身歟貞容以援正殿即太

像設遷於蕭明名觀蕐興既陳綢繡將引連半宵喘而

不動鞏夫股慄以相視俄而或紫或黑非煙非雲蓬聞

勃懃慵之間網縕砌之上主者惶恐即以狀朱鳴

德宗皇帝駭之詔如舊而廊廡未立鼓鐘

入者不得其門遊者不知其方大和初

坊内西北隅在唐初为于志宁宅，《全唐诗》收志宁于宅内冬日设宴时所赋诗七首，作者为于志宁、令狐德棻、封行高、杜正伦、岑文本、刘孝孙、许敬宗，皆是朝中名流，于志宁、岑文本、许敬宗是御前重臣；令狐德棻、封行高、杜正伦、刘孝孙更是以绝佳文采而著名之雅士。遥想千余年前，时在贞观某冬日，大雪初霁，散朝之后，燕国公太子左庶子于志宁邀请六友至亲仁里家中做客，天气严寒，7 人聚集到于家的轩堂之中，一时间室内略显拥挤，诸公围炉执杯对饮，其情甚欢，望窗外冬景，煞是可观，一时忘乎所以，故有抽字赋诗之举，以咏情境，其暖情何其融融（见文后坊中诗）。

于志宁宅后为贵妃豆卢氏所居，豆卢氏为睿宗贵妃，其墓在河南省洛阳市南郊龙门镇花园村南侧，1992 年 5—9 月，已由洛阳市文物工作队发掘，其出土墓志云："贵妃姓豆卢氏……妃幼而贞和，宗党称异，体仁以顺族，由孝以安亲，非礼勿言，非传不出，慈惠秀发，敏锐标举先帝，高宗之爱子也。时妃岁十五，以良家子人为孺人，暨先帝嗣位，储皇戎丕业，乃册为贵妃，增殊号也。……先是，母后虐国，诸吕擅衡，嗷嗷谗口，肤潜日炽。妃顺下翊上，言逊身全，倪丽烨重安刘氏，实有力也。神龙初，伯父左仆射平章事兼相王府长史，芮国元公钦望，以妃久处禁闱，特乞出内，词旨恳到，有诏见许。"足见，豆卢氏入居亲仁坊是在唐中宗神龙初年，此后据志文所述，豆卢氏在此宅内又抚养惠庄太子，且晚年受玄宗厚养，"敕令妃养惠庄太子为己子，惠庄孺稚始孩，覃讦在抱，幼抚长训，不忝前人，施自得于均一，思无望于反哺，早代无嗣，悲夫！今上昔在幼年，太后弃代，妃在椒掖，时遇龙潜，累载左右，一心保辅。及大人，贞观日月，丽天茅土，增汤沐之邑，金帛盈服玩之用，优诏岁降，殊渥荐及，昭其德也。扈从进贺雪诗，兼对御谈论，言备规诤，词该风雅，天文宸翰，累有褒宠，昭其才也。"又，志文言及贵妃去世前病重事宜，御医问诊、中使相望当在亲仁坊宅内，"开元廿八日（年）夏四月，寝疾弥留，上用忧轸，御医中使相望不绝，执烛加衣，奄忽而逝。甲申，薨于亲仁里第，岁七十有九。上闻哀，辍朝三日，吊赠加等，诏官给丧事灵舆"。

坊内西北区为郭子仪宅，德宗建中二年（781），郭子仪病重，舒王李谊奉诏赴郭宅劳问，《旧唐书》卷一百五十《德宗顺宗诸子》记载甚详，"明年（建中二年），尚父郭子仪病笃，上御紫宸，命谊持制书省之。谊冠远游冠，绛纱袍，乘象辂，驾驷马，飞龙骑士三百人随之。国府之官，皆裤褶骑而导前，卤簿备引而不乐，在遏密故也。及门，郭氏子弟迎拜于外，王不答拜。子仪卧不能兴，以手叩头谢恩已。王解冠珮，以常服传诏劳问之"。

考诸文献，亲仁坊内郭子仪宅应置于至德二载（757）唐军收复西京长安之后，安禄山旧宅改为回元观、迁司天台于永宁坊张守珪旧宅亦是这一阶段为之。据《旧唐书》卷三十六《天文志》记载如下：

乾元元年三月，改太史监为司天台，于永宁坊张守珪故宅置。敕曰："建邦设都，必稽玄象；分列曹局，皆应物宜。灵台三星，主观察云物；天文正位，在太微西南。今兴庆宫，上帝廷也，考符之所，合置灵台。宜令所司量事修理。"

按，司天台之迁，官史敕书中虽言之凿凿，是为了合玄象，以应所谓的兴庆宫上帝之所，上帝自然指已经做太上皇的玄宗李隆基，这固然显示了肃宗之仁孝。从另一个方面来看，还有更深层次不便言明的含义，查永宁坊张守珪宅的沿革便可明了，张宅后被唐玄宗赐予安禄山作为园林使用，名永宁园，所以司天台迁到永宁坊之前，张守珪旧宅已变为安禄山的永宁园多年，之所以不提永宁园，是为刻意避开与安禄山相关的一切事物（从前文所述的《大唐回元观钟楼铭》碑文中称安禄山为"燕戎""贪狼""獡豕"便可知）。同时，与之一街之隔的亲仁坊东南隅有安禄山的宅第，安禄山叛亡后，宅第被唐肃宗改为道观，安奉了太一天尊的神像端坐其内。与回元观相对的亲仁坊西北隅又赐予平乱功臣郭子仪居住。

龙纹铜镜、贴金骨梳背（唐）
出土地点：西安市长安区韦曲街道办夏殿村西（曲江观山悦住宅小区工程建设征地）唐赵氏墓
出土时间：2009 年 3 月
原归属地：亲仁坊赵氏宅，墓主赵氏于乾符三年三月五日终于亲仁坊宅
图片来源：陕西省考古研究院《西安市长安区唐乾符三年天水赵氏墓发掘简报》（《四川文物》2011 年第 6 期）

迁司天台、改回元观、建郭子仪宅，这一切的所作所为，看似无联系，其实都是一个目的，将"国贼"安禄山牢牢地镇住，永世不得翻身。唐王朝统治者厌胜祛邪的做法于此可见一斑。

又，《三水小牍》记有坊内咸宜观才女鱼玄机事迹甚详，玄机才情四溢，虽入道而不修风教，由疑忌以致杀人酿祸。照录其文曰：

唐西京咸宜观女道士鱼玄机，字幼微，长安里家女也。色既倾国，思乃入神，喜读书属文，尤致意于一吟一咏。破瓜之岁，志慕清虚，咸通初，遂从冠帔于咸宜。而风月赏玩之佳句，往往播于士林。然蕙兰弱质不能自持，复为豪侠所调，乃从游处焉。

于是风流之士争修饰以求狎。或载酒诣之者，必鸣琴赋诗，间以谑浪，懵学辈自视缺然。其诗有："绮陌春望远，瑶徽秋兴多。"又："殷勤不得语，红泪一双流。"又："焚香登玉坛，端简礼金阙。"又："云情自郁争同梦，仙貌长芳又胜花。"此数联为绝矣。

一女童曰绿翘，亦明慧有色。忽一日，机为邻院所邀，将行，诫翘曰："无出。若有客，但云在某处。"机为女伴所留，迨暮方归院。绿翘迎门曰："适某客来，知炼师不在，不舍辔而去矣。"客乃机素相昵者，意翘与之私。及夜，张灯扃户，乃命翘入卧内讯之。翘曰："自执巾盥数年，实自检御，不令有似是之过，致忤尊意。且某客至款扉，翘隔阖报云：'炼师不在。'客无言策马而去。若云情爱，不蓄于胸襟有年矣。幸炼师无疑！"机愈怒，裸而笞百数，但言无之。既委顿，请杯水酹地曰："炼师欲求三清长生之道，而未能忘解佩荐枕之欢，反以沉猜，厚诬贞正，翘今必毙于毒手矣。无天则无所诉；若有，谁能抑我强魂！誓不蠢蠢于冥冥之中，纵尔淫佚！"言讫，绝于地。机恐，乃坎后庭瘗之，自谓人无知者。

时咸通戊子春正月也。有问翘者，则曰春雨霁逃矣。客有宴于机室者，因溲于后庭，当瘗上，见青蝇数十集于地，驱去复来。详视之，如有血痕且腥。客既出，窃语其仆；仆归，复语其兄。其兄为府街卒，尝求金于机，机不顾，卒深衔之。闻此，遽至观门觇伺。见偶语者，乃讶不睹绿翘之出入。街卒复呼数卒，携锸具，突入玄机，院发之，而绿翘貌如生。卒遂录玄机京兆，府吏诘之，辞伏，而朝士多为言者。府乃表列上，至秋竟戮之。

（玄机）在狱中亦有诗曰："易求无价宝，难得有心郎。明月照幽隙，清风开短襟。"此其美者也。

又，今西安碑林博物馆内陈列的《郭子仪家庙碑》（颜真卿书），原或立于亲仁坊郭子仪宅旁的家庙中。《长安志》亲仁坊于志宁宅条下云，此宅几经易主

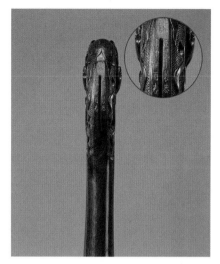

小忽雷（唐）
收藏单位：北京故宫博物院
图片来源：刘国梁《妙音乐舞——"故宫敦煌特展"所用乐器考》（《紫禁城》2021 年第 11 期）

小忽雷颈背刻款

后并入相府（郭子仪宅），闲地置庙。既云并入郭宅，此处所谓的庙，或为郭氏家庙。

今北京故宫博物院所藏唐代乐器小忽雷，颈背刻有"建中辛酉春，臣滉手制恭献"款识。小忽雷为长安亲仁坊旧物，据北宋钱易《南部新书》卷九载："韩晋公在朝，奉使入蜀。至驼谷山椒，巨树耸茂可爱，乌鸟之声皆异。下马，以柘弓射其巅，杪柯坠于下，响震山谷，有金石之韵。使还，戒县尹募樵夫伐之，取其干，载以归。召良匠斫之，亦不知其名。坚致如紫石，有金色线交结其间。匠曰，为胡琴檀，他木不可并。遂为二琴，名大者曰大忽雷，小者曰小忽雷。因便殿德皇言乐，遂献大忽雷入禁中所有，小忽雷在亲仁里。"此处云小忽雷在亲仁里，不知在谁家。查唐末段成式之子段安节所著《乐府杂录》，其书《琵琶》篇记文宗时有女乐工郑中丞事，尝弹小忽雷致损坏，郑氏送崇仁坊南赵家修理。未及取回，郑因忤旨而被缢杀投于河中，幸被权相旧吏梁厚本所救。郑氏既告原委，厚本乃设法自南赵家赎回小忽雷。"每至夜分，方敢轻弹。后遇良辰，饮于花下，酒酣，不觉朗弹数曲。泊有黄门放鹞子过其门，私于墙外听之，曰：'此郑中丞琵琶声也。'翊日，达上听，文宗方追悔，至是惊喜，即命宣召，乃赦厚本罪，仍加锡赐焉。"按《杂录》叙述逻辑，小忽雷既自宫中流入梁厚本家，则《南部新书》云"小忽雷在亲仁里"者，则厚本宅在

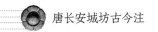

亲仁坊软？

是物为清康熙三十年（1691）孔尚任自北京集市所购，古人鉴识古物因条件之所限，常有讹舛，不足为怪。观此所谓唐代小忽雷者，其首之龙形与唐物相差甚大，为元明之龙首风格，款识亦与唐不甚合。盖孔氏所得此物为逐利者依文献记载所臆造之乐器，然传之既久，历经名人递藏，于今视之，亦可为传奇之古物，其与唐物却不相关。聊记于此，以备有识之士后考。

四、坊中诗

亲仁里双鹭（许棠）

双去双来日已频，只应知我是江人。对歌雪顶思寻水，更振霜翎恐染尘。三楚几时初失侣，五陵何树又栖身。天然不与凡禽类，傍砌听吟性自驯。

亲仁里闻猿（唐彦谦）

朱雀街东半夜惊，楚魂湘梦两徒清。五更撩乱趋朝火，满口尘埃亦数声。

酬令狐相公亲仁郭家花下即事见寄（刘禹锡）

荀令园林好，山公游赏频。岂无花下侣，远望眼中人。斜日渐移影，落英纷委尘。一吟相思曲，惆怅江南春。

亲仁里居（姚合）

三年赁舍亲仁里，寂寞何曾似在城。饮酒自缘防冷病，寻人多是为闲行。轩车无路通门巷，亲友因诗道姓名。自别青山归未得，羡君长听石泉声。

题郭侍郎亲仁里幽居（姚合）

入门尘外思，苔径药苗间。洞里应生玉，庭前自有山。帝城唯此静，朝客更谁闲。野鹤松中语，时时去复还。

经汾阳旧宅（赵嘏）

门前不改旧山河，破虏曾轻马伏波。今日独经歌舞地，古槐疏冷夕阳多。

冬日宴群公于宅各赋一字得杯（于志宁）

陋巷朱轩拥，衡门缇骑来。俱裁七步咏，同倾三雅杯。色动迎春柳，花发犯寒梅。宾筵未半醉，骊歌不用催。

冬日宴于庶子宅各赋一字得趣（令狐德棻）

高门聊命赏，群英于此遇。放旷山水情，留连文酒趣。夕烟起林兰，霜枝殒庭树。落景虽已倾，归轩幸能驻。

冬日宴于庶子宅各赋一字得色（封行高）

夫君敬爱重，欢言情不极。雅引发清音，丽藻穷雕饰。水结曲池冰，日暖平亭色。引满既杯倾，终之以弁侧。

冬日宴于庶子宅各赋一字得节（杜正伦）

李门余妄进，徐榻君恒设。清论畅玄言，雅琴飞白雪。寒云暖落景，朔风凄暮节。方欣投辖情，且驻当归别。

冬日宴于庶子宅各赋一字得平（岑文本）

金兰笃惠好，尊酒畅生平。既欣投辖赏，暂缓望乡情。爱景含霜晦，落照带风轻。于兹欢宴洽，宠辱讵相惊。

冬日宴于庶子宅各赋一字得鲜（刘孝孙）

解襟游胜地，披云促宴筵。清文振笔妙，高论写言泉。冻柳含风落，寒梅照日鲜。骊歌虽欲奏，归驾且留连。

冬日宴于庶子宅各赋一字得归（许敬宗）

倦游嗟落拓，短翮慕追飞。周醪忽同醉，牙弦乃共挥。油云澹寒色，落景霭霜霏。累日方投分，兹夕谅无归。

郊庙歌词

郊庙歌辞·仪坤庙乐章·永和（徐彦伯）

猗若清庙，肃肃荧荧。国荐严祀，坤兴淑灵。有几在室，有乐在庭。临兹孝享，百禄惟宁。

郊庙歌辞·仪坤庙乐章·金奏

阴灵曤祉，轩曜降精。祥符淑气，庆集柔明。瑶俎既列，雕桐发声。徽猷永远，比德皇英。

郊庙歌辞·仪坤庙乐章·太和（丘说）

孝哉我后，冲乎乃圣。道映重华，德辉文命。慕深视箧，情殷抚镜。万国移风，兆人承庆。

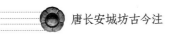

郊庙歌辞·仪坤庙乐章·肃和（张齐贤）

裸圭既濯，郁鬯既陈。画幕云举，黄流玉醇。仪充献酌，礼盛众禋。地察惟孝，愉焉飨亲。

郊庙歌辞·仪坤庙乐章·雍和（郑善玉）

酌郁既灌，芳萧方爇。笾豆静器，簠簋芬飶。鱼腊荐美，牲牷表洁。是戭是将，载迎载列。

郊庙歌辞·仪坤庙乐章·昭升（薛稷）

阳灵配德，阴魄昭升。尧坛凤下，汉室龙兴。俔天作对，前旒是凝。化行南国，道盛西陵。造舟集灌，无德而称。我粢既洁，我醴既澄。阴阴灵庙，光灵若凭。德馨惟享，孝思烝烝。

郊庙歌辞·仪坤庙乐章·坤贞

乾道既亨，坤元以贞。肃雍攸在，辅佐斯成。外睦九族，内光一庭。克生睿哲，祚我休明。钦若徽范，悠哉淑灵。建兹清宫，于彼上京。缩茅以献，洁秬惟馨。实受其福，期乎亿龄。

郊庙歌辞·仪坤庙乐章·寿和（徐坚）

于穆清庙，肃雍严祀。合福受厘，介以繁祉。

郊庙歌辞·仪坤庙乐章·舒和（胡雄）

送文迎武递参差，一始一终光圣仪。四海生人歌有庆，千龄孝享肃无亏。

郊庙歌辞·仪坤庙乐章·安和（刘子玄）

妙算申帷幄，神谋及庙庭。两阶文物备，七德武功成。校猎长杨苑，屯军细柳营。将军献凯入，歌舞溢重城。

郊庙歌辞·仪坤庙乐章·雍和（员半千）

孝享云毕，惟彻有章。云感玄羽，风凄素商。瞻望神座，祗恋匪遑。礼终乐阕，肃雍锵锵。

郊庙歌辞·仪坤庙乐章·永和（祝钦明）

闷宫实实，清庙微微。降格无象，馨香有依。式昭纂庆，方融嗣徽。明禋是享，神保聿归。

郊庙歌辞·仪坤庙乐章·迎神

月灵降德，坤元授光。娥英比秀，任姒均芳。瑶台荐祉，金屋延祥。迎神有乐，歆此嘉芗。

郊庙歌辞·仪坤庙乐章·送神

玉帛仪大，金丝奏广。灵应有孚，冥征不爽。降彼休福，歆兹禋享。送乐有章，神麾其上。

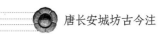

永宁坊

朱雀门街东第三街，从北第八坊

一、坊名释

《说文》曰："永，水长也。"意长久，又云："宁，安也。"《尚书·洪范》云："三曰康宁。"意安定之意。

二、古今址

东南隅，京兆府籍坊，今址：南二环绿地乐和城西邻耐克工厂店。

南门之西，礼部尚书裴行俭宅，今址：西安科技大学紧邻南二环操场。

东门之北，太尉、祁国公王仁皎宅，今址：西安建筑科技大学 14 号住宅楼；西安建筑科技大学 33 号楼；西安建筑科技大学行政楼。

东门，今址：铁一局后村小区 2 号楼。

西门，今址：长安大学塑胶田径场南部靠西。

南门，今址：二环南路东段，雁塔路立交西边。

北门，今址：建设西路百脑汇。

三、附考

《酉阳杂俎》续集卷三记永宁坊王涯宅南有一井，水腐不可饮。今西安建筑科技大学南院地下有温泉，其宾馆、招待所曾多用之以为洗浴。予工作之初曾暂居招待所，初不知温泉，每自水管放水，有异味，臭腐之气不绝，盈于室内。后同室告知："此处地下有温泉也。水为温泉，内含硫磺等物，故异味，只可浴，不可饮。"后予读王涯宅南水腐之事，方知其井腐水为此处温泉。

《酉阳杂俎》所记文曰："永宁王相王涯三怪：淅米匠人苏润，本是王家炊人，至荆州方知，因问王家咎征，言宅南有一井，每夜常沸涌有声，昼窥之，或见铜（一作匜）厮罗，或见银熨斗者，水腐不可饮。又王相内斋有禅床，柘材丝绳，工极精巧，无故解散，各聚一处，王甚恶之，命焚于灶下。又长子孟博，晨兴，见堂地上有凝血数滴，踪至大门方绝，孟博遽令铲去，王相初不知也，未数月及难。"

坊内在中晚唐时期设置有司天台，其地本安禄山永宁园（永宁园之前为张守珪宅），其置之因由，前篇亲仁坊中已有叙述。《旧唐书》卷四十三《职官志》

载，司天台旧称太史局或太史监，隶秘书监。"乾元元年三月十九日敕，改太史监为司天台，改置官属，旧置于子城内秘书省西，今在永宁坊东南角也。"《旧唐书》纂修时，唐长安城已废毁，此处所谓"今在永宁坊东南角"者，显系后晋史官直接抄录唐代原始史料而未加辨别修改所致。

接前篇，安禄山宅（回元观）既在亲仁坊东南隅，坊南隔街即永宁坊所在，如按照方便原则，宅园相距应当不远，玄宗既在亲仁坊宽爽之地为禄山建宅，又赐永宁坊张守珪旧宅作园林游赏之用，两处地方应该隔街相连较合逻辑。史书中云司天台在永宁坊东南角，与北面亲仁坊东南角不是直接相连的场地。按永宁坊东南角今在后村北路与南二环夹角之西南区域，此处为一向南爬升之坡地，地势较之南二环及北部区域显著增高，查 1933 年西安市地形图更为明显。如司天台遗址在此处，应是唐时就自然地形高处而筑台以观天象，俟将来考古印证。

又，今西安建筑科技大学南院内校医院楼之北侧有一连贯之土山（现为景观区，名之为后乐园），自 20 世纪 50 年代该校初建时即存，该处位于永宁坊东北隅区域内，如亲仁坊东南隅安禄山宅与永宁园在位置上相连，那么此处土山或为唐司天台遗存。

《旧唐书》职官志所载司天台人事设置甚详，按志中记录计算此机构人员总数，在乾元元年（758）之后达 600 余名，如此规模之单位，其地亦不可能为占据一隅之地，盖史书所云坊之角者，观象高台所在之地也。司天台人员分布节录如下：

监一人（从三品。本太史局令，从五品下。乾元元年改为监，升从三品，一如殿中秘书品秩也），少监二人（本曰太史丞，从七品下。乾元升为少监，与诸司少监卿同品也），太史令掌观察天文，稽定历数。凡日月星辰之变，风云气色之异，率其属而占候之。其属有司历二人（掌造历），保章正一人（掌教），历生四十一人，监候五人（掌候天文），观生九十人（掌昼夜司候天文气色），灵台郎二人（掌教习天文气色），天文生六十人，挈壶正二人（掌知漏刻），司辰七十人，漏刻典事二十二人，漏刻博士九人，漏刻生三百六十人，典钟一百一十二人，典鼓八十八人，楷书手二人，亭长、掌固各四人。

自乾元元年别置司天台，改置官吏，不同太史局旧数，今据司天职掌书之也。凡玄象器物、天文图书，苟非其任，不得预焉。每季录所见灾祥，送门下中书省，入起居注。岁终总录，封送史馆。每年预造来年历，颁于天下。

五官正五员（正五品。乾元元年置五官，有春、夏、秋、冬、中五官之名），丞二员（正七品），主簿二员（正七品），定额直五人，五官灵台郎五员

（正七品，旧灵台郎，正八品下），掌观天文之变而占候之。凡二十八宿，分为十二次，事具《天文志》也。五官保章正五员（正七品），五官司历五员（正八品，旧司历二人，从九品上），掌国之历法，造历以颁四方。其历有《戊寅历》《麟德历》《神龙历》《大衍历》。天下之测量之处，分至表准，其详可载，故参考星度，稽验晷影，各有典章。

五官监候五员（正八品），五官挈壶正五员（正九品），五官司辰十五员（正九品，旧挈壶正二员，从八品下），司辰十七人（正九品下），皆掌知漏刻。孔壶为漏，浮箭为刻，以告中星昏明之候也。五官礼生十五人，五官楷书手五人，令史五人，漏刻博士二十人。

漏刻之法，孔壶为漏，浮箭为刻。其箭四十有八，昼夜共百刻。冬夏之

刻花石梳背、石盂、鎏金银盒（唐）
出土地点：西安市月登阁村杜华墓
出土时间：2020 年 12 月
原归属地：永宁坊杜华宅，墓主杜华于贞元十四年二月四日终于永宁坊宅
图片来源：陕西省考古研究院《陕西西安月登阁村唐杜华墓发掘简报》（《考古与文物》2021 年第 6 期）

间，有长短。冬至之日，昼漏四十刻，夜漏六十刻。夏至，昼漏六十刻夜漏四十刻。春分秋分之时，昼夜各五十刻。秋分之后，减昼益夜，凡九日加一刻。春分已后，减夜益昼，九日减一刻。二至前后，加减迟，用日多。二分之间，加减速，用日少。候夜以为更点之节。每夜分为五更，每更分为五点。更以击鼓为节，点以击钟为节也。

典钟、典鼓三百五十人，天文观生九十人，天文生五十人，历生五十五人，漏生四十人，视品十人。

已上官吏，皆乾元元年随监司新置也。

读诸书，所见永宁坊被掠两次，其一为黄巢掠张直方宅，僖宗时，坊内有金吾大将军张直方宅，直方好于其宅接宾客。时黄巢犯长安，《旧唐书·僖宗纪》载，广明元年（880）十二月甲申晚晡，黄巢入京城，时右骁卫大将张直方率武官十余迎巢于坡头。是知张直方降黄巢也，然曲意降之，仍救滞留诸臣于宅中。宰相崔沆、豆卢瓒，故相左仆射刘邺、太子少师裴谂、御史中丞赵蒙、刑部侍郎李溥、故相于琮等扈从不及，欲藏于别墅。而搜索甚急，未果。乃投奔永宁里张直方之家。朝贵怙直方之豪，多依之。既而或告贼云直方谋反，纳亡命。贼攻其第，直方族诛，沆、瓒数百人皆遇害。《僖宗纪》载诸官"匿于闾里"，而未云何处，同书《黄巢传》则直载匿于永宁里张直方宅，两记载中多刘邺、裴谂、赵蒙、李溥、于琮等，岂当时修史所引史料相同而有删减表述乎？

其二为神策军天威都首领李顺节被杀后，昭宗大顺二年（891），天威都李顺节（胡弘立、杨守立）为宦官所杀，于是天威、捧日、登封三都大掠永宁坊，至暮乃定，百官表贺。由语义可知，李顺节宅或在永宁坊，不然，顺节死，何故大掠永宁坊？

四、坊中诗

司天台——引古以儆今也（白居易）

司天台，仰观俯察天人际。羲和死来职事废，官不求贤空取艺。昔闻西汉元成间，上陵下替谪见天。北辰微暗少光色，四星煌煌如火赤。耀芒动角射三台，上台半灭中台坼。是时非无太史官，眼见心知不敢言。明朝趋入明光殿，唯奏庆云寿星见。天文时变两如斯，九重天子不得知。不得知，安用台高百尺为。

晚春永宁墅小园独坐，寄上王相公（钱起）

东阁一何静，莺声落日愁。夔龙暂为别，昏旦思兼秋。蕙草出篱外，花枝寄竹幽。上方传雅颂，七夕让风流。

晚自台中归永宁里南望山色怅然有怀呈上右司十一兄（窦群）

白发侵侵生有涯，青襟曾爱紫河车。自怜悟主难归去，马上看山恐到家。

永宁小园寄接近校书（一作羊士谔诗）（窦巩）

故里心期奈别何，手栽芳树忆庭柯。东皋黍熟君应醉，梨叶初红白露多。

永宁小园即事（羊士谔）

萧条梧竹下，秋物映园庐。宿雨方然桂，朝饥更摘蔬。阴苔生白石，时菊覆清渠。陈力当何事，忘言愧道书。

永宁里园亭休沐怅然成咏（羊士谔）

云景含初夏，休归曲陌深。幽帘宜永日，珍树始清阴。迟客唯长簟，忘言有匣琴。画披灵物态，书见古人心。芳草多留步，鲜飙自满襟。劳形非立事，潇洒愧头簪。

酬卢司门晚夏过永宁里弊居林亭见寄（羊士谔）

自叹淮阳卧，谁知去国心。幽亭来北户，高韵得南金。苔甃窥泉少，篮舆爱竹深。风蝉一清暑，应喜脱朝簪。

酬礼部崔员外备独永宁里弊居见寄来诗云，图书锁尘阁，符书守山城（羊士谔）

守土亲巴俗，腰章□汉仪。春行乐职咏，秋感伴牢词。旧里藏书阁，闲门闭槿篱。遥惭退朝客，下马独相思。

永宁里小园与沈校书接近，怅然题寄（羊士谔）

故里心期奈别何，手移芳树忆庭柯。东皋黍熟君应醉，梨叶初红白露多。

重到城七绝句·高相宅（白居易）

青苔故里怀恩地，白发新生抱病身。涕泪虽多无哭处，永宁门馆属他人。

永崇坊

朱雀门街东第三街，从北第九坊

一、坊名释

《尔雅》曰："崇，高也。"《白虎通》曰："天子曰崇城，言崇高也。"既言天子崇城，则永崇之名，或寓恒久为都之意。

二、古今址

东南隅，七太子庙，今址：后村小区1号楼。

庙西，灵应观，今址：省考古研究院家属区至国家煤炭质量监督检验中心一带。

十字街西之南，刑部尚书韦抗宅，今址：省委南门至长安大学雁塔校区春花园一带。

东门，今址：后村西路陕西省委院内。

西门，今址：翠华路，翠华路小学工商银行。

南门，今址：育才路长安大学校本部东院教学区操场中心位置。

北门，今址：省委办公大楼。

三、附考

按《长安志》注所记，七太子庙起先为万、夔六州之邸，总章中为明堂县治所在，后县治又徙于永乐坊。神龙初，在此为懿德太子李重润立庙。天宝六载（747）将隐太子李建成、章怀太子李贤、节愍太子李重俊、惠庄太子李㧑、惠文太子李范、惠宣太子李业神主迁入此庙同祭（事见《礼阁新仪》《旧唐书》），大历三年（768）又迁靖恭太子神主入之，诸太子各为一室，以便子孙祭祀，是知此庙为诸太子同祭之庙，七太子庙之名始于天宝时，而至大历时为八太子庙。文宗大和四年，此庙诸太子庙享停绝，神主埋瘞。由此可见，州邸、县治、一庙、七庙、八庙之变化，在古之建筑并无专一性质，不过随需而易其用而已。而天宝六载迁六太子神主于此者，因此前各庙自祭，"时物有缺，礼仪不备"所致。

《旧唐书》卷九十二《韦抗本传》云：抗为京兆万年人，其父韦安石，"历职以清俭自守，不务产业，及终，丧事殆不能给。玄宗闻其贫，特令给灵舆，递送还乡。赠太子少傅，谥曰贞。"据苏颋《刑部尚书韦抗神道碑》所记，抗终于东都永义里第，是知东都永义里亦有抗宅。终于东都，玄宗赐灵舆递送还乡，故其举丧事当于永崇里之宅内。抗既清廉，不务产业，其两京之宅亦应俭约。查抗之父安石宅在永崇之南隔一坊晋昌坊内，则其永崇坊之宅，父子得无近乎？

坊内有龙兴观，未云何位置。按，唐时长安城内名龙兴观者有两处，一在务本坊，一在永崇坊。务本坊龙兴观之名使用于天宝八载（749）至至德三年（758），后更名为光天观。《历代名画记》中在慈恩寺壁画之后记录有龙兴观壁画，未云是何坊。按，《历代名画记》成书在唐宣宗大中（847—860）前后，时务本坊龙兴观已易名光天观多年。按书中所记寺观所在坊的先后逻辑，此处龙兴观应为永崇坊龙兴观。其文曰："龙兴观，大门内吴画神，已摧剥。殿内东壁吴画明真经变。北面从西第二门，董谔白画。"

四、坊中诗

永崇里观居（白居易）

季夏中气候，烦暑自此收。萧飒风雨天，蝉声暮啾啾。永崇里巷静，华阳观院幽。轩车不到处，满地槐花秋。年光忽冉冉，世事本悠悠。何必待衰老，然后悟浮休。真隐岂长远，至道在冥搜。身虽世界住，心与虚无游。朝饥有蔬食，夜寒有布裘。幸免冻与馁，此外复何求。寡欲虽少病，乐天心不忧。何以明吾志，周易在床头。

题永崇西平王宅太尉愬院六韵（杜牧）

天下无双将，关西第一雄。授符黄石老，学剑白猿翁。矫矫云长勇，恂恂郤縠风。家呼小太尉，国号大梁公。半夜龙骧去，中原虎穴空。陇山兵十万，嗣子握雕弓。

下第后上永崇高侍郎（高蟾）

天上碧桃和露种，日边红杏倚云栽。芙蓉生在秋江上，不向东风怨未开。

上巳日永崇里言怀（崔涂）

未敢分明赏物华，十年如见梦中花。游人过尽衡门掩，独自凭栏到日斜。

赠永崇李将军充襄阳制置使（李洞）

拜官门外发辉光，宿卫阴符注几行。行处近天龙尾滑，猎时陪帝马鬃香。九城王气生旗队，万里寒风入箭疮。从此浩然声价歇，武中还有李襄阳。

昭国坊

朱雀门街东第三街，从北第十坊

一、坊名释

《说文》曰："昭，日明也。"《周礼·考工记》曰："匠人营国。"昭为明，国为都，亦言京城为彰明之城也。

二、古今址

西南隅，崇济寺，今址：大雁塔小学操场及小学家属院 3 号楼。

南门内，太子太傅致仕郑絪宅（此处诸文献未载详细地址，究竟是南门之西还是南门之东，未知），今址：大雁塔北广场西侧唐宗隆酒店建筑及其西绿化景观园一带。

东门，今址：西影路市委党校西影路新村第二排 2 栋楼东面停车场。

西门，今址：小寨东路与翠华路十字东南角大唐商务大厦。

南门，今址：大雁塔北广场西侧德克士、雁月百货商行所在建筑。

北门，今址：育才路长安大学校本部东院教学区操场南跑道。

三、附考

《乐府杂录》载，昭国坊南门里有将军韦青宅，其书《歌》篇载韦青于昭国坊纳善歌乞丐女子张红红事，节录其文曰："大历中，有才人张红红者，本与其父歌于衢路丐食。过将军韦青所居，在昭国坊南门里。青于街褊中闻其歌者喉音寥亮，仍有美色，即纳为姬。其父舍于后户，优给之。乃自传其艺，颖悟绝伦。尝有乐工自撰一曲，即古曲《长命西河女》也，加减其节奏，颇有新声。未进闻，先印可于青。青潜令红红屏风后听之。红红乃以小豆数合，记其节拍。乐工歌罢，青因入问红红如何。云：'已得矣。'青出，绐云：'某有女弟子，久曾歌此，非新曲也。'即令隔屏风歌之，一声不失。乐工大惊异，遂请相见，叹伏不已。再云：'此曲先有一声不稳，今已正矣。'"则张红红辨乐工古曲之事当于昭国坊韦青宅内发生。

《独异志》曾记昭国坊内有驸马李蒙宅，其文曰："唐开元五年春，司天密奏云：'玄象有谪见，其灾甚重。'玄宗大惊，问曰：'何祥。'对曰：'当有名士三十八人同日冤死，今新进及第进士正应其数。'内一人李蒙者，贵主家婿，上不得已，言其事，密戒主曰：'每有大游宴，汝爱婿可闭留其家。'主居昭国里。时大合乐，音曲远畅，曲江涨水，联舟数十艘，进士毕集。蒙闻之，乃逾垣走赴，群众惬望。方登舟，移就池中，暴风忽起，画舸平沈，声伎、持篙楫者不知纪极，三十八人无一生者。"李蒙及进士三十八名淹死事，不见于正史记载。查，开元五年（717）登科进士者有韦述，述因任伪职，至德二载（757）流渝州不食而卒，若果如上文所记，述于登科之初即溺死于曲江，何来后之事迹及著作耶？李蒙其人与其事亦无典籍详载，可知所记之谬，则其昭国宅第亦属乌有。

四、坊中诗

过昭国里故第（韦应物）

不复见故人，一来过故宅。物变知景暗，心伤觉时寂。池荒野筱合，庭绿幽草积。风散花意谢，鸟还山光夕。宿昔方同赏，讵知今念昔。缄室在东厢，遗器不忍觌。柔翰全分意，芳巾尚染泽。残工委筐篚，余素经刀尺。收此还我家，将还复愁惕。永绝携手欢，空存旧行迹。冥冥独无语，杳杳将何适。唯思今古同，时缓伤与戚。

昭国里第听元老师弹琴（韦应物）

竹林高宇霜露清，朱丝玉徽多故情。暗识啼乌与别鹤，只缘中有断肠声。

朝归书寄元八（白居易）

进入阁前拜，退就廊下餐。归来昭国里，人卧马歇鞍。却睡至日午，起坐心浩然。况当好时节，雨后清和天。柿树绿阴合，王家庭院宽。瓶中鄠县酒，墙上终南山。独眠仍独坐，开襟当风前。禅师与诗客，次第来相看。要语连夜语，须眠终日眠。除非奉朝谒，此外无别牵。年长身且健，官贫心甚安。幸无急病痛，不至苦饥寒。自此聊以适，外缘不能干。唯应静者信，难为动者言。台中元侍御，早晚作郎官。未作郎官际，无人相伴闲。

昭国闲居（白居易）

贫闲日高起，门巷昼寂寂。时暑放朝参，天阴少人客。槐花满田地，仅绝人行迹。独在一床眠，清凉风雨夕。勿嫌坊曲远，近即多牵役。勿嫌禄俸薄，厚即多忧责。平生尚恬旷，老大宜安适。何以养吾真，官闲居处僻。

过招国李家南园二首（李商隐）

其一：潘岳无妻客为愁，新人来坐旧妆楼。春风犹自疑联句，雪絮相和飞不休。其二：长亭岁尽雪如波，此去秦关路几多。惟有梦中相近分，卧来无睡欲如何。

病中早访招国李十将军遇挈家游曲江（李商隐）

十顷平波溢岸清，病来惟梦此中行。相如未是真消渴，犹放沱江过锦城。

贺昭国从叔员外转本曹郎中（李洞）

苔砌塔阴浓，朝回尚叫蛩。粟征山县欠，官转水曹重。灯照楼中雨，书求海上峰。诗家无骤显，一一古人踪。

上昭国水部从叔郎中（李洞）

极南极北游，东泛复西流。行匝中华地，魂销四海秋。题诗在琼府，附舶出青州。不遇一公子，弹琴吊古丘。

题水部李羽员外招国里居（郑谷）

野色入前轩，翛然琴与尊。画僧依寺壁，栽苇学江村。自酤花前酒，谁敲雪里门。不辞朝谒远，唯要近慈恩。

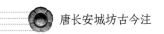

晋昌坊

朱雀门街东第三街，从北第十一坊

一、坊名释

《说文》曰："晋，进也。日出，万物进。"《周易·序卦》曰："晋者，进也。"《尚书·仲虺之诰》曰："邦乃其昌。"名曰晋昌，意兴旺也。此坊亦作进昌坊，同也。

二、古今址

半以东，大慈恩寺，今址：今大慈恩寺及大雁塔南广场、大唐博相府酒店、大慈恩寺遗址公园、慈恩东路兰桂坊建筑群一带。

寺西院，浮图六级，崇三百尺，今址：今大慈恩寺即唐之寺西院。

西南隅，楚国寺，今址：西安交大财经社区南家属院 11 号楼及其附近范围。

十字街之西北，净住寺，今址：雁塔西路东口之东民俗大观园范围。

十字街北之东，尚书左仆射、郇国公韦安石宅，今址：慈恩寺西墙外步行街曲江旅游度假区一带。

东门，今址：芙蓉东路慈恩寺公园内名豪茶舍一线之东侧外别墅区边缘。

西门，今址：翠华路旭光数码摄影。

南门，今址：威斯汀酒店大堂吧。

北门，今址：大雁塔北广场西侧德克士、雁月百货商行所在建筑南面绿化带（含建筑）。

三、附考

《新记》曰："唐慈恩寺，隋无漏寺之故地，武德初废。南院临黄渠，竹木幽邃，为京城之最。"曹尔琴《长安黄渠考》云："今大慈恩寺寺门南向，寺门外一小桥，桥下有渠道。"曹文撰于 20 世纪 90 年代初，今小桥与渠道虽已俱无踪迹，但自慈恩西路自北向南行走，立于雁塔西路东口向南而视，其慈恩路正位于一凹地之底，自慈恩路向南，地势又升高，则慈恩路所在为唐时黄渠之故道软？盖今人建设虽巨，而大地之形势未可根本改变。

《历代名画记》所记慈恩寺中壁画甚详细，其中有慈恩寺塔内壁画之记录，今其

慈恩寺浮图（大雁塔）远眺
图片来源：笔者拍摄

塔尚巍然屹立，而壁画失见。今塔内外悉为明代整修后状况，若将来拆明代所加之青砖、破后世复葺之粉壁，则张氏所记壁画或可重现。录其原文于下："慈恩寺，塔内面东西间，尹琳画，西面菩萨骑狮子，东面骑象。塔下南门，尉迟画。西壁千钵文殊，尉迟画。南北两间及两门，吴画并自题。塔北殿前窗间，吴画菩萨。殿内杨庭光画经变，色损。大殿东轩廊北壁，吴画未了，旧传是吴，细看不是。大殿东廊从北第一院，郑虔、毕宏、王维等白画。入院北壁，二神甚妙，失人名。两廊壁间，阎令画。中间及西廊，李果奴画行僧。塔之东南，中门外偏，张孝师画地狱变，已剥落。院内东廊，从北第一房间南壁，韦銮画松树。大佛殿内东壁好画，失人名。中三门里两面，尹琳画神。"

四、坊中诗

宿晋昌亭闻惊禽（李商隐）

羁绪鳏鳏夜景侵，高窗不掩见惊禽。飞来曲渚烟方合，过尽南塘树更深。胡马嘶和榆塞笛，楚猿吟杂橘村砧。失群挂木知何限，远隔天涯共此心。

子直晋昌李花（得分字）（李商隐）

吴馆何时熨，秦台几夜熏。绡轻谁解卷，香异自先闻。月里谁无姊，云中亦有君。樽前见飘荡，愁极客襟分。

晋昌晚归马上赠（李商隐）

西北朝天路，登临思上才。城闲烟草遍，村暗雨云回。人岂无端别，猿应有

99

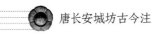
意衰。征南予更远，吟断望乡台。

谒慈恩寺题奘法师房（李治）

停轩观福殿，游目眺皇畿。法轮含日转，花盖接云飞。翠烟香绮阁，丹霞光宝衣。幡虹遥合彩，定水迥分晖。萧然登十地，自得会三归。

谒大慈恩寺（李治）

日宫开万仞，月殿耸千寻。花盖飞团影，幡虹曳曲阴。绮霞遥笼帐，丛珠细网林。寥廓烟云表，超然物外心。

九月九日上幸慈恩寺登浮图，群臣上菊花寿酒（上官婉儿）

帝里重阳节，香园万乘来。却邪黄入佩，献寿菊传杯。塔类承天涌，门疑待佛开。睿词悬日月，长得仰昭回。

奉和过慈恩寺应制（许敬宗）

凤阙邻金地，龙旗拂宝台。云楣将叶并，风牖送花来。月宫清晚桂，虹梁绚早梅。梵境留宸瞩，掞发丽天才。

奉和九月九日登慈恩寺浮图应制（崔日用）

紫宸欢每洽，绀殿法初隆。菊泛延龄酒，兰吹解愠风。咸英调正乐，香梵遍秋空。临幸浮天瑞，重阳日再中。

奉和九月九日登慈恩寺浮屠应制（宋之问）

凤刹侵云半，虹旌倚日边。散花多宝塔，张乐布金田。时菊芳仙酝，秋兰动睿篇。香街稍欲晚，清跸扈归天。

奉和九日登慈恩寺浮图应制（宋之问）

瑞塔千寻起，仙舆九日来。黄房陈宝席，菊蕊散花台。御气鹏霄近，升高凤野开。天歌将梵乐，空里共裴回。

奉和九日登慈恩寺浮图应制（李适）

凤辇乘朝霁，鹓林对晚秋。天文贝叶写，圣泽菊花浮。塔似神功造，龛疑佛影留。幸陪清汉跸，欣奉净居游。

奉和九月九日圣制登慈恩寺浮图应制（刘宪）

飞塔云霄半，清晨羽旆游。登临凭季月，寥廓见中州。御酒新寒退，天文瑞

善业泥（唐）

出土时间：1985 年

出土地点：大慈恩寺遗址

收藏单位：西安博物院

图片来源：笔者拍摄

景留。辟邪将献寿，兹日奉千秋。

闰九月九日幸总持寺登浮图应制（刘宪）

重阳登闰序，上界叶时巡。驻辇天花落，开筵妓乐陈。城端刹柱见，云表露盘新。临睆光辉满，飞文动睿神。

慈恩寺二月半寓言（苏颋）

二月韶春半，三空霁景初。献来应有受，灭尽竟无余。化迹传官寺，归诚谒梵居。殿堂花覆席，观阁柳垂疏。共命枝间鸟，长生水上鱼。问津窥彼岸，迷路得真车。行密幽关静，谈精俗态袪。稻麻欣所遇，蓬籍怆焉如。不驻秦京陌，还题蜀郡舆。爱离方自此，回望独踟蹰。

奉和同皇太子过慈恩寺应制二首（张说）

翼翼宸恩永，煌煌福地开。离光升宝殿，震气绕香台。上界幡花合，中天伎乐来。愿君无量寿，仙乐屡徘徊。朗朗神居峻，轩轩瑞象威。圣君成愿果，太子拂天衣。至乐三灵会，深仁四皓归。还闻涡水曲，更绕白云飞。

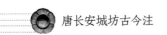

奉和九月九日登慈恩寺浮图应制（李乂）

涌塔临玄地，高层瞰紫微。鸣銮陪帝出，攀橑翊天飞。庆洽重阳寿，文含列象辉。小臣叨载笔，欣此颂巍巍。

奉和九月九日登慈恩寺浮图应制（卢藏用）

化塔龙山起，中天凤辇迁。彩斿牵画刹，杂佩冒香荚。宝叶擎千座，金英渍百盂。秋云飘圣藻，宵极捧连珠。

奉和九月九日登慈恩寺浮屠应制（岑羲）

宝台牟天外，玉辇步云端。日丽重阳景，风摇季月寒。梵堂遥集雁，帝乐近翔鸾。愿献延龄酒，长承湛露欢。

慈恩寺九日应制（薛稷）

宝宫星宿劫，香塔鬼神功。王游盛尘外，睿览出区中。日宇开初景，天词掩大风。微臣谢时菊，薄采入芳丛。

奉和九月九日登慈恩寺浮图应制（马怀素）

季月启重阳，金舆陟宝坊。御旗横日道，仙塔俨云庄。帝跸千官从，乾词七曜光。顾惭文墨职，无以颂时康。

奉和圣制同皇太子游慈恩寺应制（沈佺期）

肃肃莲花界，荧荧贝叶宫。金人来梦里，白马出城中。涌塔初从地，焚香欲遍空。天歌应春籥，非是为春风。

奉和九月九日登慈恩寺浮屠应制（赵彦昭）

出豫乘秋节，登高陟梵宫。皇心满尘界，佛迹现虚空。日月宜长寿，人天得大通。喜闻题宝偈，受记莫由同。

奉和九月九日登慈恩寺浮图应制（萧至忠）

天跸三乘启，星舆六辔行。登高凌宝塔，极目遍王城。神卫空中绕，仙歌云外清。重阳千万寿，率舞颂升平。

奉和九月九日登慈恩寺浮图应制（李迥秀）

沙界人王塔，金绳梵帝游。言从祇树赏，行玩菊丛秋。御酒调甘露，天花拂彩斿。尧年将佛日，同此庆时休。

奉和九月九日登慈恩寺浮图应制（杨廉）

万乘临真境，重阳眺远空。慈云浮雁塔，定水映龙宫。宝铎含飙响，仙轮带日红。天文将瑞色，辉焕满寰中。

奉和九月九日登慈恩寺浮图应制（辛替否）

洪慈均动植，至德俯深玄。出豫从初地，登高适梵天。白云飞御藻，慧日暖皇编。别有秋原藿，长倾雨露缘。

奉和九月九日登慈恩寺浮图应制（王景）

玉辇移中禁，珠梯览四禅。重阶清汉接，飞宸紫霄悬。缀叶披天藻，吹花散御筵。无因鸾跸暇，俱舞鹤林前。

奉和九月九日登慈恩寺浮图应制（毕乾泰）

鹦林花塔启，凤辇顺时游。重九昭皇庆，大千扬帝休。耆阇妙法阐，王舍睿文流。至德覃无极，小臣歌讵酬。

奉和九月九日登慈恩寺浮图应制（鞠瞻）

扈跸游玄地，陪仙瞰紫微。似迈铢衣劫，将同羽化飞。雕戈秋日丽，宝剑晓霜霏。献觞乘菊序，长愿奉天晖。

奉和九月九日登慈恩寺浮图应制（樊忱）

净境重阳节，仙游万乘来。插黄登鹫岭，把菊坐蜂台。十地祥云合，三天瑞景开。秋风词更远，窃抃乐康哉。

奉和九月九日登慈恩寺浮图应制（孙佺）

应节黄房满，初寒菊圃新。龙旗焕辰极，凤驾俨香闉。莲井偏宜夏，梅梁更若春。一忻陪雁塔，还似得天身。

奉和九月九日登慈恩寺浮图应制（李从远）

九月从时豫，三乘为法开。中宵日天子，半座宝如来。摘果珠盘献，攀萸玉辇回。愿将尘露点，遥奉光明台。

奉和九月九日登慈恩寺浮图应制（周利用）

山豫乘金节，飞文焕日宫。黄房开圣酒，杏苑被玄功。塔向三天迥，禅收八解空。叨恩奉兰藉，终愧洽薰风。

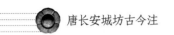

奉和九月九日登慈恩寺浮图应制（张景源）

飞塔凌霄起，宸游一届焉。金壶新泛菊，宝座即披莲。就日摇香辇，凭云出梵天。祥氛与佳色，相伴杂炉烟。

奉和九月九日登慈恩寺浮图应制（李恒）

宝地邻丹掖，香台瞰碧云。河山天外出，城阙树中分。睿藻兰英秀，仙杯菊蕊薰。愿将今日乐，长奉圣明君。

奉和九月九日登慈恩寺浮图应制（张锡）

九秋霜景净，千门晓望通。仙游光御路，瑞塔迥凌空。菊彩扬尧日，萸香绕舜风。天文丽辰象，窈抃仰层穹。

奉和九月九日登慈恩寺浮图应制（解琬）

瑞塔临初地，金舆幸上方。空边有清净，觉处无馨香。雨霁微尘敛，风秋定水凉。兹辰采仙菊，荐寿庆重阳。

奉和九月九日登慈恩寺浮图应制（郑愔）

涌霄开宝塔，倒影驻仙舆。雁子乘堂处，龙王起藏初。秋风圣主曲，佳气史官书。愿献重阳寿，承欢万岁余。

白牡丹（裴士淹）

长安年少惜春残，争认慈恩紫牡丹。别有玉盘乘露冷，无人起就月中看。

同诸公登慈恩寺塔（储光羲）

金祠起真宇，直上青云垂。地静我亦闲，登之秋清时。苍芜宜春苑，片碧昆明池。谁道天汉高，逍遥方在兹。虚形宾太极，携手行翠微。雷雨傍杳冥，鬼神中蹴踥。灵变在倏忽，莫能穷天涯。冠上闾阖开，履下鸿雁飞。宫室低逦迤，群山小参差。俯仰宇宙空，庶随了义归。崛岉非大厦，久居亦以危。

慈恩伽蓝清会（韦应物）

素友俱薄世，屡招清景赏。鸣钟悟音闻，宿昔心已往。重门相洞达，高宇亦遐朗。岚岭晓城分，清阴夏条长。氲氛芳台馥，萧散竹池广。平荷随波泛，回飙激林响。蔬食遵道侣，泊怀遗滞想。何彼尘昏人，区区在天壤。

慈恩精舍南池作（韦应物）

清境岂云远，炎氛忽如遗。重门布绿阴，菡萏满广池。石发散清浅，林光动涟漪。缘崖摘紫房，扣槛集灵龟。沌沌余露气，馥馥幽襟披。积喧忻物旷，耽玩觉景驰。明晨复趋府，幽赏当反思。

慈恩寺南池秋荷咏（韦应物）

对殿含凉气，裁规覆清沼。衰红受露多，余馥依人少。萧萧远尘迹，飒飒凌秋晓。节谢客来稀，回塘方独绕。

与高适、薛据同登慈恩寺浮图（岑参）

塔势如涌出，孤高耸天宫。登临出世界，磴道盘虚空。突兀压神州，峥嵘如鬼工。四角碍白日，七层摩苍穹。下窥指高鸟，俯听闻惊风。连山若波涛，奔凑似朝东。青槐夹驰道，宫馆何玲珑。秋色从西来，苍然满关中。五陵北原上，万古青濛濛。净理了可悟，胜因夙所宗。誓将挂冠去，觉道资无穷。

雪后与群公过慈恩寺（岑参）

乘兴忽相招，僧房暮与朝。雪融双树湿，沙暗一灯烧。竹外山低塔，藤间院隔桥。归家如欲懒，俗虑向来销。

同诸公登慈恩寺浮图（高适）

香界泯群有，浮图岂诸相。登临骇孤高，披拂欣大壮。言是羽翼生，迥出虚空上。顿疑身世别，乃觉形神王。宫阙皆户前，山河尽檐向。秋风昨夜至，秦塞多清旷。千里何苍苍，五陵郁相望。盛时惭阮步，末宦知周防。输效独无因，斯焉可游放。

同诸公登慈恩寺塔（杜甫）

高标跨苍穹，烈风无时休。自非旷士怀，登兹翻百忧。方知象教力，足可追冥搜。仰穿龙蛇窟，始出枝撑幽。七星在北户，河汉声西流。羲和鞭白日，少昊行清秋。秦山忽破碎，泾渭不可求。俯视但一气，焉能辨皇州。回首叫虞舜，苍梧云正愁。惜哉瑶池饮，日晏昆仑丘。黄鹄去不息，哀鸣何所投。君看随阳雁，各有稻粱谋。

题僧房（一作题慈恩寺振上人院）（韩翃）

披衣闻客至，关锁此时开。鸣磬夕阳尽，卷帘秋色来。名香连竹径，清梵出花台。身在心无住，他方到几回。

春日游慈恩寺寄畅当（耿沣）

浮世今何事，空门此谛真。死生俱是梦，哀乐讵关身。远草光连水，春篁色离尘。当从庚中庶，诗客更何人。

慈恩寺残春（耿沣）

双林花已尽，叶色占残芳。若问同游客，高年最断肠。

慈恩寺石磬歌（卢纶）

灵山石磬生海西，海涛平处与山齐。长眉老僧同佛力，咒使鲛人往求得。珠穴沈成绿浪痕，天衣拂尽苍苔色。星汉徘徊山有风，禅翁静扣月明中。群仙下云龙出水，鸾鹤交飞半空里。山精木魅不可听，落叶秋砧一时起。花宫查查响泠泠，无数沙门昏梦醒。古廊灯下见行道，疏林池边闻诵经。徒壮洪钟秘高阁，万金费尽工雕凿。岂如全质挂青松，数叶残云一片峰。吾师宝之寿中国，愿同劫石无终极。

同钱郎中晚春过慈恩寺（卢纶）

不见僧中旧，仍逢雨后春。惜花将爱寺，俱是白头人。

同崔峒补阙慈恩寺避暑（卢纶）

寺凉高树合，卧石绿阴中。伴鹤惭仙侣，依僧学老翁。鱼沉荷叶露，鸟散竹林风。始悟尘居者，应将火宅同。

题慈恩寺塔（章八元）

十层突兀在虚空，四十门开面面风。却怪鸟飞平地上，自惊人语半天中。回梯暗踏如穿洞，绝顶初攀似出笼。落日凤城佳气合，满城春树雨濛濛。

慈恩寺怀旧（李端）

去者不可忆，旧游相见时。凌霄徒更发，非是看花期。倚玉交文友，登龙年月久。东阁许联床，西郊亦携手。彼苍何暧昧，薄劣翻居后。重入远师溪，谁尝陶令酒。伊昔会禅宫，容辉在眼中。篮舆来问道，玉柄解谈空。孔席亡颜子，僧堂失谢公。遗文一书壁，新竹再移丛。始聚终成散，朝欢暮不同。春霞方照日，夜烛忽迎风。蚁斗声犹在，鹓灾道已穷。问天应默默，归宅太匆匆。凄其履还路，莽苍云林暮。九陌似无人，五陵空有雾。缅怀山阳笛，永恨平原赋。错莫过门栏，分明识行路。上智本全真，郡公况重臣。唯应抚灵运，暂是忆嘉宾。存信松犹小，缄哀草尚新。鲤庭埋玉树，那忍见门人。

慈恩寺暕上人房招耿拾遗（李端）

悠然对惠远，共结故山期。汲井树阴下，闭门亭午时。地闲花落厚，石浅水流迟。愿与神仙客，同来事本师。

同苗发慈恩寺避暑（李端）

追凉寻宝刹，畏日望璇题。卧草同鸳侣，临池似虎溪。树闲人迹外，山晚鸟行西。若问无心法，莲花隔淤泥。

早春游慈恩南池（司空曙）

山寺临池水，春愁望远生。蹋桥逢鹤起，寻竹值泉横。新柳丝犹短，轻蘋叶未成。还如虎溪上，日暮伴僧行。

残莺百啭歌同王员外耿拾遗吉中孚李端游慈恩各赋一物（司空曙）

残莺一何怨，百啭相寻续。始辨下将高，稍分长复促。绵蛮巧状语，机节终如曲。野客赏应迟，幽僧闻诅足。禅斋深树夏阴清，零落空余三两声。金谷筝中传不似，山阳笛里写难成。忆昨乱啼无远近，晴宫晓色偏相引。送暖初随柳色来，辞芳暗逐花枝尽。歌残莺，歌残莺，悠然万感生。谢朓羁怀方一听，何郎闲吟本多情。乃知众鸟非俦比，暮噪晨鸣倦人耳。共爱奇音那可亲，年年出谷待新春。此时断绝为君惜，明日玄蝉催发白。

慈恩寺起上人院（武元衡）

禅堂支许同，清论道源穷。起灭秋云尽，虚无夕霭空。池澄山倒影，林动叶翻风。他日焚香待，还来礼惠聪。

奉和许阁老霁后慈恩寺杏园看花同用花字口号（权德舆）

杏林微雨霁，灼灼满瑶华。左掖期先至，中园景未斜。含毫歌白雪，藉草醉流霞。独限金闺籍，支颐啜茗花。

和李中丞慈恩寺清上人院牡丹花歌（权德舆）

澹荡韶光三月中，牡丹偏自占春风。时过宝地寻香径，已见新花出故丛。曲水亭西杏园北，浓芳深院红霞色。擢秀全胜珠树林，结根幸在青莲域。艳蕊鲜房次第开，含烟洗露照苍苔。庞眉倚杖禅僧起，轻翅萦枝舞蝶来。独坐南台时共美，闲行古刹情何已。花间一曲奏阳春，应为芬芳比君子。

和郑少师相公题慈恩寺禅院（杨巨源）

旧寺长桐孙，朝天是圣恩。谢公诗更老，萧傅道方尊。白法知深得，苍生要重论。若为将此望，心地向空门。

早秋登慈恩寺塔（欧阳詹）

宝塔过千仞，登临尽四维。毫端分马颊，墨点辨蛾眉。地迥风弥紧，天长日久迟。因高欲有赋，远意惨生悲。

元和五年，予因官不了罚俸西归，三月六日至陕府，与吴十一雄端公、崔二十二院长思怆曩游，因投五十韵（元稹）

小年闲爱春，认得春风意。未有花草时，先醲晓窗睡。霞朝澹云色，霁景牵诗思。渐到柳枝头，川光始明媚。长安车马客，倾心奉权贵。昼夜尘土中，那言早春至。此时我独游，我游有伦次。闲行曲江岸，便宿慈恩寺。扣林引寒龟，疏丛出幽翠。凌晨过杏园，晓露凝芳气。初阳好明净，嫩树怜低庳。排房似缀珠，欲啼红脸泪。新莺语娇小，浅水光流利。冷饮空腹杯，因成日高醉。酒醒闻饭钟，随僧受遗施。餐罢还复游，过从上文记。行逢二月半，始足游春骑。是时春已老，我游亦云既。藤开九华观，草结三条隧。新笋踊犀株，落梅翻蝶翅。名倡绣毂车，公子青丝辔。朝士还旬休，豪家得春赐。提携好音乐，翦铲空田地。同占杏花园，喧阗各丛萃。顾予烦寝兴，复往散憔悴。倦仆色肌羸，蹇驴行跛痹。春衫未成就，冬服渐尘腻。倾盖吟短章，书空忆难字。遥闻公主笑，近被王孙戏。邀我上华筵，横头坐宾位。那知我年少，深解酒中事。能唱犯声歌，偏精变筹义。含词待残拍，促舞递繁吹。叫噪掷投盘，生狞摄觥使。逡巡光景晏，散乱东西异。古观闭闲门，依然复幽闷。无端矫情性，漫学求科试。薄艺何足云，虚名偶频遂。拾遗天子前，密奏升平议。召见不须臾，憸庸已猜忌。朝陪香案班，暮作风尘尉。去岁又登朝，登为柏台吏。台官相束缚，不许放情志。寓直劳送迎，上堂烦避讳。分司在东洛，所职尤不易。罚俸得西归，心知受朝庇。常山攻小寇，淮右择良帅。国难身不行，劳生欲何为。吾兄谙性灵，崔子同臭味。投此挂冠词，一生还自恣。

使东川·梁州梦（元稹）

梦君同绕曲江头，也向慈恩院院游。亭吏呼人排去马，所惊身在古梁州。

琵琶歌（寄管儿，兼诲铁山。此后并新题乐府）（元稹）

琵琶宫调八十一，旋宫三调弹不出。玄宗偏许贺怀智，段师此艺还相匹。自后流传指拨衰，昆仑善才徒尔为。澒声少得似雷吼，缠弦不敢弹羊皮。人间奇事会相续，但有卞和无有玉。段师弟子数十人，李家管儿称上足。管儿不作供奉儿，抛在东都双鬓丝。逢人便请送杯盏，著尽工夫人不知。李家兄弟皆爱酒，我是酒徒为密友。著作曾邀连夜宿，中碾春溪华新绿。平明船载管儿行，尽日听弹无限曲。曲名无限知者鲜，霓裳羽衣偏宛转。凉州大遍最豪嘈，六幺散序多笼撚。我闻此曲深赏奇，赏著奇处惊管儿。管儿为我双泪垂，自弹此曲长自悲。泪垂捍拨朱弦湿，冰泉呜咽流莺涩。因兹弹作雨霖铃，风雨萧条鬼神泣。一弹既罢又一弹，珠幢夜静风珊珊。低回慢弄关山思，坐对燕然秋月寒。月寒一声深殿磬，骤弹曲破音繁并。百万金铃旋玉盘，醉客满船皆暂醒。自兹听后六七年，管儿在洛我朝天。游想慈恩杏园里，梦寐仁风花树前。去年御史留东台，公私蹙促颜不开。今春制狱正撩乱，昼夜推囚心似灰。暂辍归时寻著作，著作南园花坼萼。胭脂耀眼桃正红，雪片满溪梅已落。是夕青春值三五，花枝向月云含吐。著作施樽命管儿，管儿久别今方睹。管儿还为弹六幺，六幺依旧声迢迢。猿鸣雪岫来三峡，鹤唳晴空闻九霄。逡巡弹得六幺彻，霜刀破竹无残节。幽关鸦轧胡雁悲，断弦翥骛层冰裂。我为含凄叹奇绝，许作长歌始终说。艺奇思寡尘事多，许来寒暑又经过。如今左降在闲处，始为管儿歌此歌。歌此歌，寄管儿。管儿管儿忧尔衰，尔衰之后继者谁。继之无乃在铁山，铁山已近曹穆间。性灵甚好功犹浅，急处未得臻幽闲。努力铁山勤学取，莫遣后来无所祖。

代书诗一百韵寄微之（白居易）

忆在贞元岁，初登典校司。身名同日授，心事一言知。肺腑都无隔，形骸两不羁。疏狂属年少，闲散为官卑。分定金兰契，言通药石规。交贤方汲汲，友直每偲偲。有月多同赏，无杯不共持。秋风拂琴匣，夜雪卷书帷。高上慈恩塔，幽寻皇子陂。唐昌玉蕊会，崇敬牡丹期。笑劝迁辛酒，闲吟短李诗。儒风爱敦质，佛理赏玄师。度日曾无闷，通宵靡不为。双声联律句，八面对宫棋。往往游三省，腾腾出九逵。寒销直城路，春到曲江池。树暖枝条弱，山晴彩翠奇。峰攒石绿点，柳宛鹅黄丝。岸草烟铺地，园花雪压枝。早光红照耀，新溜碧逶迤。幄幕侵堤布，盘筵占地施。征伶皆绝艺，选伎悉名姬。粉黛凝春态，金钿耀水嬉。风流夸堕髻，时世斗啼眉。密坐随欢促，华尊逐胜移。香飘歌袂动，翠落舞钗遗。筹插红螺碗，觥飞白玉卮。打嫌调笑易，饮讶卷波迟。残席喧哗散，归鞍酩酊骑。酡颜乌帽侧，醉袖玉鞭垂。紫陌传钟鼓，红尘塞路岐。几时曾暂别，何处不相随。荏苒星霜换，回环节候催。两衙多请告，三考欲成资。运启千年圣，天成万物宜。皆当少壮日，同惜盛明时。光景嗟虚掷，云霄窃暗窥。攻文朝矻矻，讲学夜孜孜。策目穿如札，锋毫锐若锥。繁张获鸟网，坚守钓鱼坻。并受夔龙荐，齐陈晁董词。万言经济略，三策太平基。中第争无敌，专场战不疲。辅车排胜阵，掎角搴降旗。双阙纷容卫，千僚俨等衰。恩随紫泥降，名向白麻披。既在高科选，还从好爵縻。东垣君谏诤，西邑我驱驰。再喜登乌府，多惭侍赤墀。官班分内外，游处遂参差。每列鹓鸾序，偏瞻獬豸姿。简威霜凛冽，衣彩绣葳蕤。正色摧强御，刚肠嫉喔咿。常憎持禄位，不拟保妻儿。养勇期除恶，输忠在灭私。下韝惊燕雀，当道慑狐狸。南国人无怨，东台吏不欺。理冤多定国，切谏甚辛毗。造次行于是，平生志在兹。道将心共直，言与行兼危。水暗波翻覆，山藏路险巇。未为明主识，已被幸臣疑。木秀遭风折，兰芳遇霰萎。千钧势易压，一柱力难支。腾口因成痏，吹毛遂得疵。忧来吟贝锦，谪去咏江蓠。邂逅尘中遇，殷勤马上辞。贾生离魏阙，王粲向荆夷。水过清源寺，山经绮季祠。心摇汉皋珮，泪堕岘亭碑。驿路缘云际，城楼枕水湄。思乡多绕泽，望阙独登陴。林晚青萧索，江平绿渺弥。野秋鸣蟋蟀，沙冷聚鸬鹚。官舍黄茅屋，人家苦竹篱。白醪充夜酌，红粟备晨炊。寡鹤摧风翮，鳏鱼失水鬐。暗雏啼渴旦，凉叶坠相思。一点寒灯灭，三声晓角吹。蓝衫经雨故，骢马卧霜羸。念涸谁濡沫，嫌醒自歠醨。耳垂无伯乐，舌在有张仪。负气冲星剑，倾心向日葵。金言自销铄，玉性肯磷缁。伸屈须看蠖，穷通莫问龟。定知身是患，应用道为医。想子今如彼，嗟予独在斯。无惨当岁杪，有梦到天涯。坐阻连襟带，行乖接履綦。润销衣上雾，香散室中芝。念远缘迁贬，惊时为别离。素书三往复，明月七盈亏。旧里非难到，余欢不可追。树依兴善老，草傍静安衰。前事思如昨，中怀写向谁。北村寻古柏，南宅访辛夷。此日空搔首，何人共解颐。病多知夜永，年长觉秋悲。不饮长如醉，加餐亦似饥。狂吟一千字，因使寄微之。

三月三十日题慈恩寺（白居易）

慈恩春色今朝尽，尽日裴回倚寺门。惆怅春归留不得，紫藤花下渐黄昏。

酬元员外三月三十日慈恩寺相忆见寄（白居易）

怅望慈恩三月尽，紫桐花落鸟关关。诚知曲水春相忆，其奈长沙老未还。赤岭猿声催白首，黄茅瘴色换朱颜。谁言南国无霜雪，尽在愁人鬓发间。

赠昙禅师（梦中作）（白居易）

五年不入慈恩寺，今日寻师始一来。欲知火宅焚烧苦，方寸如今化作灰。

慈恩寺有感（时杓直初逝，居敬方病）（白居易）

自问有何惆怅事，寺门临入却迟回。李家哭泣元家病，柿叶红时独自来。

曲江亭望慈恩寺杏园花发（李君何）

春晴凭水轩，仙杏发南园。开蕊风初晓，浮香景欲暄。光华临御陌，色相对空门。野雪遥添净，山烟近借繁。地闲分鹿苑，景胜类桃源。况值新晴日，芳枝度彩鸳。

曲江亭望慈恩寺杏园花发（周弘亮）

江亭闲望处，远近见秦源。古寺迟春景，新花发杏园。萼中轻蕊密，枝上素姿繁。拂雨云初起，含风雪欲翻。容辉明十地，香气遍千门。愿莫随桃李，芳菲不为言。

曲江亭望慈恩寺杏园花发（陈翥）

曲江晴望好，近接梵王家。十亩开金地，千林发杏花。映雪犹误雪，煦日欲成霞。紫陌传香远，红泉落影斜。园中春尚早，亭上路非赊。芳景堪游处，其如惜物华。

曲江亭望慈恩寺杏园花发（曹著）

渚亭临净域，凭望一开轩。晚日分初地，东风发杏园。异香飘九陌，丽色映千门。照灼瑶华散，葳蕤玉露繁。未教游妓折，乍听早莺喧。谁复争桃李，含芳自不言。

登长安慈恩寺塔（卢宗回）

东方晓日上翔鸾，西转苍龙拂露盘。渭水寒光摇藻井，玉峰晴色上朱阑。九重宫阙参差见，百二山河表里观。暂辍去蓬悲不定，一凭金界望长安。

曲江亭望慈恩杏花发（沈亚之）

曲台晴好望，近接梵王家。十亩开金地，千株发杏花。带云犹误雪，映日欲欺霞。紫陌传香远，红泉落影斜。园中春尚早，亭上路非赊。芳景偏堪赏，其如积岁华。

观花后游慈恩寺（施肩吾）

世事知难了，应须问苦空。羞将看花眼，来入梵王宫。

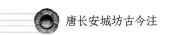

送狄兼谟下第归故山（姚合）

慈恩塔上名，昨日败垂成。赁舍应无直，居山岂钓声。半年犹小隐，数日得闲行。映竹窥猿剧，寻云探鹤情。爱花高酒户，煮药污茶铛。莫便多时住，烟霄路在城。

春日游慈恩寺（姚合）

年长归何处，青山未有家。赏春无酒饮，多看寺中花。

慈恩寺避暑（李远）

香荷疑散麝，风铎似调琴。不觉清凉晚，归人满柳阴。

晚游慈恩寺（刘得仁）

寺去幽居近，每来因采薇。伴僧行不困，临水语忘归。磬动青林晚，人惊白鹭飞。堪嗟浮俗事，皆与道相违。

晚步曲江因谒慈恩寺恭上人（刘得仁）

岂日趣名者，年年待命通。坐令青嶂上，兴起白云中。岸浸如天水，林含似雨风。南宗犹有碣，西寺问恭公。

夏日游慈恩寺（刘得仁）

何处消长日，慈恩精舍频。僧高容野客，树密绝嚣尘。闲上凌虚塔，相逢避暑人。却愁归去路，马迹并车轮。

慈恩寺塔下避暑（刘得仁）

古松凌巨塔，修竹映空廊。竟日闻虚籁，深山只此凉。僧真生我静，水淡发茶香。坐久东楼望，钟声振夕阳。

春尽独游慈恩寺南池（赵嘏）

竹外池塘烟雨收，送春无伴亦迟留。秦城马上半年客，潘鬓水边今日愁。气变晚云红映阙，风含高树碧遮楼。杏园花落游人尽，独为圭峰一举头。

送慈恩寺霄韵法师谒太原李司空（贾岛）

何故谒司空，云山知几重。碛遥来雁尽，雪急去僧逢。清磬先寒角，禅灯彻晓烽。旧房闲片石，倚著最高松。

慈恩寺上座院（贾岛）

未委衡山色，何如对塔峰。曩宵曾宿此，今夕值秋浓。羽族栖烟竹，寒流带月钟。井甘源起异，泉涌渍苔封。

宿慈恩寺郁公房（贾岛）

病身来寄宿，自扫一床闲。反照临江磬，新秋过雨山。竹阴移冷月，荷气带禅关。独住天台意，方从内请还。

寄慈恩寺郁上人（贾岛）

中秋期夕望，虚室省相容。北斗生清漏，南山出碧重。露寒鸠宿竹，鸿过月圆钟。此夜情应切，衡阳旧住峰。

酬慈恩寺文郁上人（贾岛）

袈裟影入禁池清，犹忆乡山近赤城。篱落蟏间寒蟹过，莓苔石上晚蛩行。期登野阁闲应甚，阻宿山房疾未平。闻说又寻南岳去，无端诗思忽然生。

夏日登慈恩寺（刘沧）

金界时来一访僧，天香飘翠琐窗凝。碧池静照寒松影，清昼深悬古殿灯。晚景风蝉催节候，高空云鸟度轩层。尘机消尽话玄理，暮磬出林疏韵澄。

秋宿慈恩寺遂上人院（一作送宋震先辈赴青州）（李频）

满阁终南色，清宵独倚栏。风高斜汉动，叶下曲江寒。帝里求名老，空门见性难。吾师无一事，不似在长安。

题慈恩寺元遂上人院（许棠）

竹槛匝回廊，城中似外方。月云开作片，枝鸟立成行。径接河源润，庭容塔影凉。天台频去说，谁占最高房。

登慈恩寺塔（张乔）

窗户几层风，清凉碧落中。世人来往别，烟景古今同。列岫横秦断，长河极塞空。斜阳越乡思，天末见归鸿。

题水部李羽员外招国里居（郑谷）

野色入前轩，翛然琴与尊。画僧依寺壁，栽苇学江村。自酌花前酒，谁敲雪里门。不辞朝谒远，唯要近慈恩。

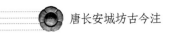

题慈恩寺默公院（郑谷）

虽近曲江居古寺，旧山终忆九华峰。春来老病厌迎送，剪却牡丹栽野松。

慈恩寺偶题（郑谷）

往事悠悠添浩叹，劳生扰扰竟何能。故山岁晚不归去，高塔晴来独自登。林下听经秋苑鹿，江边扫叶夕阳僧。吟余却起双峰念，曾看庵西瀑布冰。

曲江宴日呈诸同年（徐夤）

鸑鷟惊与凤凰同，忽向中兴遇至公。金榜连名升碧落，紫花封敕出琼宫。天知惜日迟迟暮，春为催花旋旋红。好是慈恩题了望，白云飞尽塔连空。

寄两浙罗书记（徐夤）

进即湮沈退却升，钱塘风月过金陵。鸿才入贡无人换，白首从军有诏征。博簿集成时辈骂，谏书编就薄徒憎。怜君道在名长在，不到慈恩最上层。

依韵答黄校书（徐夤）

慈恩雁塔参差榜，杏苑莺花次第游。白日有愁犹可散，青山高卧况无愁。

慈恩寺贻楚霄上人（曹松）

在秦生楚思，波浪接禅关。塔碍高林鸟，窗开白日山。树阴移草上，岸色透庭间。入内谈经彻，空携讲疏还。

慈恩寺东楼（曹松）

寺楼凉出竹，非与曲江赊。野火流穿苑，秦山叠入巴。风梢离众叶，岸角积虚沙。此地钟声近，令人思未涯。

题慈恩友人房（李洞）

贾生耽此寺，胜事入诗多。鹤宿星千树，僧归烧一坡。塔棱垂雪水，江色映茶锅。长久堪栖息，休言忆镜波。

秋日同觉公上人眺慈恩塔六韵（李洞）

九级笋莲宫，晴登袖拂虹。房廊窥井底，世界出笼中。照牖三山火，吹铃八极风。细闻槎客语，遥辨海鱼冲。禁静声连北，江寒影在东。谒师开秘锁，尘日闭虚空。

送包处士（李洞）

秋思枕月卧潇湘，寄宿慈恩竹里房。性急却于棋上慢，身闲未免药中忙。休抛手网惊龙睡，曾挂头巾拂鸟行。闻说石门君旧隐，寒峰溅瀑坏书堂。

登慈恩寺塔（杨玢）

紫云楼下曲江平，鸦噪残阳麦陇青。莫上慈恩最高处，不堪看又不堪听。

题慈恩塔（荆叔）

汉国山河在，秦陵草树深。暮云千里色，无处不伤心。曾题名处添前字，送出城人乞旧衣。（神龙已来，杏园宴后，皆于慈恩塔下题名，及第后知闻。或遇未及第时题名处，则为添前字，故诗云。见摭言）

寄梁先辈（齐己）

慈恩塔下曲江边，别后多应梦到仙。时去与谁论此事，乱来何处觅同年。陈琳笔砚甘前席，甪里烟霞待共眠。爱惜麻衣好颜色，未教朱紫污天然。

和御制游慈恩寺（慈恩寺沙门）

皇风扇祇树，至德茂禅林。仙华曜日彩，神幡曳远阴。绮殿笼霞影，飞阁出云心。细草希慈泽，恩光重更深。

和九月九日登慈恩寺浮图应制（赵彦伯）

出豫垂佳节，凭高陟梵宫。皇心满尘界，佛迹现虚空。日月宜长寿，天人得大通。喜闻题宝偈，受记莫由同。

塔院小屋，四壁皆是卿相题名，因成四韵（徐夤）

雁塔搀空映九衢，每看华宇每踟蹰。题名尽是台衡迹，满壁堪为宰辅图。鸾凤岂巢荆棘树，虬龙多蛰帝王都。谁知远客思归梦，夜夜无船自过湖。

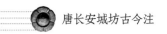
通善坊

朱雀门街东第三街，从北第十二坊

一、坊名释

《说文》曰："通，达也。"又云："善，吉也。"言通善，寓以吉。

二、古今址

东门，今址：雁南一路芙蓉阁酒店。
西门，今址：翠华路通泰·曲江左岸大楼之北区域内。
南门，今址：贞观北街西段南部空地（陕西大剧院）。
北门，今址：西安曲江艺术博物馆天井内。

三、附考

《长安志》中有黄渠记载，是知黄渠自该坊流经。上文晋昌坊附考中引《新记》文曰："南院临黄渠"，并有今学者黄渠遗迹考证。古今所记考分明，故知黄渠自通善坊北部流经，而该渠究竟自坊内北部穿坊而过，还是自坊外流经？结合《新记》与复原图来看，当为晋昌、通善两坊之间。又，诸书只言杏园在通善坊之内，并无具体位置。姚合《杏园》诗云："江头数顷杏花开，车马争先尽此来。"刘沧《及第后宴曲江》亦云："及第新春选胜游，古园初宴曲江头。"凡人为诗，未免有夸张饱誉之处，而无论作何夸张，地点基本信息当交代无误。皆云"江头""曲江头"，足见杏园与曲江水面相邻，又云"数顷"，亦可知该园所占通善坊内大部分区域。杨鸿年《隋唐两京坊里谱》中又收录祁明府宅，是据洛阳千唐志斋所藏《祁明府夫人兰氏墓志铭》所得。除祁宅外，至今竟未见有其他宅居，疑兰氏墓志通善之通字有误。如祁宅建于此，当时该坊内亦属绝少人居之地。

通济坊

朱雀门街东第三街，从北第十三坊

一、坊名释

《诗经·齐风·载驱》云："四骊济济。"意美好也。济从水旁，而有众多之意，既言通济，寓达于美好之期。坊近曲江池水面，此处名通济以表其状乎？

二、古今址

东门，今址：曲江公馆 B 区北 2 门。

西门，今址：慈恩西路陕西省植物研究所（宗江金桌宴酒楼）。

南门，今址：雁南二路新艺术中心。

北门，今址：贞观北街西段南部空地。

三、附考

坊内除记有桓彦范宅与刘得仁宅两处外，其余皆为家庙，计有令狐楚、卢钧、权德舆等。地临南郭，路远且偏，生人居者绝少，多置祭祀之所。桓彦范活动于初唐，其时长安城内尚未人口多繁，旷地尚多，不知身为高官之范为何建宅于此，颇费解。《全唐诗》所收刘得仁诗中，据内容考察，大多咏于长安。有数首皆可直接或间接证其通济里宅。其一《夏日通济里居酬诸先辈见访诗》云："君子远相寻，联镳到敝林。有诗谁索和，无酒可赊斟。门列晴峰色，堂开古木阴。何因驻清听，惟恐日西沉。"其中"君子远相寻"句可证其居之偏远，"门列晴峰色"当是其南面终南，山色入户。又，《通济里居酬卢肇见寻不遇》中有"云山堪眺望"句，亦可见其宅面南山。再，《晚游慈恩寺》中首句便云"寺去幽居近"，慈恩寺在晋昌坊，刘宅在通济坊，南北一坊之隔，足言相近。《春日雨后作》有"北阙明如画，南山碧动人"句，亦可想城中雨后远望景致，今虽北阙不存，而有高楼万丈，南山依旧，古今景致何其相似。查得仁身为贵主之子，皇帝之甥，竟偏居南郭寥落之通济，力求科举正名，常好咏诗，终不得中，其生平甚为可悲！韦庄有悼诗《刘得仁墓》，其中"至公遗至艺，终抱至冤深。名有诗家业，身无戚里心"数句，亦可见其身世。

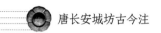

四、坊中诗

夏日通济里居酬诸先辈见访（刘得仁）

君子远相寻，联镳到敝林。有诗谁索和，无酒可赊酤。门列晴峰色，堂开古木阴。何因驻清听，惟恐日西沉。

通济里居酬卢肇见寻不遇（刘得仁）

衡门掩绿苔，树下绝尘埃。偶赴高僧约，旋知长者来。云山堪眺望，车马必裴回。问以何为待，惭无酒一杯。

下第寄知己（曹邺）

长安孟春至，枯树花亦发。忧人此时心，冷若松上雪。自知才不堪，岂敢频泣血。所痛无罪者，明时屡遭刖。故山秋草多，一卷成古辙。夜来远心起，梦见潇湘月。大贤冠盖高，何事怜屑屑。不令伤弓鸟，日暮飞向越。闻知感激语，胸中如有物。举头望青天，白日头上没。归来通济里，开户山鼠出。中庭广寂寥，但见薇与蕨。无虑数尺躯，委作泉下骨。唯愁揽清镜，不见昨日发。愿怜闺中女，晚嫁唯守节。勿惜四座言，女巧难自说。

朱雀门街东第四街

长乐坊

朱雀门街东第四街，从北第一坊

一、坊名释

长乐之名，寓长久快乐意，乃吉语。《韩非子·功名》曰："以尊主御忠臣，则长乐生而功名成。"汉高祖建长乐宫，汉瓦又有长乐未央，莫不为吉。此坊入唐后曾更名延政，因坊北临大明宫延政门之故。

二、古今址

大半以东，大安国寺，今址：寺址南部在长缨西路 462 号多彩城品牌时装大世界，向北至大华中学范围内。

西南隅，兴唐观，今址：东北城角内皇城坊住宅小区一带。皇城坊之南东八路即在长乐坊、大宁坊之间，与两坊之间大街重合。

东门，今址：华清西路 118 号兰州正宗拉面馆。

西门，今址：西安机务段东南空场地。

南门，今址：电业新村小区 25 栋。

北门，今址：欣主赐教堂一带。

三、附考

大安国寺为睿宗居藩旧宅，《寺塔记》云寺中红楼为睿宗在藩时舞榭，后附红楼连句可知楼院之环境。元和时，广宣上人居于此，皇子旧日娱乐之所，后为僧所居，亦可见建筑传承之关系。上人雅好为诗，名于一时，频与士大夫结交。而韩愈不胜其扰，作诗以嘲之，其诗云："三百六旬长扰扰，不冲风雨即尘埃。久惭朝士无裨补，空愧高僧数往来。学道穷年何所得，吟诗竟日未能回。天寒古寺游人少，红叶窗前有几堆。"其求诗之频繁，不识趣之相，或可

白石文殊菩萨造像（唐）
出土时间：1959 年 7 月
出土地点：西安市明城墙东北隅外 500 米
图片来源：笔者拍摄

描金白石菩萨头像（唐）

见一斑。又，元稹、王涯皆有与广宣上人所对诗传。

《旧唐书》卷十五《宪宗本纪》载："（元和八年秋七月）癸酉，命中尉彭中献修兴唐观，壮其规制，北拒禁城，开复道以通行幸。"《唐会要》卷五十载："元和八年七月。命中尉彭忠献帅徒三百人。修兴唐观。赐钱十万。使壮其旧制。其观北拒禁城。因是开复道为行幸之所。是日。又命以内库绢千匹。茶千斤。为兴唐观复道夫役之赐。又以庄宅钱五十万。杂谷千石。充修斋醮之费。"长乐坊与大明宫紧邻，观在坊内西南隅，临坊外之街，此街向北直通大明宫望仙门，亦仅咫尺之距。此处开复道以为行幸之所，复道之名见于东夹城，既云复道以便皇帝行幸，应是与东夹城形式相同，潜行其中，外人莫知之，则复道之开自望仙门外吗？

又，权德舆作有《兴唐观新钟铭》，此文未载具体年代，而其中有"是观经构之初，与旧钟俱当开元甲戌，距今七十有七岁"之记。按文所叙，甲戌岁为开元二十二年（734），以元和八年（813）修兴唐观之事，其77年之计，当为除去元和八年与开元二十二年而算。而《唐会要》卷五十载："兴唐观，在长乐坊。本司农园地，开元十八年造观，其时有敕，令速成之。遂拆兴庆宫通乾殿造天尊殿，取大明宫乘云阁造门屋楼，白莲花殿造精思堂屋，拆甘泉殿造老君殿。"前后对照，则开元时兴建兴唐观，前后当历经4年建成。故有"经构之初，当开元甲戌"之记。

《历代名画记》记有坊内安国寺壁画，描述甚详："安国寺东车门直北东壁北院门外画神。两壁及梁武帝、郗后等，并吴画并题。经院小堂内外并吴画。西廊南头院西面堂内南北壁，并中三门外东西壁，梵王帝释并杨廷（庭）光画。三门东西两壁释天等，吴画，工人成色损。东廊大法师院塔内，尉迟画及吴画。大佛殿东西二神，吴画，工人成色损。殿内维摩变，吴画。东北涅槃变，杨廷（庭）光画。西壁西方变，吴画，工人成色损。殿内正南佛，吴画，轻成色。"

四、坊中诗

游长安诸寺联句·长乐坊安国寺·红楼联句

张希复：重叠碎晴空，余霞更照红。蝉踪近鸦鹊，鸟道接相风。**段成式：**苔静金轮路，云轻白日宫。壁诗传谢客，门榜占休公。

游长安诸寺联句·长乐坊安国寺·穗柏联句

段成式：一院暑难侵，莓苔共影深。标枝争息鸟，余吹正开襟。**张希复：**宿雨香添色，残阳石在阴。乘闲动诗意，助静入禅心。

游长安诸寺联句·长乐坊安国寺·题璘公院

郑符：静，虚。热际，安居。**段成式：**龛灯敛，印香除。东林宾客，西涧图书。檐外垂青豆，经中发白蕖。纵辩宗因衮衮，忘言理事如如。泉台定将入流否，邻笛足疑清梵余。

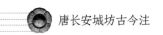

大宁坊

朱雀门街东第四街，从北第二坊

一、坊名释

《说文》曰："宁，安也。"取大宁，意大安。

二、古今址

东南隅，兴唐寺，今址：新城区长乐西路187号澳龙服装批发商城至华东国际商贸中心一带，跨长乐西路，澳龙服装城之南丁字路。

西南隅，太清宫，今址：东五路之南，东四路之北，西安市供电局城区分局市区保电站。

西门之南，左侍极、兼右相陆敦信宅，今址：尚爱路与东六路交叉东南角之青海大厦。

次南，大理卿孙伏伽宅，今址：今东五路以北至兄弟烤肉坊南坊巷拐角处范围。

南门之东，户部尚书许圉师宅，今址：长乐西路408号西安人民搪瓷厂小区、西部商贸中心。

东门，今址：第四军医大学校内继教楼之东。

西门，今址：尚爱路55号青海大厦斜对面马家肉丸胡辣汤店。

南门，今址：环城东路与长乐路交汇处东南角，朝阳国际广场东南角。

北门，今址：搪瓷北巷电业新村22栋与15号楼之间。

三、附考

罔极寺本神龙元年（705）太平公主为武后所立，时名罔极寺。开元二十年（732）更名兴唐寺，寺中有明皇御容，并有吴道子、杨庭光、周昉、尉迟乙僧等名家所绘壁画，韩幹所绘僧一行写真像亦藏于此寺。唐睿宗、玄宗时期，著名数学家、天文学家僧一行居于此寺内。

今罔极寺在西安炮房街盈栋大厦与长乐坊小区之间区域内，亦云为唐代皇家寺院。此处距离唐大宁坊本寺位置近二里（自今寺门至澳龙服装城丁字路口直线距离950米），今寺所处位于唐安兴坊十字街东之南的位置，该位置据文献记载推断，应为岐王李范宅之北的范围（南门之东，申王㧑宅，宅以东岐

王范宅），与唐代罔极寺并无关系。今寺之创建，抑或唐亡后自大宁坊内迁来
欤？待考。

　　大宁坊太清宫始建于天宝元年（742）正月，兴建原因是陈王府参军田同
秀上奏的一件祥瑞事件，同秀言玄元皇帝降于丹凤门前的大街之上，以"天下
太平、圣寿无疆"之类的话让见闻者传给玄宗皇帝，并说赐灵符于尹喜故宅。
皇帝得奏使人至故宅寻符，果然于尹台之西得之。所以置庙于大宁坊中，时名
玄元皇帝庙，后改为太清宫，宫南开三门，两重，东西各开一门，一重。每门
安戟。宫内之老子圣像为太白山白石所作，衮冕之服，南向，玄宗、肃宗、德
宗侍立左右，皆朱衣朝服。天宝五载（746），又以当时的重臣李林甫、陈希烈
石像安放，俨然是一朝堂矣。林甫身败名裂，改刻其像为杨国忠，希烈、国忠
败，又尽毁其像。玄宗后期昏庸之状，由此可见。

　　《历代名画记》记有兴唐寺内各处之壁画甚为详细，"兴唐寺三门楼下，吴
画神。东般若院，杨廷（庭）光画山水等。西院韩干画一行大师真，徐浩书
赞。又有吴生、周昉绢画。中三门内东西偏两壁，尉迟画。殿轩廊东面南壁，
吴画。净土院，董谔、尹琳、杨坦、杨乔画。院内次北廊向东塔院内西壁，吴
画金刚变，工人成色损。次南廊吴画金刚经变及郗后等，并自题。小殿内吴画
神菩萨帝释，西壁西方变，亦吴画。东南角吴弟子李生画金光明经变。讲堂
内，杨廷（庭）光画"。上文中所述之"净上院"疑为"净土院"之误，盖版
本传抄过程中所致。

四、坊中诗

步虚词（太清宫作）（顾况）

迥步游三洞，清心礼七真。飞符超羽翼，焚火醮星辰。残药沾鸡犬，灵香出
凤麟。壶中无窄处，愿得一容身。

奉和杜相公太清宫纪事陈诚上李相公十六韵（杜元颖也）
（韩愈）

未郏兴姬国，辒辌建夏家。在功诚可尚，于道诋为华。象帝威容大，仙宗宝
历赊。卫门罗载橐，图壁杂龙蛇。礼乐追尊盛，乾坤降福遐。四真皆齿列，二圣
亦肩差。阳月时之首，阴泉气未牙。殿阶铺水碧，庭炬坼金葩。紫极观忘倦，青
词奏不哗。噌吰宫夜辟，嘈囋鼓晨挝。襄味陈奚取，名香荐孔嘉。垂祥纷可录，
俾寿浩无涯。贵相山瞻峻，清文玉绝瑕。代工声问远，摄事敬恭加。皎洁当天月，

葳蕤捧日霞。唱妍酬亦丽，俯仰但称嗟。

上元日听太清宫步虚（张仲素）

仙客开金箓，元辰会玉京。灵歌宾紫府，雅韵出层城。磬杂音徐彻，风飘响更清。纤余空外尽，断续听中生。舞鹤纷将集，流云住未行。谁知九陌上，尘俗仰遗声。

太清宫闻滴漏（严巨川）

玉漏移中禁，齐车入太清。渐知催辨色，复听续余声。乍逐微风转，时因杂珮轻。青楼人罢梦，紫陌骑将行。残魄栖初尽，余寒滴更生。惭非朝谒客，空有振衣情。

郊庙歌辞·太清宫乐章·煌煌

煌煌道宫，肃肃太清。礼光尊祖，乐备充庭。磬竭诚至，希夷降灵。云凝翠盖，风焰红旌。众真以从，九奏初迎。永惟休祐，是锡和平。

郊庙歌辞·太清宫乐章·冲和

虚无结思，钟磬和音。歌以颂德，香以达心。礼殊祼鬯，义感昭临。灵车至止，庆垂惵惵。

郊庙歌辞·太清宫乐章·香初上

肃肃我祖，绵绵道宗。至感潜达，灵心暗通。云軿御气，芝盖随风。四时禋祀，万国来同。

郊庙歌辞·太清宫乐章·再上

仙宗绩道，我李承天。庆深虚极，符光象先。俗登仁寿，化阐蟬涓。五千贻范，亿万斯年。

郊庙歌辞·太清宫乐章·终上

不宰元功，无为上圣。洪源长发，诞受天命。金奏迎真，璇宫展盛。备礼周乐，垂光储庆。

郊庙歌辞·太清宫乐章·紫极舞

至道生元气，重圆法混成。无为观大象，冲用体常名。仙乐临丹阙，云车出玉京。灵符百代应，瑞节九贞迎。宝运开皇极，天临映太清。长垂一德庆，永庇万方宁。

郊庙歌辞·太清宫乐章·序入破第一奏

真宗开妙理，冲教统清虚。化演无为日，言昭有象初。瑶台肃灵瑞，金阙映仙居。一奏三清乐，长回八景舆。

郊庙歌辞·太清宫乐章·第二奏

虚极仙宗本，希夷象帝先。百灵朝太上，万法祖重圆。善贷惟冲德，功成谓自然。云门达和气，思用合钧天。

郊庙歌辞·太清宫乐章·第三奏

元符传紫极，宝祚启高真。道德先垂裕，冲和已化淳。人风齐太古，天瑞叶惟新。仙乐清都上，长明交泰辰。

郊庙歌辞·太清宫乐章·登歌

严禋展事，理洁烝尝。皇矣圣祖，德惟馨香。盛荐既撤，工歌载扬。大来之庆，降福穰穰。

郊庙歌辞·太清宫乐章·真和

玉磬含香，金炉既馥。风驭泠泠，云坛肃肃。杳归大象，霈流嘉福。俾宁万邦，无思不服。

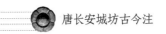

安兴坊

朱雀门街东第四街，从北第三坊

一、坊名释

《尔雅》云："安，定也。"《说文》云："兴，起也。"安兴之义，安定而后兴起。此后改名广化，《唐会要》卷八六《城郭》载："至德二（三）载正月二十七日，改丹凤门为明凤门，安化门为达礼门，安上门为先天门，及坊名有'安'者悉改之，寻并却如故。"则《唐会要》所记易坊名有安者，安兴更名广化亦应在此时。所不同者，其他易名后均复原名，以致今不知其当时更改状况。独广化一坊得以保留延续。广化者，析其义有二，一出《素问·五常政大论》："敦阜之纪，是谓广化。"所谓敦阜者，五运主岁之中，土运太过之名也。一出释教，意为以广大之佛法度化众生也。辛德勇《隋大兴城坊考稿》"安兴坊"条中对更名之情况亦有详考。

二、古今址

南门之东，申王拣宅，宅东岐山范宅，今址：东关正街东方星苑、更新小区、柿园新村、公安碑林分局家属院范围内。

西门之北，户部尚陆象先宅，次北开府仪同三司宋璟宅，今址：中山门小区北门。

十字街之西北，净住寺，今址：加丽连锁酒店、电力公司小东门社区 1 栋范围内。

东门，今址：长乐坊 197 号。

西门，今址：东新街 80 号。

南门，今址：东关正街 109 号。

北门，今址：永乐路西安二染厂招待所。

三、附考

韦安石宅诸书只云十字街之东，查南门之东区域内有二王宅，文献既云韦安石宅在十字街之东，而未云东南、东北，结合二王宅所在范围，安石宅若在此坊，或在十字街北之东耶？又，晋昌坊内亦记有韦安石宅，其位置即云在十字街北之东。对比两条记载，晋昌坊似更符合事实，何则？安石之子抗立宅于永崇坊，与晋昌相近，父子宅第相近者为合逻辑，又如杨国忠宅在宣阳坊，国忠四子皆立宅于亲仁坊之类。由此，安兴坊内韦安石宅条应为传抄辨识之误。另，安兴、晋昌两坊内容相同者，尚有净住寺，此条记云本为隋吏部尚书裴弘齐宅，在隋时此城远未充满，重臣居于京城之南疏远之坊于理不合。又，安兴之西为永兴，其坊内有隋工部尚书宇文恺宅，可作旁证。唐段成式《寺塔记》述其于会昌三年（843）对晋昌坊内楚国寺、慈恩寺描述甚详，而无净住寺条。北宋吕大防《长安图》残拓尚有安兴坊部分，其中即明确刻绘有净住寺，但其寺在十字街之东北区域内，与所记西北有误，不知何故。辛德勇《隋大兴城坊考稿》亦云为清人徐松作《唐两京城坊考》时之误移入晋昌坊。综上，净住寺应在安兴坊。

玄宗时，坊中有杨贵妃之堂兄杨铦宅，天宝五载（746）七月，妃以遣送归杨铦宅，未几，玄宗思之，高力士伏奏请迎贵妃归院。是夜，开安兴里门入内。此事《旧唐书》《新唐书》杨贵妃传皆记，故知此坊有杨铦宅，查安兴坊与兴庆宫为邻，知其时玄宗应在南内兴庆宫。

懿宗时，坊中有同昌公主宅，公主倍宠于帝，而早薨。当其出降，宅中宝物无数。《太平广记》有同昌公主篇，专记其事，内中多有其宅中陈设之宝，其文曰：

咸通九年，同昌公主出降。宅于广化里，锡钱五百万贯。更罄内库珍宝，以实其宅。而房栊户牖，无不以众宝饰之。更以金银为井栏药臼，食柜水槽。铛釜盆瓮之属，缕金为笊篱箕筐。制水晶火齐琉璃玳瑁等为床，搘以金龟银鹿。更琢五色玉为器皿什物，合百宝为圆案。赐金麦银粟共数斛，此皆太宗朝条支国所献也。堂中设连珠之帐，却寒之帘，犀簟牙席，龙凤绣。连珠帐，续真珠以成也。却寒帘，类玳瑁斑，有紫色，云却寒鸟骨之所为也。但未知出于何国。

更有鹧鸪枕、翡翠匣、神丝绣被。其枕以七宝合为鹧鸪之斑，其匣饰以翠羽。神丝绣被，三千鸳鸯，仍间以奇花异叶，精巧华丽，可得而知矣。其上缀以灵粟之珠如粟粒，五色辉焕。更有蠲忿犀如意玉。其犀圆如弹丸，入土不朽烂；带之，令人蠲忿怒。如意玉类枕头，上有七孔，云通明之象。

更有瑟瑟幕，纹布巾、火蚕绵、九玉钗。其幕色如瑟瑟，阔三尺，长一百尺，轻明虚薄，无以为比。向空张之，则疏朗之纹，如碧丝之贯其珠。虽大雨暴降，不能沾湿，云以蛟人瑞香膏所傅故也。纹布巾即手巾也，洁白如雪，光软绝伦，拭水不濡，用之弥年，亦未尝垢。二物称得鬼谷国。火蚕绵出火洲，絮衣一袭，止用一两，稍过度，则燠蒸之气不可奈。九玉钗上刻九鸾，皆九色，其上有字曰"玉儿"，精巧奇妙，殆非人制。有得于金陵者，因以献。公主酬之甚厚。一日昼寝，梦绛衣奴传语云："南齐潘淑妃取九鸾钗。"及觉，具以梦中之言告于左右。公主薨，其钗亦不知其处。韦氏异其事，遂以实语诸门人。或曰："玉儿即潘妃小字。"逮诸珍异，不可具载。自汉唐公主出降之盛，未之有也。公主乘七宝步辇，四角缀五色锦香囊。囊中贮辟邪香瑞麟香金凤香，此皆异国献者。仍杂以龙脑金屑，镂水晶玛瑙辟尘犀为龙凤花木状。其上悉络真珠玳瑁，更以金丝为流苏，雕轻玉为浮动。每一出游，则芬香街巷，晶光耀日，观者眩其目。时有中贵人，买酒于广化旗亭，忽相谓曰："坐来香气？何太异也？"同席曰："岂非龙脑乎？"曰："非也。予幼给事于嫔妃宫，故此常闻此。未知今日何由而致。"因顾问当垆者，云："公主步辇夫，以锦衣质酒于此。"中贵人共请视之，益叹异焉。

上日赐御馔汤药，而道路之使相属。其馔有消灵炙、红虬脯。其酒则有凝露浆、桂花醖。其茶则有绿花、紫英之号。灵消炙，一羊之肉，取四两，虽经暑毒，终不臭败。红虬脯，非虬也。但贮于盘中，缕健如红丝，高一尺，以筋抑之，无三四分，撤即复故。其诸品味，他人莫能识。而公主家人餐饫，如里中糠秕。一日大会韦氏之族于广化里，玉馔具陈。暑气将甚，公主命取澄水帛以蘸之，挂于南轩，满座皆思挟纩。澄水帛长八九尺，似布而细，明薄可鉴。云其中有龙涎，故能消

海兽葡萄镜（唐）
出土地点：西安市南郊缪家寨村东西安植物园西侧唐王元忠夫妇墓
出土时间：2018年4月至2020年12月
原归属地：安兴坊王元忠宅
图片来源：郑州大学历史学院、西安市文物保护考古研究院《西安南郊缪家寨唐王元忠夫妇墓发掘简报》（《文物》2022年第10期）

暑也。韦氏诸宗好为叶子戏，夜则公主以红琉璃盘，盛夜光珠，令僧祁捧立堂中，则光明如昼焉。公主始有疾，召术士米宾为禳法，乃以香蜡烛遗之。米氏之邻人，觉香气异常，或诣门诘其故，宾具以事对。出其烛，方二寸，长尺余，其上施五彩。爇之，竟夕不尽。郁烈之气，可闻于百步余。烟出于上，即成楼阁台殿之状。或云，烛中有蜃脂也。

公主疾既甚，医者欲难其药，奏云："得红蜜白猿膏，食之可愈。"上令检内库，得红蜜数石，本兜离国所贡。白猿膏数瓮，本南海所献。虽日加药饵，终无其验。

公主薨。上哀痛，遂自制挽歌词，令朝臣继和。反庭祭日，百司内官，皆用金玉饰车舆服玩，以焚于韦氏庭，韦家争取灰以择金宝。及葬于东郊，上与淑妃御延兴门。出内库金骆驼凤凰麒麟各高数尺，以为仪从。其衣服玩具，与人无异。每一物皆至一百二十舆。刻木为数殿，龙凤花木人畜之象者不可胜计。以绛罗绮绣，络以金珠瑟瑟，为帐幕者千队。其幢节伞盖，弥街翳日。旌旗珂佩卤簿，率多加等。敕紫尼及女道士为侍从引翼。焚升霄百灵之香，而击归天紫金之磬。繁华辉焕，殆将二十余里。

上又赐酒一百斛，饼饻三十骆驼，各径阔二尺，饲役夫也。京城士庶罢业观者流汗相属，唯恐居后。及灵辀过延兴门，上与淑妃恸哭，中外闻者，无不伤痛。同日葬乳母，上更作《祭乳母文》。词质而意切，人多传诵。自后上日夕注心挂意。

李可及进《叹百年曲》，声词哀怨，听之莫不泪下。更教数十人作《叹百年队》。取内库珍宝雕成首饰，取绢八百匹画作鱼龙波浪文，以为地衣。每舞竟，珠翠满地。可及官历大将军，赏赐盈万。甚无状，左军容使西门季玄素颇梗直，乃谓可及曰："尔恣巧媚以惑天子，族无日矣。"可及恃宠，无有少改。可及善喘喉舌，于天子前，弄眼作头脑，连声著词，唱曲。须臾间，变态百数不休。是时京城不调少年相效，谓之拍弹。

一日可及乞假为子娶妇，上曰："即令送酒面及来，以助汝嘉礼。"可及归至舍，俄一中贵人监二银榼各高二尺余，宣赐可及。始以为酒，及启，皆实以金宝。上赐可及银麒麟高数尺。可及取官库车，载往私第。西门季玄曰："今日受赐用官车，他日破家，亦须辇还内府。不道受赏，徒劳牛足。"后可及果流于岭表，旧赐珍玩，悉皆进入。君子谓季玄有先见之明。

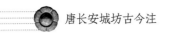

胜业坊

朱雀门街东第四街，从北第四坊

一、坊名释

隋名宜仁，顾名思义，地宜于仁人所居。唐因寺而更名，佛教言胜业净土，《大唐三藏圣教序》云："译布中夏，宣扬胜业。"

二、古今址

西南隅，胜业寺，今址：东南城角角楼之西第一座马面墙、城墙内建国门综合市场，向南跨护城河。

十字街北之西，修慈尼寺，今址：古迹岭小区 18A、18D 号楼。

寺西，甘露尼寺，今址：自前地址向西，今为环城东路与护城河也，东门城楼之南第四马面墙及以北范围。

西北隅，薛王业宅，今址：碑林区东大街社区，建国一巷、二巷、三巷区域内。

东北隅，宁王宪山池院，今址：碑林区柿园路 248 号东关小学、碑林区语言文字工作委员会，南至大新巷。

东南隅，宁王宪宅，今址：就业局家属院至卧龙巷干休所一带。

十字街北之东，银青光禄大夫薛绘宅，今址：由南向北为古迹岭小区 24 号楼、枣园巷、邮电局家属院、南牌楼巷一带。

狗脊岭（古迹岭），今址：碑林区老年大学至兴庆熙园小区一带。

东门，今址：东关南街蔡家巷 2 号石榴小院东边家属楼。

西门，今址：建国五巷之南信义巷 55 号院西端。

南门，今址：咸宁西路 41 号鑫达广告后院 7 天酒店。

北门，今址：东关正街如家快捷酒店（西安东门店）。

三、附考

坊以寺名，寺以僧创，沙门景晖以预言李渊之龙运而得恩遇，其与明之姚广孝境遇有相似处也。《续高僧传》卷二十六《隋京师静觉寺释法周传十七》有景晖事迹，其文云："唐运初基，为僧景晖于仁寿坊置胜业寺。召周经始，敕知寺任。又改坊名，还符寺号。初晖同诸僧侣住在长安，晚又变改常度，形同俗服。栖泊寺宇，不舍戒业。

言语隐伏，时符谶记。高祖昔任岐州，登有前识。既承大宝，追忆往言，图像立庙，爰彰徽号。"

薛王业为睿宗第五子，赐宅于胜业坊西北隅，宅本礼部尚书韦行俭宅，业尝疾病，上亲为祈祷，及愈，车驾幸其第，置酒宴乐，更为初生之欢。玄宗赋诗曰："昔见漳滨卧，言将人事违。今逢诞庆日，犹谓学仙归。棠棣花重满，鹡原鸟再飞。"其恩意如此。

宁王宪宅，《旧唐书》卷九十五《皇帝宪传》云："宪于胜业东南角赐宅。"志中又记胜业东北隅为宪之山池院，宪本名成器，为睿宗长子，合立皇储，辞让于楚王隆基，故曰"让皇帝"，诸王宅分布于安兴、胜业两坊，而胜业之宪宅当属规模最大，从文献叙述来看，宁王之宅合据胜业东北、东南区域内，东北为园林，东南为宅居，申王㧑、岐王范于安兴坊东南赐宅，薛王业于胜业西北角赐宅，邸第相望，环于宫侧。

玄宗于兴庆宫西南置楼，西面题曰花萼相辉之楼，南面题曰勤政务本之楼（此处亦说明花萼相辉与勤政务本楼是一连体建筑）。前文既言宁王宪之宅在本坊东南隅，方位明确。由此可知，宁王宪宅建于狗脊岭东端之侧。

此坊诸志中记载有狗脊岭，经复原叠合，今东关南街与兴庆西路之间有古迹岭，音同而字异，位于唐胜业坊东南区域内。又，诸史书皆记东市内亦有狗脊岭，《册府元龟》卷九百三十五载，唐文宗敕以左神策军兵马二百余人领韩约于东市西北隅狗脊岭处斩。《旧唐书》卷一百二十七《蒋镇传》载"斩于东市西北街"等等条目，不一而述。东市西北隅与胜业坊东南隅相对，由胜业坊、东市内位置陈述可知，狗脊岭为一斜向（西南—东北走向）且地势高之大坡（文献中有云"东市西坡"等，西南部位于东市西北隅、东北部位于胜业坊东南区域内）。又查1933年西安市地形详图，明清西安城墙东南城角与乐居场之间有一突出高地（西端自南面城垣自东向西第二马面处开始，地势向东逐渐增高），高地东北角标注有"古迹岭"地名，经对比复原图可知，该高地范围正位于崇仁坊东南隅资圣寺之东侧、东市西北隅、胜业坊西南区域内，与诸文献相合，为唐时狗脊岭无疑。

今之古迹岭命名问题：唐亡城毁，其地百姓以原狗脊岭所经胜业坊内之部分沿袭专名，时移世易，狗脊之名俗土且不雅，遂取谐音名古迹岭，既云唐时古迹之留，又增怀古之幽思，复化俗为雅矣。

今之兴庆西路与唐时兴庆宫与胜业坊之间道路空间重合。

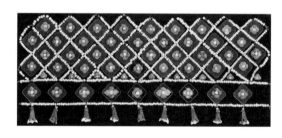

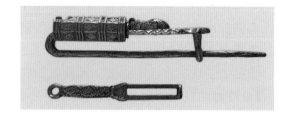

三足小银壶、裙腰配饰、小螺钿镜

出土地点：西安理工大学曲江新校区

出土时间：2001 年 11 月至 2002 年 8 月

原归属地：胜业坊李倕宅，墓主李倕于开元二十四年四月七日终于胜业坊宅

图片来源：陕西省考古研究院《唐李倕墓发掘简报》（《考古与文物》2015 年第 6 期）

四、坊中诗

过大哥宅探得歌字韵（李隆基）

鲁卫情先重，亲贤爱转多。晃疏丰暇日，乘景暂经过。戚里申高宴，平台奏雅歌。复寻为善乐，方验保山河。

同玉真公主过大哥山池（李隆基）

地有招贤处，人传乐善名。鹫池临九达，龙岫对层城。桂月先秋冷，蘋风向晚清。凤楼遥可见，仿佛玉箫声。

过大哥山池题石壁（李隆基）

澄潭皎镜石崔巍，万壑千岩暗绿苔。林亭自有幽贞趣，况复秋深爽气来。

清明日诏宴宁王山池赋得飞字（张说）

今日清明宴，佳境惜芳菲。摇扬花杂下，娇啭莺乱飞。绿渚传歌榜，红桥度舞旂。和风偏应律，细雨不沾衣。承恩如改火，春去春来归。

四月十三日诏宴宁王亭子赋得好字（张说）

何许承恩宴，山亭风日好。绿嫩鸣鹤洲，阴秾斗鸡道。果思夏来茂，花嫌春去早。行乐无限时，皇情及芳草。

奉和圣制过宁王宅应制（张说）

进酒忘忧观，箫韶喜降临。帝尧敦族礼，王季友兄心。竹院龙鸣笛，梧宫凤绕林。大风将小雅，一字尽千金。

奉和圣制同玉真公主过大哥山池题石壁应制（张说）

绿竹初成苑，丹砂欲化金。乘龙与骖凤，歌吹满山林。爽气凝情迥，寒光映浦深。忘忧题此观，为乐赏同心。

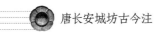

东市

朱雀门街东第四街，南北尽二坊之地，市内有东市局

一、古今址

东北十字街，今址：东市路与乐居场路十字之东（乐居场小区 1 号楼之北）。
东南十字街，今址：乐居场秦晋商务大厦。
西北十字街，今址：太乙路与东市路十字之东。
西南十字街，今址：太乙路 207 号。

二、附考

据 2022 年 12 月 16 日新华社所发新闻《唐长安城东市遗址发现佛造像窖藏》介绍，2022 年 7 月初在东市放生池遗址南侧，市内一条南北向道路东侧发现佛造像窖藏。"窖藏内的佛像多已损毁，佛造像多数头部缺失。目前仅清理了小龛内一小部分，出土小型泥塑、陶质、石质佛像及佛塔构件、天王俑等 680 余件。"观各家新闻发布之图片，造像大多损毁，无头者居多，似为仓促象征性破坏后集中掩埋所致，联系到诸史所记唐武宗会昌灭佛，并有日僧圆仁《入唐求法巡礼行记》记载："会昌三年（六月）廿七日，夜三更，东市失火，烧东市曹门已西十二行四千余家，官私钱物、金银绢药等总烧尽。……（六月）廿九日，长乐门外失火，烧草场。向前有敕，焚烧内里佛经，又埋佛菩萨、天王像等，向后二处失火，其后又东市二夜数处失火。"当灭佛之际，有敕焚烧佛经与埋藏佛菩萨天王像，近代以来唐长安城遗址内发现佛造像窖藏甚多，以石质残像为主，此次东市所出泥质居多，无论何种质地，其入藏原因应皆属《巡礼行记》所记载此类。记中记载东市连续失火事，应属非战争时期的唐长安城内一极大消防事故，自以往所公布东西市发掘资料来看，市内店铺遗址鳞次栉比，每个店铺皆窄小无比，相互紧邻，所谓一次失火，烧 4000 余家，从如此密集且窄小的店铺排列来看，显然并非夸张。"官私钱物、金银绢药等总烧尽"，此后至唐末，恐东市此前之繁华状况不再矣。

三、市中诗

河湟（杜牧）

元载相公曾借箸，宪宗皇帝亦留神。旋见衣冠就东市，忽遗弓剑不西巡。牧

佛造像窖藏

出土时间：2022 年 7 月

出土地点：东市遗址

图片来源：新华社《唐长安城东市遗址发现佛造像窖藏》(中国社会科学院考古研究所陕西第一工作队供图)

"东市库郝景"墨书银饼（唐）

出土时间：1973 年

出土地点：西安市何家村陕西省公安厅收容遣送站（兴化坊遗址）

收藏单位：陕西历史博物馆

图片来源：《西安何家村唐代窖藏文物集成》(陕西人民出版社，2023 年 9 月版)

摩羯纹金杯（唐）

出土时间：1981 年

出土地点：西安市太乙路

收藏单位：陕西历史博物馆

图片来源：笔者拍摄

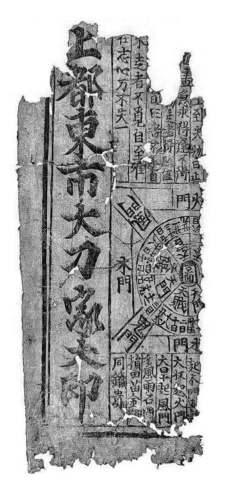

《上都东市大刀家大印历日》残页（唐）

发现时间：1900 年

发现地点：甘肃敦煌莫高窟藏经洞

收藏单位：英国国家图书馆

图片来源：宿自《唐五代时期雕版印刷手工业的发展》

（《文物》1981 年第 5 期）

羊驱马虽戎服，白发丹心尽汉臣。唯有凉州歌舞曲，流传天下乐闲人。

金谷园（苏拯）

积金累作山，山高小于址。栽花比绿珠，花落还相似。徒有敌国富，不能买东市。徒有绝世容，不能楼上死。只此上高楼，何如在平地。

安邑坊

朱雀门街东第四街，从北第五坊

一、坊名释

夏都之一名曰安邑，《说文》曰："邑，国也。"邑为国都京城之谓，安邑之名，取京城安定之意。

二、古今址

西南隅，左卫大将军、范阳公张延师宅，今址：西安建筑科技大学建筑东楼、西安市建科大派出所后停车场。

次东，金吾大将军杨执一宅，今址：省人社机关服务中心大楼。

奉诚园，今址：建设东路与太乙路交叉口以东范围铁一局祭台村家属院。

东南隅，李德裕宅（李吉甫宅），今址：经九路、南二环交叉口之西北，现为西安市第九医院住院二部之楼。

东门，今址：经九路3A。

西门，今址：西安建筑科技大学后勤服务中心后院。

南门，今址：铁五第二小学隔壁，铁一局祭台村小区。

北门，今址：友谊东路铁一中年前广场。

三、附考

按，诸志只载本坊中有李吉甫宅，而未言明位置，《剧谈录》言李德裕宅在安邑坊东南隅，德裕为吉甫之子，故李吉甫宅在本坊东南隅无疑。《卢氏杂说》载，吉甫在时，高僧泓师言李宅为玉杯，玉杯一破无复全。"吉甫宅至德裕贬，其家灭矣！"可为李吉甫、李德裕宅为同一处之证。

吉甫为宪宗元和时名相，著有《元和郡县图志》，有创元和中兴之功；次子德裕为武宗会昌时名相，李商隐称其为"万古良相"，有创会昌中兴之功。故此地尤应重视。

奉诚园，杜牧云："安邑南门外，谁家板筑高。奉诚园里地，墙缺见蓬蒿。"《雍录》载，奉诚园在安邑坊西。杜牧自安邑南门外见奉诚园之残墙，园又在坊西，故此奉诚园址在安邑坊南门之西范围内。

李娃宅，按，《唐宋传奇集》卷三《李娃传》中言："（郑生）至安邑东门，

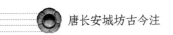

循里垣北转第七八，有一门独启左扉，即娃之第也。"安邑坊东门在今经九路之东化工南巷北华陆经九路小区内西南角楼前处，自此处按娃传所描述空间逻辑，李娃宅当在今西安铁路运输法院大门及前之经九路段范围之内。

四、坊中诗

赠别安邑韩少府（耿沣）

子真能自在，江海意何如。门掩疏尘吏，心闲阅道书。古城寒欲雪，远客暮无车。杳杳思前路，谁堪千里余。

安邑王校书居（耿沣）

秋来池馆清，夜闻宫漏声。迢递玉山迥，泛滟银河倾。琴上松风至，窗里竹烟生。多君不家食，孰云事岩耕。

安邑里中秋怀寄高员外（武元衡）

原宪素非贫，嵇康自寡欲。守道识通穷，达命齐荣辱。庭梧变葱蒨，篱菊扬芳馥。坠叶翻夕霜，高堂瞬华烛。况兹寒夜永，复叹流年促。感物思殷勤，怀贤心踯躅。雄词封禅草，丽句阳春曲。高德十年兄，异才千里足。咫尺邈雪霜，相望如琼玉。欲识岁寒心，松筠更秋绿。

酬吴七见寄（白居易）

曲江有病客，寻常多掩关。又闻马死来，不出身更闲。闻有送书者，自起出门看。素缄署丹字，中有琼瑶篇。口吟耳自听，当暑忽翛然。似漱寒玉冰，如闻商风弦。首章叹时节，末句思笑言。懒慢不相访，隔街如隔山。尝闻陶潜语，心远地自偏。君住安邑里，左右车徒喧。竹药闭深院，琴尊开小轩。谁知市南地，转作壶中天。君本上清人，名在石堂间。不知有何过，谪作人间仙。常恐岁月满，飘然归紫烟。莫忘蜉蝣内，进士有同年。

过田家宅（杜牧）

安邑南门外，谁家板筑高。奉诚园里地，墙缺见蓬蒿。

送赵明府还北（方干）

故园终不住，剑鹤在扁舟。尽室无余俸，还家得白头。钟催吴岫晓，月绕渭河流。曾是栖安邑，恩期异日酬。

带孔白石板（唐）

出土时间：2005 年

出土地点：西安建筑科技大学雁塔校区北院工科大楼

收藏单位：西安建筑科技大学校史馆

图片来源：笔者拍摄

幽恨诗（安邑坊女）

卜得上峡日，秋江风浪多。巴陵一夜雨，肠断木兰歌。

奉诚园闻笛（园，马侍中故宅）（窦牟）

曾绝朱缨吐锦茵，欲披荒草访遗尘。

秋风忽洒西园泪，满目山阳笛里人。

春日过奉诚园（一作曲江，一作玉林园）（畅当）

帝里阳和日，游人到御园。暖催新景气，春认旧兰荪。咏德先臣没，成蹊大树存。见桐犹近井，看柳尚依门。献地非更宅，遗忠永奉恩。又期攀桂后，来赏百花繁。

遣兴十首（元稹）

始见梨花房，坐对梨花白。行看梨叶青，已复梨叶赤。严霜九月半，危蒂几时客。况有高高原，秋风四来迫。莫厌夏日长，莫愁冬日短。欲识短复长，君看寒又暖。城中百万家，冤哀杂丝管。草没奉诚园，轩车昔曾满。孤竹逊荒园，误与蓬麻列。久拥萧萧风，空长高高节。严霜荡群秒，蓬断麻亦折。独立转亭亭，心期凤凰别。艳艳翦红英，团团削翠茎。托根在褊浅，因依泥滓生。中有合欢蕊，池枯难遽呈。凉宵露华重，低徊当月明。晚荷犹展卷，早蝉遽萧嘹。露叶行已重，况乃江风摇。炎夏火再伏，清商暗回飙。寄言抱志士，日月东西跳。买马买锯牙，买犊买破车。养禽当养鹘，种树先种花。人生负俊健，天意与光华。莫学蚯蚓辈，食泥近土涯。爱直莫爱夸，爱疾莫爱斜。爱谋莫爱诈，爱施莫爱奢。择才不求备，任物不过涯。用人如用己，理国如理家。曈曈刀刃光，弯弯弓面张。入水斩犀兕，上山椎虎狼。里中无老少，唤作癫儿郎。一日风云会，横行归故乡。团团规内星，未必明如月。托迹近北辰，周天无沦没。老人在南极，地远光不发。见则寿圣明，愿照高高阙。河清谅嘉瑞，吾帝真圣人。时哉不我梦，此时为废民。光阴本跳踯，功业劳苦辛。一到江陵郡，三年成去尘。

奉诚园（马司徒旧宅）（元稹）

萧相深诚奉至尊，旧居求作奉诚园。秋来古巷无人扫，树满空墙闭戟门。

秦中吟十首·伤宅（一作伤大宅）（白居易）

谁家起甲第，朱门大道边？丰屋中栉比，高墙外回环。累累六七堂，栋宇相连延。一堂费百万，郁郁起青烟。洞房温且清，寒暑不能干。高堂虚且迥，坐卧见南山。绕廊紫藤架，夹砌红药栏。攀枝摘樱桃，带花移牡丹。主人此中坐，十载为大官。厨有臭败肉，库有贯朽钱。谁能将我语，问尔骨肉间：岂无穷贱者，忍不救饥寒？如何奉一身，直欲保千年？不见马家宅，今作奉诚园。

杏为梁 - 刺居处僭也（白居易）

杏为梁，桂为柱，何人堂室李开府。碧砌红轩色未干，去年身殁今移主。高其墙，大其门，谁家第宅卢将军。素泥朱版光未灭，今日官收别赐人。开府之堂将军宅，造未成时头已白。逆旅重居逆旅中，心是主人身是客。更有愚夫念身后，心虽甚长计非久。穷奢极丽越规模，付子传孙令保守。莫教门外过客闻，抚掌回头笑杀君。君不见马家宅，尚犹存，宅门题作奉诚园。君不见魏家宅，属他人，诏赎赐还五代孙。俭存奢失今在目，安用高墙围大屋。

君不见（薛逢）

君不见，马侍中，气吞河朔称英雄；君不见，韦太尉，二十年前镇蜀地。一

骨梳（唐）
出土地点：西安市雁塔区曲江街道新开门村东南 1 公里唐博陵郡夫人崔氏墓
出土时间：2012 年 5 月
原归属地：安邑坊崔氏宅，墓主崔氏于乾符五年十月六日终于安邑坊宅
图片来源：西安市文物保护考古研究院《西安曲江唐博陵郡夫人崔氏墓发掘简报》(《文物》2018 年第 8 期)

朝冥漠归下泉，功业声名两憔悴。奉诚园里蒿棘生，长兴街南沙路平。当时带砺
在何处，今日子孙无地耕。或闻羁旅甘常调，簿尉文参各天表。清明纵便天使来，
一把纸钱风树杪。碑文半缺碑堂摧，祁连冢象狐兔开。野花似雪落何处，棠梨树
下香风来。马侍中，韦太尉，盛去衰来片时事。人生倏忽一梦中，何必深深固
权位！

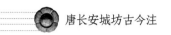

宣平坊

朱雀门街东第四街，从北第六坊

一、坊名释

《诗经·小雅·黍苗》曰："土治曰平。"《广韵》云："平，正也。"宣平之义，寓国之政治平也。

二、古今址

东南隅，旧诸王府，今址：青龙路祭台新苑。

西南隅，法云尼寺，今址：后村北路东小区社区。

寺东，义阳府，今址：省委机关联建小区。

十字街南之西，鼓吹局，教坊，今址：曼城国际。

东门，今址：铁路新村 126 栋。

西门，今址：铁一局后村小区 4 号楼。

南门，今址：西延路生活小区旁（西安科技大学东院西）祭台村城中村前广场。

北门，今址：二环南路太乙路立交东北角。

三、附考

诸书言旧诸王府，《唐会要》卷六十七记唐敬宗宝历三年（827）六月琼王府长史裴简求所具状云：宣平坊东南角诸王府摧毁多年，因循不修。至元和十三年（818）七月十三日，庄宅使收管。其年八月二十五日，卖与邠宁节度使高霞寓。又，此处只言旧诸王府，诸王为谁？莫能详审。按上文《唐会要》所记琼王府官吏具状内容，琼王为李悦，宪宗第九子，长庆元年（821）受封，与郾、沔、婺、茂、淄、衢、澶七王同封。《新唐书》卷八十二记宪宗二十子。故此，旧诸王府为宪宗诸子宅之管理机构乎？按，《旧唐书》卷一百六十二《高霞寓传》载："（元和）十三年，出为振武节度使，入为左武卫大将军。长庆元年，授邠宁节度使。"故《唐会要》所载元和十三年（818）之邠宁节度使应为振武节度使或左武卫大将军。

2002 年 3 月，西安铁路分局新南花园西部古井出土一批"盈"字款白瓷，多年以来，有学者认定其为新昌坊遗物（《西安南郊新发现的唐长安新昌坊

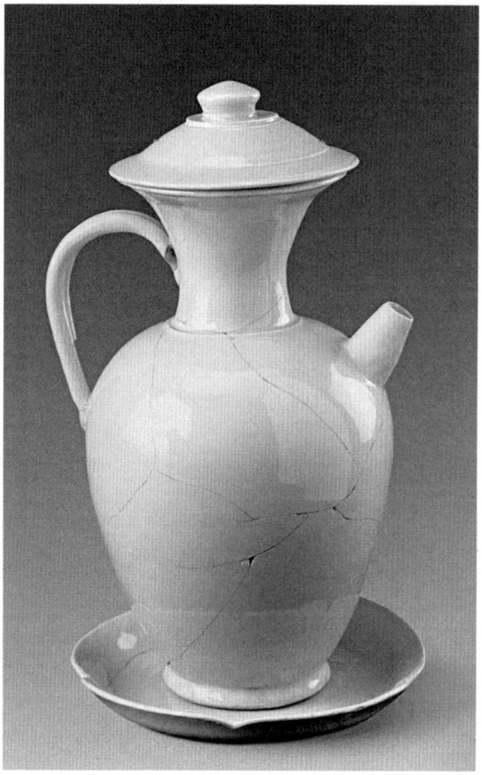

白釉“盈”字款执壶及托盘（唐）
出土时间：2002 年 3 月
出土地点：西安铁路分局新南花园西部古井
收藏单位：西安博物院
文物说明：此器出土位置应为宣平坊东南隅区域
图片来源：《中国出土瓷器全集·陕西卷》（科学出版社，2008 年 3 月版）

“盈”字款瓷器及相关问题》)。然按所复原绘制唐长安古今对照图来看，该批器物出土位置应为宣平坊东南隅区域，此处恰与文献记载旧诸王府位置相合，联系到盈字款器物性质与所处位置性质来看，应为旧诸王府遗物。再，兴化坊金银器窖藏所出位置亦如此，详考见后文。

晚清日人足立喜六《长安史迹研究》中误将祭台村附近之寺院断为青龙寺，并摄影以记，由其位置可知，其寺与法云尼寺位置颇相合，则足立所见之寺或为唐法云寺之一部亦未可知，其寺今已无存。今太乙城小区范围原为祭台村小学者，昔日为一寺，此地与东小区社区间隔不远，唐亡之后，大寺毁而寺物归拢于此成一小寺亦未可知也。又，今西安建筑科技大学校史馆藏有白石思维菩萨坐像残躯一尊，此物为该校教师自祭台村运入校园，观此残躯形制，为法云尼寺旧物无疑。又，郭子仪妻王氏《霍国夫人王氏神道碑》记云：“（王氏）又于法云寺写藏经，修塔院，置经行之室，立禅诵之堂。”查唐代长安城中，云法云寺者只此一处，且郭子仪家在亲仁坊，宣平坊法云寺与其家相近，故王氏于此做功德亦可相通。

另，坊内有白居易宅，位置未明，而居易有诗"朝来惆怅宣平过，柳巷当头第一家"，是知宣平坊内有柳巷也，诗为刘三十二（太白）所作。

坊内法云尼寺在会昌六年（846）更名为唐安寺，《历代名画记》中记录有此寺内壁画："唐安寺塔下，尹琳、李真画。北堂内西壁，朱审画山水。"

四、坊中诗

月晦忆去年与亲友曲水游宴（韦应物）

晦赏念前岁，京国结良俦。骑出宣平里，饮对曲池流。今朝隔天末，空园伤独游。雨歇林光变，塘绿鸟声幽。凋岷积逋税，华簪集新秋。谁言恋虎符，终当还旧丘。

陪元侍御春游（韦应物）

何处醉春风，长安西复东。不因俱罢职，岂得此时同。赏酒宣平里，寻芳下苑中。往来杨柳陌，犹避昔年骢。

过刘三十二故宅（白居易）

不见刘君来近远，门前两度满枝花。朝来惆怅宣平过，柳巷当头第一家。

白石思维菩萨残像（唐）
出土时间：不详
出土地点：西安市祭台村
收藏单位：西安建筑科技大学校史馆
图片来源：笔者拍摄

坐佛造像（唐）

出土时间：不详

出土地点：西安市祭台村

图片来源：〔日〕关野贞、常盘大定《中国文化史迹》

文物说明：此像系清光绪三十二年（1906）日本学者关野贞于西安祭台村东之寺庙拍摄，只存照片一帧，原物已佚，疑被盗运海外。

哭饶州吴谏议使君（雍陶）

忽闻身谢满朝惊，俄感鄱阳罢市情。遗爱永存今似古，高名不朽死如生。神仙难见青骡事，谏议空留白马名。授馆曾为门下客，几回垂泪过宣平。

和友人许裳题宣平里古藤（张蠙）

欲结千年茂，生来便近松。逆根通井润，交叶覆庭秾。历代频更主，盘空渐变龙。昼风圆影乱，宵雨细声重。盖密胜丹桂，层危类远峰。嫩条悬野鼠，枯节叫秋蛩。翠老霜难蚀，皴多藓乍封。几家遥共玩，何寺不堪容。客对忘离榻，僧看误过钟。顷因陪预作，终夕绕枝筇。

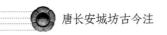

升平坊

朱雀门街东第四街，从北第七坊

一、坊名释

升平，太平也。《汉书·梅福传》云："使孝武帝听用其计，升平可致。"颜师古注引张晏曰："民有三年之储曰升平。"

二、古今址

东北隅，汉乐游庙，今址：乐游园高尔夫俱乐部。
西北隅，东宫药园，今址：绿地海珀紫庭 3、4 栋。
北门，鬻饼舍，今址：西延路生活小区。
东门，今址：西安雁塔区观音庙老村 1 排。
西门，今址：后村北路与后村西路西北角省委大院内建筑。
南门，今址：西延路石油家属院。
北门，今址：西延路生活小区内。

三、附考

此庙为汉宣帝所立，在乐游原上。《汉书》卷八《宣帝纪》载，神爵三年（前59）春，起乐游苑。《三辅黄图》云："神爵三年，宣帝立庙于曲池之北，号乐游，按其处则今呼乐游园是也，因乐游苑得名。"则知庙在苑内。既言为苑，其建筑必有相当规模，且内容丰富，乐游苑具体范围已不可精确考出，但乐游原为其主体所在当无异议。1990 年 6 月考古学家曾于西安科技大学家属院北墙外凤凰岭南坡土壤中发现汉代砖瓦、陶水管等物，故知此处曾有大型建筑群，诸志皆云乐游庙在升平坊东北隅，经复原可知，发现汉砖瓦处在该坊东北区域内，庙在东北隅，则此片砖瓦遗存应为乐游苑建筑物毁弃所留，为庙或庙之附属建筑。古者立庙，往往择其高处，"（乐游原）其地居京城之最高，四望宽敞，京城之内，俯视指掌"。庙于原顶最高处则古今可证（辛玉璞《西汉宣帝乐游庙址考实》）。

四、坊中诗

药园宴武辂沙将军赋得洛字（张说）

东第乘余兴，南园宴清洛。文学引邹枚，歌钟陈卫霍。风高大夫树，露下将军药。待闻出塞还，丹青上麟阁。

和元员外题升平里新斋（杨巨源）

自知休沐诸幽胜，遂肯高斋枕广衢。旧地已开新玉圃，春山仍展绿云图。心源邀得闲诗证，肺气宜将慢酒扶。此外唯应任真宰，同尘敢是道门枢。

哭诸故人，因寄元八（白居易）

昨日哭寝门，今日哭寝门。借问所哭谁，无非故交亲。伟卿既长往，质夫亦幽沦。屈指数年世，收涕自思身。彼皆少于我，先为泉下人。我今头半白，焉得身久存。好狂元郎中，相识二十春。昔见君生子，今闻君抱孙。存者尽老大，逝者已成尘。早晚升平宅，开眉一见君。

酬和元九东川路诗十二首·亚枝花（白居易）

山邮花木似平阳，愁杀多情骢马郎。还似升平池畔坐，低头向水自看妆。

和元八侍御升平新居四绝句·看花屋（白居易）

忽惊映树新开屋，却似当檐故种花。可惜年年红似火，今春始得属元家。

和元八侍御升平新居四绝句·累土山（白居易）

堆土渐高山意出，终南移入户庭间。玉峰蓝水应惆怅，恐见新山望旧山。

和元八侍御升平新居四绝句·高亭（白居易）

亭脊太高君莫拆，东家留取当西山。好看落日斜衔处，一片春岚映半环。

和元八侍御升平新居四绝句·松树（白居易）

白金换得青松树，君既先栽我不栽。幸有西风易凭仗，夜深偷送好声来。

题新居寄元八（白居易）

青龙冈北近西边，移入新居便泰然。冷巷闭门无客到，暖檐移榻向阳眠。阶庭宽窄才容足，墙壁高低粗及肩。莫羡升平元八宅，自思买用几多钱。

登岳阳楼有怀寄座主相公（曹邺）

南登岳阳楼，北眺长安道。不见升平里，千山树如草。骨肉在南楚，沈忧起常早。白社愁成空，秋芜待谁扫。常闻诗人语，西子不宜老。赖识丹元君，时来语蓬岛。

题张乔升平里居（许棠）

下马似无人，开门只一身。心同孤鹤静，行过老僧真。乱水藏幽径，高原隔远津。匡庐曾共隐，相见自相亲。

登乐游原春望书怀（张九龄）

城隅有乐游，表里见皇州。策马既长远，云山亦悠悠。万壑清光满，千门喜气浮。花间直城路，草际曲江流。凭眺兹为美，离居方独愁。已惊玄发换，空度绿荑柔。奋翼笼中鸟，归心海上鸥。既伤日月逝，且欲桑榆收。豹变焉能及，莺鸣非可求。愿言从所好，初服返林丘。

乐游原晴望上中书李侍郎（钱起）

爽气朝来万里清，凭高一望九秋轻。不知凤沼霖初霁，但觉尧天日转明。四野山河通远色，千家砧杵共秋声。遥想青云丞相府，何时开阁引书生。

登乐游原（耿沣）

园庙何年废，登临有故丘。孤村连日静，多雨及霖休。常与秦山对，曾经汉主游。岂知千载后，万事水东流。

登乐游原寄司封孟郎中卢补阙（羊士谔）

爽节时清眺，秋怀怅独过。神皋值宿雨，曲水已增波。白鸟凌风迥，红蕖濯露多。伊川有归思，君子复如何。

赠贾岛（张籍）

篱落荒凉僮仆饥，乐游原上住多时。寒驴放饱骑将出，秋卷装成寄与谁。挂杖傍田寻野菜，封书乞米趁时炊。姓名未上登科记，身屈惟应内史知。

和微之诗二十三首·和酬郑侍御东阳春闷放怀追越游见寄（白居易）

君得嘉鱼置宾席，乐如南有嘉鱼时。劲气森爽竹竿竦，妍文焕烂芙蓉披。载笔在幕名已重，补衮于朝官尚卑。一缄疏入掩谷永，三都赋成排左思。自言拜辞主人后，离心荡飏风前旗。东南门馆别经岁，春眼怅望秋心悲。昨日嘉鱼来访我，方驾同出何所之。乐游原头春尚早，百舌新语声桿桿。日趁花忙向南拆，风催柳急从东吹。流年惝恍不饶我，美景鲜妍来为谁。红尘三条界阡陌，碧草千里铺郊甽。余霞断时绮幅裂，斜云展处罗文纰。暮钟远近声互动，暝鸟高下飞追随。酒酣将归未能去，怅然回望天四垂。生何足养嵇著论，途何足泣杨涟洏。胡不花下伴春醉，满酌绿酒听黄鹂。嘉鱼点头时一叹，听我此言不知疲。语终兴尽各分散，东西轩骑分逶迤。此诗勿遣闲人见，见恐与他为笑资。白首旧寮知我者，凭君一咏向周师。

登乐游原（张祜）

几年诗酒滞江干，水积云重思万端。今日南方惆怅尽，乐游原上见长安。

和邢郎中病中重阳强游乐游原（裴夷直）

嘉晨令节共陶陶，风景牵情并不劳。晓日整冠兰室静，秋原骑马菊花高。晴光一一呈金刹，诗思浸浸逼水曹。何必销忧凭外物，只将清韵敌春醪。

登乐游原（杜牧）

长空澹澹孤鸟没，万古销沉向此中。看取汉家何事业，五陵无树起秋风。

将赴吴兴登乐游原一绝（杜牧）

清时有味是无能，闲爱孤云静爱僧。欲把一麾江海去，乐游原上望昭陵。

登乐游原（李商隐）

向晚意不适，驱车登古原。夕阳无限好，只是近黄昏。

乐游原（李商隐）

万树鸣蝉隔岸虹，乐游原上有西风。羲和自趁虞泉宿，不放斜阳更向东。

乐游原（李商隐）

春梦乱不记，春原登已重。青门弄烟柳，紫阁舞云松。拂砚轻冰散，开尊绿酎浓。无悰托诗遣，吟罢更无悰。

乐游原春望（刘得仁）

乐游原上望，望尽帝都春。始觉繁华地，应无不醉人。云开双阙丽，柳映九衢新。爱此频来往，多闲逐此身。

乐游原春望（李频）

五陵佳气晚氤氲，霸业雄图势自分。秦地山河连楚塞，汉家宫殿入青云。未央树色春中见，长乐钟声月下闻。无那杨华起愁思，满天飘落雪纷纷。

登乐游原怀古（豆卢回）

缅惟汉宣帝，初谓皇曾孙。虽在褓褓中，亦遭巫蛊冤。至哉丙廷尉，感激义弥敦。驰逐莲勺道，出入诸陵门。一朝风云会，竟登天位尊。握符升宝历，负扆御华轩。赫奕文物备，葳蕤休瑞繁。卒为中兴主，垂名于后昆。雄图奄已谢，余址空复存。昔为乐游苑，今为狐兔园。朝见牧竖集，夕闻栖鸟喧。萧条灞亭岸，寂寞杜陵原。幂罭野烟起，苍茫岚气昏。二曜屡回薄，四时更凉温。天道尚如此，人理安可论。

晨登乐游原，望终南积雪（皎然）

凌晨拥弊裘，径上古原头。雪霁山疑近，天高思若浮。琼峰埋积翠，玉嶂掩飞流。曒彩含朝日，摇光夺寸眸。寒空标瑞色，爽气袭皇州。清眺何人得，终当独再游。

忆秦娥·箫声咽（李白）

箫声咽，秦娥梦断秦楼月。秦楼月，年年柳色，灞陵伤别。乐游原上清秋节，咸阳古道音尘绝。音尘绝，西风残照，汉家陵阙。

同二相已下群官乐游园宴（李隆基）

撰日岩廊暇，需云宴乐初。万方朝玉帛，千品会簪裾。地入南山近，城分北斗余。池塘垂柳密，原隰野花疏。帘幕看逾暗，歌钟听自虚。兴阑归骑转，还奏弼违书。

七日登乐游故墓（卢照邻）

四序周缇籥，三正纪璇耀。绿野变初黄，昄山开晓眺。中天擢露掌，匝地分星徼。汉寝眷遗灵，秦江想余吊。蚁泛青田酎，莺歌紫芝调。柳色摇岁华，冰文荡春照。远迹谢群动，高情符众妙。兰游澹未归，倾光下岩窈。

恩赐乐游园宴应制（张九龄）

宝筵延厚命，供帐序群公。形胜宜春接，威仪建礼同。晞阳人似露，解愠物从风。朝庆千龄始，年华二月中。辉光遍草木，和气发丝桐。岁岁无为化，宁知乐九功。

春日宴乐游园赋韵得接字（王勃）

帝里寒光尽，神皋春望浃。梅郊落晚英，柳甸惊初叶。流水抽奇弄，崩云洒芳牒。清尊湛不空，暂喜平生接。

奉和圣制同二相已下群官乐游园宴（宋璟）

侍饮终酺会，承恩续胜游。戴天惟庆幸，选地即殊尤。北向祇双阙，南临赏一丘。曲江新溜暖，上苑杂花稠。曾曾韶弦屡，戈戈贡帛周。醉归填畎陌，荣耀接轩衮。

奉和恩赐乐游园宴应制（苏颋）

乐游光地选，酺饮庆天从。座密千官盛，场开百戏容。绿塍际山尽，缇幕倚云重。下上花齐发，周回柳遍浓。夺晴纷剑履，喧听杂歌钟。日晚衔恩散，尧人并可封。

恩赐乐游园宴（张说）

汉苑佳游地，轩庭近侍臣。共持荣幸日，来赏艳阳春。馔玉颁王籍，拟金下帝钧。池台草色遍，宫观柳条新。花绶光连榻，朱颜畅饮醇。圣朝多乐事，天意每随人。

三月二十日诏宴乐游园赋得风字（张说）

乐游形胜地，表里望郊宫。北阙连天顶，南山对掌中。皇恩贷芳月，旬宴美成功。鱼戏芙蓉水，莺啼杨柳风。春光看欲暮，天泽恋无穷。长袖招斜日，留光待曲终。

奉和圣制同二相已下群官乐游园宴（赵冬曦）

爽垲三秦地，芳华二月初。酺承奠璧罢，宴是合钱余。柳翠垂堪结，桃红卷欲舒。从容会鹓鹭，延曼戏龙鱼。喜气流云物，欢声浃里闾。圣恩将报厚，请述记言书。

奉和圣制同二相已下群官乐游园宴（崔沔）

五日酺才毕，千年乐未央。复承天所赐，终宴国之阳。地胜春逾好，恩深乐更张。落花飞广座，垂柳拂行觞。庶尹陪三史，诸侯具万方。酒酣同抃跃，歌舞咏时康。

奉和圣制同二相已下群臣乐游园宴（崔尚）

春日照长安，皇恩宠庶官。合钱承罢宴，赐帛复追欢。供帐凭高列，城池入迥宽。花催相国醉，鸟和乐人弹。北阙云中见，南山树杪看。乐游宜缔赏，舞咏惜将阑。

奉和圣制同二相以下群官乐游园宴（胡皓）

五酺终宴集，三锡又欢娱。仙阜崇高异，神州眺览殊。南山临皓雪，北阙对明珠。广座鹓鸿满，昌庭驷马趋。绮罗含草树，丝竹吐郊衢。衔杯不能罢，歌舞乐唐虞。

奉和圣制同二相已下群官乐游园宴（王翰）

未极人心畅，如何帝道明。仍嫌酺宴促，复宠乐游行。陆海披珍藏，天河直斗城。四关青霭合，数处白云生。饪饫调元气，歌钟溢雅声。空惭尧舜日，至德杳难名。

登乐游庙作（韦应物）

高原出东城，郁郁见咸阳。上有千载事，乃自汉宣皇。颓墠久凌迟，陈迹翳丘荒。春草虽复绿，惊风但飘扬。周览京城内，双阙起中央。微钟何处来，暮色忽苍苍。歌吹喧万井，车马塞康庄。昔人岂不尔，百世同一伤。归当守冲漠，迹寓心自忘。

酒肆行（韦应物）

豪家沽酒长安陌，一旦起楼高百尺。碧疏玲珑含春风，银题彩帜邀上客。回瞻丹凤阙，直视乐游苑。四方称赏名已高，五陵车马无近远。晴景悠扬三月天，桃花飘俎柳垂筵。繁丝急管一时合，他垆邻肆何寂然。主人无厌且专利，百斛须臾一壶费。初酿后薄为大偷，饮者知名不知味。深门潜酝客来稀，终岁醇醲味不移。长安酒徒空扰扰，路傍过去那得知。

乐游园歌（杜甫）

乐游古园崒森爽，烟绵碧草萋萋长。公子华筵势最高，秦川对酒平如掌。长生木瓢示真率，更调鞍马狂欢赏。青春波浪芙蓉园，白日雷霆夹城仗。阊阖晴开昳荡荡，曲江翠幕排银榜。拂水低徊舞袖翻，缘云清切歌声上。却忆年年人醉时，只今未醉已先悲。数茎白发那抛得？百罚深杯亦不辞。圣朝亦知贱士丑，一物自荷皇天慈。此身饮罢无归处，独立苍茫自咏诗。

乐游园望月（杨凭）

炎灵全盛地，明月半秋时。今古人同望，盈亏节暗移。彩凝双月迥，轮度八川迟。共惜鸣珂去，金波送酒卮。

雪二首（司空曙）

乐游春苑望鹅毛，宫殿如星树似毫。漫漫一川横渭水，太阳初出五陵高。王屋南崖见洛城，石龛松寺上方平。半山槲叶当窗下，一夜曾闻雪打声。

至日登乐游园（裴度）

阴律随寒改，阳和应节生。祥云观魏阙，瑞气映秦城。验炭论时政，书云受岁盈。晷移长日至，雾敛远霄清。景暖仙梅动，风柔御柳倾。那堪封得意，空对物华情。

酬司门卢四兄云夫院长望秋作（韩愈）

长安雨洗新秋出，极目寒镜开尘函。终南晓望蹋龙尾，倚天更觉青巉巉。自知短浅无所补，从事久此穿朝衫。归来得便即游览，暂似壮马脱重衔。曲江荷花盖十里，江湖生目思莫缄。乐游下瞩无远近，绿槐萍合不可芟。白首寓居谁借问，平地寸步屙云岩。云夫吾兄有狂气，嗜好与俗殊酸咸。日来省我不肯去，论诗说赋相喃喃。望秋一章已惊绝，犹言低抑避谤谗。若使乘酣骋雄怪，造化何以当镌劖。嗟我小生值强伴，怯胆变勇神明鉴。驰坑跨谷终未悔，为利而止真贪馋。高揖群公谢名誉，远追甫白感至诚。楼头完月不共宿，其奈就缺行攕攕。

酬乐天登乐游园见忆（元稹）

昔君乐游园，怅望天欲曛。今我大江上，快意波翻云。秋空压澶漫，颍洞无垢氛。四顾皆豁达，我眉今日伸。长安隘朝市，百道走埃尘。轩车随对列，骨肉非本亲。夸游丞相第，偷入常侍门。爱君直如发，勿念江湖人。

登乐游园望（白居易）

独上乐游园，四望天日曛。东北何霭霭，宫阙入烟云。爱此高处立，忽如遗垢氛。耳目暂清旷，怀抱郁不伸。下视十二街，绿树间红尘。车马徒满眼，不见心所亲。孔生死洛阳，元九谪荆门。可怜南北路，高盖者何人。

立秋日登乐游园（白居易）

独行独语曲江头，回马迟迟上乐游。萧飒凉风与衰鬓，谁教计会一时秋。

柳（李商隐）

曾逐东风拂舞筵，乐游春苑断肠天。如何肯到清秋日，已带斜阳又带蝉。

曲江春望（唐彦谦）

杏艳桃光夺晚霞，乐游无庙有年华。汉朝冠盖皆陵墓，十里宜春汉苑花。

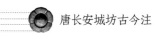

修行坊

朱雀门街东第四街，从北第八坊

一、坊名释

本名修华，武后时避讳更名修行。查修华一名在南朝及隋为皇帝所设妃嫔之名，此处义固不合。《说文》曰："修，饰也。"又曰："华，荣也。"故知修华者，言兴造使其华丽也。《庄子·大宗师》曰："彼何人者邪？修行无有，而外其形骸。"唐成玄英注："彼二人情事难识，修己德行，无有礼仪，而忘外形骸。"修行为修己德行。

二、古今址

东门，今址：曲江路 189 号足球场。

西门，今址：中共西安市委党校图书馆之西北树林草坪内。

南门，今址：雁塔区太阳食品集团家属院 11 栋。

北门，今址：西延路西影社区 15 栋。

三、附考

坊内有岭南节度使胡证宅，未知其具体方位。《旧唐书》卷一百六十三《胡证传》云："证善蓄积，务华侈，厚自奉养，童奴数百，于京城修行里起第，连亘闾巷。岭表奇货，道途不绝，京邑推为富家。"此处可见其修行坊宅第之豪富，然苦心积储，家资大富，而其败也速。一旦招祸，破家不过瞬间耳，能不叹乎？！"证素与贾𫗧善，及李训事败，禁军利其财，称证子溵匿𫗧，乃破其家。一日之内，家财并尽。军人执溵入左军，仇士良命斩之以徇。时溵弟湘为太原从事，忽白昼见绿衣人无首，血流被地，入于室，湘恶之。翌日，溵凶问至，而湘获免。"是知修行坊胡证之豪宅在其败亡后已破。

此坊居郭城之南，整体地势较高，坊南修政、青龙、曲池三坊已是人烟稀少。元稹《题李十一修行里居壁》诗中有"怜君虽在城中住，不隔人家便是山"之句，意为虽居住于城市之中，但南望秦岭历历在目，未曾有居户人家相隔，可为旁证。另，姚合《题刑部马员外修行里南街新居》中"帝里谁无宅，青山只属君"句与顾非熊《夏日会修行段将军宅》"樽前迎远客，林杪见晴峰。谁谓朱门内，云山满座逢"句亦与此意相合。

紫石砚（唐）
出土地点：西安市长安区凤林北路东延伸段严公贶墓
出土时间：2022 年 10 月
原归属地：修行坊严公贶宅
图片来源：陕西省考古研究院《陕西西安长安区唐严公贶、卢淑墓发掘简报》（《考古
与文物》2023 年第 2 期）

四、坊中诗

题李十一修行里居壁（元稹）

云阙朝回尘骑合，杏花春尽曲江闲。怜君虽在城中住，不隔人家便是山。

松声（修行里张家宅南亭作）（白居易）

月好好独坐，双松在前轩。西南微风来，潜入枝叶间。萧寥发为声，半夜明
月前。寒山飒飒雨，秋琴泠泠弦。一闻涤炎暑，再听破昏烦。竟夕遂不寐，心体
俱翛然。南陌车马动，西邻歌吹繁。谁知兹檐下，满耳不为喧。

送张山人归嵩阳（白居易）

黄昏惨惨天微雪，修行坊西鼓声绝。张生马瘦衣且单，夜扣柴门与我别。愧君冒
寒来别我，为君酤酒张灯火。酒酣火暖与君言，何事入关又出关。答云前年偶下山，
四十余月客长安。长安古来名利地，空手无金行路难。朝游九城陌，肥马轻车欺杀
客。暮宿五侯门，残茶冷酒愁杀人。春明门，门前便是嵩山路。幸有云泉容此身，
明日辞君且归去。

题刑部马员外修行里南街新居（姚合）

帝里谁无宅，青山只属君。闲窗连竹色，幽砌上苔文。远近高低树，东西南北云。朝朝常独见，免被四邻分。

夏日会修行段将军宅（顾非熊）

爱君书院静，莎覆藓阶浓。连穗古藤暗，领雏幽鸟重。樽前迎远客，林杪见晴峰。谁谓朱门内，云山满座逢。

和太常杜少卿东都修行里有嘉莲（温庭筠）

春秋罢注直铜龙，旧宅嘉莲照水红。两处龟巢清露里，一时鱼跃翠茎东。同心表瑞荀池上，半面分妆乐镜中。应为临川多丽句，故持重艳向西风。

修政坊

朱雀门街东第四街，从北第九坊

一、坊名释

《管子·大匡》曰："公内修政而劝民，可以信于诸侯矣。"《史记·孙子吴起列传》曰："修政不仁。"修政，修明政教也。

二、古今址

东门，今址：雁塔区北池头一路中海铂宫中海峰墅 -125 号楼。

西门，今址：芙蓉东路。

南门，今址：芙蓉西路 99 号大唐芙蓉园内赏雪亭。

北门，今址：雁塔区中海峰墅（大唐芙蓉园北 190 米）。

三、附考

此坊偏居东南，文献中已少有宅第记载，盖郭城巨大，此处偏远。此坊以南，绝无人气，唯有寺庙、殡宫而已。当时应属人迹少至之地。坊之范围内今有北池头村，疑曲江池北岸在此，既记坊内有诸司之亭子（如尚书省亭子、宗正寺亭子等），当为依池岸之好处所造也。《太平广记》卷四百二十一引《宣室志》有萧昕一节，内中云萧昕任京兆尹时长安大旱，昕请静住寺天竺僧人不空召龙兴云雨。不空命其徒"取华木皮仅尺余，缵小龙于其上，而以炉瓯香水置于前。三藏转咒，震舌呼祝。咒者食顷，即以缵龙授昕曰：'可投此于曲江中，投讫亟还，无冒风雨。'昕如言投之。旋有白龙才尺余，摇鬣振鳞自水出。俄而身长数丈，状如曳素。倏忽亘天。昕鞭马疾驱，未及数十步，云物凝晦，暴雨骤降。比至永崇里，道中之水，已若决渠矣"。此处文中言曲江中有白龙出，由短至长，应为倒虹吸的自然现象，古人不解，呼之为白龙，至为形象。又，白龙出后，萧昕鞭马疾驱，才至永崇坊已风雨大作，永崇坊与修政坊仅隔一修行坊，此处描述现象之紧凑，亦可辅证曲江池在修政坊内。

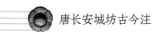

青龙坊

朱雀门街东第四街，从北第十坊

一、坊名释

《淮南子》卷三曰："天神之贵者，莫贵于青龙。故而青龙或为四象之首。"青龙为勾芒之精，为东方之神，《旧唐书》卷二十四《礼仪志》曰："祀青帝，以勾芒配。"勾芒坛在东南。此坊踞郭城东南，故以青龙名之。

二、古今址

东南隅，废普耀寺，今址：雁塔区曲江新区芙蓉西路99号大唐芙蓉园内释迦牟尼佛手印——安慰印。

西南隅，废日严寺，今址：芙蓉西路90号芙蓉坊内大唐芙蓉园西门对面老店铺泡馍馆。

东门，今址：曲江分局宿舍18栋。

西门，今址：曲江皇家花园小区K25栋。

南门，今址：芙蓉西路99号大唐芙蓉园内凤鸣九天剧院。

北门，今址：大唐芙蓉园湖中。

三、附考

查普耀、日严二寺，本隋代所立，而唐代先后皆废，前废于开元二年（714），后者废于贞观六年（632），韦述作《新记》时，两寺盖已为坵墟，故以"废"呼之。寺虽在城中，但与人烟远隔，久无香火，自然不能盛，足见此处在唐时城内之偏远。

曲池坊

朱雀门街东第四街，从北第十一坊

一、坊名释

坊之东部为曲江池一部分，与之尤近，盖以曲池名之。

二、古今址

东北隅，废建福寺，今址：曲江书城。
东门，今址：西安盛美利亚酒店商务中心东南曲江池西路范围。
西门，今址：雁塔区金地·芙蓉世家48栋。
南门，今址：雁南二路与芙蓉西路十字西南角。
北门，今址：雁塔区芙蓉南路大唐芙蓉园南门。

曲池坊畔的曲江池遗址公园鸟瞰
图片来源：曲江池遗址公园管理处

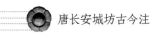

三、附考

此坊踞郭城东南隅，旁即曲江池，坊内虽有一寺，疑在唐时已少香火，故开元二年（714）亦废。其荒凉之程度，可见《大唐故秦州都督府士曹参军颜君墓志铭》（《唐文拾遗》卷六十五）：景龙二年（708）四月四日，归葬于雍州万年县曲池坊之北一百步。按此处所记，为唐中宗事，其时建福寺尚在，距龙朔三年（663），此寺更名仅46年。常人理解，郭城之内，虽属偏远，但亡人亦不至于葬于内，而此处所记，如无误，亦可见唐长安城之实际城市状况。

建福寺隋时名天宝寺，寺内有弥勒阁高150尺，高宗龙朔三年（663），新城公主病逝于通轨坊南园，公主为太宗幼女，高宗之妹。故高宗将天宝寺更名为建福寺。寺内弥勒阁未云建于何时，按所记尺数，折合今数为46.05米，观此处地高，以1933年西安市地形图观之，该处海拔在441米左右，而郭城西南庄严寺塔所在，仅为海拔404—405米，则弥勒阁所踞高岗，当时亦应为城内一巨观标志。又，宇文恺决池厌胜，而阁如建于隋，则其抑或为厌胜所建。

《唐长安城地基初步探测》一文中云沿南城自西向东至8150米处（明代王尚书坟园，时所谓红孩坟者）以直角北折510米皆发现有夯土墙，此处所谓北折510米之夯土墙，按其所述位置，即为曲池坊之东芙蓉园之西墙，则可知曲池坊之东被芙蓉园及曲江池所占。如隋规划时即割曲池坊之东为园所占，则曲池坊东门之位置应在今西安盛美利亚酒店商务中心东南曲江池西路范围。

四、坊中诗

曲池作（韦庄）

细雨曲池滨，青袍草色新。咏诗行信马，载酒喜逢人。性为无机率，家因守道贫。若无诗自遣，谁奈寂寥春。

朱雀门街东第五街（皇城东第三街）

十六宅（永福坊）

朱雀门街东第五街，从北第一坊

一、坊名释

此坊原名永福，《说文》曰："福，祐也。"贾谊《道德说》云，福为安利之义。永福之名，取其吉语。

二、古今址

尽坊之地筑入苑，十六宅，今址：胡家庙锦绣商贸城西区，新城区华清西路 36 号。

东门，今址：长缨西路 99 号中国民生银行 24 小时自助银行（西安胡家庙小微企业专营支行）之北。

西门，今址：新城区宏伟金鑫物流有限公司南部。

南门，今址：新城区四合窑西筑机械厂家属院 23 栋之南西安组织工程技术研发中心。

三、附考

十六宅，亦可称十六王宅，为《新记》成书时称呼，此地先后有十王宅、此地在隋筑入苑，入唐后仍之。据《旧唐书》卷八《玄宗本纪》，玄宗开元十三年（725）三月甲午，徙封、始封庆王（原郏王）、忠王（原陕王）、棣王（原鄫王）、郎王（原鄂王）、荣王、光王、仪王、颍王、永王、寿王、延王、盛王、济王。按《唐会要》卷五《诸王》所记，先为十王宅，分别为庆、忠、棣、鄂、荣、光、仪、颍、永、延、盛、济，取十全之数，后又封七王，为寿、信、义、陈、丰、恒、凉，入内宅。此处《旧唐书》所记寿王、盛王受封时间逻辑与《唐会要》所述不一致，盖《唐会要》之述有误耶？

"天宝三载十王宅瓦"铭文瓦拓片（唐）

出土时间：2017 年

出土地点：西安壹号院房地产基建工地（东临金花北路，北临华清西路）

收藏单位：西安市文物保护考古研究院

图片来源：《隋唐长安城考古首次发现宅邸遗址》（文汇网，2018 年 1 月 24 日）

十六宅始设于玄宗先天之后，名睦亲院，院有亲亲楼，无非表宗族之亲近也。《唐会要》中有"令中官押之，于夹城中起居，每日家令进膳"。此处言夹城中起居，不知何意？如以传统理解，此处夹城当为附郭之夹城，但此理解显然不正确。诸王于夹城内起居，其空间卑隘（据 2018 年公布之信息可知：唐长安城东城墙与夹城墙之间的道路南北走向，宽约 23 米。有明显的踩踏面，可见较密集的南北车辙遗迹），岂不为笑谈？《唐会要》又载："乃于安国寺东附苑城同为大宅，分院居之，名为十王宅。"《新唐书》卷八十二《十一宗诸子》载："（皇子）既长，诏附苑城为大宫，分院而处，号'十王宅'。"《资治通鉴》卷二百一十三云："上即位，附苑城为十王宅，以居皇子，宦官押之，就夹城参起居。"是知建宅之前此处为附苑城，郭城之内又有附苑城，是该城之别名又为夹城否？诸书所云夹城起居，即为于城中之城附苑城起居也。

城内专划一区为诸王集中居住，唐长安恐为一孤例。从形式上看，设宅聚居之想法虽好，但恐帝心疑虑，终为防诸王散居易起异心，阴以作乱，而以睦亲、亲亲之名，如集中营之法，违人之常性。

兴宁坊

朱雀门街东第五街，从北第二坊

一、坊名释

《说文》曰："兴，起也。宁，安也。"兴宁之义，取求于安定也。

二、古今址

南门之东，清禅寺，今址：新城区长乐西路与兴庆路丁字路口、长乐西路127号西京医院、榆林商场一带。

东南隅，左卫大将军泉男生宅，今址：长乐西路电建社区36号楼。

西南隅，姚崇宅，今址：康复路金德大厦至东方亿象城北门、安仁坊小区12栋一带。

次东，太平公主宅，今址：交广商城至康复路、长乐西路十字一带。

东门，今址：西北电建社区14号楼北面停车场。

西门，今址：第四军医大学院内。

南门，今址：长乐西路180号瑞客季景酒店。

北门，今址：陕建机四社区3栋之西红瓦顶老家属楼西南（今为一新建大楼前空间东北角）。

  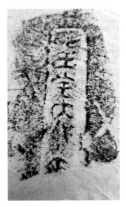 

"六王官瓦""春明官瓦""王宅内作""王超□匠"铭文瓦拓片（唐）
出土时间：2018年
出土地点：西安市金花北路西北电力设计院家属院管网改造基建工地
图片来源：西北电力设计院何养文提供

玻璃瓶（隋）

出土时间：1985 年

出土地点：西安东郊隋清禅寺塔基遗址

收藏单位：陕西历史博物馆

图片来源：笔者拍摄

三、附考

兴宁坊东北区域内有十王院，据杨鸿年、李健超所补信息，查《南川县主墓志铭》可知，县主为棣王第五女，天宝十载（751）十一月终于兴宁里之十王院。《长安志》《唐两京城坊考》诸书不载兴宁里十王院，而墓志载入，是知不虚。2018 年，西北电力设计院家属院 9 号高层楼南侧道路开挖，发现大量砖瓦残块，其中有"天宝三载""□王官瓦""六王官瓦"等残片，可证十王院之说不虚。

1986 年 6 月 4 日，榆林地区驻西安办事处（今榆林商场）出土了隋开皇九年（589）舍利墓，据《南川县主墓志铭》记载为清禅寺主人德 × ×。其出土位置恰位于兴宁坊南门之东范围内。

永嘉坊

朱雀门街东第五街，从北第三坊

一、坊名释

《说文》曰："永，水之长也。嘉，美也。"《尔雅》曰："嘉，善也。"永嘉之义，取长久美善也。

二、古今址

东北隅，太子少师李纲宅，今址：兴庆路西安市体育运动学校；兴庆路西窑坊小区 5 栋、6 栋、7 栋。

东门之南，侍中张文瓘宅，此宅后并入兴庆宫，今址：陕西电力公司兴庆路社区 4 栋。

宅东，兖州都督韦元琰宅，今址：金花坊 1 号楼、太液坊便民综合市场。

西南隅，申王㧑宅，今址：碑林区索罗巷小区。

宅南，赠礼部尚书、永兴公虞世南庙，今址：陕西省五矿进出口公司家属院。

十字街南之西，成王千里宅，今址：柿园路 41 号中国移动。

南门之东，蔡国公主宅，今址：兴庆路水利厅小区。

西北隅，凉国公主宅，今址：永乐小区、长乐村小区。

东门，今址：伞塔路 48 号。

西门，今址：北火巷与永乐路交叉口东北角。

南门，今址：柿园路 1 号中铁十五局集团西北工程公司大门内东侧第二座楼。

北门，今址：永乐路 19-7 号西安电力高等专科学校南门东 7 号。

三、附考

今北火巷与复原图中永嘉坊与安兴坊之间道路高度重合，疑该巷为唐代所遗，永乐路或为唐时永嘉坊内路，北火巷与永乐路交叉口与永嘉坊西门内东西横街近在咫尺，查民国西安城地图，此处格局与今相同。按，北火巷为八仙宫之东墙外小巷，八仙宫创于北宋，则此道路当时即已有，抑或为唐时遗留之两坊之间街道残迹。

张文瓘为高宗所倚重，《旧唐书》卷八十五《张文瓘传》云："文瓘性严正，诸司奏议，多所纠驳，高宗甚委之。或时卧疾在家，朝廷每有大事，上必问诸宰臣曰：'与文瓘议未？'奏云未者，则遣共筹之。"由是可知，文瓘宅曾为诸臣议事之所。文瓘有四子，各居官，父子五人皆官至三品，时人谓之"万石张家"。

四、坊中诗

奉和幸礼部尚书窦希玠宅应制（一作陪幸五王宅）（李乂）

家住千门侧，亭临二水傍。贵游开北地，宸眷幸西乡。曳履迎中谷，鸣丝出后堂。浦疑观万象，峰似驻三光。草向琼筵乐，花承绣扆香。圣情思旧重，留饮赋雕章。

九日题蔡国公主楼（刘长卿）

主第人何在，重阳客暂寻。水余龙镜色，云罢凤箫音。暗牖藏昏晓，苍苔换古今。晴山卷幔出，秋草闭门深。篱菊仍新吐，庭槐尚旧阴。年年画梁燕，来去岂无心。

题故蔡国公主九华观上池院（武元衡）

朱门临九衢，云木蔼仙居。曲沼天波接，层台凤舞余。曙烟深碧筱，香露湿红蕖。瑶瑟含风韵，纱窗积翠虚。秦楼今寂寞，真界竟何如。不与蓬瀛异，迢迢远玉除。

隆庆坊（后为兴庆宫）

一、坊名释

《说文》曰："隆，丰大也。"《尔雅·释山》曰："宛中隆。"《广雅·释言》曰："庆，贺也。"隆庆之名，庆贺其盛大也。后明皇即位，以隆与御名相讳，易隆为兴，《说文》曰："兴，起也。"兴庆之义，以吉语贺三郎之起也。

二、古今址

坊东南角：今址：西安理工大学金花校区学生2食堂建筑中部北侧道路。

坊东北角：今址：兴庆医院家属院西门。

坊西北角：今址：柿园路东方星座A座之北。

坊西南角：今址：兴庆公园西南角（与西安交通大学北门西侧建筑相直）之土山绿地。

三、附考

该坊玄宗及以后扩为一宫，宫之南垣即以隆庆坊之南垣扩筑而成。宫之东南角即原坊之东南角。隆庆坊与道政坊南北相列，东西之长度与道政坊同，故可推知坊东北角位置。今勘得兴庆宫西宫墙为西扩占街后之结果，与隆庆坊西坊墙并不相合，扩宫之前西坊墙南北两端位置只能据道政、永嘉二坊西坊墙位置推出。隆庆坊与道政坊南北相列，东西之长度与道政坊同，故可推知坊东北角位置。兴庆宫内在中唐时期建有天王阁，《寺塔记》载："天王阁长庆中造，本在春明门内，与南内连墙，其形高大，为天下之最。大（太）和二年敕移就此寺（靖善坊兴善寺），拆时腹中得布五百端，漆数十桶。"

白石菩萨造像（唐）
出土时间：不详，1952年移交陕西历史博物馆
原置地点：西安市东关景龙池庙宇
收藏单位：西安碑林博物馆
图片来源：笔者拍摄

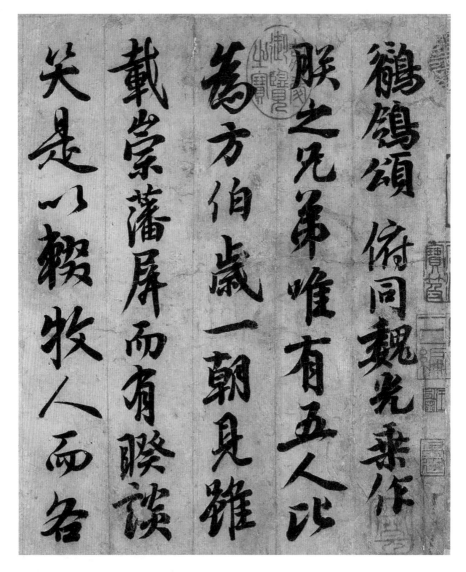

李隆基《鹡鸰颂》（唐）

收藏单位：台北故宫博物院

图片来源：《唐玄宗鹡鸰颂》（上海辞书出版社，2017 年 3 月版）

此处言春明门内唐穆宗长庆时曾建天王阁，此阁与南内兴庆宫连墙，按所述位置，当在宫外东南角之春明门内，春明门内为顺城街，阁既与宫墙所连，故阁在顺城街之西。道政坊内无此记载，如在道政坊内亦不合叙述与建造逻辑。查《旧唐书》卷十六《穆宗本纪》，未有于春明门内兴建天王阁记载。其本纪中与

兴庆公园大门照片

图片来源：笔者拍摄

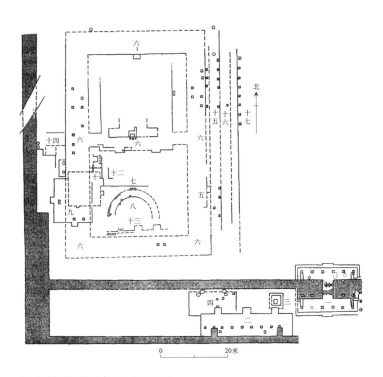

兴庆宫西南隅发掘区域平面图

图片来源：马得志《唐长安兴庆宫发掘记》（《考古》1959 年第 10 期）

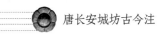

南内、兴庆宫诸词汇相关的信息摘录如下：

（元和十五年六月）癸巳，皇太后移居兴庆宫，皇帝与六宫侍从大合宴于南内，回幸右军，颁赐中尉等有差。

长庆元年正月辛丑……上朝太后于兴庆宫。

（长庆元年三月）甲辰，郑滑节度使王承元祖母晋国太夫人李氏来朝，既见上，令朝太后于南内。……（三年）八月，上由复道幸兴庆宫，至通化门，赐持盂僧绢二百匹。

又，《旧唐书》卷五十二《后妃传》记述唐穆宗奉太后郭氏之状云："太后居兴庆宫，帝每月朔望参拜，三朝庆贺，帝自率百官诣门上寿。或遇良辰美景，六宫命妇，戚里亲属，车骑骈阗于南内，銮佩之音，锵如九奏。穆宗意颇奢纵，朝夕供御，尤为华侈。"则天王阁之建于长庆时，又在春明门内，与南内连墙，是为皇太后郭氏祈福所建也。舍此，无他由。

因玄宗及以后此处为宫，坊内诗今传世者亦无，故涉及兴庆宫之唐诗不录。

道政坊

朱雀门街东第五街，从北第四坊

一、坊名释

《论语·为政》曰"道之以政，齐之以刑，民免而无耻。"以政令而管理国家之义。

二、古今址

北门之西，吏部尚书侯君集宅，今址：咸宁西路 28 号西安交通大学现代设计与制造网上合作研究中心。

南门之西，尚书左仆射张成行宅，今址：交大逸夫科学馆国际会议中心、交大图书馆、航天航空学院。

东门之北，工部尚书刘知柔宅，今址：交大一村高层、交大幼儿园。

东门，今址：交大商场街 16 号。

西门，今址：咸宁西路 28 号西安交通大学教钳车间前。

南门，今址：咸宁西路 28 号西安交通大学体育中心旁操场。

北门，今址：咸宁西路 28 号西安交通大学内西安交通大学 - 电工电子教学实验中心北边。

三、附考

《太平广记》卷三百四十一《鬼二十六》引《乾𬬮子》有《道政坊宅》一文，文曰：

道政里十字街东，贞元中，有小宅，怪异日见，人居者必大遭凶祸。时进士房次卿假西院住，累月无患，乃众夸之云："仆前程事，可以自得矣。咸谓此宅凶，于次卿无何有。"李直方闻而答曰："是先辈凶于宅。"人皆大笑。后为东平节度李师古买为进奏院。是时东平军每贺冬正常五六十人，鹰犬随之，武将军吏，烹炰屠宰，悉以为常。进士李章武初及第，亦负壮气，诘朝，访太史丞徐泽。遇早出，遂憩马于其院。此日东平军士悉归，忽见堂上有伛背衣黯绯老人，目且赤而有泪，临阶曝阳。西轩有一衣暗黄裙白褡袴老母，荷担二笼，皆盛亡人碎骸及驴马等骨，又插六七枚人胁骨于其髻为钗，似欲移徙。老人呼曰："四娘子何为至此？"老母应曰："高八丈万福。"遽云："且辟八丈移

都管七国六瓣银盒（唐）

出土时间：1979 年 9 月 24 日

出土地点：西安交通大学校园西北侧无线电厂

收藏单位：西安博物院

图片来源：《隋唐长安城遗址（考古资料编）》

去，近来此宅大蹀躞，求住不得也。"章武知音亲说，此宅本凶。或云，章武因此玥粉黛耳。

此文中李章武言鬼事固不可信，而道政坊十字街东有凶宅后为东平进奏院一事当是有据。按，房次卿、李直方、李师古、李章武真有其人，皆活动于贞元、元和间。元和中，韩愈作有《兴元少尹房君墓志铭》，内中云兴元少尹房武之长子为次卿，"房次卿有大材，不能俯仰顺时，年四十余，尚守京兆兴平尉"。李直方，《全唐文》有小传，云其在德宗朝官左司员外郎，迁中书舍人，历大理、太常少卿，贞元二十一年（805）自韶州刺史移赣州刺史，迁司勋郎中。李师古，两唐书皆有传，曾任平卢淄青节度使，文中言东平节度，查东平沿革，贞元四年（788）由宿城县而更名，东平为郓州治所，而郓州为平卢淄青节度使治所。文中所述与当时所符，故坊中易宅为进奏院事应为基本事实。《太平广记》文中尾句言李章武因闻此宅凶而又粉饰见担碎骸老妇事，足见对章武所述亦有所疑焉。而此宅位置应在今日之西安交通大学东三楼东部及附近区域内。

又，坊中有宝应寺，本为代宗时宰相王缙宅，大历四年（769）以疾请舍宅为寺。寺中弥勒殿即齐公寝堂，寺中又有韩幹画释梵天女像为缙之妓小小等。自此可见，宅中主要建筑易寺后并未作大改动，此现象又有长乐坊大安国寺中红楼之例。

《历代名画记》记有坊内宝应寺壁画，"宝应寺，多韩幹白画，亦有轻成色者。佛殿东西二菩萨，亦幹画，工人成色损。西南院小堂北壁，张璪画山水。院南门外，韩幹画侧坐毗沙门天王。北下方西塔院下，边鸾画牡丹"。

四、坊中诗

游长安诸寺联句·道政坊宝应寺·僧房联句

段成式：古画思匡岭，上方疑傅岩。蝶闲移忍草，蝉晓揭高杉。**张希复**：香字消芝印，金经发莨函。井通松底脉，书坼洞中缄。

游长安诸寺联句·道政坊宝应寺·小小写真联句

郑符：如生小小真，犹自未栖尘。**段成式**：褕袂将离座，斜柯欲近人。**张希复**：昔时知出众，情宠占横陈。**郑符**：不遣游张巷，岂教窥宋邻。**段成式**：庾楼吹笛裂，弘阁赏歌新。**张希复**：蝉怯纤腰步，蛾惊半额嚬。**段成式**：图形谁有术，买笑讵辞贫。**郑符**：复陇迷村径，重泉隔汉津。**张希复**：同心知作羽，比目定为鳞。**段成式**：残月巫山夕，余霞洛浦晨。

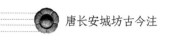

常乐坊

朱雀门街东第五街，从北第五坊

一、坊名释

常，恒久不变也。《广雅》曰："常，质也。"《周易·象传》曰："未变常也。"乐，《诗经·魏风·硕鼠》云："适彼乐土。"言常乐者，恒久之乐也。

二、古今址

西南隅，赵景公寺，今址：西安交通大学南门内西 10 宿舍楼。

南门之西，灵花寺（云花寺），今址：西安交通大学博士后公寓。

十字街南之东，中书令来济宅，今址：西安交通大学学生区东 14 学生宿舍一带。

东门，今址：西安交通大学东南门交大街 9 号。

西门，今址：西安交通大学篮球场。

南门，今址：西安交通大学东 20 宿舍之南。

北门，今址：西安交通大学体育中心旁操场。

三、附考

赵景公寺、灵花寺之风物，《历代名画记》《寺塔记》《酉阳杂俎》均有记载，其述可谓较详，多言其绘、塑之精妙，如在眼前。来济为隋将来护儿之子，护儿在隋时东都洛阳择善坊有宅，入唐后转为张仁愿所有。而于长安并无宅邸记载，则常乐坊来济之宅为其父所遗乎？然诸书未载，不可断言。查两唐书济之本传，知其隋末家遭大难，流离艰险，入唐后得举进士，活动在太宗、高宗之时，则其宅于常乐亦当此时。又，坊内有虾蟆陵，据今人蒋纪新、李健超等考证，在西安交大医院南侧网球场西南角处，此地圆且甚高。

《历代名画记》记坊内景公寺壁画，其文曰："景公寺，东廊南间东门南壁，画行僧，转目视人。中门之东，吴画地狱，并题。西门内西壁，吴画帝释，并题次。南廊吴画。三门内东西画，至妙，失人名。"同书又记坊内云花寺小佛殿壁画，其文曰："云花寺小佛殿，有赵武端画净土变。西廊北院门上北面，王知慎画。"

四、坊中诗

游长安诸寺联句·常乐坊赵景公寺·吴画联句

段成式：惨澹十堵内，吴生纵狂迹。风云将逼人，神鬼如脱壁。**张希复：**其中龙最怪，张甲方汗粟。黑云夜窸窣，焉知不霹雳。**郑符：**此际忽仙子，猎猎衣舄奕。妙瞬乍疑生，参差夺人魄。**段成式：**往往乘猛虎，冲梁耸奇石。苍峭束高泉，角膝惊欹侧。**升上人：**冥狱不可视，毛戴腋流液。苟能水成河，刹那沈火宅。

游长安诸寺联句·常乐坊赵景公寺·题约公院

张希复：印火荧荧，灯续焰青。**段成式：**七俱胝咒，四阿含经。**郑符：**各录佳语，聊事素屏。**升上人：**丈室安居，延宾不扃。

游长安诸寺联句·大同坊云华寺·偈联句

升上人：共入夕阳寺，因窥甘露门。**郑符：**清香惹苔藓，忍草杂兰荪。**段成式：**捷偈飞钳答，新诗倚仗论。**张希复：**坏幡标古刹，圣画焕崇垣。**段成式：**岂慕穿笼鸟，难防在牖猿。**张希复：**一音唯一性，三语更三幡。

常乐里闲居，偶题十六韵，兼寄刘十五公舆、王十一起、吕二炅、吕四颖、崔十八玄亮、元九稹、刘三十二敦质、张十五仲方。时为校书郎（白居易）

帝都名利场，鸡鸣无安居。独有懒慢者，日高头未梳。工拙性不同，进退迹遂殊。幸逢太平代，天子好文儒。小才难大用，典校在秘书。三旬两入省，因得养顽疏。茅屋四五间，一马二仆夫。俸钱万六千，月给亦有余。既无衣食牵，亦少人事拘。遂使少年心，日日常晏如。勿言无知己，躁静各有徒。兰台七八人，出处与之俱。旬时阻谈笑，旦夕望轩车。谁能仇校闲，解带卧吾庐。窗前有竹玩，门处有酒酤。何以待君子，数竿对一壶。

哭李三（白居易）

去年渭水曲，秋时访我来。今年常乐里，春日哭君回。哭君仰问天，天意安在哉。若必夺其寿，何如不与才。落然身后事，妻病女婴孩。

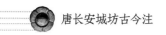
靖恭坊

朱雀门街东第五街，从北第六坊

一、坊名释

靖恭者，恭谨供奉也。《诗经·小雅·小明》曰："靖共尔位，正直是与。"高亨注："靖，犹敬也。共，奉也。"

二、古今址

十字街南之西，祆祠，今址：南二环东段武警陕西省总队医院。

西北隅，驸马都尉杨慎交宅，今址：友谊东路海联物业友谊东路小区、金水路 42 号院。

东门，今址：二环南路东段 38 号雁塔区监狱后院。

西门，今址：经九路 3 号西安润佳连锁酒店西边。

南门，今址：雁塔区青龙路西安铁一中分校 1 号教学楼前建筑。

北门，今址：友谊东路 8 新兴名园北 1 门。

三、附考

1963 年春，于西安东南郊沙坡村出土唐代银器 15 件，按《文物》1964 年第 6 期所载考古简报中所述，发现地点位于兴庆宫遗址正南 1.5 千米左右（亦有云西安交通大学化工教学楼基建所出者，此距不足 1.5 千米，属常乐坊），其详细位置未能述及。该窖藏银器中有九曲莲瓣纹银碗一件，该碗碗底正中为阴雕长角鹿图案，口沿下方有铭文一行，据研究为粟特文，其释文为"祖尔万神之奴仆"，所述神灵为祆教之神，故有学者认为此器为祆教徒所用。既为祆教之物，此批银器在地理位置与个中器物性质皆相合，或可留此一说，待详考。按诸书所载，祆祠在靖恭坊内十字街西之南，今址为南二环武警总队医院一带，实测自兴庆宫南墙至此处亦为 1.5 千米之距。此批银器是否与靖恭坊祆祠有关亦未可知。

1980 年 1 月，西安西北国棉四厂职工子弟学校操场出土《李素墓志铭》《卑失氏墓志铭》各一合，李素为波斯人，曾供职于司天监，于元和十二年（817）终于靖恭坊，司天监在永宁坊，素之宅又是皇帝所赐（"累授恩荣……兼赐庄宅店铺，遂放还私第，与夫人同归于宅"）与坊内有祆祠、曾出土祆教金银器相联系，便不难推断，李素一家应为祆教徒。

鹿纹十二瓣银碗（唐）

出土时间：1963 年

出土地点：西安市南郊沙坡村

收藏单位：中国国家博物馆

图片来源：笔者拍摄

四、坊中诗

太和初靖恭里感事（许浑）

清湘吊屈原，垂泪撷蘋蘩。谤起乘轩鹤，机沉在槛猿。乾坤三事贵，华夏一夫冤。宁有唐虞世，心知不为言。

送升道靖恭相公分司（林宽）

东风时不遇，果见致君难。海岳影犹动，鹓鹏势未安。星沉关锁冷，鸡唱驿灯残。谁似二宾客，门闲嵩洛寒。

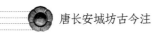

新昌坊

朱雀门街东第五街，从北第七坊

一、坊名释

昌，兴旺发达、光明、壮美之义。《尚书·仲虺之诰》曰："邦乃其昌。"《诗经》："东方昌昌。"此坊居郭城之东，地势又为最高，盖每晨见日之初升，先见光明之义，故以新昌而名，然或以新昌喻国家之兴旺也。

二、古今址

南门之东，青龙寺，今址：青龙寺乐游原。

东门，今址：西影路与雁翔路十字向北 350 米处附近。

西门，今址：铁路新村 130 栋。

南门，今址：西影路 211 号附近。

北门，今址：雁塔区青龙路西安铁一中分校。

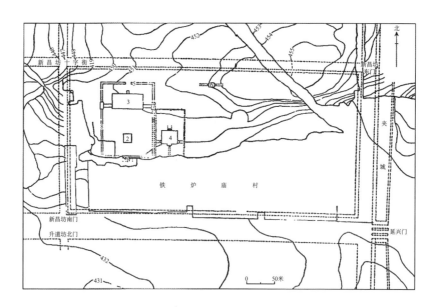

青龙寺遗址勘测总图

图片来源：中国社会科学院考古研究所西安唐城工作队《唐长安青龙寺遗址》（马得志执笔，《考古学报》1989 年第 2 期）

青龙寺遗址照片

图片来源：笔者拍摄

三、附考

徐松《唐两京城坊考》记有中书舍人路群宅，引《唐阙史》之《路舍人友卢给事》文，徐引文中云卢弘正"道过新昌第"，然查此书，文中并无此语。其原文照录于下：

路舍人群，与卢给事弘正，性相异，情相善。紫微清瘦古淡，未尝言朝市；夕拜魁梧富贵，未尝言山水。紫微日谋高卧，有制诏则就宅草之；夕拜未尝乞告，有宾客则就省谒之。虽秦吴所尚，而埙篪其友。一日，雪满玉京，紫微在暇，夕拜将欲晏入，先及路门。紫微寓于南垣茅亭，四目山雪，鹿冠鹤氅，手卷滕琴，篝火于炉，酌杯于机。忽闻卢至，曰："适我愿兮！"促命延入。夕拜金紫华焕，意气轩昂，偶紫微道服而坐。紫微曰："卢六卢六，曾莫顾我，何也？"夕拜曰："月限向满，家食相仍，日诣台庭，以图外任。"紫微貌惨曰："驾肩权门，所不忍视，且有夙分，徒劳汝形。腊营一壶，能同幕席天地否？"夕拜曰："诣省之计久矣。"紫微又呼侍儿曰："卢六待去，早来药糜，宜洁匀越中二饮器，我与给事公俪食。"夕拜振声曰："不可。"紫微曰："何也？"夕拜曰："今旦犯冷，且欲遄征，已市血食之加蒜者餐矣。"时人闻之，以为路之高雅，卢之俊达，各尽其性。

《唐两京城坊考》中又有儋州流人路岩宅，查《旧唐书》《新唐书》皆记路岩为路群之子，《旧唐书》记岩只为梗概，未云所终。《新唐书》卷一百八十四

《路岩传》尤记其详，以"流儋州，籍入其家……诏赐死，剔取喉"而终，故云儋州流人。《旧唐书》言路群"精经学，善属文。性仁孝，志行贞洁。父母殁后，终身不茹荤血。历践台阁，受时君异宠，未尝以势位自矜。与士友结交，荣达如一"。而《新唐书》言路岩得意时，"势动天下，时目其党为'牛头阿旁'，言如鬼阴恶可畏也"。父高洁而子不能承，后遭大难，岂不叹欤？按，路群宅、路岩宅两条应合二为一。

又，新昌坊为穆宗时户部尚书杨於陵家族聚居之地，於陵有四子景复、绍复、师复、嗣复。《旧唐书》卷一百七十六《杨嗣复传》之下有其子杨损传，言其宅在新昌里，与路岩为邻，其文曰："损，字子默，以荫受官，为蓝田尉。三迁京兆府司录参军，入为殿中侍御史。家在新昌里，与宰相路岩第相接。岩以地狭，欲易损马厩广之，遣人致意。时损伯叔昆仲在朝者十余人，相与议曰：'家门损益恃时相，何可拒之？'损曰：'非也。凡尺寸地，非吾等所有。先人旧业，安可以奉权臣？穷达，命也。'岩不悦。会差制使鞫狱黔中，乃遣损使焉。"此处可知新昌里第系杨氏族人群居。由李健超《唐两京城

一佛二菩萨龛式造像（唐）
出土时间：不详
出土地点：青龙寺遗址
收藏单位：西安博物院
图片来源：笔者拍摄

坊考》云《丛考》自《咸宁长安两县续志》卷十二引《弘农杨氏殇女杨慧墓铭》，据志文言杨慧为监察御史杨据之长女，乃复查《咸宁长安两县续志》原本，然有此志记载却无此内容。按其志文述："弘农杨氏殇女墓铭，咸通十三年二月叔父擢撰，季父挺正书，盖题唐弘农杨氏殇女墓铭。书按志杨氏殇女慧，咸通十二年殁于新昌里第，享年廿，以明年二月归葬于万年县宁安乡三赵村，石存邑人段氏。"按居处与诸名文字，杨擢、杨挺与《旧唐书》所录杨损显系一族，皆杨於陵之孙辈也，然擢、挺之父为於陵四子中哪一个？尚待考。由此亦可知，杨於陵之后，至少至曾孙辈的懿宗咸通末期，新昌坊仍为杨氏聚居地。

《历代名画记》记有坊内青龙寺壁画，其文曰："青龙寺，中三门外东西，王韶应画。"

四、坊中诗

先是新昌小园期京兆尹一访兼郎官数子，自顷沉疴年复一年，
兹愿不果，率然成章（苏颋）

独好中林隐，先期上月春。闲花傍户落，喧鸟逼檐驯。寂寞东坡叟，传呼北里人。在山琴易调，开瓮酒归醇。伫望应三接，弥留忽几旬。不疑丹火变，空负绿条新。斗蚁闻常日，歌龙值此辰。其如众君子，嘉会阻清尘。

春日与裴迪过新昌里访吕逸人不遇（王维）

桃源一向绝风尘，柳市南头访隐沦。到门不敢题凡鸟，看竹何须问主人。城上青山如屋里，东家流水入西邻。闭户著书多岁月，种松皆老作龙鳞。

春日与王右丞过新昌里访吕逸人不遇（裴迪）

恨不逢君出荷蓑，青松白屋更无他。陶令五男曾不有，蒋生三径枉相过。芙蓉曲沼春流满，薜荔成帷晚霭多。闻说桃源好迷客，不如高卧晒庭柯。

同柳侍郎题侯钊侍郎新昌里（一作酬侯钊侍郎春日见寄）（卢纶）

清源君子居，左右尽图书。三径春自足，一瓢欢有余。庭莎成野席，阑药是家蔬。幽显岂殊迹，昔贤徒病诸。

酬乐天书怀见寄（节选）（元稹）

新昌北门外，与君从此分。街衢走车马，尘土不见君。

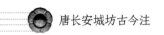

新昌里言怀（钱起）

性拙偶从宦，心闲多掩扉。虽看北堂草，不望旧山薇。花月霁来好，云泉堪梦归。如何建章漏，催著早朝衣。

宴杨仆射新昌里第（杨汝士）

隔坐应须赐御屏，尽将仙翰入高冥。文章旧价留鸾掖，桃李新阴在鲤庭。再岁生徒陈贺宴，一时良史尽传馨。当时疏广虽云盛，讵有兹筵醉绿醽。

初与元九别后忽梦见之，及寤而书适至，兼寄桐花诗，怅然感怀，因以此寄（节选）（白居易）

永寿寺中语，新昌坊北分。归来数行泪，悲事不悲君。

竹窗（白居易）

常爱辋川寺，竹窗东北廊。一别十余载，见竹未曾忘。今春二月初，卜居在新昌。未暇作厩库，且先营一堂。开窗不糊纸，种竹不依行。意取北檐下，窗与竹相当。绕屋声渐渐，逼人色苍苍。烟通香霭气，月透玲珑光。是时三伏天，天气热如汤。独此竹窗下，朝回解衣裳。轻纱一幅巾，小簟六尺床。无客尽日静，有风终夜凉。乃知前古人，言事颇谙详。清风北窗卧，可以傲羲皇。

醉后走笔酬刘五主簿长句之赠兼简张大贾二十四先辈昆季（节选）（白居易）

晚松寒竹新昌第，职居密近门多闲。

题新昌所居（白居易）

宅小人烦闷，泥深马钝顽。街东闲处住，日午热时还。院窄难栽竹，墙高不见山。唯应方寸内，此地觅宽闲。

行简初授拾遗，同早朝入阁，因示十二韵（节选）（白居易）

夜色尚苍苍，槐阴夹路长。听钟出长乐，传鼓到新昌。

新昌新居书事四十韵，因寄元郎中、张博士（白居易）

冒宠已三迁，归期始二年。囊中贮余俸，园外买闲田。狐兔同三径，蒿莱共一廛。新园聊划秒，旧屋且扶颠。檐漏移倾瓦，梁欹换蠹椽。平治绕台路，整顿近阶砖。巷狭开容驾，墙低垒过肩。门闾堪驻盖，堂室可铺筵。丹凤楼当后，青龙寺在前。市街尘不到，宫树影相连。省史嫌坊远，豪家笑地偏。敢劳宾客访，或望子孙传。不觅他人爱，唯将自性便。等闲栽树木，随分占风烟。逸致因心得，幽期遇境牵。松声疑涧底，草色胜河边。虚润冰销地，晴和日出天。苔行滑如簟，莎坐软于绵。帘每当山卷，帷多带月褰。篱东花掩映，窗北竹婵娟。迹慕青门隐，名惭紫禁仙。假归思晚沐，朝去恋春眠。拙薄才无取，疏慵职不专。题墙书命笔，沽酒率分钱。柏杵春灵药，铜瓶漱暖泉。炉香穿盖散，笕烛隔纱然。陈室何曾扫，陶琴不要弦。屏除俗事尽，养活道情全。尚有妻孥累，犹为组绶缠。终须抛爵禄，渐拟断腥膻。大抵宗庄叟，私心事竺乾。浮荣水划字，真谛火生莲。梵部经十二，玄书字五千。是非都付梦，语默不妨禅。博士官犹冷，郎中病已痊。多同僻处住，久结静中缘。缓步携筇杖，徐吟展蜀笺。老宜闲语话，闷忆好诗篇。蛮榼来方泻，蒙茶到始煎。无辞数相见，鬓发各苍然。

闻崔十八宿予新昌弊宅时予亦宿崔家依仁新亭，偶同两兴暗合，因而成咏聊以写怀（白居易）

陋巷掩弊庐，高居敞华屋。新昌七株松，依仁万茎竹。松前月台白，竹下风池绿。君向我斋眠，我在君亭宿。平生有微尚，彼此多幽独。何必本主人，两心聊自足。

吾庐（白居易）

吾庐不独贮妻儿，自觉年侵身力衰。眼下营求容足地，心中准拟挂冠时。新昌小院松当户，履道幽居竹绕池。莫道两都空有宅，林泉风月是家资。

新昌闲居，招杨郎中兄弟（白居易）

纱巾角枕病眠翁，忙少闲多谁与同。但有双松当砌下，更无一事到心中。金章紫绶堪如梦，皂盖朱轮别似空。暑月贫家何所有，客来唯赠北窗风。

闲出（白居易）

兀兀出门何处去，新昌街晚树阴斜。马蹄知意缘行熟，不向杨家即庾家。

早朝（白居易）

鼓动出新昌，鸡鸣赴建章。翩翩稳鞍马，楚楚健衣裳。宫漏传残夜，城阴送早凉。月堤槐露气，风烛桦烟香。双阙龙相对，千官雁一行。汉庭方尚少，惭叹鬓如霜。

自题新昌居止，因招杨郎中小饮（白居易）

地偏坊远巷仍斜，最近东头是白家。宿雨长齐邻舍柳，晴光照出夹城花。春风小榼三升酒，寒食深炉一碗茶。能到南园同醉否，笙歌随分有些些。

新雪二首（寄杨舍人）（白居易）

不思北省烟霄地，不忆南宫风月天。唯忆静恭杨阁老，小园新雪暖炉前。不思朱雀街东鼓，不忆青龙寺后钟。唯忆夜深新雪后，新昌台上七株松。

诏授同州刺史，病不赴任，因咏所怀（节选）（白居易）

野心惟怕闹，家口莫愁饥。卖却新昌宅，聊充送老资。

得潮州杨相公继之书并诗，以此寄之（白居易）

诗情书意两殷勤，来自天南瘴海滨。初睹银钩还启齿，细吟琼什欲沾巾。凤池隔绝三千里，蜗舍沈冥十五春。唯有新昌故园月，至今分照两乡人。

新昌宅书堂前有药树一株，今已盈拱，则长庆中于翰林院内西轩药树下移得，才长一寸，仆夫封一泥丸以归植，今则长成，名之天上树（李绅）

白榆星底开红甲，珠树宫中长紫霄。丹彩结心才辨质，碧枝抽叶乍成条。羽衣道士偷玄圃，金简真人护玉苗。长带九天余雨露，近来葱翠欲成乔。

新昌井（殷尧藩）

辘轳千转劳筋力，待得甘泉渴杀人。且共山麋同饮涧，玉沙铺底浅磷磷。

新昌里（姚合）

旧客常乐坊，井泉浊而咸。新屋新昌里，井泉清而甘。僮仆惯苦饮，食美翻憎嫌。朝朝忍饥行，戚戚如难堪。中下无正性，所习便淫耽。一染不可变，甚于茜与蓝。近贫日益廉，近富日益贪。以此当自警，慎勿信邪谗。

别弟缙后登青龙寺望蓝田山（王维）

陌上新离别，苍茫四郊晦。登高不见君，故山复云外。远树蔽行人，长天隐秋塞。心悲宦游子，何处飞征盖。

夏日过青龙寺谒操禅师（与裴迪同作）（王维）

龙钟一老翁，徐步谒禅宫。欲问义心义，遥知空病空。山河天眼里，世界法身中。莫怪销炎热，能生大地风。

愚公谷三首（青龙寺与黎昕戏题）（王维）

愚谷与谁去，唯将黎子同。非须一处住，不那两心空。宁问春将夏，谁论西复东。不知吾与子，若个是愚公。吾家愚谷里，此谷本来平。虽则行无迹，还能响应声。不随云色暗，只待日光明。缘底名愚谷，都由愚所成。借问愚公谷，与君聊一寻。不寻翻到谷，此谷不离心。行处曾无险，看时岂有深。寄言尘世客，何处欲归临。

青龙寺昙壁上人兄院集（王维）

高处敞招提，虚空讵有倪。坐看南陌骑，下听秦城鸡。眇眇孤烟起，芊芊远树齐。青山万井外，落日五陵西。眼界今无染，心空安可迷。

同王昌龄裴迪游青龙寺昙壁上人兄院集和兄维（王缙）

林中空寂舍，阶下终南山。高卧一床上，回看六合间。浮云几处灭，飞鸟何时还。问义天人接，无心世界闲。谁知大隐者，兄弟自追攀。

青龙寺昙壁上人院集（裴迪）

灵境信为绝，法堂出尘氛。自然成高致，向下看浮云。迤逦峰岫列，参差闾井分。林端远堞见，风末疏钟闻。吾师久禅寂，在世超人群。

夏日过青龙寺谒操禅师（裴迪）

安禅一室内，左右竹亭幽。有法知不染，无言谁敢酬。鸟飞争向夕，蝉噪已先秋。烦暑自兹适，清凉何所求。

同王维集青龙寺昙壁上人兄院五韵（王昌龄）

本来清净所，竹树引幽阴。檐外含山翠，人间出世心。圆通无有象，圣境不能侵。真是吾兄法，何妨友弟深。天香自然会，灵异识钟音。

青龙招提归一上人远游吴楚别诗（岑参）

久交应真侣，最叹青龙僧。弃官向二年，削发归一乘。了然莹心身，洁念乐空寂。名香泛窗户，幽磬清晓夕。往年仗一剑，由是佐二庭。于焉久从戎，兼复解论兵。世人犹未知，天子愿相见。朝从青莲宇，暮入白虎殿。宫女擎锡杖，御筵出香炉。说法开藏经，论边穷阵图。忘机厌尘喧，浪迹向江海。思师石可访，惠远峰犹在。今旦飞锡去，何时持钵还。湖烟冷吴门，淮月衔楚山。一身如浮云，万里过江水。相思眇天末，南望无穷已。

同中书刘舍人题青龙上房（韩翃）

西掖归来后，东林静者期。远峰春雪里，寒竹暮天时。笑说金人偈，闲听宝月诗。更怜茶兴在，好出下方迟。

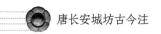

冬夕寄青龙寺源公（郎士元）

敛屦入寒竹，安禅过漏声。高松残子落，深井冻痕生。昙磬风枝动，悬灯雪屋明。何当招我宿，乘月上方行。

清明日青龙寺上方赋得多字（皇甫冉）

上方偏可适，季月况堪过。远近水声至，东西山色多。夕阳留径草，新叶变庭柯。已度清明节，春秋如客何。

独游青龙寺（顾况）

春风入香刹，暇日独游衍。旷然莲花台，作礼月光面。乘兹第八识，出彼超二见。摆落区中缘，无边广弘愿。长廊朝雨毕，古木时禽啭。积翠暖遥原，杂英纷似霰。凤城腾日窟，龙首横天堰。蚁步避危阶，蝇飞响深殿。大通智胜佛，几劫道场现。

宿青龙寺故昙上人院（耿湋）

年深宫院在，闲客自相逢。闭户临寒竹，无人有夜钟。降龙今已去，巢鹤竟何从。坐见繁星晓，凄凉识旧峰。

与王楚同登青龙寺上方（李益）

连冈出古寺，流睇移芳宴。鸟没汉诸陵，草平秦故殿。摇光浅深树，拂木参差燕。春心断易迷，远目伤难遍。壮日各轻年，暮年方自见。

早春同庾侍郎题青龙上方院（李端）

相见惜余辉，齐行登古寺。风烟结远恨，山水含芳意。车马莫前归，留看巢鹤至。

病后游青龙寺（李端）

病来形貌秽，斋沐入东林。境静闻神远，身羸向道深。芭蕉高自折，荷叶大先沉。

青龙寺题故昙上人房（李端）

远公留故院，一径雪中微。童子逢皆老，门人问亦稀。翻经徒有处，携履遂无归。空念寻巢鹤，时来傍影飞。

宿青龙寺故昙上人院（司空曙）

年深宫院在，旧客自相逢。闭户临寒竹，无人有夜钟。降龙今已去，巢鹤竟何从。坐见繁星晓，凄凉识旧峰。

早夏青龙寺致斋凭眺感物因书十四韵（权德舆）

晓出文昌宫，憩兹青莲宇。洁毖奉明祀，凭览伤复占。秦为三月火，汉乃一抔土。诈力自湮沦，霸仪终莽卤。中南横峻极，积翠泄云雨。首夏谅清和，芳阴接场圃。仁祠冈严净，稽首洗灵府。虚室僧正禅，危梁燕初乳。通庄走声利，结驷乃旁午。观化复何如，刳心信为愈。盛时忽过量，弱质本无取。静永环中枢，益愧腰下组。尘劳期抖擞，陟降聊俯偻。遗韵留壁间，凄然感东武。

王起居独游青龙寺玩红叶因寄（羊士谔）

十亩苍苔绕画廊，几株红树过清霜。高情还似看花去，闲对南山步夕阳。

游青龙寺赠崔大补阙（寺在京城南门之东）（韩愈）

秋灰初吹季月管，日出卯南晖景短。友生招我佛寺行，正值万株红叶满。光华闪壁见神鬼，赫赫炎官张火伞。然云烧树火实骈，金乌下啄赪虬卵。魂翻眼倒忘处所，赤气冲融无间断。有如流传上古时，九轮照烛乾坤旱。二三道士席其间，灵液屡进玻黎碗。忽惊颜色变韶稚，却信灵仙非怪诞。桃源迷路竟茫茫，枣下悲歌徒纂纂。前年岭隅乡思发，踯躅成山开不算。去岁羁帆湘水明，霜枫千里随归伴。猿呼鼯啸鹧鸪啼，恻耳酸肠难濯浣。思君携手安能得，今者相从敢辞懒。由来钝骏寡参寻，况是儒官饱闲散。惟君与我同怀抱，锄去陵谷置平坦。年少得途未要忙，时清谏疏尤宜罕。何人有酒身无事，谁家多竹门可款。须知节候即风寒，幸及亭午犹妍暖。南山逼冬转清瘦，刻画圭角出崖窾。当忧复被冰雪埋，汲汲来窥戒迟缓。

青龙寺早夏（白居易）

尘埃经小雨，地高倚长坡。日西寺门外，景气含清和。闲有老僧立，静无凡客过。残莺意思尽，新叶阴凉多。春去来几日，夏云忽嵯峨。朝朝感时节，年鬓暗蹉跎。胡为恋朝市，不去归烟萝。青山寸步地，自问心如何。

和钱员外青龙寺上方望旧山（白居易）

旧峰松雪旧溪云，怅望今朝遥属君。共道使臣非俗吏，南山莫动北山文。

渭村退居，寄礼部崔侍郎、翰林钱舍人诗一百韵（节选）（白居易）

浅酌看红药，徐吟把绿杨。宴回过御陌，行歌入僧房。白鹿原东脚，青龙寺北廊。望春花景暖，避暑竹风凉。

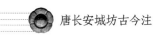

和秘书崔少监春日游青龙寺僧院（姚合）

官清书府足闲时，晓起攀花折柳枝。九陌城中寻不尽，千峰寺里看相宜。高人酒味多和药，自古风光只属诗。见说往来多静者，未知前日更逢谁。

题青龙寺（张祜）

二十年沈沧海间，一游京国也应闲。人人尽到求名处，独向青龙寺看山。

青龙寺僧院（刘得仁）

常多簪组客，非独看高松。此地堪终日，开门见数峰。苔新禽迹少，泉冷树阴重。师意如山里，空房晓暮钟。

题青龙寺（朱庆馀）

寺好因岗势，登临值夕阳。青山当佛阁，红叶满僧廊。竹色连平地，虫声在上方。最怜东面静，为近楚城墙。

秋晚与友人游青龙寺（刘得仁）

高视终南秀，西风度阁凉。一生同隙影，几处好山光。暮鸟投赢木，寒钟送夕阳。因居话心地，川冥宿僧房。

题青龙寺镜公房（马戴）

一室意何有，闲门为我开。炉香寒自灭，履雪饭初回。窗迥孤山入，灯残片月来。禅心方此地，不必访天台。

夏日青龙寺寻僧二首（薛能）

帝里欲何待，人间无阙遗。不能安旧隐，都属扰明时。违理须齐辱，雄图岂藉知。纵横悉已误，斯语是吾师。得官殊未喜，失计是忘愁。不是无心速，焉能有自由。凉风盈夏扇，蜀茗半形瓯。笑向权门客，应难见道流。

题青龙寺镜公房（贾岛）

一夕曾留宿，终南摇落时。孤灯冈舍掩，残磬雪风吹。树老因寒折，泉深出井迟。疏慵岂有事，多失上方期。

题青龙寺（贾岛）

碣石山人一轴诗，终南山北数人知。拟看青龙寺里月，待无一点夜云时。

题青龙精舍（卢骈）

寿夭虽云命，荣枯亦大偏。不知雷氏剑，何处更冲天。

青龙师安上人（司空图）

灾曜偏临许国人，雨中衰菊病中身。清香一炷知师意，应为昭陵惜老臣。

长安遣怀（林宽）

醉下高楼醒复登，任从浮薄笑才能。青龙寺里三门上，立为南山不为僧。

下第题青龙寺僧房（韦庄）

千蹄万毂一枝芳，要路无媒果自伤。题柱未期归蜀国，曳裾何处谒吴王。马嘶春陌金羁闹，鸟睡花林绣羽香。酒薄恨浓消不得，却将惆怅问支郎。

秋宿青龙禅阁（李洞）

前山不可望，暮色渐沉规。日转须弥北，蟾来渤海西。风铃乱僧语，霜桧欠猿啼。阁外千家月，分明见里迷。

青龙寺赠云颢法师（曹松）

僧名喧北阙，师印续南方。莫惜青莲喻，秦人听未忘。紫檀衣且香，春殿日尤长。此地开新讲，何山锁旧房。

秋夜寄青龙寺空贞二上人（无可）

夜来思道侣，木叶向人飘。精舍池边古，秋山树下遥。磬寒彻几里，云白已经宵。未得同居止，萧然自寂寥。

冬夕寄青龙寺源公（郎士元）

敛屦入寒竹，安禅过漏声。高杉残子落，深井冻痕生。罢磬风枝动，悬灯雪屋明。何当招我宿，乘月上方行。

题青龙寺纵公房（无可）

从谁得法印，不离上方传。夕磬城霜下，寒房竹月圆。烟残衰木畔，客住积云边。未隐沧洲去，时来于此禅。

客题青龙寺门

尨龙去东海，时日隐西斜。敬文今不在，碎石入流沙。

清明日青龙寺上方（得多字）（刘长卿）

上方偏可适，季月况堪过。远近人都至，东西山色多。夕阳留径草，新叶变庭柯。已度清明节，春愁如客何。

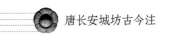
升道坊

朱雀门街东第五街，从北第八坊

一、坊名释

升通昇。《周易·序卦》曰："聚而上者谓之升。"《诗经·小雅·天保》曰："如日之升。"《说文通训定声》云：升假借为"登"，字亦作昇，作陞。道者有二义，其一，《说文》云："道，所行道也。"其二，《孟子·公孙丑下》云："得道多助，失道寡助。"《世说新语·赏誉》曰："阿兄形似道，而神锋太俊。"所谓升道者，本有两含义，一为聚升大道也，一为得升仙道，有羽化而登仙之义，结合该坊地形来看，升道当为得升仙道，羽化登仙之义。

二、古今址

西北隅，龙华尼寺，今址：雁塔区西影路 46 号西勘综合市场。
东门，今址：西影路 116 号陕西省理工学校 3 号公寓楼东边。
西门，今址：雁塔区观音庙老村 1 排。
南门，今址：西影路 260 号西邻园内。
北门，今址：西影路王家村西排 44 号附近。

三、附考

《长安志》谓龙华尼寺之南有流水屈曲，谓之曲江。此处所言之曲江距曲江池尚有三坊之地，如寺南曲水信息所记无误，则曲江与曲江池当为两概念，曲江自龙华尼寺之南流经蜿蜒而南汇入曲江池也。如是，则今西安居民所谓曲江与唐之曲江为两处不同之地也。亦有观点认为曲江应移入敦化坊之南，以升道坊所处距曲江池尚有数坊之地，然言流水必有源有自，岂独一处存焉？又，与升道坊对角之修行坊今为北池头所在，查《西安市地名志》云以地处曲江池北头得名，此处北池头距上述寺南曲江相近咫尺，则《长安志》所记升道坊龙华尼寺南之曲江不虚。由此，亦可知唐之曲江池水面涉及之大，非一坊一处之地。《唐两京城坊考》于通善坊之下加注云："慈恩、杏园皆在曲江之西南也。"慈恩在晋昌、杏园在通善，升道在两者东北，松言两者在曲江西南亦明矣。须知，曲江与曲江池之有分别。

四、坊中诗

升道精舍南台对月寄姚合（贾岛）

月向南台见，秋霖洗涤余。出逢危叶落，静看众峰疏。冷露常时有，禅窗此夜虚。相思聊怅望，润气遍衣初。

送升道靖恭相公分司（林宽）

东风时不遇，果见致君难。海岳影犹动，鹍鹏势未安。星沉关锁冷，鸡唱驿灯残。谁似二宾客，门闲嵩洛寒。

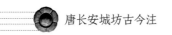

立政坊

朱雀门街东第五街，从北第九坊

一、坊名释

《尚书》有立政篇，言周公作《立政》也。西汉扬雄《扬子法言·先知》云："或问：'何以治国？'曰：'立政。'"立政者，立为政之道也。

二、古今址

让皇帝庙，北门，今址：西影路 260 号西邻园内。
东门，今址：西安理工大学曲江校区 5 号学生公寓。
西门，今址：曲江路 189 号足球场。
南门，今址：曲江大道北池头二路北池头社区。

三、附考

让皇帝庙，位置无考。按唐《礼阁新议》所载，始建于开元二十九年（741）。查诸文献，多有述及者，照录于后。

《全唐诗》收有《郊庙歌辞·让皇帝庙乐章》分别有迎神，奠币，迎俎，酌献、亚献、终献，送神共六篇，是为该庙祭祀时所专用，见坊中诗。

又，唐贞元时，王起有《覆废罢让皇帝庙奏》（《全唐文》卷六百四十三），其文曰：

让皇帝庙，去月二十四日诏下太常寺，委三卿及博士同详议闻奏者。臣等伏以让皇帝追尊位号，恩出一时，别立庙祠，不涉正统。既非昭穆禘祫所及，无子孙飨献之仪，亲尽则疏，岁久当革。杜鸿渐所议"禘祫之月时一祭"者，盖以时近恩深，未可顿忘故也。今睿宗、玄宗既已祧去，又文敬等七太子中亦有追赠奉天、承天皇帝之号，当以停废，则让帝之庙，不宜独存。臣等参详，伏请准中书门下状，便从废罢。沿情定礼，实议叶宜。

《唐会要》卷十九亦载让皇帝庙祭祀废止事，开成四年（839）三月，中书令门下奏："伏以让皇帝睿宗之子，玄宗之兄，位止列藩，功非及物。玄宗情深同气，恩起权宜，赠王者之尊名，申友于之私分。别构庙宇，以时烝尝，求之古先，则匪经制。比及肃宗之代，岁月未深，礼仪使杜鸿渐言其不可，四时享献，从此并停。每至禘祫之年，犹令一祭。伏以禘祫之礼，义理甚明，祫谓合祭祖宗，禘谓审谛昭穆。让帝亲非正统，名是赠加，久从禘祫，颇为乖爽。臣等又以睿宗之尊崇，玄宗之功德，皆以亲尽祧去，藏主于夹室之中。而让帝宗祀依然，庙宇仍旧，曾无昭穆之序，而有禘祫之仪。惟情与理，俱所未可。况自建立，于今九庙。比章怀孝敬，名位犹轻，与德明兴圣，则尊卑顿异，岂可因循不毁、享献无穷者也？伏以今年夏，禘祭俯临，辄敢举明，特希废革。如或以臣等所见，不至乖殊，望下礼官，详议闻奏。"其年四月，太常寺奏议曰："臣等伏以让皇帝追尊位号，恩出一时，别立庙祠，不涉正统。既非昭穆禘祫所及，又无子孙享献之仪。亲尽则疏，岁久当革。杜鸿渐所议'禘祫之月时一祭'者，盖以时近恩深，未可顿忘故也。今睿宗、玄宗既已祧去，又文敬等七太子其中亦有追赠奉天、承天皇帝之号，皆已停废。则让皇帝之庙，不宜独存。臣等参详，伏请准中书门下状，便从废毁，沿情定礼，实为协宜。"制从之。

按《唐会要》所载开成四年（839）四月太常寺议奏文，与王起《覆废罢让皇帝庙奏》相同，唯个别有六处有异，是知应为一文。故知立政坊让皇帝庙废于开成四年四月。

四、坊中诗

郊庙歌辞·让皇帝庙乐章·迎神

皇矣天宗，德先王季。因心则友，克让以位。爰命有司，式尊前志。神其降灵，昭飨祀事。

郊庙歌辞·让皇帝庙乐章·奠币

惟帝时若，去而上仙。祀用商武，乐备宫悬。白璧加荐，玄纁告虔。子孙拜后，承兹吉蠲。

郊庙歌辞·让皇帝庙乐章·迎俎

祀盛体荐，礼协粢盛。方周假庙，用鲁纯牲。捧撤祗敬，击拊和鸣。受厘归胙，既戒而平。

郊庙歌辞·让皇帝庙乐章·酌献

八音具举，三寿既盟。洁兹宗彝，瑟彼圭瓒。兰肴重错，椒醑飘散。降祚维城，永为藩翰。

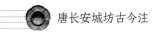

郊庙歌辞·让皇帝庙乐章·亚献终献

秩礼有序，和音既同。九仪不忒，三揖将终。孝感蘋后，相维辟公。四时之典，永永无穷。

郊庙歌辞·让皇帝庙乐章·送神

奠献已事，昏昕载分。风摇雨散，灵卫纲缊。龙驾帝服，上腾五云。泮宫复冈，寂寞无闻。

敦化坊

朱雀门街东第五街，从北第十坊

一、坊名释

敦化者，语出《中庸》："小德川流，大德敦化，此天地之所以为大也。"本其义，敦厚而化育万物之义也。

二、古今址

东门，今址：北池头二路 101 号大丰曲江真境。

西门，今址：芙蓉东路 89 号铂罗尼亚。

南门，今址：北池头二路中海·东郡 21 栋西邻。

北门，今址：曲江大道北池头二路北池头社区。

三、附考

诸书皆在此坊内录信息众多，自《长安志》至《唐两京城坊考》，皆书都亭驿、净影寺、殷开山宅、颜师古宅、欧阳询宅、沈越宾宅等内容于其中。按，此坊在郭城东南角，殷、颜、欧、沈等皆属唐初之人，其时长安城人烟尚不旺，郭城以内，重臣皆附皇城就近而居。都亭驿为待来使之所，如设于郭城之偏角，不惟路程遥远多有不便，荒凉凄清，亦悖待客之常情。与敦化坊相邻或并排之坊，查诸书所记，不仅初唐少宅第，即至盛唐、中唐，亦绝少焉。于居不谐，于理亦不合。故敦化之下诸内容应为通化之误。

朱雀门街西

朱雀门街西第一街

善和坊

朱雀门街西第一街，从北第一坊

一、坊名释

《说文》曰："善，吉也。"《吕氏春秋·长攻》曰："所以善代者乃万故。"此处意为好。和《说文》以相应意也。《广雅》以谐解。名善和者，吉利和谐之意也。

二、古今址

东门，今址：西安市碑林区朱雀门外朱雀大街北段 150 号。
西门，今址：陕西青年职业学院、陕西省团校。

三、附考

此坊名称及位置历来众说纷纭，坊内宅邸文献记载亦不多，《新记》《长安志》记录者仅有孔纬宅。今学者杨鸿年、李健超等又据补入郑注宅、柳宗元旧宅、御井、王府君夫人宅、下殇女子宅、林简言寓（以上杨鸿年补）、卫规宅、裴氏宅、梁琮宅、赵冬曦宅、郭克勤宅、朱玫宅（以上李健超补）等，然均不知具体位置，故从以上所叙事物名录暂无法确定古今址。然此坊位置之确定，亦可据所列坊内宅主职业推知，经查所知该坊内多半宅主职业处所，计有北面之皇城、宫城、务本坊内国子监等地。如东宫通事舍人、司农寺京苑总监副监、国子祭酒、司空兼门下侍郎等职皆是如此，宅主所居，必选就近供职处所居，一两处尚属偶然，四五处及以上则应为以地之便择居。故可知该坊是近皇城及务本坊者。坊内还记有御井，言此井水甘美以供内厨，开元中日以骆驼驮入大内，查郭城内出醴泉之井有两处，一为醴泉坊井，其井隋开皇后不见有供御记载，或入唐后东内创建，距大内愈远，而善和坊御井北邻皇城，供御方便之故。

　　唐末时，坊内有朱玫宅，《旧唐书》卷一百七十五《朱玫传》记朱玫于宅中被王行瑜杀害事，其文曰："时行在出令，有能斩朱玫首者，则授以邠帅。贼将王行瑜以大唐峰不利，退保凤州。终虑得罪，与腹心密谋，径入京师。时玫有第在和善里，行瑜率兵仗入见。玫犹责以擅还，行瑜曰：'我要代尔领邠州节制，何复多言？'遂斩之。"书中"和善里"为善和里之误。

　　又，诸书多有以此坊别名光禄之记录，查城坊图及与所谓光禄坊相关之信息，知光禄应为光福之误。李济翁《资暇集》卷中《永乐冢》之注云："光禄坊内亦有古冢，《新记》不载，时以之与永乐者对，遂目为王母台。张郎中谯云：常于杂钞中见光禄者，是汉朝王陵母墓，以贤呼为王母，所以东呼为王公。故附于注。"由此注可知，此古冢与永乐坊古冢东西相对，唐人呼之彼为王公，此为王母。查永乐坊之东为永宁坊，名、物皆不符；永乐坊之西为光福坊，光福、光禄为一字之差。考察永乐、光福两坊之地势，皆是京城内高耸处，且两故址在中华人民共和国成立后基建过程中多有大墓发现，而善和坊近皇城，其地域地势低平，今亦无遗迹相证。故可知《资暇集》所记与永乐坊相对之"光禄坊"古冢应为光福坊之误。

四、坊中诗

嘲李端端（崔涯）

　　黄昏不语不知行，鼻似烟窗耳似铛。独把象牙梳插鬓，昆仑山上月初明。觅得黄骝鞁绣鞍，善和坊里取端端。扬州近日浑成差，一朵能行白牡丹。

　　（注：此诗亦有学者认为作于扬州，列此存疑）

通化坊

朱雀门街西第一街，从北第二坊

一、坊名释

《说文》曰："通，达也。"《周易》曰："化而裁之谓之变，推而行之谓之通。"《说文》曰："化，教行也。"通化者，推行教化也。

二、古今址

东门之北，都亭驿，今址：豪盛大厦 C 座。

十字街之北，净影寺，今址：陕西建设技师学院。

东南隅，行台左仆射、郧国公殷开山宅，今址：陕西省上海商会。

西门之北，秘书监颜师古宅，今址：中国邮政储蓄银行（含光路支行）。

三、附考

此坊有名殖业者，李健超云为徐松将东都之名误置，不复冗考。《太平御览》卷一百八十《宅》记此坊别名"吴儿坊"，因唐初太宗、高宗时，颜师古、欧

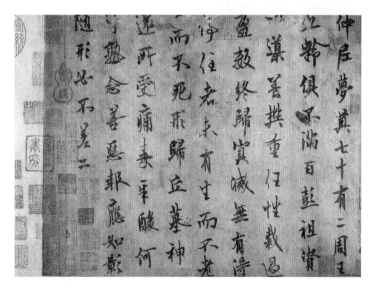

欧阳询《仲尼梦奠帖》（唐，现藏辽宁省博物馆，《欧阳询墨迹选》，上海人民出版社 2021 年 7 月版）

颜真卿《颜氏家庙碑》拓片
（现藏西安碑林博物馆）

阳询、沈越宾皆于此居住。颜为南朝旧族，欧阳与沈又江左士人，故得此诙谐之名。据此坊宅主职业亦可知其近皇城与务本坊，计有行台左仆射、秘书监、太常少卿、著作郎、京兆尹、秘书省丽正殿学士、国子监礼记博士、光禄寺卿、御史大夫等职，皆是此类。前文在街东所考敦化坊下诸条与此同者，盖通化、敦化，通、敦之音相近，古人相传之误也。考证已于街东敦化坊条下详细说明，此处不再复述。

坊内建中时建有颜氏家庙，盖以颜师古故宅改作。今西安碑林博物馆有颜真卿《颜氏家庙碑》，原应立于此坊家庙之内。

丰乐坊

朱雀门街西第一街，从北第三坊

一、坊名释

《广韵》曰："丰，茂也，盛也。"故言丰者，茂盛也。《周易·丰卦》云："丰，大也。"言乐者，欢乐之意也。又，《诗经·魏风·硕鼠》曰："逝将去女，适彼乐土。"《诗·大雅·旱麓》曰："瞻彼旱麓，榛楛济济。"东汉郑玄笺："喻周邦之民独丰乐者，被其君德教。"东晋法显《佛国记》曰："得到于阗，其国丰乐，人民殷盛。"名丰乐者，民因丰盛欢乐也。

二、古今址

西南隅，法界尼寺，今址：西安体育学院学生餐厅。

横街之北，大开业寺，今址：西安市公安局友谊西路家属院。

三、附考

徐松《唐两京城坊考》"大开业寺"条记云："本隋胜光寺，文帝第二子蜀王秀所立。大业元年，徙光德坊于此，置仙都宫，即文帝别庙。武德元年，高祖为尼明照废宫立为证果尼寺，贞观九年，徙崇德坊。于此置静安宫，即高祖别庙。仪凤二年废宫，复立为开业寺。"大开业寺由寺为宫，复由宫为寺，再由寺为宫，又由宫为寺，如此变化反复、宫寺相易者，偌大长安，恐只此一处也。李健超以千唐志斋所藏贾洮墓志中言：咸通十四年（873）五月六日，洮终于丰乐里废开业寺。李以此志中废寺云未知寺废于何时。综诸书所记，可知大开业寺废止最迟时间当在武宗灭佛之后。因唐张读《宣室志》载开业寺故事云："至德二年（载）十月二十三日，丰乐里开业寺有神人足迹甚长，自寺外门至佛殿。先是，阍人宿门下，梦一人，长二丈余，被金甲，执槊，立于寺门外。俄而，以手曳其门，扃钥尽解，神人即挽而入寺，行至佛殿，顾望久而没。阍人惊寤。及晓，视其门，已开矣。即具以梦白于寺僧。寺僧共视，见神人之迹。遂告于京兆。京兆以闻，肃宗命中使验之，如其言。"阍人（守门人）以梦境而语神，诚属荒诞。但由此文所记可知，盛唐后的肃宗至德时该寺尚在，知该寺有外门、佛殿等。

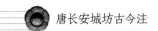

四、坊中诗

题李昌符丰乐幽居（许棠）

诗家依阙下，野景似山中。兰菊俱含露，杉梧为奏风。破门韦曲对，浅岸御沟通。莫叹连年屈，君须遇至公。

安业坊

朱雀门街西第一街，从北第四坊

一、坊名释

《尔雅》曰："安，定也。"《周易·系辞》曰："举而措之天下之民，谓之事业。"西汉桓宽《盐铁论·备胡》曰："是以行者劝务，而止者安业。"《后汉书·列女传》曰："复不终业。"名安业者，安定于事业也。

二、古今址

西南隅，资善尼寺，今址：煤炭学院能源家属院。

东南隅，济度尼寺，今址：华融国际商务大厦。

横街之北，郇国公主宅、次南，唐昌观，今址：解放军政治学院操场向西50米。

三、附考

《剧谈录》曾云唐昌观内有玉蕊院，有玉蕊花。其花每发，若琼林瑶树。唐元和时有仙女降临，观者如堵。严休复、元稹、刘禹锡、白居易皆作玉蕊院真人降诗以记之。

四、坊中诗

唐昌观玉蕊花（杨凝）

瑶华琼蕊种何年，萧史秦嬴向紫烟。时控彩鸾过旧邸，摘花持献玉皇前。

唐昌公主院看花（司空曙）

遗殿空长闭，乘鸾自不回。至今荒草上，寥落旧花开。

唐昌观玉蕊花（王建）

一树笼松玉刻成，飘廊点地色轻轻。女冠夜觅香来处，唯见阶前碎月明。

唐昌观玉蕊花（武元衡）

琪树芊芊玉蕊新，洞宫长闭彩霞春。日暮落英铺地雪，献花应过九天人。

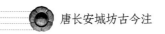

唐昌观玉蕊花（杨巨源）

晴空素艳照霞新，香洒天风不到尘。持赠昔闻将白雪，蕊珠宫上玉花春。

和严给事闻唐昌观玉蕊花下有游仙二绝（刘禹锡）

玉女来看玉蕊花，异香先引七香车。攀枝弄雪时回顾，惊怪人间日易斜。雪蕊琼丝满院春，衣轻步步不生尘。君平帘下徒相问，长伴吹箫别有人。

唐昌观看花（张籍）

新红旧紫不相宜，看觉从前两月迟。更向同来诗客道，明年到此莫过时。

同严给事闻唐昌观玉蕊近有仙过，因成绝句二首（张籍）

千枝花里玉尘飞，阿母宫中见亦稀。应共诸仙斗百草，独来偷得一枝归。九色云中紫凤车，寻仙来到洞仙家。飞轮回处无踪迹，唯有斑斑满地花。

和严给事闻唐昌观玉蕊花下有游仙（元稹）

弄玉潜过玉树时，不教青鸟出花枝。的应未有诸人觉，只是严郎不得知。

白牡丹（和钱学士作）（节选）（白居易）

唐昌玉蕊花，攀玩众所争。折来比颜色，一种如瑶琼。彼因稀见贵，此以多为轻。始知无正色，爱恶随人情。岂惟花独尔，理与人事并。君看入时者，紫艳与红英。

代书诗一百韵寄微之（节选）（白居易）

唐昌玉蕊会，崇敬牡丹期。

自城东至以诗代书，戏招李六拾遗、崔二十六先辈（白居易）

青门走马趁心期，惆怅归来已校迟。应过唐昌玉蕊后，犹当崇敬牡丹时。暂游还忆崔先辈，欲醉先邀李拾遗。尚残半月芸香俸，不作归粮作酒赀。

唐昌观玉蕊花折有仙人游怅然成二绝（严休复）

终日斋心祷玉宸，魂销目断未逢真。不如满树琼瑶蕊，笑对藏花洞里人。羽车潜下玉龟山，尘世何由睹蕣颜。唯有多情枝上雪，好风吹缀绿云鬟。

中台五题·玉蕊（乱前唐昌观玉蕊最盛）（郑谷）

唐昌树已荒，天意春文昌。晓入微风起，春时雪满墙。

崇业坊

朱雀门街西第一街，从北第五坊

一、坊名释

《尔雅》曰："崇，高也。"《说文》曰："崇，嵬高也。"《白虎通》曰："天子曰崇城，言崇高也。"张衡《东京赋》曰："建明德而崇业。"注："犹兴也。"坊名崇业，当时据张衡之文而生。

二、古今址

东门，今址：朱雀七星国际公寓。

西门，今址：崇业路与含光路十字向东 130 米。

三、附考

《唐会要》卷五十《观》录有玄都观，其文曰："玄都观本名通达观。周大象三年。于故城中置。隋开皇二年。移至安善坊。元都观有道士尹崇。通三教。积儒书万卷。开元年卒。天宝中。道士荆朏。亦出道学。为时所尚。太尉房管每执师资之礼。当代知名之士。无不游荆公之门。初。宇文恺置都。以朱雀门街南北尽郭。有六条高坡。象乾卦。故于九二置宫阙。以当帝之居。九三立百司。以应君子之数。九五贵位。不欲常人居之。故置玄都观兴善寺以镇之。"文中移至安善坊，为崇业之误。安善坊与兴善寺所在之靖善坊对角，不合九五横岗之理，亦不对称。

此坊与靖善坊性质相同，因九五横岗穿两坊而过，玄都观、兴善寺各占其内，是为镇城之用，少有人居。即使《长安志》所记之新都公主宅、新昌公主宅，亦都改为道观（福唐观、新昌观），其他则有朝官王涯、崔群家庙。初唐时，坊内有李嗣真宅，记其于宅内掘得古钟事，时嗣真为太常丞。按《新唐书》卷九十一《李嗣真传》所记："太常缺黄钟，铸不能成，嗣真居崇业里，疑土中有之，弗得其所。道上逢一车，有铎声甚厉，嗣真曰：'宫声也。'市以归，振于空地，若有应者。掘之得钟，众乐遂和。"自嗣真宅后，未见有朝官居此坊者。即嗣真所居，自其中掘钟亦属异事，意在强调此坊之不同欤？

宪宗元和十四年（819），坊内建有崔群家庙，庙三室，牛僧孺作《相国崔群家庙碑》，节录其文（《文苑英华》卷八百八十一）曰：

宪宗纪元十四年，诏右相中书侍郎平章事清河公群立家庙于长安崇业里，庙三室。粤五月二十二日，天子命以羊一豕一助奠，太常出博士一人相礼仪。即日加赠烈考全部公尚书左仆射，极显亲之荣锡，教忠也。先是，丞相清河公诹日卜牲致斋盥洗，朝服立于阼阶之东，司仪告办宗祝赞事奉赠郑州刺史府君神主祔于第一室，夫人乐平郡太夫人王氏配座，室曰皇考庙。奉怀州刺史赠太子少师（一作今赠司空）府君神主祔于第二室，夫人魏国太夫人李氏配座，室曰王考庙。奉今赠太尉府君神主祔于第三室，夫人齐国太夫人卢氏晋国太夫人王氏配座，室曰考庙。……铭曰：昭昭成庙，栌松楠柏。断之磨之，谨古不饰。二门眈眈，瞻东应南。周匝埂坦，庭植冬阴。三室崃扃（扃），肃械严深。济济孝孙，以时绘之。簠罩豆筵，既具而宜（宜）。恪恭声闻，如见如疑。明德馨香，百福已来。厥初大风，齐太之遗。支胤茂秩，累累而贤。荥阳之仁，河内之才，太尉植行，将开以先，丹元感灵，乃仪凤凰，丞相厥生，辅我唐章，忠孝懋宣，兴时太平，耀荣祖宗，以尊显亲，既祭则礼（一作祖），以敬如（一作加）存，牲牢具肥，祝史赞神，宗妇宗工，整整平平，祉祚之传，若火移薪，于万斯年，爰有记云。

穆宗至文宗时，坊内建有王涯家庙，庙四室，今见有《代郡开国公王涯家庙碑》（文粹作《兴元节度使王公先庙碑》），节录其文（出《文苑英华》卷八百八十一）曰：

唐制：五等有爵服而无山川，登于三事得立四庙，备物崇祀以交神明，敬先报本以辅孝治，有国之令典也。惟长庆三年，前相国王涯（集粹作公）始卜庙于西京崇业里。公时镇剑南东川，上章曰：（臣）涯官秩印绶，品俱第三，请如式以奉宗庙。制曰："可。"是岁仲冬，申命长男孟坚祔其主于三室。明年，公入为御史大夫，复以十一月躬行蒸祭。间岁，公出梁州就拜司空，礼崇异数，庙加常祀（文粹作祀室）。大和二年，增新室。既成，祔显考于宗（二本作）位，告绘由礼。观之者以为世程。第一室曰上仪同幽（集作幽）州别驾府君讳元（文粹作光）政，以（阙）陵崔氏配；第二室曰湖州安吉县令赠尚书刑部员外郎府君讳实，以妣赠扶风县太君马氏配；第三室曰朝散大夫青州司马赠户部侍郎府君讳祚，以妣赠武威郡太夫人贾氏配；第四室曰温州刺史赠大尉府君讳晃（二孝作晃），以妣赠鲁国太夫人博陵崔氏配。

《历代名画记》记有坊内玄都观壁画："玄都观，殿内范长寿画。"

四、坊中诗

元和十年自朗州召至京戏赠看花诸君子（刘禹锡）

紫陌红尘拂面来，无人不道看花回。玄都观里桃千树，尽是刘郎去后栽。

再游玄都观（刘禹锡）

百亩庭中半是苔，桃花净尽菜花开。种桃道士归何处，前度刘郎今又来。

酬令狐相公雪中游玄都见忆（刘禹锡）

好雪动高情，心期在玉京。人披鹤氅出，马踏象筵行。照耀楼台变，淋漓松桂清。玄都留五字，使入步虚声。

游昊天玄都观（一作裴考功、厉察院同游昊天玄都观）（姚合）

性同相见易，紫府共闲行。阴径红桃落，秋坛白石生。藓文连竹色，鹤语应松声。风定药香细，树声泉气清。垂檐灵草影，绕壁古山名。围外坊无禁，归时踏月明。

玄都观栽桃十韵（章孝标）

驱使鬼神功，攒栽万树红。薰香丹凤阙，妆点紫琼宫。宝帐重庶日，妖金遍累空。色然烧药火，影舞步虚风。粉扑青牛过，枝惊白鹤冲。拜星春锦上，服食晚霞中。棋局阴长合，箫声秘不通。艳阳迷俗客，幽邃失壶公。根柢终盘石，桑麻自转蓬。求师饱灵药，他日访辽东。

玄都楼桃（蒋防）

旧传天上千年熟，今日人间五日香。红软满枝须作意，莫交方朔施偷将。

登玄都阁（朱庆馀）

野色晴宜上阁看，树阴遥映御沟寒。豪家旧宅无人住，空见朱门锁牡丹。

玄都观李尊师（喻凫）

藓帻翠髯公，存思古观空。晓坛桎叶露，晴圃柳花风。寿已将椿并，棋难见局终。何当与高鹤，飞去海光中。

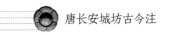

永达坊

朱雀门街西第一街，从北第六坊

一、坊名释

《说文》曰："永，水长也。象水坙理之长。"《广雅》曰："达，通也。"诸葛亮《出师表》有"不求闻达于诸侯"之句，此处是为显达。是故永达之意，在标明所居者永远显达富贵也，其不外乎寄托规划者美好之祈盼。

二、古今址

东门，今址：小寨西路与朱雀路十字。

西门，今址：小寨西路与含光路十字向东 130 米。

三、附考

按诸书所载，此坊内无人宅居，而皆是园林。《旧唐书》卷一百六十回《王播传》中有其弟起传，播、起皆宅于光福，而起之子龟则于永达坊园林创书斋独处。"龟，字大年。性简淡萧洒，不乐仕进。少以诗酒琴书自适，不从科试。京城光福里第，起兄弟同居，斯为宏敞。龟意在人外，倦接朋游，乃于永达里园林深僻处创书斋，吟啸其间，目为'半隐亭'。"坊内有华阳池，似为一水面较大之小湖泊，池旁有度支亭子，据《辇下岁时记》载，该亭为唐时新进士宴饮之所，然《辇下岁时记》久佚不全，此亦为古人转述，可作一旁证。经复原图可知，永达坊范围为郝家村所在，查 1933 年与 1950 年西安市地形图可知，此村之南为一洼地，坊址无误，此处应是永达坊所述华阳池所在。

道德坊

朱雀门街西第一街，从北第七坊

一、坊名释

《道德经》曰："道生之，德畜之，物形之，势成之。是以万物莫不尊道而贵德。道之尊，德之贵，夫莫之命而常自然。"《荀子·劝学》曰："故学至乎礼而止矣，夫是之谓道德之极。"则道德之义可明。

二、古今址

东门，今址：朱雀大街青松路口（招呼站/公交站）。

西门，今址：名仕花园4号楼。

三、附考

坊内有开元观，未载具体方位。据《唐两京城坊考》载："开元观本隋秦王浩宅，武后朝置永昌县。神龙元年县废，遂为长宁公主宅。景云元年置道士观。开元五年，金仙公主居之，改为女冠观。十年改为开元观。"李健超认为，此处内容为徐松误置洛阳内容于此，又列金仙公主墓志等内容以证徐误。然查李之复证亦有商榷之处。1974年出土的《大唐故金仙长公主志石铭并序》云："仍于京都双建道馆，馆台北阙，接笙歌于洛滨；珠阁西临，聆萧曲于秦野。"《道藏·洞真部·记传类·历世真仙体道通鉴》卷三十六"申元之"条云："唐明皇开元中，召入上都开元观。"唐杨凭亦有《长安春夜宿开元观》之诗。前公主志文中既云"京都双建道馆"，又云"珠阁西临，聆萧曲于秦野"，故知金仙公主于洛阳、长安均建有道馆，"聆萧曲于秦野"一句更是点明其道馆临近兰陵坊，何则？兰陵坊内有萧氏池台，道德坊与兰陵坊相邻对角，隔朱雀大街相望。加之《申元之传》又明确指出"上都开元观"，杨凭诗题亦为《长安春夜宿开元观》，足见长安道德坊内亦有开元观。

四、坊中诗

西京道德里（罗隐）

秦树团团夕结阴，此中庄舄动悲吟。一枝丹桂未入手，万里苍波长负心。老去渐知时态薄，愁来唯愿酒杯深。七雄三杰今何在，休为闲人泪满襟。

开元观怀旧寄李二、韩二、裴四兼呈崔郎中、严家令（韦应物）

宿昔清都燕，分散各西东。车马行迹在，霜雪竹林空。方轸故物念，谁复一樽同。聊披道书暇，还此听松风。

开元观遇张侍御（钱起）

碧落忘归处，佳期不厌逢。晚凉生玉井，新暑避烟松。欲醉流霞酌，还醒度竹钟。更怜琪树下，历历见遥峰。

开元观陪杜大夫中元日观乐（戎昱）

今朝欢称玉京天，况值关东俗理年。舞态疑回紫阳女，歌声似遏彩云仙。盘空双鹤惊几剑，洒砌三花度管弦。落日香尘拥归骑，□风油幕动高烟。

长安春夜宿开元观（杨凭）

霓裳下晚烟，留客杏花前。遍问人寰事，新从洞府天。长松皆扫月，老鹤不知年。为说蓬瀛路，云涛几处连。

同韦员外开元观寻时道士（张籍）

观里初晴竹树凉，闲行共到最高房。昨来官罢无生计，欲就师求断谷方。

台中鞫狱忆开元观旧事呈损之兼赠周兄四十韵（元稹）

忆在开元馆，食柏练玉颜。疏慵日高卧，自谓轻人寰。李生隔墙住，隔墙如隔山。怪我久不识，先来问骄顽。十过乃一往，遂成相往还。以我文章卷，文章甚骗斓。因言辛庚辈，亦愿放赢孱。既回数子顾，展转相连攀。驱令选科目，若在阓与阛。学随尘土坠，漫数公卿关。唯恐坏情性，安能惧谤讪。还招辛庚李，静处杯巡环。进取果由命，不由趋险艰。穿杨二三子，弓矢次第弯。推我亦上道，再联朝士班。二月除御史，三月使巴蛮。蛮民詀諵诉，啮指明痛瘝。怜蛮不解语，为发昏帅奸。归来五六月，旱色天地殷。分司别兄弟，各各泪潸潸。哀哉剧部职，唯数赃罪锾。死款依稀取，斗辞方便删。道心常自愧，柔发难久黰。折支望车乘，支痛谁置患。奇哉乳臭儿，绯紫绷被间。渐大官渐贵，渐富心渐悭。闹装缲头鬟，静拭腰带斑。鹞子绣线□，狗儿金油环。香汤洗骢马，翠篦笼白鹇。月请公王封，冰受天子颁。开筵试歌舞，别宅宠妖娴。坐卧摩绵褥，捧拥缑丝鬓。旦夕不相离，比翼若飞鸾。而我亦何苦，三十身已鳏。愁吟心骨颤，寒卧支体□。居处虽幽静，尤悔少愉懒。不如周道士，鹤岭临钟湾。绕院松瑟瑟，通畦水潺潺。阳坡自寻蕨，村沼看沤菅。穷通两未遂，营营真老闲。

开元观闲居，酬吴士矩侍御三十韵（十八时作）（元稹）

静习狂心尽，幽居道气添。神编启黄简，秘篆捧朱签。烂熳烟霞驻，优游岁
序淹。登坛拥旄节，趋殿礼胡髯。醮起彤庭烛，香开白玉奁。结盟金剑重，斩魅
宝刀铦。禹步星纲动，焚符灶鬼詹。冥搜呼直使，章奏役飞廉。仙籍聊凭检，浮
名复为占。赤诚祈皓鹤，绿发代青缣。虚室常怀素，玄关屡引枯。貂蝉徒自宠，
鸥鹭不相嫌。始悟身为患，唯欣禄未恬。龟龙恋淮海，鸡犬傍同阎。松笠新偏翠，
山峰远更尖。箫声吟茂竹，虹影逗虚檐。初日先通牖，轻飔每透帘。露盘朝滴滴，
钩月夜纤纤。已得餐霞味，应嗤食蓼甜。工琴闲度昼，耽酒醉销炎。几案随宜设，
诗书逐便拈。灌园多抱瓮，刈藿乍腰镰。野鸟终难絷，鹓鸰本易厌。风高云远逝，
波骇鲤深潜。邸第过从隔，蓬壶梦寐瞻。所希颜颇练，谁恨突无黔。思拙惭圭璧，
词烦杂米盐。谕锥言太小，求药意何谦。语默君休问，行藏我讵兼。狂歌终此曲，
情尽口长去钳。

首夏同诸校正游开元观，因宿玩月（白居易）

我与二三子，策名在京师。官小无职事，闲于为客时。沈沈道观中，心赏期
在兹。到门车马回，入院巾杖随。清和四月初，树木正华滋。风清新叶影，鸟恋
残花枝。向夕天又晴，东南余霞披。置酒西廊下，待月杯行迟。须臾金魄生，若
与吾徒期。光华一照耀，殿角相参差。终夜清景前，笑歌不知疲。长安名利地，
此兴几人知。

社日游开元观（时当水荒之后）（薛逢）

松柏当轩蔓桂篱，古坛衰草暮风吹。荒凉院宇无人到，寂寞烟霞只自知。浪
渍法堂余像设，水存虚殿半科仪。因求天宝年中梦，故事分明载折碑。

伤开元观顾道士（皮日休）

协晨宫上启金扉，诏使先生坐蜕归。鹤有一声应是哭，丹无余粒恐潜飞。烟
凄玉笥封云篆，月惨琪花葬羽衣。肠断雷平旧游处，五芝无影草微微。

和袭美伤开元观顾道士（陆龟蒙）

何事神超入杳冥，不骑孤鹤上三清。多应白简迎将去，即是朱陵炼更生。药
莫肯同椒醑味，云谣空替薤歌声。武皇徒有飘飘思，谁问山中宰相名。

奉和袭美伤开元观顾道士（张贲）

凤麟胶尽夜如何，共叹先生剑解多。几度吊来唯白鹤，此时乘去必青骡。图
中含景随残照，琴里流泉寄逝波。惆怅真灵又空返，玉书谁授紫微歌。

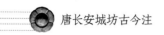

光行坊

朱雀门街西第一街，从北第八坊

一、坊名释

《说文》曰："光，明也。"又曰："行，道也。"光行者，明其道，光大其道也。武周长安中，曾更名光仁，后复名如旧。《论语·颜渊篇》云："子曰：克己复礼为仁，一日克己复礼，天下归仁焉。"名光仁者，光大圣人之仁也。

二、古今址

东南隅，华州刺史文经野宅，今址：融尚地产，青松路近朱雀大街融尚中央住区1号楼2单元3楼（雅兰花园向西20米）。

三、附考

文经野，今所见诸书无载此名，不知何时人，又于何时曾任华州刺史。查唐中宗时有于经野者，曾在神龙末任州刺史，景龙时终于户部侍郎。《新唐书》卷七十二《宰相世系表》记为户部侍郎。此处文经野或为于经野之误耶？置此题，待后考。

延祚坊

朱雀门街西第一街，从北第九坊

一、坊名释

《说文》曰："延，长行也。"亦与"蜒"通，言延续之形也。《尚书·召诰》曰："不其延。"东晋陆机《长歌行》有"寿不得延"之语，亦为延续之义。《左传》云："天祚明德。"《国语》云："皇天嘉之，祚以天下。"祚者，赐福运也。延祚，延其国祚福运之义也。

二、古今址

东门，今址：铁锋·金水大厦。

西门，今址：西安烈士陵园停车场向北40米。

三、附考

长安城内李氏之庙有两处，一处在光福坊西南隅，一处在此坊。此坊李氏庙为李健超据《崔慎思墓志》所补入，其又云《新唐书·宰相世系表》中有崔慎思之名，而墓志内容为何，世系表中何载，未记其详。

《全唐文新编》卷七百一十三收录《唐故博陵崔府君墓志铭》，录其文曰："有唐贞士曰博陵崔君，讳慎思，字茂冲，博陵人也。……乡荐十上，不登甲科。何天之不与善甚耶！……然就积德而不寿，累□而无嗣，使庄周观□，亦其怛乎？以元和五年二月十七日殁于长安延祚里李氏之庙舍，享年五十四。六姻相吊，相顾失声，将百其身，恶乎可赎。夫人陇西李氏，昼哭奉丧，用卜兹宅。"由此可知，崔慎思终生不得志，亦未入途。又查《新唐书·宰相世系表》亦无崔慎思之名。

然无独有偶，《太平广记》卷一百九十四引《原化记》有《崔慎思》一文，其文云：

博陵崔慎思，唐贞元中，应进士举。京中无第宅，常赁人隙院居止。而主人别在一院，都无丈夫，有少妇年三十余，窥之亦有容色，唯有二女奴焉。

慎思遂遣通意，求纳为妻。妇人曰："我非仕人，与君不敌，不可为他时恨也。"求以为妾，许之，而不肯言其姓。慎思遂纳之。二年余，崔所取给，妇人无倦色。后产一子，数月矣，时夜，崔寝，及闭户垂帷，而已半夜，忽失其妇。

崔惊之，意其有奸，颇发忿怒，遂起堂前，彷徨而行。时月胧明，忽见其妇自屋而下，以白练缠身，其右手侍（持）匕首，左手携一人头，言其父昔枉为郡守所杀，入城求报，已数年矣，未得，今既克矣，不可久留，请从此辞。遂更结束其身，以灰囊盛人首携之，谓崔曰："某幸得为君妾二年，而已有一子，宅及二婢皆自致，并以奉赠，养育孩子。"

言讫而别，遂逾墙越舍而去。慎思惊叹未已，少顷却至，曰："适去，忘哺孩子少乳。"

遂入室，良久而出，曰："喂儿已毕，便永去矣。"

慎思久之，怪不闻婴儿啼，视之，已为其所杀矣。杀其子者，以绝其念也，古之侠莫能过焉。

此文中崔慎思与《崔慎思墓志》相合处甚多，都是生活在贞元时期，同为博陵人，又同是在京师而未云及第与否，崔墓志云其终于李氏之庙舍，亦可知其在京中无宅。《太平广记》中所记之事为引唐人著作《原化记》，其以真人作文题，应有事之来源。与落第进士卢景修终于光福坊李氏之庙相比，好古嗜学的崔慎思终于李氏之庙舍亦颇为相同，盖此类庙舍在当时常为穷困者所赁居。

朱雀门街西第二街

太平坊

朱雀门街西第二街，从北第一坊

一、坊名释

《吕氏春秋·大乐》曰："天下太平，万物安宁。"《史记·夏本纪》曰："天下于是太平治。"名太平者，言盛世之治也。

二、古今址

西南隅，温国寺，今址：西北大学太白校区图书馆。

西门之北，定水寺，今址：西北大学太白校区教学三号楼。

东南隅，舒王元名宅，今址：西安市含光中学家属院。

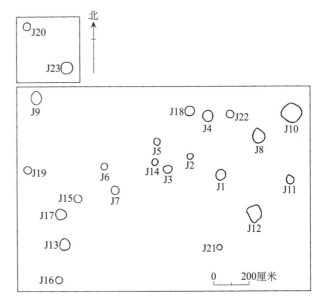

西北大学博物馆综合楼地基唐代水井位置分布图

图片来源：贾麦明、吉笃学《西北大学校北门唐代遗迹的发掘》（《考古与文物》2005年第6期）

三、附考

太平坊有武成王庙,《新记》《长安志》均无载,何也? 武成王庙原为太公尚父（望）庙,始置于开元十九年（731）四月十八日,肃宗上元元年（760）闰四月始追封太公望为武成王。查开元十九年太公尚父庙创建时,韦述《新记》早已成书（岑仲勉《〈两京新记〉卷三残卷复原》认为该书成于开元八年至十二年）,何谈武成王庙也? 后宋敏求作《长安志》,其内容多沿自《新记》,不载此庙亦可理解。

又,武成王庙（太公尚父庙）之设立与配享于两唐书有详细记载,《新唐书》卷十五《礼乐志》礼乐五所载甚详,其文曰:

开元十九年,始置太公尚父庙,以留侯张良配。中春、中秋上戊祭之,牲、乐之制如文宣。出师命将,发日引辞于庙。仍以古名将十人为十哲配享。天宝六载,诏诸州武举人上省,先谒太公庙。乾元元年,太常少卿于休烈奏: "秋享汉祖庙,旁无侍臣,而太公乃以张良配。子房生汉初,佐高祖定天下,时不与太公接。古配食庙庭,皆其佐命; 太公,人臣也,谊无配享。请以张良配汉祖庙。"

上元元年,尊太公为武成王,祭典与文宣王比,以历代良将为十哲象坐侍。……以良为配。后罢中祀,遂不祭。

建中三年,礼仪使颜真卿奏: "治武成庙,请如《月令》春、秋释奠。其追封以王,宜用诸侯之数,乐奏轩县。"诏史馆考定可配享者,列古今名将凡六十四人图形焉。

贞元二年,刑部尚书关播奏: "太公古称大贤,下乃置亚圣,义有未安。而仲尼十哲,皆当时弟子,今以异时名将,列之弟子,非类也。请但用古今名将配享,去亚圣十哲之名。"自是,唯享武成王及留侯,而诸将不复祭矣。

（贞元）四年,兵部侍郎李纾言: "开元中,太公庙以张良配,以太常卿、少卿三献,祝文曰: '皇帝遣某敢昭告。'至上元元年赠太公以王爵,祭典同文宣,有司遂以太尉献,祝版亲署,夫太公周之太师,张良汉之少傅,今至尊屈礼于臣佐,神何敢歆? 且文宣百世所宗,故乐以宫县,献以太尉,尊师崇道也。太公述作止《六韬》,勋业著一代,请祝辞不进署,改昭告为敬祭,留侯为致祭,献官用太常卿以下。"百官议之,多请如纾言。左司郎中严涗等议曰: "按纾援典训尊卑之节,当矣,抑犹有未尽。夫大名徽号,不容虚美,而太公兵权奇计之人耳,当殷之失德,诸侯归周,遂为佐命。祀典不云乎,'法施于人则祀之'? 如仲尼祖述尧舜,宪章文武,删《诗书》,定《礼乐》,使君君、臣臣,父父、子子皆宗之,法施于人矣。贞观中,以太公兵家者流,始令磻溪立庙。开元渐著上戊释奠礼，其进不薄矣。上元之际，执事者苟意于兵，遂封王爵，号拟文宣，彼于圣人非伦也。谓宜去武成王号，复为太公庙，奠亨之制如纾请。"刑部员外郎陆淳等议曰："武成王，殷臣也，纣暴不谏，而佐周倾之，夫尊道者师其人，使天下之人入是庙，登是堂，稽其人，思其道，则立节死义之士安所奋乎？圣人宗尧、舜，贤夷、齐，不法桓，文，不赞伊尹，始谓此也。武成之名，与文宣偶，非不刊之典也。臣愚谓罢上元追封立庙，复磻溪祠，有司以时享，斯得矣。"左领军大将军令狐建等二十四人议曰："兵革未靖，宜右武以起忠烈。今特贬损，非劝也。且追王爵，以时祠，为武教主，文、武并宗，典礼已久，改之非也。"乃诏以将军为献官，余用纾奏。自是，以上将军、大将军、将军为三献。

按上文所述，太公尚父庙至武成王庙之详细沿革及群臣奏议，对于该庙之设置地位及礼仪规制均所记甚详，然终未云该庙立于长安何坊？《太平广记》卷一百五十五有《韩皋》一文，其文略曰：

昌黎韩皋，故晋公滉之支孙。博通经史。太和五年，自大理丞调选，平判入第。……德皇之末，芫任太常寺奉礼。于时与皋同官。其年前进士时元佐，任协律郎。三人同约上丁日释奠武成王庙行事。芫住常乐，皋任亲仁，元佐任安邑。芫鼓动拉二官同之太平兴道西南角。元佐忽云："某适马上与二贤作一善梦，足下二人皆判入等，何也？请记之。"芫固书之，纪于箧中。

由文中所记可知武成王庙应在太平坊，然细究之，文中尚有语之含糊者，即"芫住常乐，皋任亲仁，元佐任安邑"。冯芫既住常乐，韩皋何故任亲仁？时元佐何故任安邑？亲仁、安邑两坊内又无官署，天明之前鼓声初动之时冯芫自郭城内最东之常乐坊家中出发经安邑坊、亲仁坊邀时、韩二人至太平坊武成王庙行释奠之礼，则韩皋、时元佐应住于亲仁、安邑坊，而非住于两坊。又"同之太平兴道西南角"一句，到底是至太平坊，还是至兴道坊，兴道坊在街东，与太平坊东西尚有一坊之隔，何故将两坊连述？查诸版本《太平广记》均是如此所记，如按所记则语言不通，句义不明，使读者不知所以然。按文中叙述逻辑，试为之修正："三人同约上丁日释奠武成王庙行事。芫住常乐，皋住亲仁，元佐住安邑。芫鼓动拉二官同之太平，（至）兴道西南角，元佐忽云。"如此，则信息丰富矣。唐长安城中清晨街鼓初动，坊门初开，一人自郭城内最东出坊，连经两坊邀约至太平坊目的地，而至中途一坊西南角时又发生以上对话，则当时人物在城市中活动场景何其生动？

再，据李健超《增订唐两京城坊考》所述，1953年西北大学修建东操场时，发现钱窖一个，计8490斤，1 035 780枚，合计1035贯之多，书中云钱

219

四面佛造像（唐）
出土时间：1988 年
出土地点：西北大学太白校区取暖管道基建工地
收藏单位：西北大学博物馆
图片来源：笔者拍摄

主俟考。查该校东操场位于太平坊东北隅，诸书所记太平坊内事物，除已明确方位之寺庙、宅邸外，尚有节愍太子妃杨氏宅、御史大夫王铱宅、给事中郑云逵宅、国医王彦伯宅、骑都尉薛良佐宅、户部尚书王源中宅、京兆少尹罗立言宅、中书侍郎裴坦宅、邕管巡官王定保宅等，查诸人履历，虽有高官但经时不久，人亦清明，此钱数非贪财好利又位居财利要职者而不得敛。由此，天宝时曾为户部侍郎、御史大夫、京兆尹、殿中监等职的王铱最合，《新唐书》有传，善敛财，以奸佞而名，铱久任财利之职，天宝七载（748）加封银青光禄大夫，九载（750）兼任御史大夫兼京兆尹，身兼数十使；十载（751）任殿中监，十一载（752）被赐死。按，铱位极之时至从三品，唐开元天宝前后，官员同品者月俸约合制钱 8000 文，按 1953 年所出土钱币折合，约为一名从三品京官近十三年之俸禄总和，如此计算还是该官在连续居官时无任何用度之理想收入。《旧唐书》卷一百零五《王铱传》载其极善敛财，"奏征其脚钱，广张其数，又市轻货，乃甚于不放。输纳物者有浸渍，折估皆下本郡征纳。又敕本郡高户为租庸脚士，皆破其家产，弥年不了。恣行割剥，以媚于时，人用嗟怨。……玄宗以为铱有富国之术，利于王用，益厚待之。……中使赐遗，不绝于门，虽晋公林甫亦畏避之"。《长安志》王铱宅下记载："天宝中，铱有罪赐死，县官簿录锁太平坊宅，数日不能遍。宅内有自雨亭子，檐上飞流四注，当夏处之，凛若高秋。又有宝钿井阑，不知其价。"由此可知，此千余贯铜钱当为王锁之物，则王锁故宅位置亦应于出土铜钱地范围，查此处为太平坊东北隅位置。

四、坊中诗

太平坊寻裴郎中故宅（子兰）

不语凄凉无限情，荒阶行尽又重行。昔年住此何人在，满地槐花秋草生。

拜越公墓因游定水寺有怀源老（唐彦谦）

越公已作飞仙去，犹得潭潭好墓田。老树背风深拓地，野云依海细分天。青峰晓接鸣钟寺，玉井秋澄试茗泉。我与源公旧相识，遗言潇洒有人传。

定水寺行香（郑谷）

听经看画绕虚廊，风拂金炉待赐香。丞相未来春雪密，暂偷闲卧老僧床。

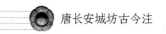
通义坊

朱雀门街西第二街，从北第二坊

一、坊名释

《孟子·滕文公上》曰："治于人者食人，治人者食于人，天下之通义也。"《汉书·张汤传》曰："夫褒有德，赏有功，古今之通义也。"故曰通义者，在言公理也。

二、古今址

西南隅，兴圣尼寺，今址：陕西建工第八建设集团有限公司大楼及以南停车场、太白馨苑小区。

西北隅，右羽林大将军、邢国公李思训宅，今址：陕西建工集团材料设备物流公司家属院。

三、附考

诸书皆记，兴圣尼寺为高祖李渊旧宅，《旧唐书》卷一《高祖本纪》载，"周天和元年生于长安，七岁袭唐国公"。按，周天和元年（566），其时都城尚在汉故城内，则李渊出生之所在汉故城。隋文帝创新都时，李渊十六岁，时为唐国公、千牛备身，诸王公要臣皆于新都坊内有宅，按此所记，李渊宅即在通义坊。又载，义宁二年（618）三月戊辰，"唐国置丞相以下，立皇祖以下四庙于长安通义里第"。武德元年（618），改宅为宫，名为通义宫，贞观元年（627）又立寺。《全唐文》卷九收录唐太宗《舍旧宅造兴圣寺诏》，其诏文曰：

> 丹陵启圣，华渚降祥，叶德神居，克隆鸿业。朕丕承大宝，奋宅域中，远藉郊禋之庆，仰惟枢电之祉。思园之礼既宏，抚镜之情徒切，而永怀慈训，欲报无从，静言因果，思凭冥福。通义宫皇家旧宅，制度宏敞，以崇神祠，敬增灵祐，宜舍为尼寺，仍以兴圣为名。庶神道无方，微伸凯风之思，主者施行。

坊内李思训宅传承有序，思训为丹青名手，其宅沿革顺序为：武德、贞观间为李安远宅，武后时为其堂侄高平郡王武重规宅，神龙间为中宗女成安公主宅，公主下嫁韦捷，诸韦被诛，公主后薨，宅为李思训所居。查诸韦被诛于唐隆元年（710）七月，其后至开元四年（716）李思训卒，以此计，设若诸韦被诛之年成安公主即薨，思训于此宅所居时间前后亦最长不过 6 年。

四、坊中诗

题故蔡国公主九华观上池院（武元衡）

朱门临九衢，云木蔼仙居。曲沼天波接，层台凤舞余。曙烟深碧筱，香露湿红蕖。瑶瑟含风韵，纱窗积翠虚。秦楼今寂寞，真界竟何如。不与蓬瀛异，迢迢远玉除。

九华观宴饯崔十七权判官赴义武幕兼呈书记萧校书（权德舆）

炎光三伏昼，洞府宜幽步。宿雨润芝田，鲜风摇桂树。阴阴台殿敞，靡靡轩车驻。晚酌临水清，晨装出关路。偏荣本郡辟，倍感元臣遇。记室有门人，因君达书素。

上巳日贡院考杂文不遂赴九华观祓禊之会以二绝句申赠（权德舆）

三日韶光处处新，九华仙洞七香轮。老夫留滞何由往，珉玉相和正绕身。祓饮寻春兴有余，深情婉婉见双鱼。同心齐体如身到，临水烦君便被除。

和九华观见怀贡院八韵（权德舆）

上巳好风景，仙家足芳菲。地殊兰亭会，人似山阴归。丹灶缀珠掩，白云岩径微。真宫集女士，虚室涵春辉。拘限心杳杳，欢言望依依。滞兹文墨职，坐与琴觞违。丽曲涤烦虚，幽缄发清机。支颐一吟想，恨不双翻飞。

九华观看花（张籍）

街西无数闲游处，不似九华仙观中。花里可怜池上景，几重墙壁贮春风。

九华观废月池（一作题昭华公主废池馆）（薛逢）

曾发箫声水槛前，夜蟾寒沼两婵娟。微波有恨终归海，明月无情却上天。白鸟带将林外雪，绿荷枯尽渚中莲。荣华不肯人间住，须读庄生第一篇。

元和五年予官不了，罚俸西归，三月六日至陕府与吴十一兄端公崔二十二院长思怆曩游因投五十韵（节选）（元稹）

藤开九华观，草结三条隧。

青綠關山迴
崎嶇道路長
客人多結束
李自周詳級
為名和利那
發勞興忙年
陳失姓氏北宋
近乎唐
甲午新秋
沿題

李思训（或李昭道）《明皇幸蜀图》
（唐，古吴轩出版社，2013 年版）
收藏单位：台北故宫博物院

兴化坊

朱雀门街西第二街，从北第三坊

一、坊名释

《说文》曰："兴，起也。"《周易·系辞上》曰："化而裁之谓之变，推而行之谓之通。"《说文》曰："化，教行也。"兴化者，兴起教化也。

二、古今址

西南隅，空观寺、寺东，上述右仆射、密国公封德彝宅，今址：优座华城。

西门之北，邠王守礼宅，宅南隔街有邠王府，今址：西北有色地质勘查局物化探总队。

东门之南，京兆尹孟温礼宅，今址：西安医学院含光校区图书馆。

三、附考

1970年10月5日和11日，考古学家于该坊遗址范围内出土了一批金银器，合计1000余件之多，学界称之为"何家村遗宝"。该宝藏出土后至今，出土位置性质与器物归属一直存有争议。分其观点，主要有两种：一是唐玄宗时邠王李守礼之遗物（郭沫若先生所考）；二是德宗时租庸调使刘震之遗物。考两观点，综文献所记与器物性质，予以为此批金银器为邠王府遗物为妥。

（1）《新记》《长安志》诸书交代明确，西门之北为邠王守礼宅，宅南隔街有邠王府，出土器物按其位置位于宅南隔街邠王府范围之内，有学者认为其位置有所偏，而古人记述所谓某门之某者，又述其南隔街有某者，亦为叙其范围，而非精准之至，如延康坊西明寺，诸书皆记其寺在坊之西南隅，然据发掘来看，于该坊南门之西、十字街西之南均有该寺遗迹，足见该寺范围之大，并非仅仅西南隅。以此观之，该批宝藏位置应位于邠王府范围自是无疑。

（2）所出器物中，有明确年款者为开元。有学者据其中某某器物之花纹以目前所见而言最早在德宗时期方出现，考古发掘所见器物乃是当年所造之万不及一，以一二孤例推演其纹饰出现确切时代或有不妥，反推之，既有德宗时期存在之纹饰，应将此纹饰出现时代上溯至玄宗时期。以常理推之，此批器物中开元十九年（731）年款与明显为玄宗时期应有之器物者，当定至玄宗为妥。

舞马衔杯银壶（唐）

出土时间：1970 年 10 月

出土地点：何家村陕西省公安厅收容遣送站

收藏单位：陕西历史博物馆

图片来源：笔者拍摄

（3）所谓尚书租庸调使刘震者，两唐书无名无传，仅凭传奇小说所记细节，何以证其实？信史、文物与传奇互能相对应者尚有可信真实之程度，信史、文物皆无丝毫所记，以区区目前尚不能证实是否有其真人者冠至何家村遗宝之主，于理不合。

（4）设若刘震其人为信史所载，租庸使主持税政，器物中诚然有税收之银链，但远不是其主体，金银诸器物虽为诸道贡献，并非抵税之用，且在唐时此类器物使用亦有严格限制，以此类奢华程度而言，显然为皇室之物，此亦可证为邠王所遗。

（5）有以邠王守礼作风放荡，负债累累而言此批器物与守礼无关，言此理由者，忽视一重要问题。即有唐一代，金银非在市面流通之物，日常皆以铜钱作为钱币流通，即守礼负赌债，岂敢违朝廷大令，以家中受赐不能流通之金银器物而抵债乎？即使抵债，何人敢受用？

（6）邠王府性质简论，《新记》《长安志》《唐两京城坊考》诸书皆云邠王李守礼宅南隔街有邠王府，以今人理解，王府为亲王及家眷生活起居之所在，

兽首玛瑙杯（唐）
出土时间：1973年
出土地点：何家村陕西省公安厅收容遣送站
收藏单位：陕西历史博物馆
图片来源：《西安何家村唐代窖藏文物集成》

实则不然。唐时诸王除居宅外，又各设府，府中设长史等官员一应俱全。据《唐六典》卷二十九《诸王府公主邑司》记载："亲王府：傅一人、谘议参军事一人、友一人、文学二人、东阁祭酒一人、西阁祭酒一人、长史一人、司长一人、掾一人、属一人、主簿一人、史二人、记室参军事二人、史二人、录事参军事一人、府一人、史二人、功曹参军事一人、府一人、史二人、仓曹参军事一人、府一人、史二人、户曹参军事一人、府一人、史二人、兵曹参军事一人、府一人、史二人、骑曹参军事一人、府一人、史二人、法曹参军事一人、府一人、史二人、士曹参军事一人、府一人、史二人、参军事二人、行参军四人、典签二人……长史一人，从四品上；司马一人，从四品下；掾一人，正六品上；属一人，正六品上；主簿一人，从六品上；史二人；记室参军事二人，从六品上；录事参军事一人，从六品上；录事一人，从九品下；功曹参军事一人，正七品上；仓曹参军事一人，正七品上；户曹参军事一人，正七品上；兵曹参军事一人，正七品上，骑曹参军事一人，正七品上；法曹参军事一人，正七品上；士曹参军事一人，正七品上；参军事二人，正八品下；行参军四人，从八品上；典签二人，从八品下。长史、司马掌统理府寮，纪纲职务。掾掌通判功曹、户曹、仓曹事。属掌通判兵曹、骑曹。主簿掌覆省王教。记室掌表、启、书、疏。录事参军事掌付事勾稽，省署抄目。录事掌受事发辰，兼勾稽失。功曹掌文官簿书、考课、陈设、仪式等事。仓曹掌廪禄请给，财物市易等事。户曹掌封户、田宅、僮仆、弋猎等事。兵曹掌武官簿书、考课、仪卫、假使等事。骑曹掌厩牧、骑乘、文物、器械等事。法曹掌推按欺隐，决罚刑狱等事。士曹掌公廨舍宇，缮造工徒等事。参军事掌出使及杂检校事。典签掌宣传教令事。"所记人员皆为侍奉亲王、管理诸事务者，则邠王宅与邠王府之关系亦可解。

由以上六点可知，该批器物应为邠王之物，而埋入地下时间，结合当时历史状况，亦只有大乱之时方能做出此类事，安史之乱为掩埋最有可能之时间。

1998 年，西安水文局在工程基建中于废弃井中发现一尊大铁佛及残件，佛高187 厘米，最宽处 98 厘米，座长方形，高 16 厘米，边宽 139 厘米、112 厘米，一只手与脚下踩的莲花、背光均为铜质，详见王长启、高曼所撰《唐代夹纻大铁佛》（《考古与文物》2002 年增刊）。按此佛出土地点，恰为兴化坊西南隅空观寺位置，则此佛应为寺中遗物。

《历代名画记》记有坊内空观寺壁画："空观寺，本周时村佛堂，绕壁，当时名手画，佛堂在寺东廊南院。佛殿南面东西门上，袁子昂画。又有三绝，是佛殿门扇孔雀及二龙。"

夹纻大铁佛（唐）
出土时间：1994 年 11 月 27 日
出土地点：西何家村陕西省水文总站基建工地
收藏单位：西安博物院
图片来源：《隋唐长安城遗址（考古资料编）》

四、坊中诗

酬裴相公题兴化小池见招长句（白居易）

为爱小塘招散客，不嫌老监与新诗。山公倒载无妨学，范蠡扁舟未要追。蓬断偶飘桃李径，鸥惊误拂凤凰池。敢辞课拙酬高韵，一勺争禁万顷陂。

侍中晋公欲到东洛先蒙书问期宿龙门思往感今辄献长句（白居易）

昔蒙兴化池头送，今许龙门潭上期。聚散但惭长见念，荣枯安敢道相思。功成名遂来虽久，云卧山游去未迟。闻说风情筋力在，只如初破蔡州时。

题兴化寺园亭（贾岛）

破却千家作一池，不栽桃李种蔷薇。蔷薇花落秋风起，荆棘满庭君始知。

题兴化高田院桥亭（郑良士）

到此溪亭上，浮生始觉非。野僧还惜别，游客亦忘归。月满千岩静，风清一磬微。何时脱尘役，杖履愿相依。

宴兴化池亭送白二十二东归联句

裴度：东洛言归去，西园告别来。白头青眼客，池上手中杯。**刘禹锡**：离瑟殷勤奏，仙舟委曲回。征轮今欲动，宾阁为谁开。**白居易**：坐弄琉璃水，行登绿缛堆。花低妆照影，萍散酒吹醅。**张籍**：岸荫新抽竹，亭香欲变梅。随游多笑傲，遇胜且裴回。**裴度**：澄澈连天境，潺湲出地雷。林塘难共赏，鞍马莫相催。**刘禹锡**：信及鱼还乐，机忘鸟不猜。晚晴槐起露，新雨石添苔。**白居易**：拟作云泥别，尤思顷刻陪。歌停珠贯断，饮罢玉峰颓。**张籍**：虽有逍遥志，其如磊落才。会当重入用，此去肯悠哉。

宿裴相公兴化池亭（兼蒙借船舫游泛）（白居易）

林亭一出宿风尘，忘却平津是要津。松阁晴看山色近，石渠秋放水声新。孙弘阁闹无闲客，傅说舟忙不借人。何似抢才济川外，别开池馆待交亲。

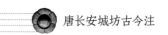
崇德坊

朱雀门街西第二街，从北第四坊

一、坊名释

本名宏德，中宗神龙初避孝敬皇帝李弘讳更名崇德。宏德者，宏扬德行也。《礼记·祭统》曰："崇事宗庙社稷。"意推崇也。《说文》曰："德，升也。"郑玄注《周礼·地官·师氏》曰："德行，内外之称，在心为德，施之为行。"《周易·系辞下》曰："尺蠖之屈，以求信也；龙蛇之蛰，以存身也。精义入神，以致用也；利用安身，以崇德也。"

二、古今址

西南隅，崇圣寺，今址：金叶家园。

东北隅，证果尼寺，今址：友谊西路与含光南路十字。

西北隅，废报恩寺，今址：友谊西路西口。

三、附考

《长安志》云：坊内在唐有崇圣寺，其寺有二门，西门在隋本秦孝王俊宅，王舍宅立寺，名济度尼寺。《隋书》王之本传云："俊仁恕慈爱，崇敬佛道，请为沙门，上不许。"则舍宅之行为可以想见其因也。入唐后贞观二十三年（649），该寺迁徙于安业坊之修善寺，改为灵宝寺，安置太宗嫔御为尼者。东门为道德尼寺，同于贞观二十三年徙于嘉祥坊之太原寺，以其所为崇圣宫，作太宗别庙。仪凤二年（677），灵宝寺、崇圣宫合为崇圣僧寺。

按《旧唐书》所记，贞观二十三年五月己巳，太宗崩于翠微宫。上文云贞观二十三年徙济度、道德二尼寺往别坊事，知为太宗崩后，将二寺辟为专用以纪念所用。然所云寺有二门，西门、东门皆为寺，应是该区域西半部为济度尼寺、东半部为道德尼寺之意。

又，《辇下岁时记》载，进士樱桃宴在崇圣寺佛牙阁。此处有两信息颇应重视，即樱桃宴、佛牙阁，五代王定保《唐摭言》卷三有《慈恩寺题名游赏赋咏杂纪》一文，记唐末樱桃宴事，其文曰：

新进士尤重樱桃宴。乾符四年，永宁刘公第二子覃及第，时公以故相镇淮南，敕邸吏日以银一铤资覃醵罚。而覃所费往往数倍。邸吏以闻，公得取足而已。会时及荐新状元，方议酿率，覃潜遣人厚以金帛预购数十硕矣。于是独置是宴，大会公卿。时京国樱桃初出，虽贵达未适口，而覃山积铺席，复和以糖酪者，人享蛮榼一小盏，亦不啻数升。以至参御辈，靡不沾足。

此处云"独置是（樱桃）宴，大会公卿"，既有樱桃宴设于崇圣寺佛牙阁，刘覃大会公卿之所当是此处，可为樱桃宴情形之一辅证。

佛牙阁之称或在崇圣寺之西，上文有云贞观二十三年（649）徙改济度尼寺为灵宝寺，所谓灵宝者，佛牙是耶？

《大唐传载》云："上都崇圣寺有徐贤妃妆殿。太宗曾召妃，久不至，怒之。因进诗曰：'朝来临镜台，妆罢且徘徊。千金始一笑，一召讵能来？'"查长安并无崇胜寺，此处胜应为圣之别字。北宋《唐语林》卷四《贤媛》、南宋计有功《唐诗纪事》卷三亦载此文，内容完全相同，当是宋人次第引唐人《大唐传载》之文。然贤妃妆殿何故在寺中，待后考。

《历代名画记》记有坊内崇圣寺壁画："崇圣寺，西殿内董伯仁画，东殿展子虔画（展画与裴录同），西北郑德文画。"

四、坊中诗

秋日题窦员外崇德里新居（窦时判度支案）（刘禹锡）

长爱街西风景闲，到君居处暂开颜。清光门外一渠水，秋色墙头数点山。疏种碧松通月朗，多栽红药待春还。莫言堆案无余地，认得诗人在此间。

寄崇德里居作（马戴）

扫君园林地，泽我清凉襟。高鸟云路晚，孤蝉杨柳深。风微汉宫漏，月迥秦城砧。光景坐如此，徒怀经济心。

西京崇德里居（罗隐）

进乏梯媒退又难，强随豪贵蹒长安。风从昨夜吹银汉，泪拟何门落玉盘。抛掷红尘应有恨，思量仙桂也无端。锦鳞颊尾平生事，却被闲人把钓竿。

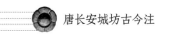

怀真（贞）坊

朱雀门街西第二街，从北第五坊

一、坊名释

此坊有两名，一为怀真、一为怀贞，怀贞之名首见于宋，而目前所见唐及五代文献中称呼皆为怀真，而怀真、怀贞就其字义却相同也。《说文》云："怀，思念也。"又，《楚辞·九章·怀沙》曰："怀瑾握瑜兮。"《贾子道术》云："言行抱一谓之贞。"战国宋玉《神女赋》曰："怀贞亮之清兮，卒与我兮相难。"名怀贞者，言人之怀持志节也。《说文》云："真，仙人变形而登天也。"《庄子·秋水》曰："谨守而勿失，是谓反其真。"武后时避其母太贞夫人音讳更名怀贤，中宗神龙元年（705）复名如旧。名怀贤者，求贤之意也。

二、古今址

东北隅，废乾封县廨，今址：平安银行西安含光路支行。

西南隅，介公庙，今址：光华路与永松路丁字口。

横街之北，尚书右仆射唐休璟宅，今址：二一二所家属院 214 号楼。

三、附考

乾封县在唐高宗总章元年（668）所置，武周长安三年（703）即废，前后仅 35 年，在数百年之唐代属昙花一现之建置者。此处语境既云废乾封县廨，叙述时当是废之不久，应为《新记》原书所述。然查现今所见残卷，尚无此信息，《新记》原书若何？唯有自《长安志》中所推见矣。

李健超在此坊据墓志补入乾封主簿樊浮丘宅，查《全唐文新编》卷九百九十四《大唐乾封主簿樊浮丘李夫人墓志铭并序》，其志文云樊浮丘夫人李氏于垂拱元年（685）三月二十五日遘疾终于怀贞里第。其时乾封县建置尚未废除，县治即于怀贞坊内，则樊氏夫人所终之所在其夫所供职之坊。

四、坊中诗

经旧游（一作怀真珠亭）（温庭筠）

珠箔金钩对彩桥，昔年于此见娇娆。香灯怅望飞琼鬓，凉月殷勤碧玉箫。屏倚故窗山六扇，柳垂寒砌露千条。坏墙经雨苍苔遍，拾得当时旧翠翘。

题崔公池亭旧游（一作题怀贞亭旧游）（温庭筠）

皎镜方塘菡萏秋，此来重见采莲舟。谁能不逐当年乐，还恐添成异日愁。红艳影多风袅袅，碧空云断水悠悠。檐前依旧青山色，尽日无人独上楼。

冬夜怀真里友人会宿（许棠）

静语与高吟，搜神又爽心。各来依帝里，相对似山阴。漏永星河没，堂寒月彩深。从容不易到，莫惜曙钟侵。

话旧（亭中对兄姊话兰陵崇贤怀真已来故事，泫然而作）（韦应物）

存亡三十载，事过悉成空。不惜沾衣泪，并话一宵中。

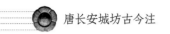

宣义坊

朱雀门街西第二街，从北第六坊

一、坊名释

《尚书·皋谟》云："日宣三德。"此言宣者，为传布之义也。《国语·晋语》云："宣其德行。"此言传扬也。《墨子·公输》云："义固不杀人。"《孟子·告子上》云："生，亦我所欲也，义，亦我所欲也，二者不可得兼，舍生而取义者也。"言义理、正义。故宣义之名可知也。

二、古今址

东门之北，燕国公张说宅，今址：西安秋林吉祥商厦。

三、附考

此坊内园林集中且甚盛，坊内记有安禄山池亭、李逢吉宅园林，刘禹锡有《题王郎中宣义里新居》诗，其中有云："爱君新买街西宅，客到如游鄠杜间。……门前巷陌三条近，墙内池亭万境闲。"刘得仁《宣义池上》云："修篁夹绿池，幽絮此中飞。"姚合《题宣义池亭》曰："春入池亭好，风光暖更鲜。"郑谷《宣义里冬舍暮自居》云："幽居不称在长安，沟浅浮春岸雪残。"皆言此坊内园林景致。坊内又记有张说宅、杨国忠宅，说与国忠在永乐、宣阳各有宅，此处当为别宅，或置园林。此坊位置偏居南城，如非有天然建设园林之利，诸臣当不会择此建宅。又，此坊之东永达坊内有华阳池等园林景致，两坊紧邻，盖整体地势相连，必有联系之处，皆多有水面池沼。查 1933 年、1950 年西安市地形图，宣义坊遗址处亦相对低洼，盖唐时亦多有池沼。

四、坊中诗

宣义里舍冬暮自贻（郑谷）

幽居不称在长安，沟浅浮春岸雪残。板屋渐移方带野，水车新入夜添寒。名如有分终须立，道若离心岂易宽。满眼尘埃驰骛去，独寻烟竹剪渔竿。

题王郎中宣义里新居（刘禹锡）

爱君新买街西宅，客到如游鄠杜间。雨后退朝贪种树，申时出省趁看山。门前巷陌三条近，墙内池亭万境闲。见拟移居作邻里，不论时节请开关。

题宣义池亭（姚合）

春入池亭好，风光暖更鲜。寻芳行不困，逐胜坐还迁。细草乱如发，幽禽鸣似弦。苔文翻古篆，石色学秋天。花落能漂酒，萍开解避船。暂来还愈疾，久住合成仙。迸笋支阶起，垂藤压树偏。此生应借看，自计买无钱。

宣义池上（刘得仁）

修篁夹绿池，幽絮此中飞。何必青山远，仍将白发归。乌啼亦有恨，鸥习总无机。树起秋风细，西林磬入微。

宿宣义池亭（刘得仁）

暮色绕柯亭，南山幽竹青。夜深斜舫月，风定一池星。岛屿无人迹，菰蒲有鹤翎。此中足吟眺，何用泛沧溟。

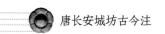

丰安坊

朱雀门街西第二街，从北第七坊

一、坊名释

《广韵》曰："丰，茂也，盛也。"故言丰者，茂盛也。《周易·丰卦》云："丰，大也。"《尔雅》曰："安，定也。"丰安者，言盛世安定之义也。

二、古今址

东门，今址：西安美术学院东门人行天桥。

西门，今址：馨园壹号 D 座。

三、附考

此坊居郭城之南，查文献所记录内容，少有日常生活之宅邸。《全唐诗》录有此坊诗两首，分别为苏郎中旧居与王相林亭，从内容看应俱有园林池沼，"池看科斗成文字""白苹安石渚，红叶子云台""丹藕为谁开"等句并可证（见下文全诗）。

韦述《新记》记有户部尚书韦宽宅，宽活动于中宗、玄宗时，曾任户部侍郎、河南尹，与妻俱信佛。《旧唐书》卷一百九十一《普寂传》载：高僧普寂居长安，"（开元）二十七年，终于都城兴唐寺，年八十九。……及葬，河南尹裴宽及其妻子，并衰麻列于门徒之次，士庶倾城哭送，闾里为之空焉"。查长安各坊之内容，韦宽只于丰安坊有宅，盛唐之际，正是长安繁盛之时，宽造宅于都城清静偏僻之处，则可知其修行之心。从现实来看，普寂在长安圆寂之时，宽为河南尹，其居止为官应常在东都洛阳，长安之宅固非其常居。

刘禹锡有诗《和苏郎中寻丰安里旧居寄主客张郎中》，知坊中有苏郎中旧居，考文献，知苏郎中为苏涤，故坊中应补苏涤宅。涤字玄献，文宗大和六年（832），自祠部员外郎充史馆修撰，预修《穆宗实录》；九年（835），自考功郎中贬忠州刺史。刘禹锡大和五年（831）任礼部郎中兼集贤殿学士，时涤任祠部员外郎，二人交集应在大和五年（831），因为刘氏在次年即赴苏州刺史之任，此后五年始终在地方居官，而苏涤在大和九年（835）即贬忠州刺史，自此，二人再无长安相会闲游之可能。

温庭筠有诗《题丰安里王相林亭二首（公明太玄经）》，查温氏生活时期，王姓宰相有二，其一为文宗大和七年至九年（833—835）担任宰相的王涯，大和九年（835），涯因甘露之变而被斩，其后田产皆没入官；其二为懿宗咸通时宰相王铎，咸通十二年（871）始任宰相。温庭筠在大和六年（832）曾作《送渤海王子归本国》一诗，诗作发生地显然在长安，则温氏其时所在可知。王铎在咸通为相时，温氏已去世多年，若丰安坊园林为王铎所有，温氏不可能未卜先知称其为王相。故此处所咏只能发生在文宗大和年间，林亭主人只能是时为宰相的王涯。故此，丰安坊又可补王涯园林一处。

四、坊中诗

和苏郎中寻丰安里旧居寄主客张郎中（刘禹锡）

漳滨卧起恣闲游，宣室征还未白头。旧隐来寻通德里，新篇写出畔牢愁。池看科斗成文字，鸟听提壶忆献酬。同学同年又同舍，许君云路并华辀。

题丰安里王相林亭二首（公明太玄经）（温庭筠）

花竹有薄埃，嘉游集上才。白苹安石渚，红叶子云台。朱户雀罗设，黄门驭骑来。不知淮水浊，丹藕为谁开。偶到乌衣巷，含情更惘然。西州曲堤柳，东府旧池莲。星坼悲元老，云归送墨仙。谁知济川楫，今作野人船。

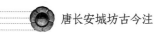

昌明坊

朱雀门街西第二街，从北第八坊

一、坊名释

《尚书·仲虺之诰》云："邦乃其昌。"言其邦兴旺也。《诗经·齐风·鸡鸣》曰："东方明矣。"《左传·昭公二十八年》曰："照临四方曰明。"而昌明之本义为日始明，《世说新语·言语》刘孝标注引南朝·宋明帝《文章志》曰："孝武皇帝讳昌明，简文第三子……及帝诞育，东方始明，故因生时以为讳。"以之名坊，引申为昌盛文明之义。

二、古今址

东门，今址：名仕花园西 1 门。

西门，今址：石油大学体育馆。

三、附考

此坊在隋为汉王谅宅，《隋书》卷四十五《庶人谅传》云：谅在炀帝时因谋反而被削王，"除名为民，绝其属籍，竟以幽死。子颢，因而禁锢，宇文化及弑逆之际，遇害"。谅败后将其宅赐伶官，属家令寺，贞观中，日南王入朝，诏于此营第。此处日南王不知为何？查日南郡始设于汉武帝时，日南之名，据《汉书》卷二十八《地理志》颜师古注曰："言其在日之南，所谓开北户以向日者。"郦道元《水经注》卷三十六亦云："区粟建八尺表，日影度南八寸，自此影以南，在日之南，故以名郡。"然查诸史籍，日南郡有二，一处在南齐已废，一处于隋时所置，在唐改为驩州，则此处日南王之日南所指为在唐之驩州乎？

四、坊中诗

昌明里中讖

欲知修续者，脚下是生毛。

安乐坊

朱雀门街西第二街，从北第九坊

一、坊名释

《诗经·魏风·硕鼠》曰："逝将去女，适彼乐土。"《论语·学而》曰："有朋自远方来，不亦乐乎。"名安乐者，安定快乐也。

二、古今址

西南隅王𬭎旧宅，今址：城南美筑 2 号楼。
东门，今址：西安烈士陵园停车场向西北 30 米。
西门，今址：陕西省计量科学研究院院内 250 米。

三、附考

本坊处南郭城垣之内，所记人居甚少，而《全唐文》卷三百四十六收录有王𬭎《请舍宅为观表》，知王𬭎祖宅在该坊。录其文如下：

臣闻道本无为，虚而必应，行之者时乘六气，得之者寿越二仪。伏惟开元天地大宝圣神文武应道皇帝陛下高居众妙，深契重元，降自三清元君，俯为万方圣主。

窃见朝之上宰，是曰大贤，首学真宗，先开道观。奉扬慈旨，布淳化于苍生；恭启福因，延休祐于皇极。臣昧于闻道，不敢思齐，瞻言报恩，宁忘窃比？且臣孤立，明主所知。竭力效官，义惟守死，捐躯奉国，誓不偷生。所赐荣宠，所蒙任使，不因人力，特出圣衷。加以前后纠弹，频（阙）抵忤，公言成谤，恐不自明，直道招愆，甘为已分。陛下圣明先觉，真伪立分。燕客上书，遥知是诈；汉臣引过，逾察其忠。蒙独照于圣心，免获罪于浮议，尝忧万死，翻致九迁。伏念殊私，将深罔极，徒申答效，无补万分。

臣旧宅在城南安化门内道东第一家，祖父相传，竹树犹茂，已更数代，垂向百年。同萧何之买田，诚为偏僻；异晏婴之近市，稍远嚣尘。臣于此中，选其胜处，减兼官之禄俸，回累赐之金帛，尽除遗堵，创建遵堂。廊宇既成，功德将毕，伏乞俯矜丹恳，特降皇慈，因诞圣之辰，充报恩之观，捧迎仙榜，光映敝庐。每至三元八节之时，天长乙酉之日，臣得澡雪纷垢，奉持斋戒。一心至愿，稽首尊容，献福圣躬，永资宝算。千生顶戴，万劫归依。虽蝼蚁之负细尘，岂能裨岳？而乌鹊之衔微壤，有志填河。傥蒙睿泽曲流，愚诚俯遂，仰望许臣诸处，招灼然有行业道士二十七人，常修香火。无任感恩荷德之至。

查王锟之祖、父，《旧唐书》皆在锟传中提及，锟之祖父方翼，夏州都督，为时名将；锟之父名瑨，开元初为历中书舍人。锟，即瑨之孽子。由此可知，该宅亦可称夏州都督王方翼宅、中书舍人王瑨宅。此表文中"同萧何之买田，诚为偏僻；异晏婴之近市，稍远嚣尘"之语可知此宅之偏远，又所述城南安化门内道东第一家，亦可知其确切方位，即安乐坊西南隅。

四、坊中诗

奉陪裴相公重阳日游安乐池亭（李郢）

绛霄轻霭翊三台，稽阮襟怀管乐才。莲沼昔为王俭府，菊篱今作孟嘉杯。宁知北阙元勋在，却引东山旧客来。自笑吐茵还酩酊，日斜空从绛衣回。

朱雀门街西第三街（皇城西第一街）

修德坊

朱雀门街西第三街，从北第一坊

一、坊名释

《左传·庄公八年》云："《夏书》曰：'皋陶迈种德，德，乃降。'姑务修德，以待时乎！"《史记·五帝本纪》曰："轩辕乃修德振兵。"故知修德之义为修养德行也。该坊曾名真安，武后时更名为修德。观真安之名，恐为道教含义。真，《说文》曰："仙人变形而登天也。"安，《尔雅》曰："安，定也。"联系到宫城之西与该坊同一排之修真坊之含义，其道教命名恐为虚测。

二、古今址

西北隅，兴福寺，今址：蔚蓝天郎西子湖小区 1 栋。
东门，今址：西安市政道桥建设公司第六分公司星火路 11 号。
西门，今址：环建新村小区。
南门，今址：西安西站，十字街中心：丰禾小区 14 号楼。
北门，今址：蔚蓝花城小区 6 栋。

三、附考

坊内记有德明兴圣庙，《旧唐书》卷二十四《礼仪志》曰：玄宗天宝二年（743）三月，"尊皋繇为德明皇帝，凉武昭王为兴圣皇帝"。皋繇又称皋陶，与尧、舜、禹并称上古四圣，凉武昭王为西凉创建者李暠，二人皆被李唐尊为祖先，故知德明兴圣庙为李唐皇室所建之祖庙。《礼阁新仪》曰："天宝二载建，在安化门内道西。贞元十九年祔献祖、懿祖神主于庙。"此处既云安化门内道西，按叙述逻辑则为安化门内道西坊者，或为大安，或为大通，然查两坊内记录，皆无此庙。如按修德坊位置，其在芳林门内道西，与安化门内道西有南辕

兴福寺残碑（唐）
出土时间：明万历时期（传）
出土地点：西安府城南壕沟（传）
收藏单位：西安碑林博物馆
图片来源：陈根远提供

北辙之叙。按《长安志》所记，结合《礼阁新仪》叙述，修德坊德明兴圣庙应是自安化门内道西迁来，贞元十九年（803）又祔献祖宣皇帝李熙（李渊曾祖父）、懿祖光皇帝李天锡（李渊高祖父）神主入庙同祭。

又，此坊内西北隅有兴福寺，贞观八年（634）所立，初名弘福寺，神龙元年（705）改为兴福寺，盖避追封孝敬皇帝李弘之讳也。西北禅院为玄奘译经之所。寺内有怀仁集圣教序碑，志云此碑阳面为贺兰敏之所书《金刚经》，阴面为释怀仁集王圣教序。然查今西安碑林所立者，并无贺兰书金刚经（清毕沅亦曾疑）。疑当时成碑后，以集王圣教序为样本，长安或有复刻者，今所见者止其一尔。

《长安志》《唐两京城坊考》诸书记修德坊内事物不多，李健超《增订唐两京城坊考》根据新出土墓志增补宅第甚多，该坊与宫城毗邻，结合《长安志》《唐两京城坊考》所记零星内容、《增订唐两京城坊考》所补宅第梳理分析可知，坊内居住者身份绝大多数为管理宫廷内部事务官员，罗列如下：左卫亲卫刘僧（贞观二年终于真安里第）、奉义郎行苑西面监李奴（咸亨二年终于真安里第）、中散大夫行内常侍冯士良（永淳二年终于真安里第）、元从朝议大夫行内给事大盈库副使程希诠（大历九年终）、内侍伯祁日进（建中元年葬）、内侍省内给事孟公（贞元二十一年终）、行左监门卫大将军知内侍省事杨志廉（永贞元年终）、元从奉天定难功臣定远将军守左龙武军翊府中郎将兼右羽林军通直张涣（元和四年终）、行内侍省内给事员外置同正员杜英琦（元和十四年终）、右神策军正将兼殿中侍御史陈士拣（开成四年终）、内侍省内府局丞员外置同正员

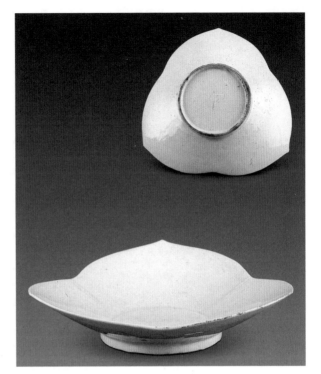

"官"字款三尖瓣花口白瓷盘（唐）
出土时间：1985 年 3 月
出土地点：西安火车西站北部（火烧壁
东村南部）
收藏单位：西安博物院
图片来源：西安博物院供图

武自和（会昌元年终）、行内侍省掖庭局宫教博士员外置同正员宋伯康（大中四年终）、行内侍省内谒者监员外置同正员师全介（咸通四年终）、行内侍省掖庭局宫教博士员外置同正员武周礼（夫人樊氏咸通六年终）、行内侍省掖庭局宫教博士员外置同正员魏孝本（咸通时终）、行内侍省掖庭局宫教博士间克积（咸通十五年终）、凤翔监军使特进守左领军卫上将军知内侍省事马公度（咸通十五年终）。

1985 年 3 月，西安火车西站北部与火烧壁东村南部之间出土窖藏瓷器百余件，其中带官字款白瓷 33 件，从以往对大明宫遗址等处的考古发现来看，官字款瓷器皆为内廷所用，则该批瓷器与唐内廷有密切关系。李喜萍、翟荣、赵希利《西安火烧壁窖藏"官"字款白瓷解析》（《收藏》2017 年第 1 期）根据该批瓷器出土地推断应在安定坊东侧偏南处，并推测其可能属于该坊东南隅的千福寺。然细查瓷器出土具体位置，与所绘制唐长安城古今叠合图相对照，可知瓷器归属地应为修德坊范围，结合上文所述修德坊与宫城位置关系及坊内大多数居住人员的职务性质来看，器物、人物、位置三者相符合，则该批瓷器应为晚唐时期居住在修德坊的内廷供职人员所藏无误。

四、坊中诗

郊庙歌辞·德明兴圣庙乐章·迎神（李纾）

元尊九德，佐尧光宅。烈祖太宗，方周作伯。响怀霜露，乐变金石。白云青风，仿佛来格。

郊庙歌辞·德明兴圣庙乐章·登歌奠币（李纾）

四时有典，百事来祭。尊祖奉宗，严禋大帝。礼先苍璧，奠币黝制。于斯万年，熙成帝系。

郊庙歌辞·德明兴圣庙乐章·迎俎（李纾）

盛牲实俎，涓选休成。鼎煁阳燧，玉盥阴精。有馂嘉豆，既和大羹。侑以清乐，细齐人情。

郊庙歌辞·德明兴圣庙乐章·德明酌献（李纾）

清庙奕奕，和乐雍雍。器尊牺象，礼属宗公。白水方祼，黄流在中。谟明之德，万古清风。

郊庙歌辞·德明兴圣庙乐章·兴圣酌献（李纾）

闷宫静谧，合乐周张。泰尊始献，百末重觞。震澹存诚，庶几迪尝。遥源之祚，天汉灵长。

郊庙歌辞·德明兴圣庙乐章·亚献终献（李纾）

惟清惟肃，靡闻靡见。举备九成，俯终三献。庆彰曼寿，胙彻嘉荐。瘗玉埋牲，礼神斯遍。

郊庙歌辞·德明兴圣庙乐章·送神（李纾）

元精回复，灵贶繁滋。风洒兰路，云摇桂旗。高丘缅邈，凉部逶迟。瞻望靡及，缠绵永思。

辅兴坊

朱雀门街西第三街，从北第二坊

一、坊名释

《吕氏春秋·权勋》曰："若车之有辅。"《孙子兵法·谋攻》曰："夫将者，国之辅也。"《说文》曰："兴，起也。"《国语·楚语上》曰："教备而不从者，非人也。其可兴乎！"此坊紧邻宫城，故知辅兴之名，喻以良臣辅佐而使王朝兴盛也。坊名之得，与其位置相对应也。

二、古今址

东南隅，金仙女冠观，今址：玉祥门环岛。
西南隅，玉真女冠观，今址：西安市公交一公司。
东门，今址：环城西苑广场。
西门，今址：劳动北路 61 号城市人家西门。
南门，今址：潘家村公交站。
北门，今址：西安西站。

三、附考

玉真女冠观为武后时崇先府所改，《旧唐书》卷一百八十三《武承嗣传》云："则天临朝，追尊士矱为忠孝太皇，置崇先府官属，五代祖已下，皆为王。"《新唐书》卷二百一十九《武士彠传》云："后监朝，尊为忠孝太皇，建崇先府，置官属，追王五世。"

金仙女冠观、玉真女冠观各占本坊之东南、西南，其二观就坊墙而开门，南街因是安福、开远两门相接，故繁华异常。《新记》所记尤详："此二观南街，东当皇城之安福门，西出京城之开远门，车马往来，实为繁会，而二观门楼绮榭，耸对通衢，西土夷夏自远而至者，入城遥望，宵若天中。"

四、坊中诗

邻人自金仙观移竹（李远）

移居新竹已堪看，剧破莓苔得几竿。圆节不教伤粉箨，低枝犹拟拂霜坛。墙头枝动如烟绿，枕上风来送夜寒。第一莫教渔父见，且从萧飒满朱栏。

宫词一百首（节选）（王建）

私缝黄帔舍钗梳，欲得金仙观里居。近被君王知识字，收来案上检文书。

颁政坊

朱雀门街西第三街，从北第三坊

一、坊名释

《周礼·大宰》曰："匪颁之式。"司农注"谓班赐也"。《周礼·小宗伯》曰："遂颁禽。"注："谓以予群臣。"《诗·大雅·皇矣》曰："其政不获。"释文："政，政教也。"《周礼·夏官》曰："使帅其属而掌邦政。"颁政者，颁政教政令予群臣也。此坊与辅兴同一含义。

二、古今址

南门之东，龙兴寺，今址：陕西省出版社家属院。

十字街东之北，建法尼寺，今址：市一中家属院。

十字街北之东，证空尼寺，今址：西安益新中学。

西北隅，昭成观，今址：西仪社区，西仪集团有限责任公司103住宅小区。

西南隅，尚书左仆射、芮国公豆卢钦望宅，今址：西关村民住宅楼，西关正街西新民巷26号。

东南隅，右散骑常侍徐坚宅，今址：辰宫广场，西安市莲湖区西关正街95号。

东门，今址：环城西苑公园北段养护管理所向南50米。

西门，今址：西仪102小区14号楼东北角。

南门，今址：西关正街137号。

北门，今址：潘家村公交站。

三、附考

坊内建法尼寺为隋开皇三年（583）坊人田通舍宅所立，《新记》记此事云："隋文帝初移都，便出寺额一百枚于朝堂，下制云：'有能修造，任便取之。'通孤贫孑然，唯有环堵之室，乃发愤诣阙，请额而还，置于所居，柴门瓮牖，上穿下漏。时陈临贺王叔敖母与邻居，又舍宅以足之，其寺方渐营建也。"查隋立都之初，寺额虽任取，但取者皆王公大臣，平民取额者目前仅见田通一例，特为书之，当言其特殊也。然通居陋室，徒置门额于家中，空有其名。陈叔敖之母与通共舍宅以足之方成其寺。查陈叔敖系陈后主叔宝之同父异

白瓷渣斗（简报记为唾盂）（唐）
出土地点：西安市未央区西凹里村尹偡墓
出土时间：2011 年底
原归属地：颁政坊尹偡宅，墓主尹偡于大和
五年二月十七日终于颁政坊
图片来源：陕西省考古研究院《陕西西安
立丰惠泽苑唐墓发掘简报》（《考古与文物》
2017 年第 2 期）

母兄弟，其母施姬，其妹宣华夫人陈氏，施姬生平无载。《陈书》卷六载，后
主祯明三年三月己巳，"后主与王公百司发自建邺，入于长安"。由此可知，隋
灭陈后，迁陈皇族百官于长安，此处所谓陈临贺王叔敖母者，即施姬也。《陈
书》卷二十八叔敖本传云："临贺王叔敖……祯明三年入关。隋大业初拜仪同
三司。"知叔敖同入于关中，居长安，有官职，炀帝大业初尚拜仪同三司也，
其在长安宅第是否此处，待后考。

布政坊

朱雀门街西第三街，从北第四坊

一、坊名释

本名隆政，避玄宗讳更名布政。隆，《史记·刘敬叔孙通列传》云："陛下都洛阳，岂欲与周室比隆哉？"三国·诸葛亮《出师表》云："汉室之隆。"故知隆政者，言其政治之兴隆也。《韩非子难三》云："法者……设之于官府，而布之于百姓者也。"是知名布政者，言对百姓之公布政令也。足见此坊之名含义，与颁政互为关系也。

二、古今址

东北隅，右金吾卫，今址：东光大厦，环城西路南段 78 号。

西南隅，胡袄祠，今址：米拉公寓西安市莲湖区草阳小区 7 号楼。

东南隅，废镇国大波若寺，今址：瑞丰·丰庆路食品批发商城，丰庆路 13 号。

西门之南，法海寺，今址：萃园小区，西安市莲湖区草阳村甲字 3 号。

北门之东，济法寺，今址：陕西省中西医结合医院，莲湖区西关正街 112 号（第五医院）。

十字街东之北，明觉尼寺，今址：八佳花园，陕西省西安市莲湖区八佳路 2 号。

东门之北，侍中魏知古宅，今址：西安市自来水公司家属楼，环城西路南段 8 号。

东门，今址：西安莲湖区环城西路南段 1 号环城西苑公园内。

西门，今址：旭景名园，陕西省西安市莲湖区劳动南路 128 号。

南门，今址：御溪望城，丰庆路 39 号（水司什字向西 100 米路北）。

北门，今址：西安市第五医院，西安市莲湖区西关正街 112 号。

三、附考

《新记》云：坊内济法寺本为梁村之佛堂及武侯将军韦和业宅，疑在隋规划新都于此处前，个别权臣已在新城地域中营建住宅。又云此寺之殿本为隋光德太子之寝堂，太子薨后，舍施圻于此造。长安城内将宅之建筑拆卸迁移建造，且改其功能

白釉瓷盂（唐）
出土地点：西安市长安区西北大学长安校区唐牛相仁墓
出土时间：2003—2004 年
原归属地：隆（颁）政坊牛相仁宅
图片来源：西北大学文化遗产学院、陕西省考古研究院《陕西西安长安区唐牛相仁墓发掘简报》（《考古与文物》2023 年第 1 期）

继续使用者，此之为一例。隋光德太子，查诸书均无此名号，《隋书》卷五十九《元德太子昭传》载：炀帝嫡长子杨昭，大业二年（606）七月薨于行宫，谥号元德，是为元德太子，其子即恭帝。书中言光德太子者，应为元德太子之误。

坊内有胡祆祠，亦有称波斯胡寺者，该祠为祆教之祠，文献加出土墓志相证，自毋庸置疑。然有称此与景教相关者，目前尚无证据。景教东传，入至中土，在长安是否建有景教之专寺，目前除景教碑外，尚无其他直接实证。即所谓大秦寺者，亦不能知其具体性质。

延寿坊

朱雀门街西第三街，从北第五坊

一、坊名释

《说文》云："寿，久也。"《韩非子·显学》云："寿命也。"《诗·小雅·天保》云："如南山之寿。"名延寿者，祈愿长寿之义。

二、古今址

南门之西，懿德寺，今址：西北大学青年教师公寓。

东南隅，驸马都尉裴巽宅，今址：西安市边家村轩雨公寓。

东门，今址：西北大学丝绸之路研究院。

西门，今址：御溪书院莲湖区丰庆路 39 号。

南门，今址：西北工业大学综合训练馆。

北门，今址：御溪望城，丰庆路 39 号（水司什字向西 100 米路北）。

三、附考

坊内驸马裴巽宅在唐初频有异事，为当时之凶宅。《太平御览》卷一百八十《宅》记其事云："延寿坊东隅，驸马裴巽宅。高祖末，裴行俭居之。自行俭以前，居者辄死。自俭卜居，有狂僧突入，髡其庭中大柳树，中有豕走出，径入北邻，其家数月暴死尽，此宅清晏。"

坊内有宝应经坊，为大历十二年（777）淮西节度兵马使李重倩败汴州李灵辉后舍宅为之，赐名宝应经坊。此为经生专书佛经或版印佛经之处耶？在此经坊设立之时，版印技术已然发明，而尚未流行于书籍，今所见有西安地区出土梵文陀罗尼经咒 7 件，据陕西省文物鉴定委员会认定最早为初唐者，为木版印刷。又有说长安东市有大刁家雕印历书者，则此经坊之设，除钞经外，当有印经或发兑印刷经文之功能。

四、坊中诗

延寿里精舍寓居（贾岛）

旅托避华馆，荒楼遂愚懦。短庭无繁植，珍果春亦浓。侧庐废扃枢，纤魄时卧逢。耳目乃廓井，肺肝即岩峰。汲泉饮酌余，见我闲静容。霜蹊犹舒英，寒蝶

海兽葡萄镜（唐）
出土地点：西安市雁塔区曲江乡羊头镇村西唐姚无陂墓
出土时间：1999 年 6 月
原归属地：延寿坊姚无陂宅，墓主姚无陂于万岁通天二年八月十六日终于延寿坊里第
图片来源：西安市文物保护考古所《唐姚无陂墓发掘简报》（《文物》2002 年第 12 期）

断来踪。双履与谁逐，一寻青瘦筇。

延康吟（贾岛）

寄居延寿里，为与延康邻。不爱延康里，爱此里中人。人非十年故，人非九族亲。人有不朽语，得之烟山春。

题延寿坊东南角古池（吴融）

蔓草萧森曲岸摧，水笼沙浅露莓苔。更无蔟蔟红妆点，犹有双双翠羽来。雨细几逢耕犊去，日斜时见钓人回。繁华自古皆相似，金谷荒园土一堆。

光德坊

朱雀门街西第三街，从北第六坊

一、坊名释

《说文》曰："光，明也。"《诗经·齐风·南山有台》曰："邦家之光。"故光有荣昭之义。《周礼·地官》注云："德行，内外之称，在心为德，施之为行。"《孟子·梁惠王上》曰："德何如可以王矣？"故光德之义，荣昭德行也。

二、古今址

东南隅，京兆府廨，今址：中科尚诚幼儿园。

西南隅，胜光寺，今址：西北工业大学（友谊西路校区）公字楼。

十字街东之北，慈悲寺，今址：西北工业大学篮球场。

南门之东，尚书左仆射刘仁轨宅，今址：西工大附中。

东门，今址：边家村十字向北 300 米路东。

西门，今址：西北工业大学材料学院。

南门，今址：西北工业大学附属中学。

北门，今址：西北工业大学体育场馆管理中心。

三、附考

京兆府廨，志云先为雍州廨舍，查《隋书·地理志》，此处所言之雍州，置于开皇三年（583），大业三年（607）改州为郡，是为京兆郡。则雍州廨之改为京兆府廨是在大业时。府内廨宇并开皇制度，其后随事改作。唐玄宗时，孟温礼、韦澳任京兆尹先后两次大修。《太平广记》卷一百八十七引《闻奇录》有《莎厅》一文，其文曰：

京兆府判司，特云西法士。此两厅事多。东士曹厅，时号为念珠厅，盖判案一百八道；西士曹厅为莎厅，厅前有莎，周回可十五步。京兆府，时云不立两县令，不坐两少尹。两县引马到府门，传门而报。两尹入厅，大尹亦到厅，不得候两尹坐后出，不得候两尹立后出。其京兆府县之重，亦表大尹之尊。京兆府掾曹，时人云倚团省郎。河中府司录厅亦有绿莎。昔好事者相承常溉灌。天祐已后，为不好事者除之。

文中言莎者，或为植莎草也，然又云河中府司录厅亦有绿莎，则莎为莎草之名无误矣。

坊内有光德坊之官舍，原为鄱阳公主邑司，此官舍为孙思邈常居之所。舍内庭前有病梨木，卢照邻为赋纪之，名《病梨树赋》(《全唐文》卷一百六十六)，其文曰：

> 癸酉之岁，余卧病于长安光德坊之官舍。父老云："是鄱阳公主之邑司。昔公主未嫁而卒，故其邑废。"时有处士孙君思邈居之。君道洽今古，学有数术。高谈正一，则古之蒙庄子；深入不二，则今之维摩诘。及其推步甲子，度量乾坤，飞炼石之奇，洗胃肠之妙，则甘公、洛下闳、安期先生、扁鹊之俦也。自云开皇辛丑岁生，今年九十二矣。询之乡里，咸云数百岁人矣。共语周齐间事，历历如眼见，以此参之，不啻百岁人也。然犹视听不衰，神形甚茂，可谓聪明博达不死者矣。余年垂强仕，则有幽忧之疾，椿菌之性，何其辽哉！
>
> 于时天子避暑甘泉，邈亦微诣行在。余独卧病兹邑，阒寂无人，伏枕十旬，闭门三月。庭无众木，惟有病梨一树，围才数握，高仅盈丈。花实憔悴，似不任乎岁寒；枝叶零丁，才有意乎朝暮。嗟乎！同托根于膏壤，俱禀气于太和，而修短不均，荣枯殊质。岂赋命之理，得之自然；将资生之化，有所偏及？树犹如此，人何以堪？有感于怀，赋之云尔。
>
> 天象平运，方祇广植。挺芳桂于月轮，横扶桑于日域。建木耸灵邱之上，蟠桃生巨海之侧。细叶枝连，洪柯条直。齐天地之一指，任乌兔之栖息。或垂阴万亩，阴或结子千年。何偏施之雨露？何独厚之风烟？
>
> 愍兹珍木，离离幽独。飞茂实于河阳，传芳名于金谷。紫涧称其殊旨，元光表其仙族。尔生何为？零丁若斯。无轮楠之可用，无栋梁之可施。进无违于斤斧，退无竞于班倕。无庭槐之生意，有岩桐之死枝。尔其高才数仞，围仅盈尺，修干罕双，枯条每只，叶病多紫，花凋少白。夕鸟怨其巢危，秋蝉悲其翳窄。怯冲飙之摇落，忌炎景之临迫。既而地歇蒸雾，天收耀灵。西秦明月，东井流星。憔悴孤影，徘徊直形。状金茎之的的，疑石柱之亭亭。
>
> 若夫西海夸父之林，南海蚩尤之树，莫不摩霄拂日，藏云吐雾。别有桥边朽柱，天上灵楂，年年岁岁，无叶无花。荣辱两齐，吉凶同轨。宁守雌以外丧，不修襮而内否？亦犹纵酒高贤，佯狂君子，为其吻合，置其忧喜。生非我生，物谓之生；死非我死，谷神不死。混彭殇于一观，庶筌蹄于兹理。

文中述孙思邈自云生开皇辛丑，于其时九十二岁。开皇辛丑为开皇元年（581），以此而计，照邻撰此文在唐高宗咸亨四年（673），作文处正光德坊之官舍也。《旧唐书》《长安志》等诸书皆云鄱阳公主邑司为孙思邈常居之所，实误。照邻文中云公主未嫁而卒，其邑废，又云时为光德坊官舍，故知孙思邈居住之所为光德坊官舍。

《旧唐书》卷一百九十一《孙思邈传》所记甚详，"上元元年，辞疾请归，特赐良马，及鄱阳公主邑司以居焉。当时知名之士宋令文、孟诜、卢照邻等，执师资之礼以事焉。思邈尝从幸九成宫，照邻留在其宅。时庭前有病梨树，照邻为之赋……照邻有恶疾，医所不能愈，乃问思邈……思邈自云开皇辛酉岁生，至今年九十三矣；询之乡里，咸云数百岁人。话周、齐间事，历历如眼见。以此参之，不啻百岁人矣。然犹视听不衰，神采甚茂，可谓古之聪明博达不死者也。……初，魏徵等受诏修齐、梁、陈、周、隋五代史，恐有遗漏，屡访之，思邈口以传授，有如目睹"。自文中可知，书之修时，有参考卢照邻《病梨树赋》者。

结合古今址对照，此官舍虽无具体方位，但此坊在今西北工业大学校区内，药王孙思邈故居旧址即当在此区域。

《历代名画记》记有胜光寺内壁画："胜光寺，西北院小殿南面东西偏门上，王定画行僧及门间菩萨圆光。三门外神及帝释，杨仙乔画。三门北南廊，尹琳画。塔东南院周昉画水月观自在菩萨掩障，菩萨圆光及竹，并是刘整成色。"

四、坊中诗

右省张补阙茂枢同在谏垣，连居光德，新春赋咏聊以寄怀（郑谷）

小梅零落雪欺残，浩荡穷愁岂易宽。唯有朗吟偿晚景，且无浓醉厌春寒。高斋每喜追攀近，丽句先忧属和难。十五年前谙苦节，知心不独为同官。

右省补阙张茂枢同在谏垣，邻居光德，迭和篇什，未尝间时，
忽见贻谓谷"将来履历，必在文昌"，尝与何水部、宋考功为俦，
谷虽赋于风雅，实用兢惶，因抒酬寄（郑谷）

何宋清名动粉闱，不才今日偶陈诗。考功岂敢闻题品，水部犹须系掌维。积雪巷深酬唱夜，落花墙隔笑言时。紫垣名士推扬切，为话心孤倍感知。

题刘相公光德里新构茅亭（李洞）

野色迷亭晓，龙墀待押班。带延移海木，兼雪写湖山。月白吟床冷，河清直印闲。唐封三万里，人偃翠微间。

西归绝句十二首（节选）（元稹）

双堠频频减去程，渐知身得近京城。春来爱有归乡梦，一半犹疑梦里行。……闲游寺观从容到，遍问亲知次第寻。肠断裴家光德宅，无人扫地载门深。

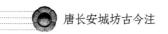

尹相公京兆府中棠树降甘露诗（岑参）

相国尹京兆，政成人不欺。甘露降府庭，上天表无私。非无他人家，岂少群木枝。被兹甘棠树，美掩召伯诗。团团甜如蜜，晶晶凝若脂。千柯玉光碎，万叶珠颗垂。昆仑何时来，庆云相逐飞。魏宫铜盘贮，汉帝金掌持。王泽布人和，精心动灵祇。君臣日同德，祯瑞方潜施。何术令大臣，感通能及兹。忽惊政化理，暗与神物期。却笑赵张辈，徒称今古稀。为君下天酒，麹蘖将用时。

京兆府新栽莲（时为盩厔县尉赵府作）（白居易）

污沟贮浊水，水上叶田田。我来一长叹，知是东溪莲。下有青泥污，馨香无复全。上有红尘扑，颜色不得鲜。物性犹如此，人事亦宜然。托根非其所，不如遭弃捐。昔在溪中日，花叶媚清涟。今来不得地，憔悴府门前。

京兆府语

不立两县令，不坐两少尹。

延康坊

朱雀门街西第三街，从北第七坊

一、坊名释

《礼记·乐记》曰："民康乐。"《诗经·唐风·蟋蟀》曰："无已大康，职思其居。"《汉书·宣帝纪》曰："上下和洽，海内康平。"名延康者，延续康乐之义也。

二、古今址

西南隅，西明寺，今址：白庙村公交站。

东南隅，静法寺，今址：西荷丰润公寓。

北门之西，中书令阎立本宅，今址：西北工业大学南门。

东门，今址：边家村十字向南 240 米路东。

西门，今址：西北工业大学材料学院。

南门，今址：西北工业大学南苑南门。

北门，今址：西北工业大学附属中学。

三、附考

按《新记》云，西明寺在隋为越国公杨素宅，其子玄感大业中谋反被诛，没于官。入唐后先后为万春公主、魏王李泰所居。泰薨，官市之，高宗显庆元年立为寺。

唐慧立本、彦悰笺《大慈恩寺三藏法师传》述此寺创立前后状况甚详，其书卷十有文曰：

显庆三年秋七月再有敕："法师徙居西明寺。"寺以元年秋八月戊子十九日造，先有敕曰：以延康坊魏王故宅为皇太子分造观寺各一，命法师按行其处，还奏地窄不容两所，于是总用营寺，其观改就普宁坊，仍先造寺，其年夏六月营造功毕，其寺三百五十步，周围数里，左右通衢，腹背廛落，青槐列其外，渌水亘其间，亹亹耽耽，都邑仁祠，此为最也。而廊殿楼台飞惊接汉，金铺藻栋眩日晖霞，凡有十院屋四千余间，庄严之盛，虽梁之同泰，魏之永宁，所不能及也。敕先委所司简大德五十人侍者各一人，后更令诠试业行童子一百五十人拟度，至其月十三日，于寺建斋度僧，命法师看度。至秋七月十四日，迎僧入寺，其威仪幢盖音乐等，一如入慈恩及迎碑之则，敕遣西明寺给法师上房一口，新度沙弥海会等十人充弟子。

由文中所记可知，西明寺始建于显庆元年（656）八月十九日，三年（658）夏六月寺成，七月敕玄奘法师移居西明寺，系以延康坊魏王故宅所造，本欲以此宅分造道观、佛寺各一所，以其地面积不能容有一定规模的观、寺同时建造，故全为造寺之地，道观则移至普宁坊。查普宁坊东南隅有东明观，所载与《大慈恩寺三藏法师传》同，云规度仿西明之制。然东明在西、西明在东，大约在命名之处，欲于延康里魏王宅之东建观、于西建寺，查西南隅西明寺之说亦可知之。

1985 年、1992 年该寺遗址之局部曾发掘，出土鎏金铜造像、石茶碾等文物，其中茶碾上刻有"西明寺石茶碾"字样，是知为其寺遗物。然查该局部遗址位于延康坊十字街西之南位置，与所记西南隅尚相去甚远。何也？读《大慈恩寺三藏法师传》可知，其寺规模计有十院，屋四千余间，"周围数里，左右通衢"，既云数里，则绝不限于西南隅之偏角，既云通衢，则左右皆大街，唐人所见所记，定然不虚。考古发掘仅不到一院之面积，但可推知一院之大小，以此计算可知，西明寺约占据延康坊西南四分之一区之面积。《新记》所云"西南隅"者，当是其寺之核心区域所在。

又，其寺内僧厨院有杨素旧井，玄感伏诛，家人以金投井，后人见井内金而不能获，遂呼为灵井。"破镜重圆"之典故即自杨素宅中所出。

《长安志》又录有诸王府，《唐会要》卷六十七"王府官"条：

宝历三年六月。琼王府长史裴简永状：请与诸王共置王府一所。伏见诸王府本在宣平坊东南角。摧毁多年。因循不修。至元和十三年七月十三日。庄宅使收管。其年八月二十五日。卖与邠宁节度使高霞寓。伏以在城百官，皆有曹局，惟王府寮吏，独无公署。每圣恩除授，无处礼上，胥徒散居，难于管辖。遂使下吏因兹弛慢，王官为众所轻，虽蒙列在官班，皆为偷安散秩。伏以府因王制，官列府中，府既不存，官司虚设，伏乞赐官宅一区，俾诸府合而共局，庶寮会而异处。如此则人吏可令衔集，案牍可见存亡。都城无废阙之曹，道路息是非之论。敕旨：宜赐延康坊阎令琬宅一所。仍令所司检计。与量修改。及逐要量约什物。

此处即延康坊诸王府所设缘由，其府为司王府事务之官所，前文街东宣平坊内亦有述及。《唐会要》所记奏议甚详，可知悉诸王府自宣平坊废后在延康坊所设之过程也。

坊内北门之西有阎立本宅，西亭有立本所画山水。《旧唐书》卷七十七《阎

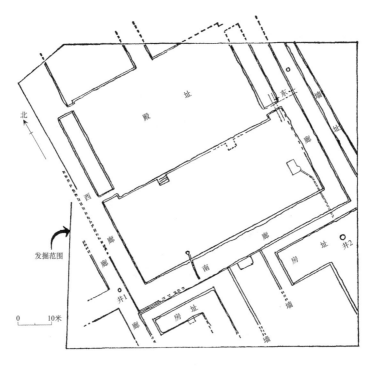

西明寺遗址平面图

图片来源：中国社会科学院考古研究所西安唐城工作队《唐长安西明寺遗址发掘简报》（安家瑶执笔，《考古》1990 年第 1 期）

立本传》曰：

太宗尝与侍臣学士泛舟于春苑，池中有异鸟，随波容与。太宗击赏，数诏座者为咏，召立本令写焉。时阁外传呼云："画师阎立本。"时已为主爵郎中，奔走流汗，俯伏池侧，手挥丹粉，瞻望座宾，不胜愧赧。退诚其子曰："吾少好读书，幸免面墙，缘情染翰，颇及侪流。唯以丹青见知，躬厮役之务，辱莫大焉！汝宜深诫，勿习此末伎。"立本为性所好，欲罢不能也。

则其退诫其子之事当在延康坊本宅。

《历代名画记》记西明寺内壁画甚详："西明寺（玄宗朝南薰殿学士刘子皋书额），入西门，南壁杨廷（庭）光画神两铺，成色损。东廊东面第一间传法者图赞，褚遂良书。第三间利防等，第四间昙柯迦罗，并欧阳通书。寺东，崇福寺壁碾，陈积善画山水。三阶院，蔡金刚、范长寿画。净法寺殿后，张孝师画地狱变。东壁，范长寿画（与裴孝源《录》同）西壁，亦妙，失人名。"

西明寺石佛首（唐）
出土时间：1985 年
出土地点：西安市供电局白庙变电站基建工地
收藏单位：中国社会科学院考古研究所西安研究室
图片来源：《隋唐长安城遗址（考古资料编）》

四、坊中诗

酬张十八访宿见赠（自此后诗为赞善大夫时所作）（白居易）

昔我为近臣，君常稀到门。今我官职冷，君君来往频。我受狷介性，立为顽拙身。平生虽寡合，合即无缁磷。况君秉高义，富贵视如云。五侯三相家，眼冷不见君。问其所与游，独言韩舍人。其次即及我，我愧非其伦。胡为谬相爱，岁晚逾勤勤。落然颓檐下，一话夜达晨。床单食味薄，亦不嫌我贫。日高上马去，相顾犹逡巡。长安久无雨，日赤风昏昏。怜君将病眼，为我犯埃尘。远从延康里，来访曲江滨。所重君子道，不独愧相亲。

寄张十八（白居易）

饥止一箪食，渴止一壶浆。出入止一马，寝兴止一床。此外无长物，于我有若亡。胡然不知足，名利心遑遑。念兹弥懒放，积习遂为常。经旬不出门，竟日不下堂。同病者张生，贫僻住延康。慵中每相忆，此意未能忘。迢迢青槐街，相去八九坊。秋来未相见，应有新诗章。早晚来同宿，天气转清凉。

寄张籍（节选）（孟郊）

西明寺后穷瞎张太祝，纵尔有眼谁尔珍。

寻西明寺僧不在（元稹）

春来日日到西林，飞锡经行不可寻。莲池旧是无波水，莫逐狂风起浪心。

西明寺牡丹（元稹）

花向琉璃地上生，光风炫转紫云英。自从天女盘中见，直至今朝眼更明。

牡丹芳（节选）（白居易）

卫公宅静闭东院，西明寺深开北廊。

西明寺牡丹花时忆元九（白居易）

前年题名处，今日看花来。一作芸香吏，三见牡丹开。岂独花堪惜，方知老暗催。何况寻花伴，东都去未回。讵知红芳侧，春尽思悠哉。

重题西明寺牡丹（时元九在江陵）（白居易）

往年君向东都去，曾叹花时君未回。今年况作江陵别，惆怅花前又独来。只愁离别长如此，不道明年花不开。

题西明寺僧院（温庭筠）

曾识匡山远法师，低松片石对前墀。为寻名画来过院，因访闲人得看棋。新雁参差云碧处，寒鸦辽乱叶红时。自知终有张华识，不向沧洲理钓丝。

西明寺威公盆池新稻（唐彦谦）

为笑江南种稻时，露蝉鸣后雨霏霏。莲盆积润分畦小，藻井垂阴擢秀稀。得地又生金象界，结根仍对水田衣。支公尚有三吴思，更使幽人忆钓矶。

洪州送西明寺省上人游福建（韦庄）

记得初骑竹马年，送师来往御沟边。荆榛已失当时路，槐柳全无旧日烟。远自嵇山游楚泽，又从庐岳去闽川。新春阙下应相见，红杏花中觅酒仙。

题西明寺攻文僧林复上人房（李洞）

谁寄湘南信，阴窗砚起津。烧痕碑入集，海角寺留真。楼憩长空鸟，钟惊半阙人。御沟圆月会，似在草堂身。

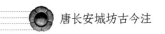

崇贤坊

朱雀门街西第三街，从北第八坊

一、坊名释

《礼记·祭统》曰："崇事宗庙社稷。"《说文》曰："贤，多才也。"《周礼·太宰》云："三曰进贤。"注："有善行也。"崇贤者，崇尚贤才也。

二、古今址

南门之西，海觉寺，今址：西安电子科技大学逸夫图书馆。

十字街北之西，大觉寺，今址：西安电子科技大学电子机械系楼。

西门之南，法明尼寺，今址：白沙路与光华路十字向北 100 米。

十字街东之南，崇业尼寺，今址：西安电子科技大学体育场。

西南隅，秘书监嗣虢王邕宅，今址：白沙路与光华路十字。

西门之北，黄门监卢怀慎宅，今址：中国电子科技集团公司第二十研究所。

三、附考

查《新记》《长安志》诸书，此坊内海觉寺、大觉寺、法明尼寺、崇业尼寺皆为隋代所立，海觉寺、法明尼寺、崇业尼寺皆为隋开皇时都人舍宅所立，而大觉寺亦是开皇时医人周子臻之佛堂，后文帝为该医人所立。此坊隋时舍宅为寺现象最为集中，亦可作为隋时立都后佛寺创立之样本。

唐薛渔思《河东记》有《独孤遐叔》一文，云遐叔自鄠县返长安崇贤里宅事，其文虽属志怪，但颇生动，亦可一观当时京城郊野至城内状况与长安士民生活也。录其文曰：

贞元中，进士独孤遐叔，家于长安崇贤里，新娶白氏女。家贫下第，将游剑南，与其妻诀曰："迟可周岁归矣。"遐叔至蜀，羁栖不偶，逾二年乃归。

至鄠县西，去城尚百里，归心迫速，取是夕及家，趋斜径疾行。人畜既殆，至金光门五六里，天已暝，绝无逆旅，唯路隅有佛堂，遐叔止焉。时近清明，月色如昼，系驴于庭外。入空堂中，有桃杏十余株。夜深，施衾帱于西窗下。偃卧，方思明晨到家，因吟旧诗曰："近家心转切，不敢问来人。"

至夜分不寐，忽闻墙外有十余人相呼声，若里胥田叟，将有供待迎接。须臾，有夫役数人，各持畚锸箕帚，于庭中粪除讫，复去。有顷，又持床席牙盘蜡炬之类，及酒具乐器，阗咽而至。遐叔意谓贵族赏会，深虑为其斥逐，乃潜伏屏气于佛堂梁上伺之。铺陈既毕，复有公子女郎共十数辈，青衣黄头亦十数人，步月徐来，言笑宴宴。遂于筵中间坐，献酬纵横，履舄交错。中有一女郎，忧伤摧悴，侧身下坐，风韵若似遐叔之妻。窥之大惊，即下屋袱，稍于暗处，迫而察焉，乃真是妻也。方见一少年，举杯瞩之曰："一人向隅，满坐不乐。小人窃不自量，愿闻金玉之声。"其妻冤抑悲愁，若无所控诉，而强置于坐也。遂举金爵，收泣而歌曰："今夕何夕，存耶没耶？良人去兮天之涯，园树伤心兮三见花。"满座倾听，诸女郎转面挥涕。一人曰："良人非远，何天涯之谓乎？"少年相顾大笑。遐叔惊愤久之，计无所出，乃就阶陛间，扪一大砖，向坐飞去。砖才至地，悄然一无所有。遐叔怅然悲惋，谓其妻死矣。速驾而归，前望其家，步步凄咽。

比平明，至其所居，使苍头先入，家人并无恙。遐叔乃惊愕，疾走入门，青衣报娘子梦魇方窹。遐叔至寝，妻卧犹未兴，良久乃曰："向梦与姑妹之党，相与玩月，出金光门外，向一野寺，忽为凶暴者数十辈，胁与杂坐饮酒。"又说梦中聚会言语，与遐叔所见并同。又云："方饮次，忽见大砖飞坠，因遂惊魇殆绝，才窹而君至，岂幽愤之所感耶？"

查《唐代进士录》，贞元时进士无独孤遐叔此人，独孤姓者计有独孤寔（贞元元年进士）、独孤宁（贞元十一年进士）、独孤申叔（贞元十三年进士）、独孤郁（贞元十四年进士）四人，其中独孤申叔与所记遐叔最为接近，《柳河东文集》中有柳宗元为申叔撰墓碣文，名为《亡友故秘书省校书郎独孤君墓碣》，《韩昌黎文集》亦有韩愈所撰《独孤申叔哀辞》。而2001年独孤申叔墓志于西安市长安区被发现，志文为柳宗元所篆，韩愈、刘禹锡等与申叔交善者皆题名于志后，其志文言其生平云"年廿二举进士，又二年由博学宏词为校书郎，又三年居父丧，未练而没，盖贞元十八年四月五日也"。志中亦未云申叔之妻为何氏，此申叔与遐叔是何关系？是否同一人，姑列于此，待后考。

唐薛用弱《集异记》有《裴通远》一文，其文云前集州司马裴通远宅在崇贤里，述其妻女自通化门观宪宗出殡后返崇贤里宅事，内中描述城市内交通流线甚为形象与清晰。于今之研究唐长安城市空间者有参考资鉴焉。录其文于下：

宪宗迁葬于景陵，都城人士毕至。时有前集州司马裴通远，家在崇贤里，妻女辈亦以车舆纵观于通化门。及归，日势已晚，车驰马骤。自平康北街后，乃有白头妪徒步奔走，随车而来，气力殆尽。至天门街，夜鼓将动，车马转速，妪亦忙遽而行。车中有老青衣，从四小女，其中或有哀其奔迫者，则问其所居。对曰："崇贤。"即谓曰："与妪同里，今亦将归。若步履不逮，惧犯禁，车中尚可通容，能登车至里门否？"其妪乃荷愧丁宁，因命同载。及至，则珍重辞谢而去。乃于车中遗下小红锦囊，诸女笑而共开之。中有白罗制为逝者覆面之物四焉。诸女惊骇，登弃于路。自是不旬日，四女相次而卒。

唐《酉阳杂俎》卷十五记本访古树异事一则："有陈朴，元和中，住崇贤里北街。大门外有大槐树，朴常黄昏徙倚窥外，见若妇人及狐大老乌之类，飞入树中，遂伐视之。树三槎，一槎空中，一槎有独头栗一百二十，一槎中襁一死儿，长尺余。"此处云陈朴伐宅门外之大槐树，既云朴常倚此树窥外，则此树或为崇贤里北门内坊内大街之街树，否则树本身植于陈宅大门外，又何必言陈倚此树窥外耶？至于槐中所发现之独头栗、死儿等物，应为大鸟于他处衔来作食物储耳，今视之亦无足奇。

《太平广记》卷二百四十三引《乾𢃔子》云崇贤里有小宅，其内有于阗宝玉作捣衣砧，胡人米亮因感激富商窦义接济力促买宅得玉之事。窦义得宝后，将宅赠予米亮以酬谢。则可知此坊内在唐德宗时期前后有米亮宅。又据此文中所述，唐代长安城中房屋买卖程序与后世相类，需有书契以证之，私人宅第易主亦需持房契而行。其文如下：

又尝有胡人米亮因饥寒，义见，辄与钱帛。凡七年，不之问。异日，又见亮，哀其饥寒，又与钱五千文。亮因感激而谓人曰："亮终有所报大郎。"义方闲居，无何，亮且至。谓义曰："崇贤里有小宅出卖，直二百千文，大郎速买之。又西市柜坊，巢钱盈余，即依直出钱市之。"书契日，亮语义曰："亮攻于览玉，尝见宅内有异石，人罕知之。是捣衣砧，真于阗玉，大郎且立致富矣。"义未之信。亮曰："延寿坊召玉工观之。"玉工大惊曰："此奇货也，攻之当得腰带夸二十副。每副百钱，三千贯文。"遂令琢之，果得数百千价。又得合子执带头尾诸色杂类，鬻之，又计获钱数十万贯。其宅并元契，义遂与米亮，使居之以酬焉。

《历代名画记》记有海觉寺壁画："海觉寺（欧阳询题额）三门内王韶应画，小殿前面董画像，双林塔西面展画，后面云是郑画，尤妙。西南院门北壁画神，失名，甚妙，或云郑法士。"

四、坊中诗

春日宿崇贤里（罗邺）

柳暗榆飞春日深，水边门巷独来寻。旧山共是经年别，新句相逢竟夕吟。枕近禁街闻晓鼓，月当高竹见栖禽。劳歌莫问秋风计，恐起江河垂钓心。

赠曹郎中崇贤所居（一作上崇贤曹郎中）（李洞）

闲坊宅枕穿宫水，听水分衾盖蜀缯。药杵声中捣残梦，茶铛影里煮孤灯。刑曹树荫千年井，华岳楼开万仞冰。诗句变风官渐紧，夜涛春断海边藤。

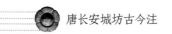

延福坊

朱雀门街西第三街，从北第九坊

一、坊名释

贾谊《道德说》云："安利之谓福。"《诗经·小雅·桑扈》云："万福来求。"《韩非子·解老》云："全寿富贵之谓福。"延福者，延其富贵全寿也。

二、古今址

十字街东之北，宣平府，今址：太白南路与光华路十字。

西南隅，纪国寺，今址：太白花园 3 号楼。

东南隅，玉芝观，今址：西安市雁塔区太白小区北区 4 号楼。

西北隅，琼山县主宅，今址：西安电子科技大学社区 23 号楼。

三、附考

诸书记坊内还设有真化府，位置无载，该府为唐京兆府折冲府之一，《新唐书》卷三十七《地理志》云："（京兆府）有府百三十一，曰真化、匡道、水衡、仲山、新城、窦泉、善信、风神、安业、平香、太清，余皆逸。"京兆折冲府之列名及处所，北宋新书纂修之时，已失其大半，仅列十一所即以"余皆逸"代过，自唐而宋，区区百年，竟不知其大半，可见文献散佚之程度。目前所见载真化府之文献，有两处，其一为《大唐故使节都督黔思费等十六州诸军事黔州刺史赠左武卫大将军上柱国武水县开国伯常府君碑》，其文曰："（武德九年）八月，凶奴至便桥，授马军副总管。贼退，除真化府折冲都尉，特令长上。封武水县开国男，食邑三百户。"其二为高丽高足酉墓志，其志文载足酉曾任明威将军守右威卫真化府折冲都尉。又知，坊内十字街东之北为宣平府，《地理志》虽无载，而志有录入。然一坊之内同有两折冲府，于长安诸城坊却属特殊。或在当时，延福坊为数折冲府集中所在之地。

玉芝观曾为乾封县治，诸书云"权治"，查乾封县存在时间为高宗总章二年（669）至武周长安二年（702），则为县权治时间当在总章二年析乾封县之初。其于怀真坊建治者，当为自延福坊迁徙。

按《长安志》载，坊内有琼山县主宅，云县主开元中适慕容氏。1978 年，甘肃武威出土《大唐故武氏墓志》，该墓志云武氏系武延寿之女，适慕容曦光，开元二十三年（735）十月终于京兆长安延福里第。慕容氏为吐谷浑王族，太宗贞观九年

（635）慕容顺率部归顺于唐，据此处则可知延福坊或为慕容氏归唐后在长安所赐宅邸所在，《大唐故武氏墓志》既云琼山县主开元中适慕容氏，居于延福坊，则县主之夫或为武氏与曦光所生之子慕容兆亦未可知。又据大唐西市博物馆藏武承嗣夫人弓氏墓志，弓氏于景龙二年（708）闰九月薨于京延福里之私第，则知该坊内有武承嗣宅，与前文对照可知，慕容曦皓妻武氏（武承嗣之子武延寿之女），两家宅第同在一坊之内，门当户对联姻之事亦属正常。

《长安志》载此坊内有沈氏家庙，未云何所。《河东记》有《辛察》一文，其文怪异处诚不足信，而其中记述城中事物甚详，为当时记城中事物之实者。照录全文如下：

大和四年十二月九日，边上从事魏式暴卒于长安延福里沈氏私庙中。前二日之夕，胜业里有司门令史辛察者，忽患头痛而绝。心上微暖，初见有黄衫人，就其床，以手相就而出。既而返顾本身，则已僵矣。其妻儿等，方抱持号泣，噀水灸灼，一家仓惶。察心甚恶之，而不觉随黄衣吏去矣。至门外，黄衫人踟蹰良久，谓察曰："君未合去，但致钱二千缗，便当相舍。"察曰："某素贫，何由致此？"黄衫曰："纸钱也。"遂相与却入庭际，大呼其妻数声，皆不应。黄衫晒曰："如此，不可也。"乃指一家僮，教察以手扶其背，因令达语求钱。于是其家果取纸钱焚之。察见纸钱烧讫，皆化为铜钱。黄衫乃次第抽拽积之，又谓察曰："一等为惠，请兼致脚直送出城。"察思度良久，忽悟其所居之西百余步，有一力车佣载者，亦常往来。遂与黄衫俱诣其门，门即闭关矣。察叩之，车者出曰："夜已久，安得来耶？"察曰："有客要相顾，载钱至延平门外。"车曰："诺。"即来，装其钱讫，察将不行，黄衫又邀曰："请相送至城门。"三人相引部领，历城西街，抵长兴西南而行。时落月辉辉，钟鼓将动。黄衫曰："天方曙，不可往矣，当且止延福沈氏庙。"逶巡至焉，其门亦闭。黄衫叩之，俄有一女人，可年五十余，紫裙白襦，自出应门。黄衫谢曰："夫人幸勿怪，其后日当有公事，方来此庙中。今有少钱，未可遽提去，请借一隙处暂贮收之。后日公事了，即当般取。"女人许之。察与黄衫及车人，共般置其钱于庙西北角。又于户外，见有苇席数领，遂取之覆。才毕，天色方晓，黄衫辞谢而去。察与车者相随归。至家，见其身犹为家人等抱持，灸疗如故，不觉形神合而苏。良久，思如梦非梦，乃曰："向者更何事？"妻具言家童中恶，作君语，索六百张纸作钱，以焚之，皆如前事。察颇惊异，遽至车子家。车家见察曰："君来，正解梦耳。夜来所梦，不似寻常。分明自君家，别与黄衫人载一车子钱至延福沈氏庙，历历如在目前。"察愈惊骇。复与车子偕往沈氏庙，二人素不至此，既而宛然昨宵行止。即于庙西北角，见一两片芦席，其下纸缗存焉。察与车夫，皆识夜来致钱之所。即访女人，守门者曰："庙中但有魏侍御于此，无他人也。"沈氏有臧获，亦住庙旁。闻语其事，及形状衣服，乃泣曰："我太夫人也。"其夕五更，魏氏一家，闻打门声，使候之，即无所见。如是者三四，式意谓之盗。明日，宣言于县胥，求备之。其日，式夜邀客为煎饼，食讫而卒。察欲验黄衫所言公事，尝自于其侧侦之，至是果然矣。

文中所述极生动，如昨日情境重现，辛察之邻为事"力车佣载"，足见唐时长安城中已有专事运输业务者。从时间与空间的描述契合中，亦可看出作者叙事之严谨。从空间描述来看：先是后半夜辛察带黄衫者（鬼使）敲邻居门委托运钱至延平门，三人从城东胜业坊出发向西而行，至长兴坊西南角继续西行，行进中，天色将明，鬼使惧白天后出城不便，故转至延福坊沈氏家庙。延福坊与延平门有两坊之距，在延平门横街之南。此流线如非十分熟悉当时城内名物者难以清晰叙述，从时间描述来看：从胜业坊出发至长兴坊西南一带的步行距离时间为一个多小时。三人行至长兴坊西南一带时，"落月辉辉，钟鼓将动"，按照《新唐书》卷四十九上《左右金吾卫》记载的"五更二点，鼓自内发，诸街鼓承振，坊市门皆启"来看，此时已接近凌晨四点，由是反推作者叙述事件发生的起始时间，则在凌晨近三点时，故有辛察邻居开门后"夜已久，安得来耶"的话语。

另，延福坊沈氏家庙曾为杜牧少时家庭落魄时所寄居，前文街东安仁坊处已有述。又有前文光福坊叙李氏庙时亦有落第者卢景修寄居其处而亡之事，足见长安城中有些家庙在当时兼作底层民众寄居处所。

李健超于《增订唐两京城坊考》中据《洛阳新获墓志》在此坊增补有嗣赵王妃窦舜舜宅，无独有偶，西安亦出土同时期嗣赵王妃窦娵墓志，志文载其薨于崇贤坊私第，崇贤、延福两坊南北相邻，可知嗣赵王的这两位王妃居所相近。又，据志文分析二窦为堂姐妹关系，姐妹二人同适嗣赵王亦属鲜见。嗣赵王名思顺，为蒋王恽之孙，中宗神龙初，以前赵王李福无嗣，故封嗣赵王。《旧唐书》卷七十六《太宗诸子传》云：

蒋王恽，太宗第七子也。贞观五年，封郯王。八年，授洺州刺史。十年，改封蒋王、安州都督，赐实封八百户。二十三年，加实封满千户。永徽三年，除梁州都督。恽在安州，多造器用服玩，及将行，有递车四百两。州县不堪其劳，为有司所劾，帝特宥之。后历遂、相二州刺史。上元年，有人诣阙诬告恽谋反，惶惧自杀，赠司空、荆州大都督，陪葬昭陵。……恽子休道。道子璩，本名思顺。中兴封嗣赵王，加银青光禄大夫。开元十二年，改封中山郡王，右领军将军。

赵王福，太宗第十三子也。贞观十三年受封，出后隐太子建成。十八年，授秦州都督，赐实封八百户。二十三年，加右卫大将军，累授梁州都督。咸亨元年薨，赠司空、并州都督，陪葬昭陵。中兴初，封蒋王恽孙思顺为嗣赵王。

窦舜舜之志文曰：

妃讳舜舜，字惠自在，京兆平陵人也。西京冠盖，未号外家之尊；东汉轩裳，继踵中宫之盛。代业膺栋梁之秀，门庆纳川渎之祉。远光史册，近被珉谣。余烈遗风，可略而述。曾祖少府监、右武卫大将军、莘国公诞，综文武之业，为邦家之光。大父礼部尚书、尚书右仆射孝慈，以稀代之材，运匡时之略。皇考益州什邡令、平陵公希璬，式播休风，聿弘门祚。贵乃由礼，贤而多则。妃淳曜降灵，英华积祉。挺珪璋而表质，缉藻绣而为文。柔顺之姿，兰芳蕣映。幽闲之美，雪白冰清。动合礼仪，率由典训。艺穷声律，薄而弗存。文夺缋组，时然属意。允所谓仪形德门，摽映公族者矣。赵王明德懿亲，高才雅望。义惟齐耦，选穷秦匹。应斯仇好，备礼言归。宜其室家，嫔我藩国。粤开元九年十月有诏，拜为嗣赵王妃。光被典册，钦崇玺命。娣媵云序，宗姻以睦。盥漱之节，无替凤兴；户牖之间，毕虔中馈。孝敬之至，资母事姑；人伦之序，自家形国。方冀考终承福，永锡遐期。服西王之灵秘，同南山之固寿。而平分遽爽，与善徒欺。遽告寝瘵，奄从捐馆。不其悲夫！以开元十年岁次壬戌十月己亥朔十二日庚戌遘疾薨于长安延福里之私第，春秋卅三。即以其年十一月戊辰朔廿九日景申窆于长安城南高阳原之礼也。悲岁律之穷纪，伤逝川之日度，趣荒隧于太阴，背丛台于云路。野帐寂其虚敞，寒郊黯焉将幕。视褕翟之披披，想珩璜于步步。呜呼哀哉！何言永夕，非复生春。兰闱暂掩，翠帐还新。与行雨而俱绝，岂微波之可因。讬黄绢于遗范，寄彤管于芳尘。乃为铭曰：彩婺腾精，轮娥降灵。姻高东汉，戚重西京。公侯接轸，台牧连衡。潜祉昭庆，贻华集荣。其一。是生媛德，传芳载美。行充闺壸，言合图史。归我大国，式佐君子。缉谐内政，勤劳中馈。其二。宠章既集，缛礼攸归。翟褕式序，车服有辉。宜其永锡，作范藩闱。一嗟岁尽，长怨春非。其三。阳精下暗，阴沟上涌。宿草方滋，荒榛日拱。生涯促兮死路长，曷为寿兮曷为殇。惟帘夜月兮牖户晨光，嗟嗟永矣兮物在人亡。

开元十年十一月廿九日

窦娰之志文曰：

妃讳娰，字顺，扶风平陵人也。自宠彰三锡以命氏，功宣列岳而作伯，则焕乎固、晔之书矣。洎枝传百辟，代载不泯，何其盛哉。曾祖诞，皇朝起家千牛、光禄大夫，行殿中监、工部尚书、驸马都尉、上柱国、莘国公，谥曰安。非夫奇节茂勋，孔硕且蔓，孰能丽文昌之宿，享茅土之邦也。祖孝慈，皇朝工部郎中、德瀛二州刺史，赠工部尚书、上柱国、袭莘国公。莅含香之署，称妙惟一；刺全赵之邦，其功尤异。父希璬，皇朝楚州山阳、赵州房子、相州内黄、汉州什邡四县令，平陵县开国公。弦歌之声，远齐言偃，仁恕之化，令之鲁恭。妃即公之季女也，德光繁祉，质贵秾华，秀色令仪，既明且淑。年卅二，适于嗣赵王，由著族矣。夫其婉娩听从执谦也，进退可法崇礼也，先后以让明教也，家人以严正本也。身既贵而不弃针管，道可尊而是勤浣濯。肃敬无斁，睦诚有训，母仪可以光古，闻则可以激时。呜呼！德充子身，天不与寿。开元十一年七月，遘疾终于崇贤之里，春秋卅有六。呜呼哀哉！以开元十一年龙集癸亥十一月廿八日旋葬于高阳原，礼也。赵王以同衾义重，感逾潘岳；爱子以绝甘情切，哀过颜丁。窀穸一封，礼荣斯皋。苍茫翠榎，闲长陵之古木；窈窕红颜，随鑿舟而将远。去矣永往，出哉南郭，启青鸟之书，曳白马之旐，用纪于吉，埋縢之域。呜呼哀哉！遂为铭曰：嗟嗟哲妃，闺范清兮。温温淑质，垂令名兮。溘随万化，归无生兮。宿殖真谛，当有并兮。一兹沦化，万古成兮。刊兹坚石，刻于铭兮。

《历代名画记》记有纪国寺壁画："纪国寺，西禅院小堂郑法轮画，甚碎。"

四、坊中诗

延福里居，和林宽、何绍余酬寄（黄滔）

长说愁吟逆旅中，一庭深雪一窗风。眼前道路无心觅，象外烟霞有句通。几度相留侵鼓散，频闻会宿著僧同。高情未以干时废，属和因知兴不穷。

和从兄御史延福里居（黄蟾）

天赐平安水北中，满庭荆树醉春风。纵觉尘世三公贵，何似吾家一脉通。花底轻风香扑散，门前细柳绿皆同。回头文馆长安上，此际思予宁有穷。

延福里秋怀（张乔）

终年九陌行，要路迹皆生。苦学犹难至，甘贫岂有成。病携秋卷重，闲著暑衣轻。一别林泉久，中宵御水声。

宿何书记先辈延福新居（赵嘏）

松下有琴闲未收，一灯高为石丛留。诗情似到山家夜，树色轻含御水秋。小槛提携终永日，半斑容鬓漫生愁。因君抚掌问时俗，紫阁堆檐不举头。

访题进士孙秦延福南街居（郑谷）

多病久离索，相寻聊解颜。短墙通御水，疏树出南山。岁月何难老，园林未得还。无门共荣达，孤坐却如闲。

永安坊

朱雀门街西第三街，从北第十坊

一、坊名释

《说文》曰："永，水长也。象水坙理之长。"永安者，永远安定之义也。

二、古今址

东门，今址：永松路与吉祥路十字。

西门，今址：科创路与融鑫路交叉口。

南门，今址：西安市雁塔区白家村附 45 号。

北门，今址：中天国际公寓。

三、附考

诸书皆记此坊内有高仙芝宅，仙芝在宣阳坊有宅，其位置明确。此处又记有宅，不知为何。然查坊内事物，记有某某水亭、某某家庙、某某寺，此坊在郭城尽南，属唐人所述围外之地，仙芝得意一时，为唐所重，宣阳既有其本宅，则其永安坊之宅应为山池之第。

元和五年（810）时，该坊内建有薛氏家庙，权德舆为家庙碑撰文，名《大唐浙江西道都团练观察等使润州刺史兼御史大夫河东郡公薛公先庙碑铭（并序）》（《全唐文》卷四百九十七），其文曰：

古诸侯五庙，大夫三庙，庙在其国。圣朝以官品制室数，侯伯理外，而庙在京师。其或觐于明庭，入为孤卿，则吉蠲寔信，展敬受福。居常则冢介子姓，荐其常事，偯然肃然，追养继孝之义重焉。元和五年，岁直庚寅，浙江西道都团练观察使润州刺史大夫河东郡公薛公苹建先庙于长安县永安里，其祠三室。初薛之先在殷为左相，在周为侯国，至汉御史大夫广德，为宣元名臣。从广德十三叶至后魏安西将军涪陵侯谨乃分五房，又四叶至隋礼部尚书道实。道实生皇尚书议曹郎德儒，德儒生宝积，济齐润三州刺史扬州大都督府长史。宝积生代州定襄道行军司马待诏，公之曾也，为第一室，夫人京兆韦氏配焉。司马生卫王记室太子司议郎赠太常少卿侃，公之祖也，为第二室，夫人范阳卢氏配焉。太常生京兆府奉先县尉赠工部尚书顺先，公之祢也，为第三室，许国夫人吴氏继夫人同郡裴氏配焉。惟司马以兵钤机略，恢武经边备，惟太常以端士雅文，仕王国宫朝，以至先尚书含道安皋，四命官而再结绶，始仕巴西，与杨国忠为寮，比及操柄，锐于引重，赋诗谢绝，不屑就焉。独用义方，以振家法，积厚余庆，河东公实承之。公忠敏廉直，和恒简惠，为政事吏师偏差文章，为声诗所施在《乐》《易》，所至有风采，京邑肃清，虢人理平。今皇帝驭天下之初，推择方任，联命为湖南浙江东西三道长帅，历御史中丞，就加御史大人，凡三方二十郡，皆据蓄善地。人受其赐，班制规为，四封宜之，乃创庙貌，以严祀事。楹阶俎豆之饰，俭而中节；祠袝盥荐之仪，质以尽敬。水草陆产，血毛幽全，柔嘉涤濯，怵惕凄怆。思志意以如在，交神明而来格。君子曰："祀之忠也"，其若是乎？初公之伯氏仲氏曰莱曰革。许国夫人之出，而代宗从母母弟也，劳谦淑均，不自骄盈，以功次奉朝请，皆至赞善大夫以没。公之母兄曰芳，雅有器干，为北都命介，由御史府入为秘书丞，亦不至大官。抑代德钟美，朋三寿而享五福者，其在季乎？昔鲁以网宫受社，卫以烝彝崇孝，酌用古义，碣于兹碑。其铭曰：宗庙祭祀，礼之重事。亹亹河东，尊仁安义。薛为诸侯，爵列春秋。在汉广德，亦居大夫。厥后焜煌，三祖五房。如山崇崇，如水汤汤。河东桢干，纂服周汉。乃尊藩卫，乃长邦宪。祠宇硕曼，蒸尝嘉荐。求福不回，降福孔皆。入室出户，周旋敬斋。丽牲有碑，乃琢乃镂。河东孝享，永示厥后。

白居易有《和杨尚书罢相后夏日游永安水亭兼招本曹杨侍郎同行》诗："道行无喜退无忧，舒卷如云得自由。良冶动时为哲匠，巨川济了作虚舟。竹亭阴合偏宜夏，水槛风凉不待秋。遥爱翩翩双紫凤，入同官署出同游。"按白居易生活时期推断，杨尚书当为杨汝士，据《旧唐书》卷十七《文宗本纪》与两唐书《杨汝士传》记载，其在开成元年（836）十二月，检校礼部尚书、梓州刺史、剑南东川节度使。四年（839）九月，其由剑南东川节度改任吏部侍郎，终刑部尚书。白居易于本年得风疾，《全唐诗》按白氏生平先后所收诗中，该诗前后皆为居易患风疾后所吟，结合诗题"杨尚书罢相后"内容，故知本诗发生时间当在开成四年（839）之后，其时永安坊内有水亭，此亭位置及性质待考。

四、坊中诗

和杨尚书罢相后夏日游永安水亭兼招本曹杨侍郎同行（白居易）

道行无喜退无忧，舒卷如云得自由。良冶动时为哲匠，巨川济了作虚舟。竹亭阴合偏宜夏，水槛风凉不待秋。遥爱翩翩双紫凤，入同官署出同游。

敦义坊

朱雀门街西第三街，从北第十一坊

一、坊名释

《韩非子·难言》曰："敦祗恭厚。"《左传·僖公二十七年》曰："说礼乐而敦诗书。"言敦者，崇尚、推崇之义也。《墨子·公输》曰："吾义固不杀人。"《孟子·告子上》曰："生，亦我所欲也，义，亦我所欲也，二者不可得兼，舍生而取义者也。"言义理、正义。敦义者，崇尚正义也。

二、古今址

东北隅，废福田寺，今址：中交第二公路工程局有限公司技工学校。

东南隅，废法觉尼寺，今址：西安市航空六一八中学。

三、附考

按《长安志》所记，废福田寺本为隋正觉寺，开皇六年（586）为亲王杨雄所立，时雄为广平王。大兴城在隋开皇二年（582）就已使用，此坊位处郭城之南，较为僻远，何以在开皇六年杨雄又在此立寺？此处虽未直接记录广平王杨雄在此立寺之原因，查敦义坊周围昌明、道德诸坊在隋皆为王宅，故隋正觉寺之前身或为广平王杨雄宅。此寺在唐高祖武德初年废，后高宗乾封二年（667）武后为其姊韩国夫人贺兰氏在废寺基础上立崇福寺。查贺兰氏麟德二年（665）去世，此寺所立应为武后为其亡姊追福之用。此寺后于仪凤二年（677）改为福田寺。

坊内有山南西道节度使郑余庆家庙，《唐会要》卷十九载："（元和）七年十一月，太子少傅判太常卿事郑余庆建立私庙，将祔四代神主，庙有二夫人，疑于祔配，请礼院详议定。修撰官太学博士韦公肃议曰：'古者一娶九女……参诸故事，二夫人并祔，于礼为宜。'"

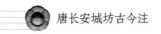

大通坊

朱雀门街西第三街，从北第十二坊

一、坊名释

《说文》曰："通，达也。"《周易·系辞》云："往来不穷谓之通。"其书《说卦》又云："推而行之谓之通。"坎为通。名大通者，言其道途往来不行，通畅发达也。

二、古今址

东南隅，左羽林将军窦连山宅，今址：西安市雁塔区电子城街道电子东街南段 1 号。

三、附考

诸书皆记此坊有郭子仪园林，后为岐阳公主别馆。查唐杜牧所撰《岐阳公主墓志铭》可知，公主下嫁时，帝于昌化坊赐宅第，主外族又请以郭子仪大通坊园林为其别馆。其志文曰："元和八年某月日，主下嫁于杜氏，上御正殿，礼毕，由西朝堂出，节幡鼓铎，仪物毕备，引就昌化里赐第，上御延喜楼，驻止主轮，尚书及宾侍，酒食金帛，奏内乐降嫔御送行。赐第堂有四庑，缋椽藻栌，丹白其壁，派龙首水为沼。主外族因请，愿以尚父汾阳王大通里亭沼为主别馆。当其时，隆贵显荣，莫与为比。"此处所述岐阳公主昌化里宅第未知在何处，目前所见文献，尚未见长安有昌化坊之名也。然其请以郭子仪园林为别馆事，当是诸志析杜文所致。

大安坊

朱雀门街西第三街，从北第十三坊

一、坊名释

《尔雅》曰："安，定也。"名大安者，言其安定之程度也。

二、古今址

东门，今址：电子东街南口。

西门，今址：西京电器总公司东门。

南门，今址：电子四路与电子正街十字向西 150 米。

北门，今址：西京社区西区 43 号楼。

三、附考

此坊在郭城之尽南，与南郭城垣相邻，查诸文献，在唐时为园林、家庙之属。诸书记有大安亭、越王台、大安园、郭驸马亭子等，可知此坊当时之状况。《长安志》记云："大安亭越王台西街永安渠"，则大安亭、越王台皆在坊内西街，邻近永安渠也。越王台之名得自何所？查有唐一代，为越王之封者有太宗之子李泰与李贞，则就长安而言，是台与二王之一有关联。另，《全唐诗》卷三百三十二、卷三百七十一分别录有《春日游郭驸马大安亭子》《游郭驸马大安山池》二诗（诗内容见文后），《旧唐书》卷一百二十《郭钗传》载："城南有汾阳王别墅，林泉之致，莫之与比，穆宗常游幸之，置酒极欢而罢，赐钗甚厚。"郭钗系郭子仪之孙（其父郭暖），为顺宗驸马，穆宗即位后赏赐尤厚，结合前二诗可知，郭钗园林在大安坊，然该坊之北的大通坊亦记有汾阳王郭子仪园林，二坊相连，则此处所述园林与大通坊者应为相连的一处。大通、大安两坊在唐时属"围外之地"，文献记载坊内名物极少，其坊内区域使用在唐时若何，尚需进一步探究。不过从对周围其他坊考察来看，诸勋贵园林、家庙、寺庙（尤占少数）内容占主体，宅邸极少，盖此处偏远所致。

有学者认为上文提及的郭驸马大安亭子为大安亭，当为误解。大安坊内既多园林，则其亭亦不止一处，此诗所谓亭者，特指郭家在此坊之私亭。而另一大安亭之特述，当为该坊内一显著标志，将其与永安渠相提并论，其设之由与此有关乎？查隋唐之际，开渠后有设巡渠亭之例，则大安亭或为巡渠亭子之一。

该坊内在中唐时期建有韦氏家庙，权德舆有《唐故光禄大夫检校太尉兼中书令成都尹剑南西川节度副大使知节度事兼管内支度营田观察处置统押近界诸蛮夷西山八国云南安抚等使上柱国南康郡王赠太师韦公先庙碑铭（并序）》（《全唐文》卷四百九十七）传世，其文曰：

万物本乎天，人本乎祖，乃立宗庙，以安神明。德厚流光，追养继孝。顺而下之曰义，等而上之曰仁。国家稽合礼文，损益前载，崇功贵仕，得祠四室，于王制酌诸侯二昭二穆之义，于祭统见君子尽志尽物之诚。惟太尉中书令南康郡王，懿文经武，保合昌运，左右德宗，格于皇天。始恢陇坻之旅，终化岷峨之俗。贵为上公，位极元台，克肆忠力，乃图孝享。作新庙于京师大安里，古者扬其功烈，铭于祭器，近古以鲁钟卫鼎，追琢先德，不若镂文字于丽牲之碑之为详也。乃谨而书之云：

公姓韦氏，京兆杜陵人。自扶阳重侯用经明至宰相，后裔蕃昌，德与位偕。积十六叶，至六代祖范，字元礼，以字行于代，仕周为车骑大将军，入隋为沂州刺史，启土郿城，易名曰庄。实生孝恪，雅有文宪，武德初由侍御史为洛州别驾。生司农府君讳机，为第一室。端诚正志，休有厥声，专对出疆，艰贞复命，著《西征记》以献，太宗嘉之。剖符澶州，修起儒术，三典卿曹，陟降屯夷，操持贵幸，不避强御，善理宫室，得其时制，史氏书之，为唐名臣，以夫人陇西郡君辛氏配。司农生坊州府君讳徐庆，为第二室。清和修洁，履道不回，历右饶卫兵曹参军，以至二千石，以夫人武功苏氏配。坊州生赠太子少保府君讳岳，为第三室。方严贞干，政事修明，在武后时，以直忤旨，由太原令移佐睢阳，出入四纪，绩宣中外，历殿中监，剖符八州，庐海潮虢，眉徐卫陕，所至之邦，有威有怀，凡再追命，以夫人扶风郡夫人窦氏配。少保生赠太子太师府君讳贲，为第四室。盛德循行，含章自牧，历蓝田尉，淑声流闻，上篆崇厚，下贻风训，凡三追命，以夫人凉国太夫人段氏配。噫嘻！自扶阳至郿城，积圭烈于前史，自考庙至显考庙，流炽昌于后叶，列于禘尝，储厥义方。故南康郡王苞五常，贞四教，秉灵杰，出含道。中立初誓偏师，建奇功，捍大患，立大节。以儒衣法冠授律齿门，佩亚相之印绶，修元侯之节制，就加宗工，入掌金吾，抚征全蜀，命赐备厚。由地官转天官，参总端右，平章宰政，进中书令，加司徒太尉。戚钺秬鬯，凿旃雕戈，有严有翼，乃蔚乃赫，忠厚博大以阜俗，信廉仁勇以成师。南蛮纳邸，西羌解辫，象胥译戎捷，乐府陈夷歌。守正持重，推诚毕力，开地通道者九千余里，生聚教训者二十一年，天文纪功，刻在金石。暨德宗弃天下，太上居谅暗，危言急病，体国忘身，毅然君子之道，卓乐大臣之节。永贞元年秋七月，考终命于理所，策赠太师，有司奏谥曰忠武公，自庙成距今，凡八年矣。以公天子守臣，安危注意，不得视涤濯，承吉蠲。而元兄国子司业聿，实奉朝请，荐其常事，孝友而才，称于士林，初公之仲兄曰晕，屯田员外郎赠邓州刺史。叔氏曰肇，太子左庶子兼御史大夫赠左散骑常侍，咸以器望而延褒锡。公之夫人赠魏国夫人张氏，其祖祢与外王父，皆秉国均，为天下华腴。嗣子工部员外郎行立，衔恤无怙，齐衰中礼，大凡四庙之支，旁尊群从，炟赫昭融，不可胜书。至若质明光近，沐浴盛服，虚中以理嘉荐，匪懈而无违心。大糈沈齐，馨香条鬯，既思其志意，若闻乎容声。洞洞乎，属属乎！有以见举十伦而备百顺。昔素王之以战则克，以祭则受福。其斯之谓乎？司业悼手足之凋落，感春秋以凄怆，永怀明发，俾篆斯文。铭曰：

新庙有恤，静深奕奕。孝孙匪懈，元衮赤舄。洪阀章章，乃侯乃王。汉称扶阳，唐有南康。二十三叶，沛然蕃昌。四室崇崇，斯焉享尝。烈烈南康，温良能断。谋猷樽俎，文下桢干。汧岐之西，褫沴销散。井络之下，天文昭焕。抚封全归，冥漠德辉。聿修孝享，家法无违。以昭以穆，以嗣以续。和气婉容，苾芬烹熟。子孙小大，罔不祗肃。神之听之，报以介福。

四、坊中诗

游郭驸马大安山池（羊士谔）

马嘶芳草自淹留，别馆何人属细侯。仙杏破颜逢醉客，彩鸳飞去避行舟。洞箫日暖移宾榻，垂柳风多掩妓楼。坐阅清晖不知暮，烟横北渚水悠悠。

春日游郭驸马大安亭子（吕温）

戚里容闲客，山泉若化成。寄游芳径好，借赏彩船轻。春至花常满，年多水更清。此中如传舍，但自立功名。

与杨十二巨源、卢十九经济同游大安亭各赋二物合为五韵探得松石（元稹）

片石与孤松，曾经物外逢。月临栖鹤影，云抱老人峰。蜀客君当问，秦官我旧封。积膏当琥珀，新劫长芙蓉。待补苍苍去，樛柯早变龙。

题大安池亭（雍陶）

幽岛曲池相隐映，小桥虚阁半高低。好风好月无人宿，夜夜水禽船上栖。

朱雀门街西第四街（皇城西第二街）

安定坊

朱雀门街西第四街，从北第一坊

一、坊名释

《尚书·盘庚中》曰："今予将试以汝迁，安定厥邦。"《史记·留侯世家》曰："诸侯安定，河渭漕挽天下，西给京师；诸侯有变，顺流而下，足以委输。"安定之名，或为道教含义。《道德经》曰："执大象，天下往。往而不害，安平太。乐与饵，过客止。"修道者需安定之相。联系到宫城之西与该坊左右相邻之修真坊、真安坊（修德坊）之含义，则可明矣。

二、古今址

东南隅，千福寺，今址：西安西站变轨扳道房。

西南隅，福林寺，今址：恒天国际城西安市莲湖区桃园路－西斜路口东北200米。

东北隅，五通观，今址：西安市莲湖区丰禾路与大丰路交叉口西北50米。

安定坊西北隅小十字街
考古照片

图片来源：中国社会科学院
考古研究所西安唐城工作队
《唐长安城安定坊发掘记》
（马得志执笔，《考古》1989
年第4期）

三、附考

坊内千福寺遗留至今名冠于世者有颜真卿所书《大唐西京千福寺多宝佛塔感应碑》(以下简称《多宝塔碑》,今存西安碑林博物馆),《历代名画记》之"记两京外州寺观画壁"记千福寺内容最多,其文曰:

千福寺,在安定坊,会昌中毁寺后却置,不改旧额。寺额上官昭容书,毁寺后有僧收得,再置却悬之。中三门外东行南,太宗皇帝撰圣教序,弘福寺沙门怀仁集王右军书。西行,楚金和尚法华感应碑,颜鲁公书,徐浩题额。碑阴,沙门飞锡撰,吴通微书。东塔院,额高力士书。涅槃鬼神,杨惠之书。门屋下内外面,杨廷光白画鬼神,并门屋下两面四五间。西塔院玄宗皇帝题额。北廊堂内南岳智顗思大禅师法华七祖及弟子影。弟子寿王主簿韩干敬貌遗法,弟子沙门飞锡撰颂并书。绕塔板上传法二十四弟子,卢棱伽、韩干画,里面吴生,画时菩萨现吴生貌。塔北普贤菩萨鬼神,似是尹琳画,相传云是杨廷光画,画时笔端舍利从空而落。塔院门两面内外及东西向里各四间,吴画鬼神、帝释,极妙。塔院西廊,沙门怀素草书。天师真,韩干画。此东塔玄宗感梦置之。楚金真,吴画。弥勒下生变。韩干正画,细小稠闹。院门北边碑,颜鲁公书,岑勋撰。南边碑,张芬书。向里面壁上碑,吴通微书,僧道秀撰。造塔人,木匠李伏横,石作张爱儿。石井栏篆书,李阳冰,石作张爱儿。东阁,肃宗置,面东碑韩择木八分书,王琚撰。天台智者大师碑,张芬书。佛殿东院西行南院,殿内有李纶画普贤菩萨,田琳画文殊师利菩萨。

又录引《多宝塔碑》文:

有禅师法号楚金,姓程,广平人也。……九岁落发,住西京龙兴寺,从僧箓也。进具之年,升座讲法。……尔后,因静夜持诵至《多宝塔品》,身心泊然,如入禅定。忽见宝塔,宛在目前,释迦分身,遍满空界。行勤圣现,业净感深,悲生悟中,泪下如雨。遂布衣一食,不出户庭,期满六年,誓建兹塔。既而许王瓘及居士赵崇、信女普意,善来稽首,咸舍珍财。禅师以为辑庄严之因,资爽垲之地,利见千福,默议于心。时千福有怀忍禅师,忽于中夜,见有一水,发源龙兴,流注千福,清澄泛滟,中有方舟。又见宝塔自空而下,久之乃灭,即今建塔处也。寺内净人名法相,先于其地,复见灯光,远望则明,近寻即灭。窃以水流开于法性,舟泛表于慈航,塔现兆于有成,灯明示于无尽:非至德精感,其孰能与于此?

及禅师建言,杂然欢愜:负畚荷插,于橐于囊;登登凭凭,是板是筑。洒以香水,隐以金锤。我能竭诚,工乃用壮。……至天宝元载,创构材木,肇安相轮。

颜真卿《多宝塔碑》拓片（唐）

收藏单位：西安碑林博物馆

禅师理会佛心，感通帝梦。七月十三日，敕内侍赵思侃求诸宝坊，验以所梦。入寺见塔，礼问禅师，圣梦有孚，法名惟肖。其日，赐钱五十万、绢千匹，助建修也。……至二载，敕中使杨顺景宣旨，令禅师于花萼楼下迎多宝塔额。遂总僧事，备法仪。宸睿俯临，额书下降，又赐绢百匹。圣札飞毫，动云龙之气象；天文挂塔，驻日月之光辉。至四载，塔事将就，表请庆斋，归功帝力。时僧道四部，会逾万人。……前后道场所感舍利，凡三千七十粒；至六载，欲葬舍利，预严道场，又降一百八粒；画普贤变，于笔锋上联得一十九粒。莫不圆体自动，浮光莹然。禅师无我观身，了空求法，先刺血写《法华经》一部、《菩萨戒》一卷、《观普贤行经》一卷，乃取舍利三千粒，盛以石函，兼造自身石影，跪而戴之，同置塔下，表至敬也。使夫舟迁夜壑，无变度门；劫算墨尘，永垂贞范。又奉为主上及苍生写《妙法莲华经》一千部（金字三十六部），用镇宝塔。又写一千部，散施受持。灵应既多，具如本传。其载敕内侍吴怀实赐金铜香炉，高一丈五尺，奉表陈谢，手诏批云："师弘济之愿，感达人天；庄严之心，义成因果。"则法施财施，信所宜先也。……尔其为状也，则岳耸莲披，云垂盖偃，下欻崛以踊地，上亭盈而媚空，中晻晻其静深，旁赫赫以弘敞。碞碱承陛，琅玕缀槛，玉瑱居楹，银黄拂户，重檐叠于画栱，反宇环其壁珰。坤灵赑屃以负砌，天祇俨雅而翊户。或复肩拏挈鸟，肘擐修蛇，冠盘巨龙，帽抱猛兽，勃如战色，有奭其容。穷绘事之笔精，选朝英之偈赞。若乃开扃鐍，窥奥秘，二尊分座，疑对鹫山，千帙发题，若观龙藏，金碧炅晃，环佩葳蕤；至于列三乘，分八部，圣徒翕习，佛事森罗。方寸千名，盈尺万象，大身现小，广座能卑；须弥之容，欻入芥子，宝盖之状，顿覆三千。

天宝十一载岁次壬辰四月乙丑朔廿二日戊戌建

敕检校塔使正议大夫行内侍赵思侃，判官内府丞车冲，检校僧义方，

河南史华刻

　　《多宝塔碑》原立处所一直有两说，一说长安城安定坊千福寺，一说兴平（时名金城县）千福寺。综考文献，穷究地理，可知此碑立于安定坊内千福寺。碑名既冠以西京（《通典》卷一百七十三"州郡典"条云："开元元年十二月称西京"，则碑文记述内容为长安发生者自是无疑。碑文内主建塔者僧楚金出家于西京龙兴寺，又云千福寺僧怀忍梦有水自龙兴寺流入千福寺，查唐时长安名龙兴寺者有二：一在颁政坊内，本名普光寺，神龙元年（705）更名中兴寺，复改为龙兴寺；一在崇化坊内，本名经行寺，大中六年（852）方改为龙兴寺，故碑文中所云龙兴寺为颁政坊内者，就梦境的逻辑思路而言，亦仅是集中于其人活动频繁的长安城内。通览碑文，出现的地点分别有龙兴寺、千福寺、花萼

楼，三处地点都位于西京长安城内。以地理位置而言，二寺所在的颁政坊、安定坊距离仅斜向一坊之隔，日常活动来往亦至为密切，纵然兴平在唐时有名为千福寺者，亦绝不会出现以西京长安城内的寺院与百里之外的一座县城的寺院相联系。况《历代名画记》为唐代时生活在长安城内的张彦远所作，所记名物皆为亲眼所见，唐人记唐物，其内容真实性已有公论，全然无误载之理。

另，唐朱景玄《唐代名画录》之《妙品上八人·王维》云："今京都千福寺西塔院有掩障一合，画青枫树一图。"（《太平广记》卷二百一十一《画二·王维》所记："今京都千福寺西塔院有掩障，一画枫戍、一画辋川。山谷郁盘，云水飞动，意出尘外，怪生笔端。"）此西塔院应是颜鲁公书碑之多宝塔所在。

四、坊中诗

登千福寺楚金禅师法华院多宝塔（岑参）

多宝灭已久，莲华付吾师。宝塔凌太空，忽如涌出时。数年功不成，一志坚自持。明主亲梦见，世人今始知。千家献黄金，万匠磨琉璃。既空泰山木，亦罄天府赀。焚香如云屯，幡盖珊珊垂。悉窣神绕护，众魔不敢窥。作礼睹灵境，焚香方证疑。庶割区中缘，脱身恒在兹。

休祥坊

朱雀门街西第四街，从北第二坊

一、坊名释

《周易·大有》云："顺天休命。"郑玄注云："休，美也。"《诗经·豳风》云："亦孔之休。"亦云美义也。《国语·周语》曰："袭于休祥。"韦昭注云："祥者，福之先见者也。"故休祥之义见矣。

二、古今址

东北隅，崇福寺，今址：西斜路 3 号东侧马建国汽车快修店。

东南隅，万善尼寺，今址：劳动路地铁站 C2 东南口。

寺西，昭成尼寺，今址：劳动路（地铁站）至西电西容劳动路小区一带。

南门之西，武三思宅，今址：西安市莲湖区大庆路与新园路交叉口西北 50 米。

万善道场李静训墓，今址：都市绿洲花园内。

三、附考

1957 年 8 月，中国社会科学院考古研究所西安研究室在西安玉祥门外西站大街（今大庆路）南约 50 米（梁家庄附近）发现李静训墓，该墓发掘前在地面为一块残存夯土（长 50 米、宽 22 米），墓志中明确记载"大业四年十二月己亥朔廿二日庚申，瘞于京兆长安县休祥里万善道场之内"。结合出土地点、文献记载通过考察分析可知，此处正处于休祥坊东南隅万善尼寺范围内，万善道场具体位置则更位于坊内东南隅的东南角。墓志文"即于坟上构造重阁"，可知夯土之上在隋代下葬后原建有楼阁式追思建筑，又据志文中云"遥追宝塔"可知，万善尼寺抑或建有佛塔。此墓在地面上千余年仍有夯土存在，唐宋文献中竟无丝毫记载，或朝代更迭，阁覆寺凋，土人莫知其所自，以致失名。

《长安志》《唐两京城坊考》皆记本坊内有汉顾成庙余址，又云庙北有汉奉明园，园北汉奉明县。刘振东、谭青枝《顾成庙与奉明园》一文（《考古与文物》2019 年第 5 期）已据史料指出《长安志》所记庙、园位置有误，庙、园均在汉长安城之东长门亭一带。

《楚金禅师碑》（在颜真卿书《多宝塔碑》碑阴）中有"表妹万善寺上座契元、万

镶珍珠宝石金项链（隋）

出土地点：西安城西梁家庄（今玉祥门外大庆路南约50米）

出土时间：1957年

收藏单位：中国国家博物馆

图片来源：笔者拍摄

善寺建多宝塔比丘尼正觉、资敬寺建法华塔比邱尼奔吒利"记载，足见万善寺建有多宝塔，所谓多宝塔，当为塔内所供奉舍利众多也。此处所记正与上文李静训墓"遥追宝塔"相合。

1950年，西安市梁家庄（与李静训墓在同一范围）出土《大唐京师道德寺故大禅师大法师之碑》一通，碑文中明确记载："太宗升遐，天经京立，乃于弘德坊寺立崇圣宫，尼众北移，在休祥里，即今之道德寺也。"《长安志》《唐两京城坊考》所记道德寺后更名为昭成尼寺，其位置在万善尼寺之西。道德寺石碑出土地点与万善尼寺李静训墓所在地点同在梁家庄，亦可为辅证。

坊内武三思宅本驸马周道务宅，道务尚太宗之女临川公主，临川公主墓在陕西礼泉，1972年3—4月发掘，出土有墓志，其志文中记载："（贞观）十七年，加食洪州，实封三百五十户，赐甲第一区，仍令五品一人检校门阁。易称元吉，诗美肃雍。平阳之极盛西京，馆陶之恩洽东汉，不之过也。"此处所云甲第一区，当为休祥坊内此宅，其时恩宠之盛，可见一斑。又，《旧唐书》卷一百八十三提及坊内有武延秀宅（延秀尚安乐公主，废休祥宅），武三思与武延秀之父武承嗣为堂兄弟，而三思之子崇训为安乐公主前夫，崇训在时，常引延秀至宅第中歌舞。武承嗣有宅在延福坊，故知上文所云废宅当为崇训与公主之宅。（"时武崇训为安乐公主婿，即延秀从父兄，数引至主第。延秀久在蕃中，解突厥语，常于主第，延秀唱突厥歌，作胡旋舞，有姿媚，主甚喜之。及崇训死，延秀得幸，遂尚公主。"）

四、坊中诗

题崇福寺禅院（崔峒）

僧家竟何事，扫地与焚香。清磬度山翠，闲云来竹房。身心尘外远，岁月坐中长。向晚禅堂掩，无人空夕阳。

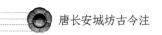

金城坊

朱雀门街西第四街，从北第三坊

一、坊名释

《新记》载："本汉博望苑之地。初移都，割以为坊，百姓分地板筑，土中见金，欲取便。以事上闻，隋文曰：'此朕之金城之化。'因以金城为坊名。"又，金者，作坚固之义。《说文》云："城，所以盛民也。"所谓金城者，以之喻盛民之地固若金汤也。

二、古今址

西南隅，匡道府，即汉思后园，今址：城西丰镐东路 143 号。

北门，汉戾园；园东南，汉博望苑，今址：西材新园小区停车场；西安电力电容器厂宿舍。

东南隅，开善尼寺，寺北，废太清观，今址：西稍门大酒店，劳动路 1 号；首秀小区二期，西安市莲湖区劳动路 23 号。

西南隅，会昌寺，今址：汉庭酒店，西安市莲湖区桃园中路 1 号。

十字街南之东，乐善尼寺，今址：空军工程大学信息与导航学院篮球场。

三、附考

据前文所引韦述《新记》载，"本汉博望苑之地。初移都，割以为坊，百姓分地板筑"可说明隋大兴城创建之初，全城的坊划分完成后，具体施工阶段并非由官方一体承担，而是分包给百姓承担具体的建设工作。唐人所述"割以为坊""分地板筑"虽寥寥数字，却是隋唐长安城规划建设的珍贵史料，此举，既减轻了政府集中建设的压力，又调动了民众的积极主动性，热火朝天的建筑场面如在眼前。

坊内在中宗时有安乐公主新宅，具体位置无考。《旧唐书》卷七《中宗本纪》载："（景龙三年）冬十月庚寅，（中宗）幸安乐公主金城新宅，宴侍臣、学士。"是知安乐公主新宅在金城坊。同书《武延秀传》又载："（安乐公主）出降之时，以皇后仗发于宫中，中宗与韦后御安福门观之，灯烛供拟，彻明如昼。"安福门为皇城与宫城间之西门，其门距金城坊仅一坊之隔，帝后同登安福门观公主出嫁队伍，此处亦可证宅之所在。又，《全唐诗》录群臣侍宴诗颇多，其中有"移住斗城隈"之句，金城坊位居皇城之西，北距汉长安城近在咫尺，坊内有汉时遗迹甚多，汉城又称斗城，此诗句与《旧唐书》相应，可知其宅在金城坊不虚。《唐诗纪事》卷八又记：景龙三年（709）"十一月一日，安乐公主入新宅赋诗"。《旧唐书·武延秀传》载："（延秀）废休祥宅，于金城坊造宅，穷极壮丽，帑藏为之空竭。"此处虽未提安乐公主，但与以上史料相对，亦可知本条内容指安乐新宅。《新唐书·安乐公主传》载："（安乐公主）夺临川长公主宅以为第，旁彻民庐，怨声然。第成，禁空殚，假万骑仗，内音乐送还第，天子亲幸，宴近臣。"据此处又可知金城坊宅前身为临川长公主宅。

当武延秀与安乐公主大造宅第之时，左拾遗辛替否曾上疏谏，事见《旧唐书》卷一百零一《辛替否传》，"驸马武崇训死后，弃旧宅别造一宅，侈丽过甚。时又盛兴佛寺，百姓劳弊，帑藏为之空竭"，替否上疏谏，其中有关此宅之疏文曰：

臣闻古人曰："福生有基，祸生有胎。"伏惟公主陛下之爱女，选贤良以嫁之，设官职以辅之，倾府库以赐之，壮第观以居之，广池营以嬉之，可谓之至重也，可谓之至怜也。然而用不合于古义，行不根于人心，将恐变爱成憎，转福为祸。何者？竭人之力，人怨也；费人之财，人怨也；夺人之家，人怨也。爱数子而取三怨于天下，使边疆之士不尽力，朝廷之士不尽忠，人之散矣，独持所爱，何所恃乎？向者鲁王赏同诸婿，礼等朝臣，则亦有今日之福，无曩时之祸。人徒见其祸，不知祸之所来。所以祸者，宠爱过于臣子也。去年七月五日，已见其征矣。而今事无改，更尚因循，弃一宅而造一宅，忘前祸而忽后祸。臣窃谓陛下憎之矣，非爱之也。

温庭筠《乾馔子》有《华州参军》一文，其内描述唐时长安城内坊里数处，主人公即居住于金城里：

华州柳参军，名族之子，寡欲早孤，无兄弟。罢官，于长安闲游。上巳日，于曲江见一车子，饰以金碧。从一青衣，殊亦俊雅。已而翠帘徐褰，见掺手如玉，指画青衣令摘芙蕖。女之容色绝代，斜睨柳生良久。生鞭马从之，即见车入永崇里。柳生访知其姓崔氏，女亦有母。青衣字轻红。柳生不甚贫，多方赂轻红，竟不之受。他日，崔氏女病，其舅执金吾王，因候其妹，且告之，请为子纳焉。崔氏不乐。其母不敢违兄之命。女曰："愿嫁得前时柳生足矣！必不允，以某与外兄，终恐不生全。"其母念女之深，乃命轻红于荐福寺僧道省院，达意柳生。生悦轻红而挑之，轻红大怒曰："君性正粗！奈何小娘子如此待于君，某一微贱，便忘前好，欲保岁寒，其可得乎？某且以足下事白小娘子！"柳生再拜谢不敏。始曰："夫人惜小娘子情切，今小娘子不乐适王家，夫人是以偷成婚约，君可三两日就礼事。"

柳生极喜，自备数百千财礼，期日结婚。后五日，柳挈妻与轻红于金城里居。及旬月，金吾到永崇，其母王氏泣云："吾夫亡，子女孤露，被佞不待礼会，强窃女去矣。兄岂无教训之道？"金吾大怒，归笞其子数十，密令捕访，弥年无获。无何，王氏殂，柳生挈妻与轻红自金城里赴丧。金吾之子既见，遂告父。父擒柳生。生云："某于外姑王氏处纳采娶妻，非越礼私诱也，家人大小皆熟知之。"王氏既殁，无所明，遂讼于官。公断王家先下财礼，合归于王。金吾子常悦慕表妹，亦不怨前横也。经数年，轻红竟洁己处焉。金吾又亡，移其宅于崇义里。崔氏不乐事外兄，乃使轻红访柳生所在。时柳生尚居金城里，崔氏又使轻红与柳生为期；兼赍看圊竖，令积粪堆，与宅垣齐。崔氏女遂与轻红蹑之，同诣柳生。柳生惊喜，又不出城，只迁群贤里。后本夫终寻崔氏女，知群贤里住，复兴讼夺之。王生情深，崔氏万途求免，托以体孕，又不责而纳焉。柳生长流江陵。二年，崔氏与轻红相继而殁，王生送丧，哀恸之礼至矣。轻红亦葬于崔氏坟侧。柳生江陵闲居，春二月，繁花满庭，追念崔氏，凝想形影，且不知存亡。忽闻叩门甚急，俄见轻红抱妆奁而进，乃曰："小娘子且至！"闻似车马之声，比崔氏入门，更无他见。柳生与崔氏叙契阔，悲欢之甚。问其由，则曰："某已与王生诀，自此可以同穴矣。人生意专，必果夙愿。"因言曰："某少习乐，箜篌中颇有功。"柳生即时置箜篌，调弄绝妙。二年间，可谓尽平生矣。无何，王生旧使苍头过柳生之门，忽见轻红，惊不知其所以，又疑人有相似者，未敢遽言。问闾里，又言是流人柳参军，弥怪，更伺之。轻红知是王生家人，亦具言于柳生，生匿之。苍头却还城，具以其事言于王生。王生闻之，命驾千里而来。既至柳生门，于隙窥之，正见柳生坦腹于临轩榻上，崔氏女新妆，轻红捧镜于其侧。崔氏匀铅黄未竟，王生门外极叫，轻红镜坠地，有声如磬。崔氏与王生无憾，遂入。柳生惊，亦待如宾礼。俄又失崔氏所在。柳生与王生具言前事，二人相看不喻，大异之。相与造长安，发崔氏所葬验之，即江陵所施铅黄如新，衣服肌肉，且无损败。轻红亦然。柳与王相誓，却葬之。二人入终南山访道，遂不返焉。

此文虽为小说，故事情节真实性待考，但涉及叙述长安城内的坊却极其明了，柳生由曲江尾随崔氏女北至永崇里，崔氏女之母王氏遣轻红至开化坊荐福寺僧道院见柳生，柳生曾于金城坊长期居住，崔氏女之王姓表兄居住于崇义坊，柳生携崔氏女曾迁居于群贤坊，一座城内居民活动、迁徙状况在故事情节之间得到了清晰、合理的叙述，对于了解长安城市空间状况大有裨益。

《法苑珠林》卷四十六载："唐雍州长安县高法眼，是隋代仆射高颎之玄孙。至龙朔三年正月二十五日，向中台参选，日午还家，舍在义宁坊东南隅，向街开门，化度寺东即是高家。欲出子城西顺义门，城内逢两骑马逐后，既出城已渐近逼之。出城门外，道北是普光寺，一人语骑马人云：'汝走捉普光寺门，勿令此人入寺，恐难捉得。'此人依语驰走守门。法眼怕不得入寺，便向西走复至西街金城坊，南门道西有会昌寺。复加四马骑，更语前二乘马人云：'急守会昌寺门。'此人依语走捉寺门。法眼怕，急便语乘马人云'汝是何人？敢逼于我？'乘马人云：'王遣我来取汝。'法眼语云：'何王遣来。'乘马人云：'阎罗王遣来。'法眼既闻阎罗王使来，审知是鬼，即共相拒。鬼便大怒云：'急截头发却。'一鬼捉刀即截法眼两髻，附肉落地。便至西街闷绝落马，暴死不觉。既至大街要路，踟蹰之间，看人逾千。有巡街果毅嗔守街人：'何因聚众？'守街人具述逗留。次西街首即是高宅，便唤家人舆向舍。至明，始苏。"

上文叙述逻辑极为清晰，高自皇城顺义门而出，依次经过颁政坊普光寺、金城坊会昌寺而至义宁坊家中，且高宅位置叙述亦极为明确，义宁坊东南隅，化度寺即在其西邻。《新记》《长安志》《唐两京城坊考》诸文献所记，普光寺在颁政南门之东、会昌寺在金城西南隅，有学者认为《法苑珠林》叙述金城坊南门之西会昌寺与《新记》所记西南隅不符，应以《法苑珠林》为据，似不妥当。《新记》《法苑珠林》皆为唐人所著，《新记》专述长安坊里名物，《法苑珠林》作者释道世是初唐时期长安城内的高僧，其在叙述因果故事的基础上客观记录了真实的城市场景，离奇情节自不可信，而城市建筑方位却是真实呈现。《法苑珠林》成书时间在高宗总章元年（668），而《新记》成书时间则在玄宗开元五年（717）之后，两者相隔近50年，会昌寺院规模在不同时期有所变化亦是常理。此处还可以延康坊西明寺遗址实际发掘与《新记》所记位置对照有出入为旁证，即金城坊会昌寺在该坊西南隅至南门之西的范围之内，而不能局限理解。

四、坊中诗

安乐公主移入新宅（沈佺期）

初闻衡汉来，移住斗城隈。锦帐迎风转，琼筵拂雾开。马香遗旧埒，风吹绕新台。为问沈冥子，仙槎何处回。

宴安乐公主宅得空字（宋之问）

英藩筑外馆，爱主出王宫。宾至星槎落，仙来月宇空。玳梁翻贺燕，金埒倚晴虹。箫奏秦台里，书开鲁壁中。短歌能驻日，艳舞欲娇风。闻有淹留处，山阿满桂丛。

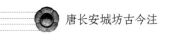

夜宴安乐公主宅（崔日用）

银烛金屏坐碧堂，只言河汉动神光。主家盛时欢不极，才子能歌夜未央。

夜宴安乐公主新宅（刘宪）

层轩洞户旦新披，度曲飞觞夜不疲。绮缀玲珑河色晓，珠帘隐映月华窥。

夜宴安乐公主新宅（苏颋）

车如流水马如龙，仙史高台十二重。天上初移衡汉匹，可怜歌舞夜相从。

侍宴安乐公主新宅应制（李乂）

牵牛南渡象昭回，学凤楼成帝女来。平旦鹓鸾歌舞席，方宵鹦鹉献酬杯。

夜宴安乐公主宅（卢藏用）

侯家主第一时新，上席华年不惜春。珠缸缀日那知夜，玉翠流霞畏底晨。

夜宴安乐公主新宅（岑羲）

金榜重楼开夜扉，琼筵爱客未言归。衔欢不觉银河曙，尽醉那知玉漏稀。

夜宴安乐公主新宅（薛稷）

秦楼宴喜月裴回，妓筵银烛满庭开。坐中香气排花出，扇后歌声逐酒来。

夜宴安乐公主宅（马怀素）

凤楼窈窕凌三袭，翠幌玲珑瞰九衢。复道中宵留宴衎，弥令上客想蜘蹰。

侍宴安乐公主新宅应制（沈佺期）

皇家贵主好神仙，别业初开云汉边。山出尽如鸣凤岭，池成不让饮龙川。妆楼翠幌教春住，舞阁金铺借日悬。敬从乘舆来此地，称觞献寿乐钧天。

夜宴安乐公主宅（沈佺期）

濯龙门外主家亲，鸣凤楼中天上人。自有金杯迎甲夜，还将绮席代阳春。

侍宴安乐公主新宅应制（武平一）

紫汉秦楼敞，黄山鲁馆开。簪裾分上席，歌舞列平台。马既如龙至，人疑学凤来。幸兹联棣萼，何以接邹枚。

夜宴安乐公主宅（武平一）

王孙帝女下仙台，金榜珠帘入夜开。遽惜琼筵欢正洽，唯愁银箭晓相催。

安乐公主移入新宅侍宴应制同用开字（赵彦昭）

云物中京晓，天人外馆开。飞桥象河汉，悬榜学蓬莱。北阙临仙槛，南山送寿杯。一窥轮奂毕，惭恧栋梁材。

夜宴安乐公主宅（李迥秀）

金榜嵯峨云里开，玉箫参差天际回。莫惊侧弁还归路，只为平阳歌舞催。

同李舍人冬日集安乐公主山池（沈佺期）

尝闻天女贵，家即帝宫连。亭插宜春果，山冲太液泉。桥低乌鹊夜，台起凤凰年。故事犹如此，新图更可怜。紫岩妆阁透，青嶂妓楼悬。峰夺香炉巧，池偷明镜圆。梅花寒待雪，桂叶晚留烟。兴尽方投辖，金声还复传。

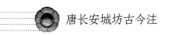
醴泉坊

朱雀门街西第四街，从北第四坊

一、坊名释

《礼记·礼运》曰："地出醴泉。"《说文》曰："醴，酒一宿孰也。"《尔雅》曰："甘雨时降，万物以嘉，谓之醴泉。"此坊之名得于醴泉本身，《新记》曰："开皇初，缮筑此坊，忽闻金石之声，因掘得甘泉浪井七所，饮者疾愈，因以名坊。"

二、古今址

西南隅，三洞女冠观，观北：妙胜尼寺，今址：中国民用航空西北地区管理局；锦园小区 3 号楼。

十字街北之西，醴泉寺，今址：西安市洒水车队 4 号楼。

十字街南之东，旧波斯胡寺，今址：民航基地大院 9313、402 号楼。

西门之南，祆祠，今址：西安市莲湖区丰登东路与桃园南路交叉口北 50 米。

东南隅，太平公主宅，今址：锦绣华庭（北门）。

南门之东，中书令宗楚客宅，今址：民航社区 720 号楼。

三、附考

坊内波斯胡寺存在时间为唐高宗仪凤二年（677）至中宗景龙时期，据《长安志》记载，景龙时宗楚客在此筑宅，移此寺于布政坊祆祠之西。

此寺与长安城内其他坊内波斯胡寺性质，历来多有学者多以传为明代出土的《大秦景教流行中国碑》碑文内容为佐证，认为是景教寺院，实有误，查唐宋诸文献，杜佑《通典》卷四十《职官》云："视流内……视从七品：萨宝府祆正（祆，呼烟反。祆者，西域国天神，佛经所谓摩醯首罗也。武德四年，置祆祠及官，常有群胡奉事，取火祝诅。贞观二年，置波斯寺。至天宝四年（载）七月，敕：'波斯经教出自大秦，传习而来，久行中国。爰初建寺，因以为名，将欲示人，必修其本。其两京波斯寺宜改为大秦寺。天下诸州郡有者，亦宜准此。'开元二十年七月敕：'末摩尼法，本是邪见，妄称佛教，诳惑黎元，宜严加禁断。以其西胡等既是乡法，当身自行，不须科罪者。'）"此处唐人将祆教、波斯胡寺、摩尼法并称，足见三者关系，尤其是开元二十年（732）敕书明确说明是摩尼法。查摩尼教源自古代波斯祆教，自是祆教、摩尼两教同源，其二者有较强相似性，既然摩尼法能够以中土盛行的佛法来包装自己，那么祆教在中土境内自然也会与摩尼教等同源的教派相因借，也就不难理解当波斯胡寺因被占而选择性迁至布政坊祆祠旁边的原因了。

读马里千《祆祠与波斯寺——中西交通史上的一个问题》（《中国历史地理论丛》1993 年第 1 期）一文，其中论及醴泉坊内波斯胡寺性质问题，言此寺为波斯琐罗亚斯德教之神祠，理由为高宗仪凤二年（677）波斯王卑路斯奏请于醴泉坊立此寺，卑路斯为波斯王伊嗣侯之子，伊嗣侯为萨珊王朝末期君主，而该王朝奉琐罗亚斯德教为国教，则此寺性质不言自明。

追其源，祆教、摩尼教、琐罗亚斯德教原本都是一体，甚至有人称此三者皆为拜火教。对于醴泉坊波斯胡寺而言，无论是三者之中哪一教派的神祠，其都与景教没有任何关系。再就《通典》所记而言，其作者杜佑为唐代本朝人，学涉古今，对当时典章制度熟悉备至，书中所叙波斯寺内容皆在视流内品官"萨宝府祆正"之下，则此处一应内容皆与此相关，而非景教。1955 年，西安市西郊三桥出土《米继芬墓志铭》，米继芬系粟特人，志文中云继芬于永贞元年（805）终于醴泉坊之私第，其次子为僧惠圆，住大秦寺。此处值得注意的是醴泉坊和大秦寺，玄宗天宝四载（745）既已将两京的波斯寺全改称大秦寺，则此处所述大秦寺当为本坊内的祆祠或布政坊内的波斯寺、祆祠，而本坊内祆祠的可能性更大，宅第与次子出家之寺皆在一坊之内较为合理。

坊内东南隅太平公主宅，《长安志》载："公主死后没官，为陕王府。宅北有异僧方回宅，太平公主为造之。"陕王为肃宗李亨两岁时封号，《旧唐书·肃宗本纪》曰："初名嗣升，二岁封陕王，五岁拜安西大都护、河西四镇诸蕃落大使。"肃宗生于景云二年（711），受封陕王时为先天二年（713），时年七月，太平公主作乱伏诛，故知醴泉坊太平公主宅被查没之后，遂将其改为新受封的陕王府之用，而两岁孩童受封为王，亦可知其王府不过虚应设之而已。

关于异僧方回，查明嘉靖、清乾隆、光绪所刊《长安志》，其内均为"异僧方回"，又查《太平广记》引《谈宾录》及《西京记》有"异僧万回"一节，内中记万回得名之由来，又云太平公主为之造宅事，故知"方回"当为"万回"之误。一处细节，由明至清，以讹传讹如此，知差之毫厘，其义大变矣。录《太平广记》卷九十二《万回》原文如下：

万回师，阌乡人也，俗姓张氏。初母祈于观音像而因娠回。回生而愚，八九岁乃能语。父母亦以豚犬畜之。年长，父令耕田，回耕田，直去不顾，口但连称平等。因耕一垄，耕数十里，遇沟坑乃止。其父怒而击之，回曰："彼此总耕，何须异相。"乃止击而罢耕。回兄戍役于安西，音问隔绝。父母谓其死矣，日夕涕泣而忧思焉。回顾父母感念之甚，忽跪而言曰："涕泣岂非忧兄耶。"父母且疑且信，曰："然。"回曰："详思我兄所要者，衣裘糗粮巾屦之属，请悉备焉，某将往之。"忽一日，朝赍所备而往，夕返其家。告父母曰："兄平善矣。"视之，乃兄迹也，一家异之。弘农抵安西，盖万余里。以其万里回，故号曰万回也。先是玄奘法师向佛国取经，见佛龛题柱曰："菩萨万回，谪向阌乡地教化。"奘师驰驿至阌乡县，问此有万回师无，令呼之，万回至，奘师礼之，施三衣瓶钵而去。后则天追入内，语事多验。时张易之大起第宅，万回常指曰："将作。"人莫之悟。及易之伏诛，以其宅为将作监。常谓韦庶人及安乐公主曰："三郎研汝头。"韦庶人以中宗第三，恐帝生变，遂鸩之，不悟为玄宗所诛也。又睿宗在藩邸时，或游行人间，万回于聚落街衢中高声曰：

亭阁式造像塔（北魏）
出土地点：醴泉坊醴泉寺遗址
出土时间：1987 年
收藏单位：西安博物院
图片来源：笔者拍摄

"天子来。"或曰:"圣人来。"其处信宿间,睿宗必经过徘徊也。惠庄太子,即睿宗第二子也,初则天曾以示万回。万回曰:"此儿是西域大树精,养之宜兄弟。"后生申王,仪形瑰伟,善于饮啖。景龙中,时时出入,士庶贵贱。竟来礼拜。万回披锦袍,或笑骂,或击鼓,然后随事为验。太平公主为造宅于己宅之右。景云中,卒于此宅。临终大呼。遣求本乡河水。弟子徒侣觅无。万回曰:"堂前是河水。"众于阶下掘井,忽河水涌出。饮竟而终。此坊井水,至今甘美。

上文中所记万回宅前掘井得甘泉事,"此坊井水,至今甘美"一句,亦可佐证此处为醴泉坊。《新记》记载该坊因掘地得甘泉而获名,"开皇初筑此坊,忽闻金石之声,因掘得甘泉七所,饮者疾愈,因以名坊及寺焉"。又,《新唐书》卷三十六《五行志》记载:"长安初,醴泉坊太平公主第井水溢流",万回宅掘泉、太平公主宅井水溢流事亦足以证明此坊区域地下泉水丰富。1986 年,西安市文物保护考古所在西北民航管理局家属院进行基建时发掘了一南北走向的甲字形遗址,北边主体部分为方形坑体,深 2 米左右,四壁用砖垒砌而成,青(砂)石铺底,底面共发现 7 个泉眼。此处正是文献中记载的醴泉坊十字街西之北的醴泉寺范围,泉池及泉眼当为隋代开皇中所掘"甘泉七所"之地。

《宝刻丛编》卷七录有《唐万回神迹记》部分碑文,录其文曰:"万回虢人,姓张氏。据《记》,沙门玄奘尝西游天竺,有寺,空其一室,问其人,曰:'是僧方生于中国,闻其号万回,盖自此而往者万回矣。'万回言语悲喜不常如狂者,所为多异。高宗延之禁中,中宗号之曰玄通大居士,封法云公。玄宗为营居室于醴泉里,后追赠司徒,封虢国公。碑以开元二十五年万回弟子沙门还源所立。"又,宋《景德传灯录》、元《佛祖历代通载》均记万回圆寂日期、地点及寿龄,时间及寿龄前后抵触,固不可信,然二书均记万回圆寂于醴泉坊,以上三处文献皆云万回居于醴泉坊可与上文互证,而此居宅恐非玄宗营之。

此外,《唐玉泉寺大通禅师碑铭》、《大智禅师碑铭》、《玄通大居士法云公赠司徒虢国公万回大师赞》、《唐玄通居士张万回墓志》(志文已佚)、《唐万回法师碑》(碑文已佚)等均有记录万回事迹者,足见其名。

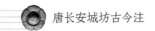

西市

一、古今址

南北尽两坊之地，市内有西市局，东北十字街，今址：大唐西市博物馆十字街遗址展示区。

东南十字街，今址：西市城。

西北十字街，今址：西安市莲湖区劳动南路1号西市佳园2栋。

西南十字街，今址：多肉植物馆，西安市莲湖区西市南路西市佳园14号楼。

梁十九娘供养造像（唐）
出土地点：西安市大唐西市基建工地
出土时间：2005年
收藏单位：大唐西市博物馆
图片来源：笔者拍摄

西市遗址西北十字街西侧早期道路遗迹

图片来源：左崇新《大唐西市 2008—2009 年考古工作简报》（胡戟《西市宝典》上，陕西师范大学出版社 2009 年版）

二、市中诗

京西市放生池墓铭

龟言市，蓍言水。

杂曲歌辞·渭城少年行（节录）（崔颢）

贵里豪家白马骄，五陵年少不相饶。双双挟弹来金市，两两鸣鞭上渭桥。渭城桥头酒新熟，金鞍白马谁家宿。可怜锦瑟筝琵琶，玉台清酒就君家。小妇春来不解羞，娇歌一曲杨柳花。

少年行其二（李白）

五陵年少金市东，银鞍白马度春风。落花踏尽游何处，笑入胡姬酒肆中。

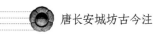

怀远坊

朱雀门街西第四街，从北第五坊

一、坊名释

《说文》云："怀，思念也。"以此本义而衍申有招徕、安抚之义。《韩非子·五蠹》云："而怀西戎。"西汉桓宽《盐铁论》曰："广德行以怀之。"《左传·僖公七年》曰："招携以礼，怀远以德。"故知怀远之义，招徕、安抚边远也。

二、古今址

东南隅，大云经寺，今址：西安医学院高新校区体育场。

十字街东之北，功德尼寺，今址：桃园立交。

三、附考

1994 年，今高新二路协同大厦处在施工过程中发现佛造像窖藏一批，其中有石质造像（多残断）、善业泥甚多，惜多流散。按此处正位于怀远坊西南隅，从所描述发现堆积情况来看当是唐武宗时期灭佛时所致。此处所处坊内有大云经寺、功德尼寺，其南之长寿坊内亦有崇义寺、大法寺、永泰寺，其西之崇化坊内亦有经行寺、静乐尼寺等寺庙。故此处遗存当为会昌法难之时，周围寺院佛像拆毁后就近集中掩埋处理所致。

段成式《寺塔记》记载长乐坊安国寺佛殿中有当阳弥勒像，内中云此像系僧人法空自光明寺移来。"未建都时，此像在村兰若中，往往放光，因号光明寺。寺在怀远坊，后为延火所烧，唯像独存。法空初移像时，索大如虎口，数十牛曳之，索断不动。法空执炉，依法作礼九拜，涕泣发誓，像身忽嘤嘤有声，迸分竟地，为数十段。不终日，移至寺焉。"

《长安志》记载大云经寺本名光明寺，为隋开皇四年（584）文帝为沙门法经所立，因寺中有自燃之蜡烛，故得名光明。以上信息说明怀远坊在隋大兴城兴建前即有村落人居，寺庙为其村中所有，建都后此处规划为城中一坊，加之有所谓佛像或蜡烛放光之说即为光明寺。按，《清凉山志》有法空大师传，其内云此僧为隋末唐初人。长乐坊安国寺原为睿宗居藩旧邸，景云元年（710）方改为佛寺。则光明寺移像于安国寺为睿宗景云元年事，又可知其时大云经寺（前光明寺）已被延火所烧，仅余佛像。然诸史籍又多记大云经寺名物于盛唐之后者，则可知被火之后，寺复重建。

《历代名画记》中记有大云寺："大云寺东浮图北有塔，俗呼为七宝塔，隋文帝造。冯提伽画瘦马并帐幕、人物，已剥落。又东壁、北壁郑法轮画；西壁田僧亮画；外边四面杨契丹画本行经。（据裴录此寺亦有展画，其田、杨、郑并同。）塔东叉手下画辟邪，双目随人转盼。三阶院窗下旷野杂兽，似是张孝师。西南净土院绕殿僧至妙，失人名。"

四、坊中诗

大云寺赞公房四首（杜甫）

其一：心在水精域，衣沾春雨时。洞门尽徐步，深院果幽期。到扉开复闭，撞钟斋及兹。醍醐长发性，饮食过扶衰。把臂有多日，开怀无愧辞。黄鹂度结构，紫鸽下罘罳。愚意会所适，花边行自迟。汤休起我病，微笑索题诗。**其二**：细软青丝履，光明白氎巾。深藏供老宿，取用及吾身。自顾转无趣，交情何尚新。道林才不世，惠远德过人。雨泻暮檐竹，风吹青井芹。天阴对图画，最觉润龙鳞。**其三**：灯影照无睡，心清闻妙香。夜深殿突兀，风动金银铛。天黑闭春院，地清栖暗芳。玉绳回断绝，铁凤森翱翔。梵放时出寺，钟残仍殷床。明朝在沃野，苦见尘沙黄。**其四**：童儿汲井华，惯捷瓶上手。沾洒不濡地，扫除似无帚。明霞烂复阁，霁雾寒高墉。侧塞被径花，飘飖委墀柳。艰难世事迫，隐遁佳期后。晤语契深心，那能总钳口。奉辞还杖策，暂别终回首。泱泱泥污人，听听国多狗。既未免羁绊，时来憩奔走。近公如白雪，执热烦何有。

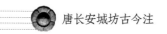

长寿坊

朱雀门街西第四街，从北第六坊

一、坊名释

本名广恩，避隋炀帝杨广讳更名长寿。《玉篇》云："广，大也。"《说文》云："恩，惠也。"广恩者，广布其惠也。广恩之名，却与更名长寿之义相差颇大。《尚书·洪范》云："五福：一曰寿。"《左传·僖公三十二年》云："尔何知！中寿，尔墓之木拱矣。"孔颖达《正义》云："上寿百二十岁，中寿百岁，下寿八十。"以名长寿者，言国、民寿命之长也。

二、古今址

西南隅，长安县廨，今址：邮政小区（枫叶北路）。

南门之东，永泰寺，今址：燎原小学体育场。

北门之东，大法寺，今址：光华路公交站。

十字街西之北，崇义寺，今址：高新一路光德路十字。

十字街北之西，酂国公杨温宅，今址：火炬大厦。

三、附考

隋唐长安分为万年、长安两县，各置县廨，万年县廨在街东宣阳坊西南隅，无独有偶，街西对称之光德坊东南隅亦设廨，然为京兆府廨。而长安县廨却在长寿坊西南隅，与万年县并不相直。《元和郡县图志》"长安县"条云："至隋开皇三年，迁都长安，移至长寿坊西南隅。"由此可知长安县廨自隋设都之始便于长寿坊设置，并未变更。府治与县治东西对称相直，而级别平等之东西两县治并不相直，不解其中之故。既将长安县治所置于名为长寿之坊，有期长久平安之意耶？存此待考。

《旧唐书》卷十一《代宗本纪》云："（大历四年）八月己卯，虎入长寿坊元载家庙，射生将周皓引弩毙之。"《新唐书》卷三十五《五行志》云："大历四年八月己卯，虎入京师长寿坊宰臣元载家庙，射杀之。虎，西方之属，威猛吞噬，刑戮之象。"查长寿坊近延平门，此虎当自延平门而入，何也？承平之世，京城民众聚居密集，长寿坊所在区域与城南号称"围外之地"的冷僻诸坊不同，有虎能畅行于城内且窜入坊内家庙，或为从最近之郭城城门所入，而非自远而来。否则，则入于其他近城门之坊内矣。虎入闹市区，亦可见当时长安之生态。

　　《旧唐书》卷三十七《五行志》记有暴风雷雨破坏坊内建筑事："大和八年六月癸未，暴风雷雨坏长安县廨及经行寺塔。"

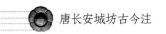

嘉会坊

朱雀门街西第四街，从北第七坊

一、坊名释

《易经·乾卦》曰："亨者，嘉之会也……嘉会足以合礼。"孔颖达注疏云："言君子能使万物嘉美集会，足以配合于礼，谓法天之亨也。"故知嘉会者，万物嘉美以合于礼也。

二、古今址

西南隅，褒义寺，今址：高新国税大厦。

十字街西之北，灵安寺，今址：尚中心。

三、附考

坊内记有郑国庄穆公主庙，公主系德宗之女，始封义章。《旧唐书》卷一百四十一《张茂宗传》云："茂宗以父荫累官至光禄少卿同正。贞元三年，许尚公主，拜银青光禄大夫、本官驸马都尉，以公主幼，待年十三。属茂宗母亡，遗表请终嘉礼。德宗念茂昭之勋，即日授云麾将军，起复授左卫将军同正、驸马都尉。谏官蒋乂等论曰：'自古以来，未闻有驸马起复而尚公主者。'上曰：'卿所言，古礼也；如今人家往往有借吉为婚嫁者，卿何苦固执？'又奏曰：'臣闻近日人家有不甚知礼教者，或女居父母服，家既贫乏，且无强近至亲，即有借吉以就亲者。至于男子借吉婚娶，从古未闻，今忽令驸马起复成礼，实恐惊骇物听。况公主年幼，更俟一年出降，时既未失，且合礼经。'太常博士韦彤、裴堪曰：'伏见驸马都尉张茂宗犹在母丧，圣恩念其亡母遗表所请，许公主出降，仍令茂宗即吉就婚者。伏以夫妇之义，人伦大端，所以《关雎》冠于《诗》首者，王化所先也。天属之亲，孝行为本，所以齐斩五服之重者，人道之厚也。圣人知此二端为训人之本，不可变也，故制婚礼，上以承宗庙，下以继后嗣，至若墨衰夺情，事缘金革。若使茂宗释衰服而衣冕裳，去垩室而为亲迎，虽云辍哀借吉，是亦以凶渎嘉。伏愿抑茂宗亡母之请，顾典章不易之义，待其终制，然后赐婚。'德宗不纳，竟以义章公主降茂宗。自是以戚里之亲，颇承恩顾。"

嘉会坊中有窦氏家庙。窦氏在唐为望族，太宗之生母为太穆顺圣皇后窦氏，玄宗之生母为昭成太后窦氏。肃宗张皇后之祖母窦氏，昭成太后之妹。昭成为武则天所杀，玄宗幼失所恃，为窦姨鞠养。张皇后之母亦为窦氏，封义章县主。故《旧唐书》卷六十一《窦孝慈传》曰："窦氏自武德至今，再为外戚，一品三人，三品已上三十余人，尚主者八人，女为王妃六人，唐世贵盛，莫与为比。"又于其后赞曰："诸窦戚里，荣盛无比。"《增订唐两京城坊考》根据墓志补有窦希寂、窦宣礼宅，希寂在唐高宗永隆元年（680）卒于嘉会里之私第，窦宣礼袭封谯国公，亦卒于嘉会里第。又，《太平广记》引《乾巽子·窦乂传》云：嘉会坊有窦氏家庙，窦乂于家庙院中隙地开沟植榆树千万余株。窦乂生活于中唐时期，足见自初唐至中唐，此坊内一直为窦氏家族聚居之地。家庙为庄严肃穆之所，年节应不少祭祀活动，窦乂于偌大的家族公共祠庙院中密植榆树，足见当时该庙利用率不高，亦映射出坊内窦氏势力逐渐萧条，否则礼教森严下，决不会允许族人以家庙空间作为私人盈利之所。

坊内有武嗣宗宅、武本宅，本为嗣宗之长女，据嗣宗、本之墓志记载，皆终于嘉会里。又武本墓志全称为《大唐左卫高思府果毅都尉长谯国公夫人武氏墓志》，武本逝于先天二年（713），查初唐时期，受封谯国公者有柴绍、窦琮，柴绍及子孙宅未在嘉会坊，而窦琮之子孙多在嘉会坊安宅。如上文所述窦宣礼，即为窦琮之孙，袭封谯国公，任职左清道率，此职位初名为太子左清道卫，玄宗开元初方更名为左清道率府长官，品级正四品上。而本之夫君亦为谯国公，但官职为左卫高思府果毅都尉长，高思府为京兆府折冲府，此府都尉长为正四品上。窦宣礼与武本生活在同一时期，武本墓志中未交代其夫姓名及详细信息，但结合所居坊里，按袭封爵位与时间推断，武本之夫君为窦宣礼的可能性大。然据窦宣礼墓志记载，宣礼并未任左清道率。同一坊内，同一时期，断然不会有两位官职品级相同的谯国公存在。嘉会坊内所居窦氏、武氏均为望族，武本之父为国公，国公之女嫁于国公之子，门当户对，亦为合理者。

李健超《增订唐两京城坊考》载，武本宅可能是武嗣宗宅，此处或误。又因武本墓志标题中缺损一字，误补为左卫高思府果毅都督长，实误，唐时折冲府无都督长，应为都尉长，上文已订正。又，读张沛《唐折冲府汇考》，其书第279页有高思府，作者自云：河南禹县西南有高氏邑，高思或为高氏之讹，实大误。目前所见墓志中，有《唐故宁远将军守左卫京兆府高思府折冲都尉上柱国阳公（承训）墓志铭并序》（仰澍斋藏），足见高思府为京兆府之折冲府，而非河南。

再，根据《太平广记·窦乂传》原文中所交代数据，可计算出窦氏家庙面积。按文中交代窦氏家庙中隙地开沟4000余条，每条宽5寸，长20余步，按唐制折合今制，一寸为3厘米左右，一步为1.5米左右，每条沟长30米，宽0.15

米，面积为4.5平方米，以4000条沟而论，面积约为18 000平方米（不含建筑之面积），则窦氏家庙整体面积约为20 000平方米。其原文曰："扶风窦乂，年十三，诸姑累朝国戚，其伯检校工部尚书交，闲厩使、宫苑使，于嘉会坊有庙院。……五月初，长安盛飞榆荚，乂扫聚得斛余。遂往诣伯所，借庙院习业。伯父从之。乂夜则潜寄褒义寺法安上人院止，昼则往庙中。以二锸开隙地，广五寸，深五寸，密布四千余条，皆长二十余步，汲水渍之，布榆荚于其中。寻遇夏雨，尽皆滋长。比及秋，森然已及尺余，千万余株矣。及明年，榆栽已长三尺余，乂遂持斧伐其并者，相去各三寸。又选其条枝稠直者，悉留之。所间下者，二尺作围束之，得百余束。遇秋阴霖，每束鬻值十余钱。又明年，汲水于旧榆沟中。至秋，榆已有大者如鸡卵。更选其稠直者，以斧去之，又得二百余束，此时鬻利数倍矣。后五年，遂取大者作屋椽，仅千余茎，鬻之，得三四万余钱。其端大之材，在庙院者；不啻千余，皆堪作车乘之用。此时生涯，已有百余。自此币帛、布裘百结，日歠食而已。"

《历代名画记》记有坊内褒义寺壁画："褒义寺殿后东西画，似是王定。佛殿西壁涅槃变，卢棱伽画，自题。西禅院殿内杜景祥、王元之画。"

四、坊中诗

嘉会里闲居（韦庄）

岂知城阙内，有地出红尘。草占一方绿，树藏千古春。马嘶游寺客，犬吠探花人。寂寂无钟鼓，槐行接紫宸。

关试后嘉会里闻蝉感怀呈主司（顾非熊）

昔闻惊节换，常抱异乡愁。今听当名遂，方欢上国游。吟才依树午，风已报庭秋。并觉声声好，怀恩忽泪流。

永平坊

朱雀门街西第四街，从北第八坊

一、坊名释

本名永隆，避玄宗讳更名永平。隆，《史记·刘敬叔孙通列传》曰："陛下都洛阳，岂欲与周室比隆哉？"三国·诸葛亮《出师表》曰："汉室之隆。"故知永隆者，永远兴隆也。《方言一》曰："施于众长谓之永。"《诗经·唐风》曰："且以永日。"《诗经·商颂》曰："既和且平。"可知永平者，祈愿永远太平之义。

二、古今址

东门之北，宣化尼寺，今址：老百姓大药房（科创路）。

东南隅，宣城公主宅，今址：沙井姑娘馨苑。

西南隅，日者寇廊宅，今址：科技二路与博文路西南角（名城天下东北区域）。

东北隅，天平军节度使殷侑家庙，今址：西安培华学院东区 5 号楼。

三、附考

《太平广记》卷三百四十四引《乾𢁨子》有《寇廊》一文，其文曰：

元和十二年，上都永平里西南隅，有一小宅，悬榜云：但有人敢居，即传元契奉赠，及奉其初价。大历年，安太清始用二百千买得，后卖与王妁。传受凡十七主，皆丧长。布施与罗汉寺，寺家赁之，悉无人敢入。有日者寇廊，出入于公卿门，诣寺求买，因送四十千与寺家。寺家极喜，乃传契付之。有堂屋三间，甚庳，东西厢共五间，地约三亩，榆楮数百株。门有崇屏，高八尺，基厚一尺，皆炭灰泥焉。廊又与崇贤里法明寺僧普照为门徒。其夜，扫堂独止，一宿无事。月明，至四更，微雨，廊忽身体拘急，毛发如碟，心恐不安。闻一人哭声，如出九泉。乃卑听之，又若在中天。其乍东乍西，无所定。欲至曙，声遂绝。廊乃告照曰："宅既如此，应可居焉。"命照公与作道场。至三更，又闻哭声。满七日，廊乃作斋设僧，方欲众僧行食次，照忽起，于庭如有所见，遽厉声逐之，喝云："这贼杀如许人。"绕庭一转，复坐曰："见矣见矣。"遂命廊求七家粉水解秽。俄至门崇屏，洒水一杯，以柳枝扑焉。屏之下四尺开，土忽颓圮，中有一女人，衣青罗裙红裤锦履绯衫子。其衣皆是纸灰，风拂，尽飞于庭，即枯骨籍焉。乃命织一竹笼子，又命廊作三两事女衣盛之。送葬渭水之沙州，仍命勿回头，亦与设洒馔。自后小大更无恐惧。初郭汾阳有堂妹，出家永平里宣化寺，汾阳王夫人之顶谒其姑，从人颇多。后买此宅，往来安置。或闻有青衣不谨，遂失青衣。夫人令高筑崇屏，此宅因有是焉。亦云，青衣不谨，泄漏游处，由是生葬此地焉。"

此文中可解题甚多，先是，自大历时至元和十二年（817），即自大历元年（766）而算，中间凡五十二年，先后易主十七次，以平均计之，每户仅三年即因凶事而迁走，终竟舍宅为寺，亦不太平。其中对此小宅叙述甚详，极具价值。历来涉长安史料中，常出现小宅之称呼，然其地大小几许，罕有述者。此处所记可解小宅广狭之难题，即"有堂屋三间，甚库，东西厢共五间，地约三亩，榆楮数百株。门有崇屏，高八尺，基厚一尺，皆炭灰泥焉"。按唐制，三亩之数约合今1620平方米，则可知当时长安城中所谓小宅之面积。文云其内有八间房屋与一重屏（门内影壁墙），屏基为泥灰砌筑，宽一尺（约合今33厘米），高八尺（约合今267厘米），以此规制，似为下泥上木者，否则绝难久立。又云有榆楮数百株，以狭小面积有如此数量树木，足见寇廊买下时之荒芜程度。

文宗大和八年（834），坊内东北隅建有殷侑家庙，冯宿作《天平军节度使殷公家庙碑》（《文苑英华》卷八百八十二），节录其文曰：

能树休勋，著茂功丰，人爵列天秩，焜耀当代，恢张其门者几何人哉？不有营缮乎先宗庙而后宫室，不有禋祀乎怆春秋而感霜露。太（大）和甲寅岁，天平军节度使检校尚书右仆射陈郡殷公侑建家庙于京师永平里之东北隅，礼也。前此，表陈其请，诏报曰："俞，勿亟成功，度思来格。"于是乎讨献尸奠盎之茂典，征以茞粟浴兰之通制。冬十有一月辛亥，奉工部卫尉骑省三府君李氏、周氏、刘氏三太夫人神主克祔于其室，自西徂东，靡陋靡丰，守经据古，处约为恭。

四、坊中诗

永平里酬卢洪（句）（杨巨源）

籍通莲阙秋光遍，诗答蓬山晚思遥。

通轨坊

朱雀门街西第四街，从北第九坊

一、坊名释

梁萧统《昭明文选》录颜延之《直东宫答郑尚书诗》曰："两闱阻通轨，对禁限清风。"南齐谢朓《齐敬皇后哀策文》曰："继池綍于通轨兮，接龙帷于造舟。"故知通轨者，表该坊四围交通为畅达之街衢大道也。

二、古今址

东门，今址：科技二路与太白南路十字向西 50 米。

西门，今址：甘家寨东 3 排 22 号楼。

南门，今址：西安文理学院田径场向南 80 米。

北门，今址：科技二路与白沙路十字。

三、附考

坊内有酅公庙，酅公为隋恭帝杨侑禅位后所受封爵位，杨侑去世后，族子杨行基嗣爵，行基逝后，由其子杨棻袭爵，唐高祖李渊有《封隋帝为酅公诏》，其文曰："革命创制，礼乐变于三王；修废继绝，德泽隆于二代。是以鸣条克伐，杞用夏郊；牧野降休，宋承殷祀。爰及魏晋，禅代相仍，山阳赐号于当涂，陈留受封于典午。上天回眷，授历朕躬，隋氏顺时，逊其宝位。敬奉休命，敢不对扬，永作我宾，宜开土宇。其以莒之酅邑奉隋帝为酅公，行隋正朔，车旗服色，一依旧章。仍立周后介公，共为二王后。"《隋书》卷五《恭帝本纪》曰："恭皇帝，讳侑，元德太子之子也。母曰韦妃。性聪敏，有气度。大业三年，立为陈王。后数载，徙为代王，邑万户。及炀帝亲征辽东，令于京师总留事。十一年，从幸晋阳，拜太原太守。寻镇京师。义兵入长安，尊炀帝为太上皇，奉帝纂业。……义宁元年十一月壬戌，上即皇帝位于大兴殿。……（二年）五月戊午，上逊位于大唐，以为酅国公。武德二年夏五月崩，时年十五。"隋恭帝受封酅公后终于宣阳坊净域寺内，前文相应处已有叙述，此坊内酅公庙当设于恭帝命终之后。然有唐一代，此庙设于郭城尽南偏远之处，《新记》《长安志》诸书除录此庙名外，再无任何记载。故知王祚更替，虽假以礼，形同木鸡土偶，封公设庙，止为摆设，存而不废而已。

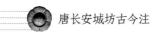

第三代酈国公杨柔墓志文曰：

永昌元年春二月甲申朔，酈国公薨。公讳柔，字怀顺，弘农人也。县犯太原王庙讳，改为仙掌焉。公即隋炀帝之玄孙，元德太子之曾孙，恭帝之孙，酈国公行基之子。粤若稽古，崇德象贤。统承先王，修其礼物。惟丞相保宁西汉，惟太尉亮弼东朝。功书王家，泽流后嗣。亦犹司徒之敬敷五教，殷德日新；后稷之播时百谷，周有大赉。隋高祖昧旦丕显，齐圣广渊。皇天眷佑，诞受顾命。恭皇帝逊位明扬，能让天下，作宾皇室，与国咸休。系承百代之宗，国称二王之后。公山河积气，清白余基。孝友著于闺门，信义行于邦国。纵心妙用，不出户庭；覃思典坟，不窥园囿。及其上公传位，命服居前，有怵惕之心，无骄矜之色。汉之平帝，犹敬刘歆；鲁之戴公，尚闻商颂。大唐贵为辰极，富有寰瀛。用三王之礼，以同天地；奏八代之乐，以答神祇。郊上元，定泰畤。金绳玉匣，日观登封。左个西偏，明堂布政。未尝不虞宾在列，周客来庭。礼秩尊于百寮，赞拜绝于群后。犹能小心畏惧，恪慎肃恭。上帝时歆，下人祇协，以为藩屏，以训子孙。禀命不融，享年五十有五。呜呼哀哉！越某月，葬于某原。嗣子某官，生尽其孝，死尽其哀。学不替于为丧，礼有逾于钻燧。卜其宅兆，俾无后艰；述其家风，谓之不朽，其铭曰：有客有客，乘殷之马。建于上公，尹兹东夏。有客有客，乘殷之辂。作宾王家，率由典故。天之苍苍，人之云亡。柏槚成行，魂归故乡。

四、坊中诗

郊庙歌辞·享文敬太子庙乐章·请神（许孟容）

觞牢具品，管磬有节。祝道龚恭，神仪昭晰。桐圭早贵，象辂追设。声达乐成，降歆丰洁。

郊庙歌辞·享文敬太子庙乐章·登歌（陈京）

歌以德发，声以乐贵。乐善名存，追仙礼异。鸾旌拱修，凤鸣合吹。神听皇慈，仲月皆至。

郊庙歌辞·享文敬太子庙乐章·迎俎酌献（冯伉）

撰日瞻景，诚陈乐张。礼容秩秩，羽舞煌煌。肃将涤濯，祇荐芬芳。永锡繁祉，思深享尝。干旄羽籥相亏蔽，一进一退殊行缀。昔献三雍盛礼容，今陈六佾崇仪制。

庙歌辞·享文敬太子庙乐章·亚献终献（崔邠）

醴齐泛尊彝，轩县动干戚。入室俨如在，升阶虔所历。奋疾合威容，定利舒
皦绎。方崇庙貌礼，永被君恩锡。

郊庙歌辞·享文敬太子庙乐章·送神（崔邠）

三献具举，九旗将旋。追劳表德，罢享宾天。风引仙管，堂虚画筵。芳馨常
在，瞻望悠然。

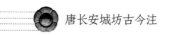
归义坊

朱雀门街西第四街，从北第十坊

一、坊名释

《史记·滑稽列传》云："远方当来归义，而驺牙先见。"《汉书·匈奴传》云："今单于归义，怀款诚之心。"故知归义者，喻四方归附于中央王朝也。

二、古今址

全一坊隋蜀王秀宅，东门，今址：春田篮球公园。

西门，今址：天地源·枫林绿洲 C15 号楼。

南门，今址：太白南路与科技六路十字向西南 200 米。

北门，今址：西安文理学院田径场向南 110 米。

三、附考

《长安志》云："隋文帝以京城南面阔远，恐竟虚耗，乃使诸子并于南郭立第。时秀有宠，封土殷富，起第最华。秀死后没官，为家令寺园。"此处叙述颇有疑问，杨秀之死在隋炀帝遇害之后义宁二年（618）三月，时炀帝在江都，《隋书》卷四十五《杨秀传》云："炀帝即位，禁锢如初。宇文化及之弑逆也，欲立秀为帝，群议不许。于是害之，并其诸子。"

同书恭帝本纪载，炀帝遇害之时，"齐王暕，赵王杲，燕王倓，光禄大夫、开府仪同三司、行右翊卫大将军宇文协，金紫光禄大夫、内史侍郎虞世基，银青光禄大夫、御史大夫裴蕴，通议大夫、行给事郎许善心皆遇害"，此处所述并无秀之名，盖秀时已为囚禁之庶人，故不录其名。由此，亦可知，秀之遇害在江都。时长安为李渊控制之隋恭帝政权，与江都方面对立。故《长安志》载，杨秀死后其归义坊宅第"没官"之说或为恭帝政权所为，然其后又载"为家令寺园"，查家令寺在隋时名司府令，入唐方易名，足见杨秀宅收归于官家应为入唐后之事。

昭行坊

朱雀门街西第四街，从北第十一坊

一、坊名释

本名显行，因避中宗李显讳，长安年间更名昭行。《说文》曰："显，头明饰也。"《诗经·周颂·敬之》曰："天维显思。"《韩非子·难三》曰："故法莫如显，而术不欲见。"显行之名，与所更之昭行同义。《说文》曰："昭，日明也。"《诗·大雅·云汉》曰："倬彼云汉，昭回于天。"《说文》曰："行，道也。"昭行者，以彰其道也。

二、古今址

十字街之南，汝州刺史王昕园，今址：兰乔圣菲 3 号楼。

东门，今址：西京电气总公司（东门）院内 50 米。

西门，今址：太白里 9 号楼。

南门，今址：太白南路与电子四路十字向东 400 米。

北门，今址：太白南路与科技六路十字向西南 250 米。

三、附考

《长安志》引《新记》云，王昕之园"引永安渠为池，弥亘顷亩，竹木环布，荷荇丛秀"。查永安渠自昭行坊之东大安坊内流经，昕既引渠水灌池，故知其园具体方位在坊内东南区域，又云顷亩，按唐制折合，当时一顷约合今土地面积 66 600 平方米。该坊属皇城以南第九排坊，《唐长安城考古纪略》所推算该坊南北约为 590 米，除去坊内东西街宽度 15 米，则王昕园中之池南北最长不超过 280 米，以上文 66 600 平方米而论，则其池理想长宽度约 258 米。韦述撰《新记》之时，多记当时现状。以此而论，则《新记》中所记王昕园池应为当时实际。

朱雀门街西第五街（皇城西第三街）

修真坊

朱雀门街西第五街，从北第一坊

一、坊名释

修真，道家修行之别称，即通过修行成为所谓真人、真仙。此坊范围内有汉代灵台遗址，灵台为通神之所，则坊之命名与灵台之功能相印可明矣。

二、古今址

汉灵台遗址，东门，今址：西安云泽食品有限公司（陕西省西安市莲湖区丰禾路军民共建路 1 号）向西 100 米。

西门，今址：雅逸新城停车场。

南门，今址：华府御城西区（陕西省西安市莲湖区西斜路南 100 米）。

北门，今址：太奥广场（西安市莲湖区丰禾路 275 号）向西 100 米。

三、附考

《新记》曰：修真坊南门之门扉为周太庙之门板。此为隋大兴城始建时利用汉长安故城旧物之一证。

灵台遗址高度，经辨识诸版本，记载略有差异，日本金泽文库本《新记》残卷记为"高□（原件残损，根据残留笔画依稀可辨或为"五"）尺，周回一百廿步"，粤雅堂丛书本《新记》残卷记为"高六尺，周回一百二十步"，清乾隆灵岩山馆本《长安志》记为"崇五尺，周一百二十步"，清光绪经训堂丛书本《长安志》记为"崇五丈，周一百二十步"，清连筠丛书本《唐两京城坊考》记为"崇五尺，周一百二十步"。由以上诸版本可知，粤雅堂本据金泽文库本整理，在数据上，有五、六之差别，当为原本辨别释读差异所致。金泽文库本为日本镰仓时代所抄，其下限不会晚于元代。灵岩山馆本是综合四库全书本与明嘉靖本校订所刻，五尺自是无疑问，然经训堂丛书本据灵岩山馆本所刻，又有五丈之记，尺与丈，一字之差，规模大变，或为翻刻讹误乎？

灵台，始于西周，《诗经》有灵台一诗，叙述西周灵台，其后历代多有修建。隋大兴城规划时，其临近汉长安故城区域多有汉代建筑遗址，修真坊内灵台是其中一处。然观《新记》《长安志》《唐两京城坊考》诸书，此坊内除记录一处遗址外，其他名物极少。就灵台性质而言，《后汉书》卷七十九《儒林列传》有天子"坐明堂以朝群后，登灵台以望云物"之说，其后《晋书》卷十一《天文志》亦云："（灵台）主观云物、察福瑞、候灾变也。"《毛诗正义》卷十六曰："天子有灵台者，所以观祲象，察气之妖祥也。"毛诗曰："灵者，精也，神之精明称灵，故称台曰灵台"，故知灵台为观象通神之所，由是，此坊修真之命名可知其义。

西汉灵台具体样貌虽目前尚未得知，但东汉洛阳所建灵台却已被发现并发掘，其始建于东汉光武帝建武中元元年（56），距离西汉长安灵台修建时间元始四年（4）仅有52年，同为国都之南郊建筑，性质均同，故其形制应仿照长安所建。

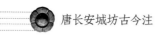

普宁坊

朱雀门街西第五街，从北第二坊

一、坊名释

《诗经·小雅·北山》曰："普天之下。"《三国志》卷四十七《吴主传》曰："普天一统，于是定矣。"《说文》曰："宁，安也。"《尚书·洪范》曰："三曰康宁。"故知普宁之义为普天下安宁也。

二、古今址

坊西街有汉太学余址，十字街东之北，灵化寺，今址：中国西电西安西电变压器有限责任公司北部区域。

东南隅，东明观，今址：大庆路桃园路口北侧公交站。

西南隅，太尉、英国公李勣宅，今址：西开公司清真食堂。

北门之西，司农卿韦机宅，今址：中国石油加油站（沣惠路北段）向西260米，西安西电变压器配套设备有限责任公司院内。

西北隅，袄祠，今址：西安电力电容器研究所。

三、附考

《新记》曰："灵化寺为隋开皇二年沙门善告（吉）所立，其地本告（吉）之宅。"《续高僧传》卷十四《唐京师灵化寺释三慧传六》曰："武德九年，（三慧）远朝京阙，敕：'见劳，问任处黄图。'工部尚书段纶宿树善因，造灵化寺。"两相对照，可知灵化寺由僧人善告（吉）创于隋开皇时，段纶为僧三慧大修于唐武德时。1979年3月，长安县终南山天子峪发现《大唐灵化寺故大德智该法师之碑》，碑文中云智该法师被高密公主及驸马段纶请入灵化寺居住供养，并于贞观十三年（639）六月八日圆寂于该寺，终年六十二岁。"高密长公主驸马、纪国公段（原碑缺失，据《旧唐书》补）纶，企承德言，推诚顶礼，请居灵化，频建法筵，一心虔奉，四事周洽。……粤以贞观十三年岁次己亥六月三日，微觉贬和。至七日夜中，命诸弟子恳传授心地法门，勤勤委口，词色无忧。八日平旦？神于灵化本房，春秋六十有二。"

坊内李勣宅，《旧唐书》卷六十七《李勣传》记录高祖赐此宅事："武德二年，诏授黎阳总管、上柱国、莱国公。寻加右武候大将军，改封曹国公，赐姓

李勣三梁进德冠（唐）

出土时间：1971 年

出土地点：陕西省礼泉县烟霞镇李勣墓

收藏单位：礼泉县昭陵博物馆

图片来源：笔者拍摄

李氏，赐良田五十顷，甲第一区。"传中又有李勣临终前于宅内情状，其文曰："自遇疾，高宗及皇太子送药，即取服之；家中召医巫，皆不许入门。子弟固以药进，勣谓曰：'我山东一田夫耳，攀附明主，滥居富贵，位极三台，年将八十，岂非命乎？修短必是有期，宁容浪就医人求活！'竟拒而不进。忽谓弼（勣之弟）曰：'我似得小差，可置酒以申宴乐。'于是堂上奏女妓，檐下列子孙。宴罢，谓弼曰：'我自量必死，欲与汝一别耳。恐汝悲哭，诳言似差，可未须啼泣，听我约束。我见房玄龄、杜如晦、高季辅辛苦作得门户，亦望垂裕后昆，并遭痴儿破家荡尽。我有如许豚犬，将以付汝，汝可防察，有操行不伦、交游非类，急即打杀，然后奏知。又见人多埋金玉，亦不须尔。惟以布装露车，载我棺枢，棺中敛以常服，惟加朝服一副，死倘有知，望著此奉见先帝。明器惟作马五六匹，下帐用幔布为顶，白纱为裙，其中著十个木人，示依古礼刍灵之义，此外一物不用。姬媵已下，有儿女而愿住自养者，听之；余并放出。事毕，汝即移入我堂，抚恤小弱。违我言者，同于戮尸。'此后略不复语，弼等遵行遗言。"

《旧唐书》卷一百八十五《韦机传》后附其子余庆、孙岳、曾孙景骏传。传中多言韦机在洛阳政绩，可知其在东都亦应有宅，查诸书未载。而韦机之孙韦岳传中说："会则天幸长安，召拜尚舍奉御，从驾还京，因召见。"此处岳当自其长安宅中蒙召，而还之东都。

义宁坊

朱雀门街西第五街，从北第三坊

一、坊名释

本名熙光，隋义宁元年（617）更名义宁。《尚书·尧典》曰："允厘百工，庶绩咸熙。"言兴起兴旺。《三国志·吴志·华覈传》曰："熙光紫闼，青璅是凭。慇挹清露，沐浴凯风。"《说文》曰："光，明也。"故知熙光者，大起光明也。《说文》曰："义，己之威仪也。"《墨子·公输》曰："义固不杀人。"《贾子道德》曰："说有义德之美也。"《说文》曰："宁，安也。"《尚书·洪范》曰："三曰康宁。"义宁者，引申为正义而使安宁也。

二、古今址

南门之东，化度寺，今址：世纪春天 A 座。

西北隅，积善尼寺，今址：橡树国际小区。

十字街东之北，波斯胡寺，今址：西电集团医院住院部。

东南隅，尚书右仆射戴至德宅，今址：蓝天小区入口，丰镐东路 219 号。

三、附考

按诸书所记，化度寺本真寂寺，本隋尚书左仆射、齐国公高颎宅，开皇三年（583），颎舍宅为寺，奏立为寺。武德二年（619）改为化度寺。《法苑珠林》卷四十六载："唐雍州长安县高法眼，是隋代仆射高颎之玄孙。至龙朔三年正月二十五日，向中台参选，日午还家，舍在义宁坊东南隅，向街开门，化度寺东即是高家。"由此可推知，高颎宅在隋代未舍宅时规模颇大，南门之东至东南隅区域均为其范围，舍宅为寺之事并非全部舍出，而是留东南隅继续为宅，至唐时尚为其后人所居。向者学人言隋唐长安舍宅为寺事，一般以为全部舍出，变居第为佛寺，此处记载或可更新对隋唐长安舍宅为寺的认识。然该坊西北隅积善尼寺在隋时同样与高颎有关，此地原是高颎之妻贺拔氏之别第，开皇十二年（592）亦舍宅立为尼寺。一坊之内，高家宅第分布两个区域，足见其时势力之大。

《酉阳杂俎》续集卷二有《义宁坊狂人》一则，其文曰："元和初，上都义宁坊有妇人风狂，俗呼为五娘，常止宿于永穆墙垣下。时中使茹大夫使于金陵，有狂

花草纹六瓣高足银杯（唐）
出土地点：西安市西咸新区秦汉新城龚东村北元自觉夫妇墓
出土时间：2020 年 6—11 月
原归属地：义宁坊元自觉宅，墓主元自觉于开元十七年九月廿七日终于义宁坊宅
图片来源：陕西省考古研究院《陕西西安唐元不器墓、元自觉夫妇墓发掘简报》（《文博》2021 年第 4 期）

者，众名之信夫，或歌或哭，往往验未来事，盛暑拥絮未常沾汗，冱寒袒露体无拘折，中使将返，信夫忽叫阑马曰：'我有妹五娘在城中，今有少信，必为我达也。'中使素知其异，欣然许之。乃探怀出一袄，内中使靴中，仍曰：'为语五娘，无事速归也。'中使至长乐坡，五娘已至，阑马笑曰：'我兄有信，大夫可见还。'中使久而方悟，遽令取信授之。五娘因发袄，有衣三事，乃衣之而舞，大笑而归，复至墙下，一夕而死，其坊率钱葬之。经年有人自江南来，言信夫与五娘同日死矣。"文中有一关键信息，即"义宁坊永穆墙垣下"。查长安城与永穆相关者，在唐时有永穆公主、永穆观、永穆道观（与永穆观为同一处所），永穆观在兴宁坊。既云永穆垣墙，应为永穆观垣墙，而义宁坊内并无与永穆相关的任何事物。故《酉阳杂俎》所称义宁坊者，或为兴宁坊之误。此类一字讹误现象版本流传过程中颇为常见，今查明万历三十六年（1608）李云鹄刻本，其中即为"义宁坊"，可知至迟在明代，此讹误即已在书中出现。

居德坊

朱雀门街西第五街，从北第四坊

一、坊名释

《说文》曰："居，蹲也。从尸，古者居从古，俗居从足。"《易·系辞下》曰："则居可知矣。"《穀梁传·僖公二十四年》曰："居者，居其所也。"

二、古今址

东南隅，先天寺，今址：丰园小区 2 号楼。

西北隅，普集寺，今址：开远半岛广场。

南门之西，奉恩寺，今址：丰庆路与丰登南路十字向西 70 米。

南门之东，司礼太常伯刘祥道宅，今址：丰登小区（西门）。

三、附考

坊内有汉圜丘遗址，诸书并未直接交代其位置。然《长安志》同坊内南门之东有刘祥道宅，其条下云："宅接先天寺，兼据汉圜丘旧址，因基高筑亭焉。"先天寺在东南隅，祥道宅在南门之东，是知汉圜丘遗址在居德坊南门之东，与先天寺东西相邻也。既然交代南门之东刘祥道宅系据汉圜丘旧址而建，又说东南隅先天寺为汉圜丘旧址，居德坊东西宽1115米（据《唐代长安城考古纪略》），其半亦有550余米，包含南门之东、东南隅全部范围，汉圜丘规模不可能在这一范围内全部皆是，唯一可能即此遗址在刘祥道宅与先天寺交接处，在唐时已沦为一高地，亦可知此遗址在唐时并未被刻意保护，为宅寺建筑所占据。

四、坊中诗

寒食宿先天寺无可上人房（方干）

双扉桧下开，寄宿石房苔。幡北灯花动，城西雪霰来。收棋想云梦，罢茗议天台。同忆前年腊，师初白阁回。

群贤坊

朱雀门街西第五街，从北第五坊

一、坊名释

《白虎通·谏诤》曰："虽无道不失天下，仗群贤也。"《说文》曰："贤，多才也。"群贤者，众多德才兼备者也。

二、古今址

东门之南，真心尼寺， 今址：丰庆公园吉祥湖东北角（金湖茗轩）。

十字街东之北，真化尼寺， 今址：建大洋房小区西门。

东南隅，中宗昭容上官氏宅， 今址：丰庆公园东门向西 100 米。

三、附考

查诸文献可知，唐时长安，皇帝妃嫔在皇宫之外亦有建宅者，但绝非常见现象。群贤坊东南隅中宗昭容上官氏宅是其中一处。除此以外，尚有亲仁坊西北隅贵妃豆卢氏宅（特殊情况，前文街东亲仁坊已述）、宣阳坊虢国夫人杨氏宅（此处亦可不计，杨氏虽与玄宗有私，无妃嫔名号）。《旧唐书》卷五十一《上官昭容传》曰："中宗上官昭容，名婉儿，西台侍郎仪之孙也。父庭芝，与仪同被诛，婉儿时在襁褓，随母配入掖庭。及长，有文词，明习吏事。则天时，婉儿忤旨当诛，则天惜其才不杀，但黥其面而已。……中宗即位，又令专掌制命，深被信任。寻拜为昭容，封其母郑氏为沛国夫人。"此处可知，上官婉儿在群贤坊之宅当在其被中宗封昭容之后，或为安顿其母郑氏所置。不然，在武氏当政之时，婉儿与其母尚发配于掖庭宫，焉能在宫外坊内建宅。

怀德坊

朱雀门街西第五街，从北第六坊

一、古今址

西南隅，罗汉寺，今址：民生银行（西安群贤庄社区支行）向西100米。

十字街西之北，辨才寺，今址：中海华庭9号楼。

东门之北，慧日寺，今址：丰庆公园南门。

二、附考

欧阳通《道因法师碑》（全名为《大唐故翻经大德益州多宝寺道因法师碑》）即立于怀德坊慧日寺内，其碑文详述道因法师生平。道因法师为濮阳人，隋末因避中原战乱入蜀，先居成都多宝寺，后赴彭门重建光化寺，并于寺北岩山凿刻石经。继而至长安，于晋昌坊大慈恩寺与玄奘共同翻译佛经，后蒙慧日寺住持楷法师之邀讲经说法并定居于该寺，显庆三年（658）三月圆寂于慧日寺，四年（659）二月八日归葬于四川彭门光化寺石经之侧。长安众弟子为追念功德，于龙朔三年（663）十月十日在慧日寺内立碑。在碑文中对于道因法师在慧日寺活动状况介绍甚详："（道因法师）追赴京邑，止大慈恩寺，与玄奘法师证释梵本。奘法师道轶通贤，德邻将圣。揭游天竺，集梵文而爱止；旋谒皇京，奉纶言而载译。以法师宿望，特所钦重。琐义片词，咸取刊证。斯文弗坠，我有其缘。慧日寺主楷法师者，聪爽温赡，声蔼鸿都，乃首建法筵，请开奥义。帝城缁俗，具来咨禀，欣焉相顾，得所未闻。诸寺英翘，懍然祇服，咸敷师子之坐，用仓频伽之音。法师振以元词，宣乎幽偈，同炙果而逾畅，譬连环而靡绝。耆年粹德，旷士通儒。粉滞稽疑，云消雾荡，伏膺请益，于嗟来暮。惟法师姿端凝，履识清敏，粹图内蕴，温采外融，运柔嘉以成性，体斋邀而行已。峻节孤上，夷险同贯；冲怀不挠，是非齐躅。加复研几史籍，尤好老庄，咀其菁华，含其胰润。包四始于风律，综五声于文绪。宿植胜因，恬荣褫欲。善来佛子，落采庵园。开意花于福庭，濯元波于妙境。而贞苦之操，绝众超伦；聪亮之姿，逾今迈昔，信法徒之冠冕，释氏之栋梁乎？凡讲《涅盘》《华严》《大品》《维摩》《法华》《楞伽》等经，《十地》《地持》《毗昙》《智度》《摄论》《对法》《佛地》等论，及四分等律，其《摄论》《维摩》，仍出章疏。既而能事毕矣，宏济多矣，脱屣于梦境，栖神于净域。春秋七十有二，以显庆三年三月

欧阳通《道因法师碑》拓片（唐）
收藏单位：西安碑林博物馆

十一日，终于长安慧日之寺。梵宇歼良，真门丧善，悲缠素侣，恸结缁徒。即以四年正月，旋乎益部，二月八日，窆于彭门光化寺石经之侧。道俗门人，星流波委，衔哀追送，众有数千。岩谷为之传响，风云于是变色。慧日寺徒众，并躅邪迪妙，综埋探微，保索真源，归元正道。自法师庪止，咸共遵崇，追思靡及，情深轸慕。弟子元凝等，禀训餐风，师称上足，而以慈镫罢照，崇山无仰，循堂室而濡涕，对几弗而流恸。敬于此寺，刊金撰德，气序虽迁，音尘方煽。亦犹道林英范，托绣础以长存；慧远徽猷，寄雕碑而不朽。"

崇化坊

朱雀门街西第五街，从北第七坊

一、坊名释

本名弘化，避孝敬皇帝李弘讳更名崇化。《说文》曰："弘，弓声也。"言弓箭发射之声也。《论语·卫灵公》曰："人能弘道，非道弘人。"既云弓发为弘，言教化施行如弓发广远乎？故知弘化者，弘扬广布教化也。

二、古今址

东门之北，经行寺，今址：美豪丽质酒店（西安雁塔区高新四路西大新区对面高新九号广场北侧）。

庭院瓦楞踏步（唐）
出土时间：1996 年 5—6 月
发现地点：西北大学桃园校区新区住宅楼东北部基建工地
图片来源：西北大学文化遗产与考古学研究中心《唐长安城崇化坊遗址发掘简报》《文物》2006 年第 9 期）

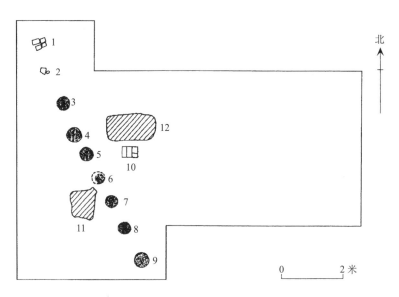

崇化坊局部探沟发掘平面图

图片来源：西北大学文化遗产与考古学研究中心《唐长安城崇化坊遗址发掘简报》（冉万里、刘瑞俊执笔，《文物》2006年第9期）

三彩器残片（唐）

出土时间：1996年5—6月

出土地点：西北大学桃园校区新区住宅楼东北部基建工地

图片来源：西北大学遗产与考古学研究中心《唐长安城崇化坊遗址发掘简报》（《文物》2006年第9期）

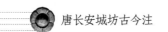
西南隅，静乐尼寺，今址：科技路与唐延路十字。

东南隅，龙兴观，今址：光夏路与高新三路十字。

三、附考

1996 年 5—6 月，西北大学桃园校区东北部发掘唐代遗址一处（发掘面积为 290 平方米），该处出土唐代砖瓦、瓷片、铁钉及三彩器残片等，并发现唐代踏步、活动面和夯土（见《唐长安城崇化坊遗址发掘简报》），简报认为该处为长安城崇化坊东门之北区域，并依据发掘区域之南 10—20 米处曾出土善业泥及经幢（经幢现陈列于西北大学博物馆内）一事推断此处为崇化坊东门之北的经行寺。然对照卫星地图叠合复原来看，该位置却处于崇化坊之外。按发掘区域推算，出土善业泥位置为崇化坊内自是无疑，然此处从目前发掘现象本身之性质与所处位置来看，与崇化坊应无关系，应为该坊之北的怀德坊东南隅范围。

李健超《增订唐两京城坊考》云该坊有祆寺，其据为《北平图书馆馆刊》6 卷 2 号载《米萨宝墓志》，并引述其志文云：天宝元年（742）二月十一日，卒长安崇化里，天宝三载（744）正月二十六日，葬高陵原。此处文字，查《北平图书馆馆刊》原书，知原文为何遂所作《唐故米国大首领米公墓志铭考》。

又，《唐两京城坊考》引《西溪丛语》："至唐贞观五年，有传法穆护何禄，将祆教诣阙闻奏，敕令长安崇化坊立祆寺，号大秦寺，又名波斯寺。至天宝四年（载）七月，敕：'波斯经教，出自大秦，传习而来，久行中国，爰初建寺，因以为名，将以示人，必循其本，其两京波斯寺，宜改为大秦寺，天下诸州郡有者准此。'"《西溪丛语》作者姚宽为南宋时人，上述文字后半段引自《唐会要》卷四十九《大秦寺》，前半段所谓贞观五年者，未见会要记载，不知引自何处。宽所处年代距离《唐会要》成书尚遥，《唐会要》尚且未录贞观五年（631）敕令，则宽所述据自何书？意颇疑之。且《唐会要》记"大秦寺"条，自明末《景教碑》出，常被基督徒引为该教者。则生活在南宋时的姚宽所叙可靠度显然要比《景教碑》出现后将"大秦寺"定为景教性质者高。由是而观，宋人言崇化坊立祆寺可靠与否尚且不能确定，何况漏洞百出之《景教碑》及后世好事者附会者乎？

宪宗元和八年（813），坊内建有乌重胤家庙，庙三室，韩愈作《河阳军节度使乌公先庙碑》，节录其文曰：

元和五年，天子曰："卢从史始立议用师于恒，乃阴与寇连，夸谩凶骄，出不逊之言，其执以来！"其四月，中贵人承璀即诱而缚之。其下皆甲以出，操兵趋哗，牙门都将乌公重胤当军门叱曰："天子有命，从有赏，敢违者斩！"于是士皆敛兵还营，卒致从使京师。壬辰，诏用乌公为银青光禄大夫、河阳军节度使兼御史大夫，封张掖郡开国公。居三年，河阳称治，诏赠其父工部尚书，且曰："其以庙享。"即以其年营庙于京师崇化里。军佐窃议曰："先公既位常伯，而先夫人无加命，号名差卑，于配不宜。"语闻，诏赠先夫人刘氏沛国太夫人。八年八月，庙成，三室同宇，祀自左领府君而下，作主于第。乙巳，升于庙。

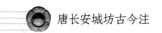

丰邑坊

朱雀门街西第五街，从北第八坊

一、坊名释

《广韵》曰："丰，茂也，盛也。"《易·丰卦》曰："丰，大也。"丰邑者，都邑兴旺繁荣也。然丰邑又有两别义，一为西周之都，二为汉高祖之乡丰邑。考隋唐长安之丰邑坊命名，坊内皆无相关者，故其命名与此二地皆无关。

二、古今址

东北隅，清虚观，今址：西安回天血液制品有限责任公司。

三、附考

《唐两京城坊考》云："按《李娃传》：凶肆有东肆、西肆。传言各阅所佣之器于天门街，则西肆在街西，东肆在街东，西肆当即丰邑，未知东肆是何坊，俟考。"此处所言恐有误，城内东西市皆有凶肆，售卖丧葬用品之所，《李娃传》中所言很明显是位于东西市之凶肆，至于各阅所佣之器于天门街者，皆为广告性质的宣传活动。

《太平广记》卷二百六十引《启颜录》中"姓房人"曰："唐有姓房人，好矜门地，但有姓房为官，必认云亲属。知识疾其如此，乃谓之曰：丰邑公相（丰邑坊在上都，是凶肆，出方相也），是君何亲？曰：是（是下原有姓字。据明抄本删）某乙再从伯父。人大笑曰：君既是方相侄儿，只堪吓鬼。"

查《新记》抄本，与《太平广记》略有不同，其文曰："武德中，有一人姓房，自矜门阀，朝廷衣冠皆认以为近属。有一人恶其如此，设便折之，先问周隋间房氏知名曰（疑为者字之误），皆云是从祖从外。次曰：'丰邑公相与公远近？'亦云：'是族外。'其人大笑曰：'公是方相侄儿，只可吓鬼，何为诳人？'自是大愧，遂无矜诳矣。"《新记》中又云："南街西通延平门，此坊多假赁方相、送丧之具。"由以上所记可知，初唐至盛唐时期，此坊内有租赁丧葬器物者，皆因近出城之门故。然长安士民所葬，郭城之西、东、南皆有，出殡之城门亦非延平一处，何则近延平门之丰邑坊有此，而其他门内之坊皆未见有丝毫记载。

《增订唐两京城坊考》补此坊之景云观，略引《道藏》之文以证之，然未

丰邑坊外的郭城延平门遗址照片

图片来源：笔者拍摄

录全，查其全文，则生动至然，原样录于下（《道藏·洞玄部·记传类·神仙感遇传》卷四）：

　　进士王璘，大中己卯岁游边回京师。既至之日，属宣皇升遐，人心震扰。才入金光门，投诸逆旅，皆已扃锔。遂入丰邑坊，诣景云观，僦一独院，月租五百文，即税缲秣驷焉。近铺有老叟，巨眉广颡，髭鬓皓白，貌古而秀，负篚而入。顾见璘，惊曰："此有人居矣，又须移去也。"璘揖与语曰："既为先到，第安居无虑也。某只三两日，此舍二十余矣。"叟曰："闻闻固有余，君子月赁此舍，固难寓居。"璘强留之，欣然而止。开户汲水而入，闭关悄然。时方八月，叟已踞地炉，炽炭拥之而坐，深夜不寐。夕夕皆然，曾无庖爨之所。璘问其所为，曰："余老矣，货针以自给，多诣市肆，亦不事烟爨矣。"旬余，璘疑其有道，敬而亲之。或诣其炉侧，坐而言论，词高旨远，迨非常流。璘稍稍言情，将有请益。及明而去，至夕不返。发户视之，无复有炉，中破药锅，其内微有金色焉。

　　考《新记》《长安志》《唐会要》诸文献，丰邑坊无景云观之名，按此文中所述之景云观，观中除主体建筑外尚有独院，其面积断非窄小，则如此道观，断然无不记之理。则道藏中所云景云者，当为清虚之误。

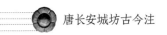

待贤坊

朱雀门街西第五街，从北第九坊

一、坊名释

待贤者，等待贤达之义。《晋书·段灼传》曰："自穆公于始皇，皆能留心待贤，远求异士。"《永明九年策秀才文》曰："或扬旌求士，或设簴待贤。"《隋书·李德林传》曰："李徽曰：'德林久滞绛衣，我常恨彦深待贤未足。'"查《长安志》云，因坊内在隋初曾设天下诸州朝集使邸，故名此坊曰待贤也。

二、古今址

东北隅，天长观，今址：枫林别墅苑西门及以东区域。

北门之东，今址：新纪元公园西门及以内景观带。

南门，今址：高新二路与科技二路转角北广场（庆安颐秀园 12 栋）。

北门，今址：中华联合财产保险股份有限公司陕西分公司北楼。

三、附考

《新记》记此坊在隋初有大将军史万岁宅，云此宅于万岁入居之前常有鬼怪，居者辄死。万岁居此宅之后，梦汉将樊哙告其墓近宅中厕所，请移他所。万岁果于其处掘得骸枢并改葬之。梦鬼之事诚属虚妄，而隋大兴城规划建成之初，城址内多前代遗留墓葬，待贤坊史万岁宅掘出墓葬并予以改迁一事绝非特例。此处为隋唐长安城坊内有古墓葬之又一例证。

坊内有贺拔定妃宅，其父贺拔颍，街东宣阳坊内有贺拔亮宅，亮之墓志今存大唐西市博物馆，亮之祖父为贺拔颍，故定妃为亮之姑母。定妃之夫是云偘，卒于北周天和二年（567）淅州刺史任上，定妃则卒于隋开皇六年（586），前后两朝，差距 20 年，云偘卒时尚无隋新都，则定妃宅在待贤之宅断非北周时置。隋帝都大兴时，云侃已卒 15 年，贺拔氏系关陇贵族，定妃为北周勋臣遗孀，隋大臣贺拔亮之姑，据墓志所记伯父为贺拔岳，而贺拔岳为贺拔胜之弟，故贺拔胜亦为贺拔定妃之伯父，毛汉光《西魏府兵史论》认为，贺拔胜集团在杨坚篡位中起了重要作用。杨坚建隋后，贺拔胜家族被优待亦属情理之中，故贺拔定妃在新都被赐宅一区亦可理解。

永和坊

朱雀门街西第五街，从北第十坊

一、坊名释

本坊原名淳和，元和初避宪宗讳，更名永和。淳和者，出《后汉书》卷五十六，其文曰："伏见故处士种岱，淳和达理，耽悦《诗书》，富贵不能回其虑，万物不能扰其心。"永，永久也；《广雅》曰："和，谐也。"《说文》曰："和，相应也。"永和者，期望家国永久和谐之义。

二、古今址

东北隅，隐太子庙，今址：高新路辅路与科技二路十字西北角至环亚花园19号楼。

北门，今址：科技二路与高新二路西南角景观带。

三、附考

隐太子为李建成之封号，《旧唐书》卷六十四《隐太子建成传》云："太宗即位，追封建成为息王，谥曰隐，以礼改葬。葬日，太宗于宜秋门哭之甚哀，仍以皇子赵王福为建成嗣。十六年五月，又追赠皇太子，谥仍依旧。"是隐太子庙之建当在贞观十六年（642）五月之后。而是坊该庙之废，当在前文街东永崇坊所述七太子庙中，即天宝六载（747）。本书主体所记名目，为《长安志》据唐韦述《新记》所列，按韦氏作记时尚在开元年间，永和坊此庙尚在，故有此录。其庙既立，合享祭祀之礼，今传者有祭庙之乐章歌词，在《全唐诗》卷十五有所收录。

四、坊中词

郊庙歌辞·享隐太子庙乐章·诚和

道冈鹤关，运缠鸠里。门集大命，俾歆嘉祀。礼亚六瑚，诚殚二簋。有诚颙若，神斯戾止。

郊庙歌辞·享隐太子庙乐章·萧和

岁肇春宗，乾开震长。瑶山既寂，庋园斯享。玉萧其事，物昭其象。弦诵成风，笙歌合响。

郊庙歌辞·享隐太子庙乐章·雍和

明典肃陈，神居邃启。春伯联事，秋官相礼。有来雍雍，登歌济济。缅维主鬯，庶歆芳醴。

郊庙歌辞·享隐太子庙乐章·舒和

三县已判歌钟列，六佾将开羽戚分。尚想燕飞来蔽日，终疑鹤影降凌云。

郊庙歌辞·享隐太子庙乐章·凯安

天步昔将开，商郊初欲践。抚戎金阵廓，贰极瑶图阐。鸡戟遂崇仪，龙楼期好善。弄兵隳震业，启圣隆嗣典。

郊庙歌辞·隐太子庙乐章·迎神

苍震有位，黄离蔽明。江充祸结，戾据灾成。衔冤昔痛，赠典今荣。享灵有秩，奉乐以迎。

郊庙歌辞·隐太子庙乐章·送神

皇情悼往，祀议增设。钟鼓铿锵，羽旄昭晰。掌礼云备，司筵告彻。乐以送神，灵其鉴阕。

常安坊

朱雀门街西第五街，从北第十一坊

一、坊名释

常安之名，始于王莽，时西汉初始元年（8）十二月，莽代汉自立，更长安为常安。长常两字，音同而意稍殊，言长者，长久也，名常者，按《广雅》《周易》所述，为恒长之义，然《列子》述"常生常化"，意又为常常之义，故名常安者，其义广于长安。

二、古今址

东北隅，章怀太子庙，今址：甘家寨社区 11 号楼与高新区第三初级中学博知楼一带。

北门，今址：万科金域国际 B 座楼。

三、附考

坊内章怀太子庙，《长安志》注云"神龙中立"，查《旧唐书》睿宗本纪载，景龙四年（710）夏六月，中宗崩；秋七月癸丑，追谥雍王贤为章怀太子。神龙中李贤章怀太子之谥尚未有，何来立太子庙？故常安坊内章怀太子庙设立应在景龙四年七月追谥之后。则《长安志》注所云神龙中立当误。对照永崇坊内七太子庙之建置时间，天宝六载（747）常安坊章怀太子庙并入永崇坊内七太子庙，与其他六太子神主合祀。由此可知此庙独立存在时间为景龙至天宝时，此后即迁并入他坊。原庙所在建筑，据《唐会要》中记载对城内其他太子庙处置的办法，应该是由宗正寺收回处理（"屋宇请令宗正寺勾当者"）。

常安坊内在贞元十五年（799）九月还设置了文敬太子庙，方位无载，其庙之设，盖以章怀太子旧庙所改。

常安坊地处京城之西南隅，在唐时长安可谓偏远之至，以致文献所记此坊内在有唐一代仅先后两座太子庙而已。太子庙因何设于此坊？历来未有关注者，考其区域，析其名位，究其原因，可知其要。杜佑《通典》卷五十二（丧废祭议，祭殇）记载："祭嫡殇者，重嫡也。祭嫡殇于庙之奥，谓之阴厌。"《尔雅》中《释宫》云："西南隅谓之奥。"故常安坊太子庙之设，其理可知矣。

另，《唐会要》"诸太子庙"条记载长安城内太子庙存废信息甚详：

贞元十五年九月，置文敬太子庙于常安坊，祭令各一人，四时献奠，太子家令为祭主，牲牢乐馔，所司供备，太常博士一人相礼。

至太和四年四月，太常寺奏："文敬太子庙，准太和元年十一月二十三日敕，停裸献；从太和二年，四时享献并停；伏准七太子及靖恭太子例，庙享既绝，神主理合埋瘗。"从之。

元和元年，太常寺奏："七太子庙、文敬恭懿太子，两京皆是旁亲。伏详礼经，无文享祀，官员所设，深恐非宜。其两京官吏，并请勒停，其屋宇请令宗正寺勾当者。"敕旨："依准，其见任官至考满日停。其日，又敕文敬太子庙，量留令一员、府史一人、三卫二人，余并停。"

宝历二年二月，太常奏："追赠文敬太子庙在常安坊，惠昭太子庙在怀真坊，各置官吏，四时置享，礼经无文。况九庙递迁，族属弥远，推恩降杀，裸献宜停。又，赠奉天皇帝庙、赠贞顺皇后庙，及永崇坊隐太子以下七室，同为一庙，并赠靖恭太子，亦祔在此庙。凡此制置，皆是追崇，或徇一时，且非礼意。日月既久，祀享寻停。其神主望准故事，瘗于庙地。庶情礼终始，不失经训。请下太常礼院与百官议。"起居郎刘敦儒议曰："……臣以为惠昭太子裔嗣皆在宫中，若未胜冠，自宜抱奠。又有以同姓为尸者，今但令宗正官属主奠，即雅符祀典矣。其文敬太子，生非系本之重，殁有追命之荣。今于皇帝为曾叔祖，非大功之亲。详礼经为庶子，而服属已远。列于常祀，实为非经，请依太常所奏。又，隐太子以下神主，或累朝嫡嗣，或圣代名藩，今者子孙，皆居列土，因缘食禄，亦谓承家。各令自列庙祧，用伸严配。臣伏详开元中，敕诸赠太子有后者，咸令自主其祭。今请复行此制，各使子孙，奉迎神主，归祔私庙。庶别子为祖，符列国不祧之尊。其无后之庙及贞顺皇后神主，即请依太常所奏。其赠奉天皇帝承天皇帝神主，既有常号，礼不可黩。盖王者不享于下士，诸侯不敢祖天子之义，纵有主后，法不当祭，亦请依太常所奏。"制从之。

开成三年二月，兵部尚书判太常卿事王起等奏："准堂帖。天宝初，置七太子庙，异室同堂。国朝故事，足以师法。今欲以怀懿太子神主祔惠昭及悼怀太子庙，宜选太常寺典礼官同议状者。伏以三代已降，庙制不同。光武为总立一堂，神主异室，亲尽庙毁，昭穆递迁，此盖祖宗之庙也。然则太子庙出于近代，或散在他处，别置一室；或尊卑序列。共立一堂。伏准国初太子庙，各在诸坊。天宝六载，敕文章怀节愍惠庄惠宣等太子，宜与隐太子列次，同为一庙，号七太子庙，应缘祭事，并令官给。又准大历三年五月，以靖恭太子神主祔七太子庙，加一室。今怀懿太子以侄祔叔，享献得宜，请于惠昭太子庙添置一室，择日升祔。"从之。

大中六年十一月，太常博士白宏儒奏："伏以惠昭太子庙（元和七年立）、悼怀太子庙（太和四年立）、怀懿太子庙（开成三年，入惠昭太子庙）、庄恪太子庙（开成三年立），前件太子四室，共置三庙，每当修饰，至其费用极多。四时奠享，所司未必丰洁；三处行事，人力实谓劳烦。将欲求其便宜，莫若移就一庙。且今太庙九室，尚在一处，太子各置庙宇，礼实非宜。

伏以庄恪太子庙，地实高敞，建立又新，只添一间，可容三室。所费益寡，其利实繁，非止即安，可以永逸。请待修理毕，择日备礼，迁诸太子神主，皆祔庄恪庙中。列位次居，匪失彝伦之叙；祀事同享，无亏长幼之仪。其废庙瓦木极多，诸庙添修，计亦合足。其废庙官等，未得资者，望许非时参选。臣官守绵蕞，职忝参详，事关礼文，合当举请。"

敕："白宏儒所奏，颇为得宜，令太常卿集礼官重议闻奏。"

于是礼院奏议曰："伏以列圣祖宗，尚同太庙，追册储嗣，不合别祠。盖以年月各殊，宠恩有异，岁时已久，即宜改更。况春秋荐享之时，礼乐牲牢之用，重烦人力，实为皇居。今据从卑就尊、创置年月，即合移怀懿太子以下三庙。就惠昭太子庙，地既卑，多有浸湿，非可经久。庄恪太子庙，地居高敞，屋更宽广。若移同一庙，只要增置庙室，谨详迁就，诚谓久安，增其便宜，移庙未亏于典故。今列次增室，祔礼尊常，酌中之道可行，申奠之仪不失。臣与官寮等集议，请依宏儒所奏，事诚允当，实举旧章。"奉敕："宜依。"

以上文中记录了诸太子庙分、合之详状，尤其是大中六年（852）白宏儒与礼院奏议四庙合祭事最为生动，以太庙合祭之由，述故太子分祭之不合理，因而拆旧补新，舍低洼而就高敞，可称唐时长安城中规划营造之典型事例。值得注意的是，以上唐代奏疏反复提到的地势高敞、建造宽广的庄恪太子庙却在《长安志》等诸专门文献中失载，位于何坊何处，有待后考。

四、坊中诗

郊庙歌辞·享章怀太子庙乐章·迎神

副君昭象，道应黄离。铜楼备德，玉裕成规。仙气霭霭，灵从师师。前驱庋止，控鹤来仪。

郊庙歌辞·享章怀太子庙乐章·登歌酌鬯

忠孝本著，羽翼先成。寝门昭德，驰道为程。币帛有典，容卫无声。司存既肃，庙享惟清。

郊庙歌辞·享章怀太子庙乐章·迎俎酌献

通三锡胤，明两承英。太山比赫，伊水闻笙。宗祧是寄，礼乐其亨。嘉辰荐俎，以发声明。

郊庙歌辞·享章怀太子庙乐章·送文舞迎武舞

羽籥崇文礼以毕，干戚奋武事将行。用舍繇来其有致，壮志宣威乐太平。

郊庙歌辞·享章怀太子庙乐章·武舞作

绿林炽炎历，黄虞格有苗。沙尘惊塞外，帷幄命嫖姚。七德干戈止，三边云雾消。宝祚长无极，歌舞盛今朝。

和平坊

朱雀门街西第五街，从北第十二坊

一、坊名释

《焦氏易林·蒙之小畜》云："阴阳顺叙，以成和平。"《周易·咸卦》曰："圣人感人心而天下和平。"《史记·秦始皇本纪》云："今皇帝并一海内，以为郡县，天下和平。"故知和平之义，祈愿政通人和、和睦平安也。

二、古今址

南北街之东，筑入庄严寺，今址：天地源·枫林绿洲。

南北街之西，筑入总持寺，今址：尚品国际。

三、附考

此坊在隋代规划之始尚为独立存在，后随大庄严寺、大总持寺规划建设，遂与永阳坊合二为一，尽为两大佛寺所踞。隋唐两代，皆为香火之地，宅第、祠观等绝无，其坊内格局与其他诸坊则不可同语。

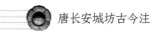

永阳坊

朱雀门街西第五街，从北第十三坊

一、坊名释

《说文》曰："阳，高明也。"

二、古今址

半以东，大庄严寺，今址：木塔寺遗址公园。

半以西，大总持寺，今址：高新万达广场。

三、附考

《旧唐书》卷三十七《五行志》载："大历十年二月，庄严寺佛图灾。初有疾风，震雷薄击，俄而火从佛图中出，寺僧数百人急救之，乃止，栋宇无损。"与北魏洛阳城之永宁寺木塔一样，庄严寺木塔同样遭受了雷击致火的灾厄，所不同的是永宁寺塔在雷火之后被烧毁，而庄严寺塔在代宗大历十年（775）二月的这次雷火中被抢救下来，并且一直延续到明代。

《历代名画记》载总持寺壁画甚详："总持寺门外东西，吴画，成色，损。佛殿内西面，孙尚子画。三藏院小佛殿四壁，尹琳、李昌画。堂内李重昌画恩大师影。庄严寺（两寺并殷令名题额。）南门外壁白蕃神，尹琳画。中门外东西，卢棱伽画两壁，甚大。"

《新记》载："隋初置宇文弼别馆于此坊。"既云别馆，其本宅在何坊？查所见文献，未见弼宅在何处。宇文弼在隋为勋臣，"开皇初，以前功封平昌县公。入为尚书右丞"。后历任尚书左丞、太仆少卿、吏部侍郎、并州长史、刑部尚书、泉州刺史、礼部尚书等职。炀帝之时，因私议皇帝而被告发，终坐诛。宇文弼主要活动在文帝、炀帝时，则其必在长安有宅，其位置待考。

四、坊中诗

奉和圣制闰九月九日登庄严总持二寺阁（宋之问）

闰月再重阳，仙舆历宝坊。帝歌云稍白，御酒菊犹黄。风铎喧行漏，天花拂舞行。豫游多景福，梵宇日生光。

庄严精舍游集（韦应物）

良游因时暇，乃在西南隅。绿烟凝层城，丰草满通衢。精舍何崇旷，烦局一弘舒。架虹施广荫，构云眺八区。即此尘境远，忽闻幽鸟殊。新林泛景光，丛绿含露濡。永日亮难遂，平生少欢娱。谁能遽还归，幸与高士俱。

题庄严寺休公院（郑谷）

秋深庭色好，红叶间青松。病客残无著，吾师甚见容。疏钟和细溜，高塔等遥峰。未省求名侣，频于此地逢。

避暑庄严禅院（李洞）

定里无烦热，吟中达性情。入林逢客话，上塔接僧行。八水皆知味，诸翁尽得名。常论冰井近，莫便厌浮生。

和刘驾博士赠庄严律禅师（李洞）

人言紫绶有光辉，不二心观似草衣。尘劫自营还自坏，禅门无住亦无归。松根穴蚁通山远，塔顶巢禽见海微。每话南游偏起念，五峰波上入船扉。

登总持寺阁（张九龄）

香阁起崔嵬，高高沙版开。攀跻千仞上，纷诡万形来。草间商君陌，云重汉后台。山从函谷断，川向斗城回。林里春容变，天边客思催。登临信为美，怀远独悠哉。

登禅定寺阁（一作登总持寺阁）（宋之问）

梵宇出三天，登临望八川。开襟坐霄汉，挥手拂云烟。函谷青山外，昆池落日边。东京杨柳陌，少别已经年。

登总持寺阁（崔湜）

宿雨清龙界，晨晖满凤城。升攀重阁迥，凭览四郊明。井邑周秦地，山河今古情。纡余一水合，寥落五陵平。处处风烟起，欣欣草木荣。故人不可见，冠盖满东京。

闰九月九日幸总持寺登浮图应制（李峤）

闰节开重九，真游下大千。花寒仍荐菊，座晚更披莲。刹凤回雕辇，帆虹间彩旒。还将西梵曲，助入南薰弦。

闰九月九日幸总持寺登浮图应制（刘宪）

重阳登闰序，上界叶时巡。驻辇天花落，开筵妓乐陈。城端刹柱见，云表露盘新。临睨光辉满，飞文动睿神。

闰九月九日幸总持寺登浮图应制（李乂）

清跸幸禅楼，前驱历御沟。还疑九日豫，更想六年游。圣藻辉缨络，仙花缀冕旒。所欣延亿载，宁祇庆重秋。

登总持寺浮图（孟浩然）

半空跻宝塔，晴望尽京华。竹绕渭川遍，山连上苑斜。四门开帝宅，阡陌俯人家。累劫从初地，为童忆聚沙。一窥功德见，弥益道心加。坐觉诸天近，空香送落花。

登总持阁（岑参）

高阁逼诸天，登临近日边。晴开万井树，愁看五陵烟。槛外低秦岭，窗中小渭川。早知清净理，常愿奉金仙。

登总持寺阁（耿沣）

今日登高阁，三休忽自悲。因知筋力减，不及往年时。草树还如旧，山河亦在兹。龙钟兼老病，更有重来期。

参考文献

一、著述

《史记》，清光绪十年上海同文书局刊本。

《汉书》，清光绪十年上海同文书局刊本。

《陈书》，清光绪十年上海同文书局刊本。

《隋书》，清光绪十年上海同文书局刊本。

《北史》，清光绪十年上海同文书局刊本。

《旧唐书》，清光绪十年上海同文书局刊本。

《新唐书》，清光绪十年上海同文书局刊本。

《正统道藏》洞真部，上海：上海书店出版社，2012 年。

（战国）吕不韦著，张玉玲译注：《吕氏春秋》，太原：山西古籍出版社，2007 年。

（汉）刘安著，马庆洲注评：《淮南子》，南京：凤凰出版社，2009 年。

（汉）许慎撰：《说文解字》（附检字），北京：中华书局，1963 年。

（南朝宋）刘义庆撰，（梁）刘孝标注，王根林校点：《世说新语》，上海：上海古籍出版社，2012 年。

（唐）崔令钦撰，吴企明点校：《教坊记（外三种）》，北京：中华书局，2012 年。

（唐）杜佑撰：《通典》，杭州：浙江古籍出版社，1988 年。

（唐）段成式：《寺塔记》，北京：人民美术出版社，1964 年。

（唐）段成式撰，曹中孚校点：《酉阳杂俎》，上海：上海古籍出版社，2012 年。

（唐）高彦休撰：《唐阙史》，清光绪湖北崇文书局官刻本。

（唐）皇甫枚撰：《三水小牍》，北京：中华书局，1958 年。

（唐）慧立、彦悰著，孙毓棠、谢方点校：《大慈恩寺三藏法师传》，北京：中华书局，1983 年。

（唐）康骈撰：《剧谈录》，上海：古典文学出版社，1958 年。

（唐）李林甫等撰，陈仲夫点校：《唐六典》，北京：中华书局，1992 年。

（唐）李淖撰：《秦中岁时记》，明说郛丛书本。

（唐）李冗撰，张永钦、侯志明点校：《独异志》，北京：中华书局，1983 年。

（唐）李肇撰：《唐国史补》，上海：上海古籍出版社，1979 年。

（唐）令狐澄撰：《大中遗事》，明说郛丛书本。

（唐）刘肃撰，许德楠、李鼎霞点校：《大唐新语》，北京：中华书局，1984 年。

（唐）卢言撰：《卢氏杂说》，明说郛丛书本。

（唐）孙棨：《北里志》，明嘉靖陆氏俨山书院青藜馆刻本。

（唐）韦述：《两京新记》（残卷），西京筹备委员会丛刊本，1936 年。

（唐）韦述：《两京新记》残卷），日本同朋舍影印金泽文库钞本，1956 年。

（唐）薛渔思撰：《河东记》，明说郛丛书本。

（唐）姚汝能撰，曾贻芬校点：《安禄山事迹》，上海：上海古籍出版社，1983 年。

（唐）佚名：《大唐传载（外三种）》（影印），清道光二十四年金山钱熙祚刊本。

（唐）佚名撰：《辇下岁时记》，明说郛丛书本。

（唐）张读撰，张永钦、侯志明点校：《宣室志》，北京：中华书局，1983 年。

（唐）张彦远：《历代名画记》，北京：人民美术出版社，1963 年。

（唐）赵璘撰：《因话录》，上海：上海古籍出版社，1979 年。

（五代）王定保撰，阳羡生校点：《唐摭言》，上海：上海古籍出版社，2012 年。

（五代）王仁裕等撰，丁如明等校点：《开元天宝遗事》（外七种），上海：上海古籍出版社，2012 年。

（宋）程大昌撰：《雍录》，明嘉靖李经刻本、明万历吴琯刻本。

（宋）李昉等编：《太平广记》，北京：中华书局，1961 年。

（宋）李昉等编：《文苑英华》，北京：中华书局，1966 年。

（宋）李昉等撰：《太平御览》，北京：中华书局，1960 年。

（宋）钱易撰，黄寿成点校：《南部新书》，北京：中华书局，2002 年。

（宋）司马光编著，（元）胡三省音注：《资治通鉴》，北京：中华书局，

1956 年。

（宋）宋敏求：《长安志》，清乾隆灵岩山馆刻本。

（宋）王溥撰：《唐会要》，北京：中华书局，1955 年。

（宋）土钦若等编：《册府元龟》，北京：中华书局，1960 年。

（宋）张礼：《游城南记》，民国陕西通志馆刊本。

（宋）赵彦卫撰：《云麓漫钞》，明万历吴勉学刻本。

（宋）朱熹集注：《楚辞集注》，上海：上海古籍出版社，1979 年。

（清）董诰等编：《全唐文》，北京：中华书局，1983 年。

（清）陆心源：《唐文拾遗》，清潜园总集本。

（清）阮元校刻：《十三经注疏》，北京：中华书局，1980 年。

（清）徐松撰，（清）张穆校补，方严点校：《唐两京城坊考》，北京：中华书局，1985 年。

（清）徐松撰，李健超增订：《增订唐两京城坊考》（修订版），西安：三秦出版社，2006 年。

韩保全：《古都西安考古文物文集》，西安：陕西科学技术出版社，2014 年。

《韩非子校注》组：《韩非子校注》，南京：江苏人民出版社，1982 年。

《全唐诗》，北京：中华书局，1960 年。

《资暇集（及其他二种）》，北京：中华书局，1985 年。

龚国强：《隋唐长安城佛寺研究》，北京：文物出版社，2006 年。

荣新江：《隋唐长安：性别、记忆及其他》，上海：复旦大学出版社，2010 年。

陕西省考古研究院编著：《唐长安醴泉坊三彩窑址》，北京：文物出版社，2008 年。

上海师范大学古籍整理组校点：《国语》，上海：上海古籍出版社，1978 年。

陶易编著：《唐代进士录》，合肥：安徽大学出版社，2010 年。

王树声编著：《中国城市人居环境历史图典》，北京：科学出版社、龙门书局，2016 年。

吴宏岐：《西安历史地理研究》，西安：西安地图出版社，2006 年。

西安市地名委员会、西安市民政局：《陕西省西安市地名志》，1986 年。

肖爱玲等：《隋唐长安城》，西安：西安出版社，2009 年。

肖爱玲等：《隋唐长安城遗址保护规划历史文本研究》，北京：科学出版

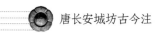
社，2014年。

辛德勇：《隋唐两京丛考》（第二版），西安：三秦出版社，2006年。

杨鸿年：《隋唐两京坊里谱》，上海：上海古籍出版社，1999年。

杨鸿年：《隋唐两京考》（第二版），武汉：武汉大学出版社，2005年。

杨柳桥撰：《庄子译诂》，上海：上海古籍出版社，1991年。

佚名：《三辅黄图》，民国二十三年陕西通志馆刊本。

张永禄：《唐都长安》，西安：三秦出版社，2010年。

张永禄主编：《唐代长安词典》，西安：陕西人民出版社，1990年。

赵守俨点校：《朝野佥载》，北京：中华书局，1979年。

中国社会科学院考古研究所、西安市隋唐长安城遗址保护中心、西安市世界遗产监测管理中心编：《隋唐长安城遗址（考古资料编）》（上、下册），北京：文物出版社，2017年。

周绍良主编：《全唐文新编》，长春：吉林文史出版社，2000年。

〔日〕平冈武夫：《长安与洛阳（地图）》，杨励三译，西安：陕西人民出版社，1957年。

〔日〕圆仁：《入唐求法巡礼行记》，桂林：广西师范大学出版社，2007年。

〔日〕足立喜六：《长安史迹研究》，王双怀、淡懿诚、贾云译，西安：三秦出版社，2003年。

二、期刊

常海青：《标识历史节点 融入城市生活——唐长安城外郭城延平门遗址保护与展示工程》，《建筑与文化》2007年第12期。

崔凯：《历史与现实的对接并存——对于隋唐长安城遗址的一些思考》，《建筑与文化》2015年第10期。

韩保全：《隋正觉寺遗址出土的石造像》，《考古与文物》1987年第6期。

何文轩、贺从容：《唐长安城安仁坊内建筑格局分析》，《中国建筑史论汇刊》2018年第1期。

李健超：《隋唐长安城通化门遗址考》，《唐都学刊》2012年第2期。

马得志：《唐长安兴庆宫发掘记》，《考古学报》1959年第10期。

马得志：《唐代长安城平康坊出土的鎏金茶托子》，《考古》1959年第12期。

陕西省博物馆文管会钻探组：《唐长安城兴化坊遗址钻探简报》，《文物》1972年第1期。

陕西省文物管理委员会：《唐长安城地基初步探测》，《考古学报》1958年第 3 期。

王长启：《谈西安出土唐代"官"字款白瓷》，《文博》1991 年第 6 期。

王长启、张国柱、王蔚华：《原唐长安城平康坊新发现陶窑遗址》，《考古与文物》2006 年第 6 期。

王树声：《隋唐长安城规划手法探析》，《城市规划》2009 年第 6 期。

王树声、崔凯、王凯：《宋吕大防〈长安图〉补绘研究》，《城市规划》2016 年第 40 卷第 12 期。

西北大学文博学院考古系：《西安唐长安城太平坊隋唐时期遗迹的清理》，《考古》2005 年第 9 期。

叶淑玲、崔凯：《唐代长安城建筑思想浅探》，《建筑与文化》2008 年第 8 期。

赵强、李喜萍、秦建明：《唐长安城发现坊里道路遗迹》，《考古与文物》1995 年第 6 期。

中国科学院考古研究所西安工作队：《唐代长安城明德门遗址发掘简报》，《考古》1974 年第 1 期。

中国科学院考古研究所西安唐城发掘队：《唐长安城西市遗址发掘》，《考古》1961 年第 5 期。

中国科学院考古研究所西安唐城发掘队：《唐代长安城考古纪略》，《考古》1963 年第 11 期。

中国社会科学院考古所西安唐城队：《唐长安青龙寺遗址》，《考古学报》1989 年第 2 期。

中国社会科学院考古研究所西安唐城工作队：《唐长安皇城含光门遗址发掘简报》，《考古》1987 年第 5 期。

中国社会科学院考古研究所西安唐城工作队：《唐长安城安定坊发掘记》，《考古》1989 年第 4 期。

中国社会科学院考古研究所西安唐城工作队：《唐长安西明寺遗址发掘简报》，《考古》1990 年第 1 期。

附　录

唐长安古今图考

在中国历史中，唐代长安城是一个非常显著的存在，无论对学者，还是对稍有历史文化常识的普通民众，都是一个被经常关注的对象。因为城市不是抽象的事物，而是一个十分客观的综合体。围绕着这座城市，有各种各样内容的研究与关注点。自唐以来，也形成了不少著述，但基本都是文字叙述，以图的表达则相对较少。限于时代和条件，长安城图的绘制在近代以前基本都是意的表达，很少顾及精确，这对于准确研究唐代长安城市内容无疑是非常不利的。城图是对城市最直观的表达，它的精确程度直接关系到对城市的认知。自清末开始，国内外学者开始以科学的视角，用现代地图绘制技术来尝试复原唐代长安城，形成了诸多图的版本。兹将历代绘制的唐长安城图择要分述如下。

《长安图》（吕氏称《长安故图》者），已佚，该图信息目前最早出现在北宋吕大防《长安图记》一文中，原文为"予因考证长安故图，爱其制度之密而勇于敢为，且伤唐人冒袭，史氏没其实，聊记于后"。此图在王树声等所作《北宋吕大防〈长安图〉补绘研究》[①]一文中被考证为隋图，从吕氏自述语意来看，既然称赞长安故图制度之密而勇于甘为，复又感叹唐人只是冒名承袭，那吕氏所见之图只能是隋图。长安故图已失传，样貌如何已不得而知。但我们从另一个方面来反推，既然吕氏爱此故图，必然在绘刻《长安图》时仿照了故图形式，则自吕氏《长安图》可想见其大略。

《长安图》（附三宫图），今存残拓，北宋元丰三年（1080）永兴军知军吕大防绘刻，按吕氏所述，此图绘制"以二寸折一里"，折合成现今比例尺为1∶9000，形制比例表达准确，内容十分丰富，图例统一，宫殿、官署、宅邸、

---

① 王树声、崔凯、王凯：《北宋吕大防〈长安图〉补绘研究》，《城市规划》2016年第40卷第12期。

寺观、园林、自然山水等无所不包，是中国现存最早的城市石刻地图，也是目前研究唐代长安城最为可靠的文献资料，因为此图绘刻时距离唐代长安城被毁仅有176年，其时地面遗迹尚历历在目。此图绘毕即刻制了一块石碑，立在当时的京兆府衙署之内，蒙古灭金的战争中，此碑被毁，遂埋入地下。清末民国时期，陆续发现此碑残石20余块，并拓制了一些拓片。时至今日，仅有拓片传世，出土的残石仅有两块展陈于西安碑林博物馆，其他不知所踪。今陕西师范大学图书馆、北京大学图书馆等单位均藏有此碑残石的民国拓本。

《长安城图》，已佚，南宋时陆游所见，只余一诗，其文曰："许国虽坚鬓已斑，山南经岁望南山。横戈上马嗟心在，穿堑环城笑虏孱。日暮风烟传陇上，秋高刁斗落云间。三秦父老应惆怅，不见王师出散关。"[1]诗为陆氏观图咏志所作，图为何人所绘、为何种版本、内容若何，已不可知。

《汉唐要地参出图》，今存明代嘉靖、万历重刻本两种[2]，南宋程大昌所绘，收录于程氏著作《雍录》之中。此图整体绘制较为简单，若以今人科学视角来看，该图绘制较为信马由缰，如对唐代长安城不够熟悉看此图容易被误导。然图虽不精准而内容标注却十分丰富，主体为唐代长安城，城周围将山谷、自然及人工水系、川原等事物收罗备至，并标明了唐城与汉城的对应关系。图题之下注文曰："此图主唐，而有秦汉故迹图，狭不可多书，凡记一字于下者，昔周秦也，二字即汉也，一二字者皆唐也。"然按图注解此明代所刻之图，莫知所云，盖为明人重刻时限于篇幅简省内容所致。

《唐都城内坊里古要迹图》，今存明代嘉靖、万历重刻本两种[3]，南宋程大昌所绘，收录于程氏著作《雍录》之中。此图绘制较《参出图》精确，将唐代长安城郭城形态及基本结构予以全面呈现，图中内容坊里数量并未全数呈现，内容也非面面俱到，只求重点突出。值得注意的是，绘者除将自己认为重要的唐城事物如太庙、玄都观、裴度宅等内容选择性标出外，还将唐代郭城内所知的汉代遗迹乐游庙、灵台、明堂、辟雍、太社、圜丘等内容一一标出，以突出该图的古迹标注性质。绘者在图后还说明绘图的母本来源，即"按吕图位置以立此图"。

《隋唐都城龙首山分六坡图》，今存明代嘉靖、万历重刻本两种，南宋程大昌所绘，收录于程氏著作《雍录》之中。此图以方格形式呈现，横四纵五，虽云六坡图，但只标明了长安城内自九二至上九的五坡名称，郭城内只标玄都

---

①　（宋）陆游撰：《陆放翁全集》之《剑南诗稿》卷五，明崇祯毛晋汲古阁刻本，第28页。

②　（宋）程大昌撰：《雍录》卷一，明嘉靖李经刻本，第22页；明万历吴琯刻本，第23页。

③　（宋）程大昌撰：《雍录》卷二，明嘉靖李经刻本，第13页；明万历吴琯刻本，第13页。

观①、裴度宅（宅居永乐坊，位于九五高坡之上，曾因此而被朝臣中伤）两处内容，二者均位于九五高坡之上，较为典型，故绘者重点标出。但隋代置都时分列玄都观、兴善寺于朱雀大街两侧，均作厌胜之用，不知此图中为何独标道观而舍佛寺。另，图中将玄都观错误标注于安善坊之内，应为崇业坊。

《唐宫城坊市总图》《唐京城坊市图》，已佚，该图为元代至正时陕西诸道行御史台治书侍御史李好文所绘，绘成后收录于李氏所著《长安志图》一书中，此书最早版本现存明代嘉靖十一年（1532）李经刻本，系与北宋宋敏求所著《长安志》合刻并置于书前，为《长安志图》的重刻本，现存嘉靖书中已无此二图，具体形式与内容无从考察。

《唐城市制度图》，今存，与已佚的《唐宫城坊市总图》《唐京城坊市图》共为一书之中所收录，所幸的是前两图虽失传而此图尚存明代重刻者，此图实际上是唐长安城内坊、市的图例，计绘列三种，即十字街四门之坊（原注"一坊"）、横街二门之坊（原注"皇城南坊之制"）、井字街之市（原注"居二坊地、四街八门"），其文注曰："市制，四面皆市人居之，中为署，盖治市之官府也。旧图金（尽）画坊市制度，今门小不能记容，别画一坊之制以见其余。"②

《西京外郭城图》，今存，清代徐松所绘，收录于徐氏著作《唐两京城坊考》之中③，该图是现存北宋吕大防长安图之后第一次将唐代长安城坊里全部绘出并标注者。全图绘制较为细致严谨，不仅完整地反映了长安城市结构，而且将夹城绘制并标注出，虽无坊里寺观宅邸内容，但一览而知唐代长安规划建设之要，较之现存明代绘刻的唐长安诸图，都最为精确直观。

《隋都城图》，今存，收录于清康熙七年（1668）《咸宁县志》中④，观此图样貌，应是据《雍录》中之《隋唐都城龙首山分六坡图》所改绘，较之《雍录》图更为清晰明了，将初九至上九的六坡一一列示，郭城内亦独标玄都观一处，皇城简而宫城详。图左侧注文引吕大防"隋氏设都……更数百年不能有改"一句。

《汉唐长安城图》，今存，清代王森文所绘，此图尺幅巨大，为独图形式，附有题记，现藏陕西历史博物馆。图中内容精详，名人宅邸、寺观、园池皆标注殆尽，按其形式，与吕氏《长安图》颇为类似，但王氏生活的年代，吕图失

---

① 明代两本中均作元都观，本作玄都观，宋人因避讳而更玄为元。出现此种情况，应为明人据宋本重刻时依样画葫芦所致。
② （元）李好文编撰：《长安志图》卷上，明嘉靖十一年李经刻本。
③ （清）徐松撰：《唐两京城坊考》卷一，清道光二十八年灵石杨氏刻本，第2页。
④ （清）黄家鼎修：《咸宁县志》卷首，清康熙七年刻本，第6—7页。

传已久，不可能见其毫末。王森文与徐松相识，所绘此图曾被徐松在《唐两京城坊考》中提及，其文曰："余同年友王氏森文所作《汉唐长安城图》皆亲自履勘，较《长安志图》为精审，故作禁苑图用其说。凡图中所载者，皆实有旧址可考也。"1963年《考古》所刊《唐代长安城考古纪略》曾将此图全貌附于文后。

《唐京城总图》，收录于清嘉庆二十四年（1819）《咸宁县志》中[①]，民国时期曾以石印形式翻刻。此图与徐松《西京外郭城图》相似，徐图精详而此图粗简，城内坊、市、宫名全部标出，街道简省，坊市主体以细方格线划分，郭城、宫城皇城以粗黑线标示。郭城门中，延兴门标注为元兴门，查清代民国时期，在唐延兴门址附近有元兴门村，清人修志以误易正，延变为元，应是千余年间音近讹传所致。

《唐皇城南朱雀街东诸坊图》《唐皇城东诸坊图》《唐皇城东南诸坊图》，收录于清嘉庆二十四年（1819）、民国二十五年（1936）《咸宁县志》中，三图属同一种性质，同一内容两种版本的书中，清代木刻图粗犷而民国石印图精细。坊中十字街与横街皆以虚线标示，虽然没有像吕图那样有生动的图例，但部分坊中宅邸内容较之吕图更加详尽，城中水系走向也绘制得比较清晰。与诸图比较，此三图是近代及以前除北宋吕大防图外最为详细的一种。

《唐城图》[②]，此图分别收录于清嘉庆二十年（1815）、民国二十五年（1936）所刊之《长安县志》中，将唐代长安城整体绘出，但内容只标明朱雀街西属于长安县辖地者，朱雀街东诸坊只绘图例，皆不注名。郭城、皇城、宫城（除兴庆宫外）皆以粗线、诸坊及南内兴庆宫以细线绘制，图题下注明"每方二里"。

《唐城今城合图》[③]，此图收录于清嘉庆二十年（1815）、民国二十五年（1936）所刊的两种《长安县志》中，内容相同，尤其是民国刊印的合图，较之嘉庆志中同一图，内容更为详细，更为难能可贵的是将古今以两种颜色区分叠合，按图注所述，"每方二百步，墨图唐城，朱图今城"，这是唐代长安城研究历史上首次以古今对照方式绘制城市详图，从图中可以看出，该图重在以今人视角来审视古代，故今详而古略，唐代坊里的结构与内容并没有标示。相对于以往诸图，这种科学意识已经十分难能可贵。

《长安城实测图》《长安城复原图》，中国科学院考古研究所西安唐城发掘队（今中国社会科学院考古研究所唐城发掘队）绘，收录于《唐代长安城考古

①　（清）高廷法、沈琼修，（清）陆耀遹、董祐诚纂：嘉靖《咸宁县志》卷三，清嘉庆二十四年刻本，第1—2页。
②　（清）张聪贤修，（清）董曾臣纂：《长安县志》卷三，清嘉庆二十年刻本、民国二十五年陕西通志馆排印本。
③　（清）张聪贤修，（清）董曾臣纂：《长安县志》卷三，清嘉庆二十年刻本、民国二十五年陕西通志馆排印本。

纪略》中①，为考古实测图与复原图两幅，实测图有现代村庄坐标点相对应。此二图是对唐代长安城第一次全面勘探、深入发掘后所绘制，首次科学、精确地展示了唐代长安城的布局与城市结构，极为重要，是今天研究唐代长安城和绘制复原唐代长安城最为准确和基础的资料。在以上两图基础上，中国社会科学院考古研究所唐城发掘队又继续完善修订，绘成《唐代长安城平面图》。今人所见各种版本的唐代长安城图（除古代、近代所绘制者外），基本都是按该机构所公布的平面图所改绘。

《唐代长安城图》，张永禄绘，收录于《唐代长安词典》②，该图置于书前，较为简略，为阅读内容导引之用。图中除将长安宫、市、坊一一标注名称外，绘者还根据自己考证增绘了漕渠、清明渠、永安渠、龙首渠、黄渠等人工水系的流向。

《唐代长安外郭城街道及里坊图》，史念海绘，为《唐代长安外郭城街道及里坊的变迁》③一文的附图，该图结合地形地貌绘制，以等高线标示出长安城内的地势高差，对宫城、皇城绘制较为概括，重点突出外郭城中的坊，对坊内宅第、官署、寺观标识清晰详细，城内水系及走向以虚线标示。综合来看，是继中国社会科学院考古研究所唐城发掘队绘制《唐代长安城平面图》之后最为详细和科学的平面图。

《唐长安城图》，史念海绘，为《西安历史地图集》④中所收录，该图以唐代两个历史时期分别绘制两幅，分别是唐初至唐玄宗天宝十四载（755）、唐肃宗至德元载（756）至唐末。两图皆为古今对照图的形式，整体一目了然，图中标示长安城坊里、宫观、寺庙、宅邸等内容颇为详细。然详考二图，仍有些许舛误。以亲仁坊为例：唐初至玄宗天宝十四载的图中将杨宏武、王希隽宅误标至十字街西之北。肃宗至德元载至唐末的图中未标明由安禄山宅演变而来的回元观，而滕王李元婴宅仍在图上标注，该宅存在于初唐时期的亲仁坊内，李元婴去世于文明元年（684），即使从至德元载始算，也已经过去 70 余年，故与实际不合；又，郭子仪宅在亲仁坊西北区域内，应存在于肃宗后至唐末的图中，图中未标明。两图中将宜阳坊标注为宜阳坊，此类错误，恐为出版时编辑之误。另外，《西安历史地图集》中还收录了《唐长安城住宅图》《唐长安城商业及娱乐场所图》《唐长安城园林、池沼、井泉分布图》《唐长安城寺观图》等

① 中国科学院考古研究所西安唐城发掘队：《唐代长安城考古纪略》，《考古》1963 年第 11 期。
② 张永禄主编：《唐代长安词典》，西安：陕西人民出版社，1990 年。
③ 史念海：《唐代长安外郭城街道及里坊的变迁》，《中国历史地理论丛》1994 年第 1 期。
④ 史念海主编：《西安历史地图集》，西安：西安地图出版社，1996 年。

分类城图，蔚为大观，详细备至。在计算机技术尚未普及的 20 世纪 90 年代，结合考古资料与历史文献能够绘制出如此标准详细的古今对照及分类图已属不易，史氏所绘各类长安图为当时学界提供了耳目一新的学术资料，是研究唐代长安城极其重要的城图文献。

《隋大兴——唐长安城平面图》，收录于傅熹年主编的《中国古代建筑史》（五卷本）①第二卷之中。该图与前文所述中国社会科学院考古研究所西安唐城发掘队所绘的《唐代长安城平面图》基本相同，唯水系内容有所变化，城内水系增绘了永泰二年（765）九月京兆尹黎干自西市所引之漕渠流线、清明渠入皇城之后的流线、龙首渠西渠在城内流线、西市西北角放生池及郭城南部昭行坊内水池，并对皇城内结构进行了均匀分区，大明宫太液池、兴庆宫龙池及曲江池等均绘制了岸坡等高线。

《西京外郭城示意图》，杨鸿年绘，收录于《隋唐两京坊里谱》②，该图内容简略，正如杨氏所命名，仅为示意图，观该图样貌，应是据清代徐松《唐两京城坊考》中的《西京外郭城图》所绘，鉴于《隋唐两京坊里谱》一书内容详尽备至，是唐长安城研究领域的重要工具书，故将此图叙述于此。

《唐西京长安城图》，李健超绘，收录于《增订唐两京城坊考》③，据作者自述，该图是据《中国大百科全书·中国历史》第 1045 页《唐长安图》改绘④，对城中部分名称（如太极宫广运门改为永安门、光禄坊改为善和坊、怀贞坊改为怀真坊、缺名者补为通化坊）进行了补正。

《补绘吕大防长安图》，王树声绘，主要参与补绘者崔凯、王凯、成智、潘哲等。据作者所述，"重在通过对该图整体的展现，理解中国本土城市人居环境的营造理念，领悟吕氏当年以'内折外容'之法绘制囊括万象、包容天地的长安城图的境界，从而进一步加深对中国本土城市规划模式的认识，更好地服务于今"⑤。此图绘就后刻制成石碑，现立于西安建筑科技大学雁塔校区校史馆西侧草坪中，《光明日报》曾以《北宋〈长安图〉首度补绘——唐长安城及山水田园全貌尽显》为题进行深入报道。⑥

①　傅熹年主编：《中国古代建筑史》第二卷《两晋、南北朝、隋唐、五代建筑》，北京：中国建筑工业出版社，2001 年。

②　杨鸿年：《隋唐两京坊里谱》，上海：上海古籍出版社，1999 年。

③　（清）徐松撰，李健超增订：《增订唐两京城坊考》（修订版），西安：三秦出版社，2006 年。

④　据查，《中国大百科全书》（1992 年版）有两个版本的唐代长安城图，另一版本在该书的《建筑 园林 城市规划》卷 "长安城" 词条（第 38 页）中。

⑤　杨鸿年：《隋唐两京坊里谱》，上海：上海古籍出版社，1999 年。

⑥　詹媛、张哲浩、杨永林：《北宋〈长安图〉首度补绘——唐长安城及山水田园全貌尽显》，《光明日报》2016 年 5 月 24 日，第 5 版。

《唐长安城平面图》，西安建筑科技大学人居环境研究中心绘，收录于《中国城市人居历史图典》天下卷之《唐长安城》一文中。[①] 该图是王树声教授带领团队成员在研究补绘北宋吕大防《长安图》前后所绘制，主要依据古代文献及现代考古发掘资料，以 1933 年西京筹备委员会所制的西安市地形图为底图绘制而成。20 世纪 30 年代，明清西安城墙外尚未开发，基本都是村庄农田，基本保持着唐长安城遗址的原始地形地貌，因此结合当时测绘地形图对唐长安城进行研究复原无疑是十分便利且最接近唐城地形原貌的。该图绘制科学严谨，标注详细，是研究唐长安城历史地理环境和规划要义的重要文献资料。

国外学者对于唐代长安城多有关注，但研究较为深入细致的主要集中在日本，盖因唐代长安城市制度对古代日本影响极深所致，研究学者主要有足立喜六、平冈武夫、妹尾达彦等。足立喜六在清光绪年间曾任陕西大学堂教习，在西安期间拍摄了大量古迹照片，尤其对唐长安城最为关注，归国后足立氏著成《长安史迹研究》一书，书中收录了根据历史文献记载与作者实地测绘所复原的唐代长安城图。由于时代条件所限，足立喜六对于城中个别点的定位错误（如将本位于宣平坊遗址范围内的祭台村寺庙误认为是新昌坊青龙寺），因此该图缺乏准确性，参考价值有限。值得一提的是，虽然存在谬误之处，但足立喜六是以近代科学视角来尝试复原唐代长安城的首位学者。足立喜六之后，平冈武夫根据残拓对北宋吕大防《长安图》进行了推想复原，妹尾达彦也根据学界公布的资料绘制了相关平面图，这些与中国历代的成果共同构成了唐代长安城的研究资料体系，具有不可忽视的学术参考价值。

此外，关于唐代长安城尚有许多图，但基本都是以上述古今图为参考蓝本所制，被用于各种著述与场所中，在此不再冗述。

---

① 王树声编著：《中国城市人居环境历史图典·天下卷·唐长安城》，北京：科学出版社，2015 年。

《旧唐书》中的唐长安里坊

（说明：除诸坊外，两市、曲江内容并录）

十六宅（永福坊）

1.（元和六年）十二月癸亥朔。壬申，诏委宗正卿选人门嫁十六宅诸王女，仍封为县主。（卷14，本纪第十四，宪宗上）

2.（大和四年秋七月乙酉）赐十六宅诸王绫绢二万匹。（卷17下，本纪第十七下，文宗下）

3.（大和七年八月甲申降诏）其十六宅诸县主，委吏部于选人中简择配匹，具以名闻。（卷17下，本纪第十七下，文宗下）

4.（开成二年五月壬申）上幸十六宅，与诸王宴乐。决十六宅宫市内官范文喜等三人，以供诸王食物不精故也。（卷17下，本纪第十七下，文宗下）

5.（开成二年冬十月）庚子，庆成节，赐群臣宴于曲江，上幸十六宅，与诸王宴乐。（卷17下，本纪第十七下，文宗下）

6.（开成三年九月）戊辰，诏梁王等五人，先于北内，可却归十六宅。（卷17下，本纪第十七下，文宗下）

7.（开成四年六月）庚申，上幸十六宅安王、颍王院宴乐，赐与颇厚。（卷17下，本纪第十七下，文宗下）

8.（开成五年正月二日）两军中尉仇士良、鱼弘志矫诏迎颍王于十六宅。（卷18上，本纪第十八上，武宗）

9.（开成五年正月二日）是夜，士良统兵士于十六宅迎太弟赴少阳院，百官谒见于东宫思贤殿。（卷18上，本纪第十八上，武宗）

10. 文宗、武宗幸十六宅宴集，强诱其言，以为戏剧，谓之"光叔"。（卷18下，本纪第十八下，宣宗）

11.（乾宁四年二月甲寅）建奏曰："今日未时，睦王、济王、韶王、通王、彭王、韩王、仪王、陈王等八人到臣治所，不测事由。臣酌量事体，不合与诸王相见，兼恐久在臣所，于事非宜。况睦王等与臣中外事殊，尊卑礼隔，至于事柄，未有相侵，忽然及门，意不可测。"又引晋室八王挠乱天下事，"请依旧制，令诸王在十六宅，不合典兵。其殿后捧日、扈跸等军人，皆坊市无赖之徒，不堪侍卫，伏乞放散，以宁众心。"昭宗不得已，皆从之。（卷20上，本

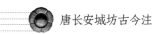

纪第二十上，昭宗）

12. 居数日，以上无报，乃与知枢密刘季述矫制发兵，围十六宅。诸王惧，披发沿垣而呼曰："官家救儿命！"或登屋沿树。是日，通王、覃王已下十一王并其侍者，皆为建兵所拥，至石堤谷，无长少皆杀之，而建以谋逆闻。（卷20上，本纪第二十上，昭宗）

13. 帝时年十三，乞且监国，枢前即位，宜差太常卿王溥充礼仪使，又令太子家令李能告哀于十六宅。（卷20下，本纪第二十下，哀帝）

14. 穆宗贞献皇后萧氏，福建人。初，入十六宅为建安王侍者，元和四年十月，生文宗皇帝。（卷52，列传第二，后妃下）

15. 旧例，皇姬下嫁，舅姑返拜而妇不答。及是制下（德宗时公主、郡县主出降礼仪之诏），礼官定制曰："既成婚于礼会院，明晨，舅坐于堂东阶西向，姑南向，妇执笲，盛以枣栗，升自西阶，再拜，跪奠于舅席前。退降受笲，盛以腶修。升，北面再拜，跪奠于姑席前。降，东面拜婿之伯叔兄弟姊妹。已而谢恩于光顺门，婿之亲族亦随之，然后会宴于十六宅。"（卷150，列传第一百，德宗顺宗诸子）

16. （神策军中尉王守澄）又遣右军差人于申锡宅捕孔目官张全真、家人买子缘信等。又于十六宅及市肆追捕胥吏，以成其狱。（卷167，列传第一百一十七，宋申锡）

17. （王守澄门人郑注）令神策虞候豆卢著告变言："十六宅宫市典晏敬则、朱训与申锡亲吏王师文同谋不轨，朱训与王师文言圣上多病，太子年小，若立兄弟，次是漳王，要先结托，乃于师文处得银五铤、绢八百匹；又晏敬则于十六宅将出漳王吴绫汗衫一领、熟线绫一匹，以答申锡。"（卷175，列传第一百二十五，怀懿太子凑）

18. （韩建）又上疏抗请（诸王）归十六宅。（卷175，列传第一百二十五，昭宗十子，长子德王裕）

兴宁坊

1. 元和十五年九月，以愬检校左仆射、同中书门下平章事、潞州大都督府长史、昭义节度使，仍赐兴宁里第。（卷133，列传第八十三，李愬）

2. （高）力士资产殷厚，非王侯能拟。于来庭坊造宝寿佛寺、兴宁坊造华封道士观，宝殿珍台，侔于国力。（卷184，列传第一百三十四，宦官，高力士）

隆庆坊（隆庆池）

1. 玄宗龙潜之时，宅在隆庆坊，宅南坊人所居，变为池，望气者亦异焉。（卷29，志第九，音乐二）

2. 南内曰兴庆宫，在东内之南隆庆坊，本玄宗在藩时宅也。（卷38，志第十八，地理一，关内道）

3.（景龙四年夏四月）乙未，幸隆庆池，结彩为楼，宴侍臣，泛舟戏乐，因幸礼部尚书窦希宅。（卷7，本纪第七，中宗）

4. 上所居里名隆庆，时人语讹以"隆"为"龙"。（卷8，本纪第八，玄宗上）

道政坊

1. 缙弟兄奉佛，不茹荤血，缙晚年尤甚。与杜鸿渐舍财造寺无限极。妻李氏卒，舍道政里第为寺，为之追福，奏其额曰宝应，度僧三十人住持。（卷118，列传第六十八，王缙）

靖恭坊

1. 太和五年，忽降中人召宰相入赴延英。路随、李宗闵、牛僧孺等既至中书东门，中人云："所召无宋申锡。"申锡始知被罪，望延英以笏叩头而退。随等至，文宗以神策军中尉王守澄所奏，得本军虞候豆卢著状，告宋申锡与漳王谋反，随等相顾愕然。初，守澄于浴堂以郑注所构告于文宗，守澄即时于市肆追捕，又将以二百骑就靖恭里屠申锡之家。（卷167，列传第一百一十七，宋申锡）

新昌坊（青龙寺）

1.（裴）向本以名相子，以学行自饬，谨守其门风。历官仁智推爱，利及于人。至是，以年过致政，朝廷优异，乃以吏部尚书致仕于新昌里第。（卷113，列传第六十三，裴向）

2.（杨）损，字子默，以荫受官，为蓝田尉。三迁京兆府司录参军，入为殿中侍御史。家在新昌里，与宰相路岩第相接。岩以地狭，欲易损马厩广之，遣人致意。时损伯叔昆仲在朝者十余人，相与议曰："家门损益恃时相，何可拒之？"损曰："非也。凡尺寸地，非吾等所有。先人旧业，安可以奉权臣？穷达，命也。"岩不悦。会差制使鞠狱黔中，乃遣损使焉。（卷176，列传第一百二十六，杨损）

3.（会昌六年）五月，左右街功德使奏："准今月五日敕书节文，上都两街留四寺，外更添置八所。两所依旧名兴唐寺、保寿寺。六所请改旧名，宝应寺改为资圣寺，青龙寺改为护国寺，菩提寺改为保唐寺，清禅寺改为安国寺，法云尼寺改为唐安寺，崇敬尼寺改为唐昌寺。右街添置八所。西明寺改为福寿寺，庄严寺改为圣寿寺，旧留寺。二所旧名，千福寺改为兴元寺，化度寺改为崇福寺，永泰寺改为万寿寺，温国寺改为崇圣寺，经行寺改为龙兴寺，奉恩寺

改为兴福寺。"敕旨依奏。（卷 18 下，本纪第十八下，宣宗）

大宁坊

1.（天宝元年春正月甲寅）陈王府参军田同秀上言："玄元皇帝降见于丹凤门之通衢，告赐灵符在尹喜之故宅。"上遣使就函谷故关尹喜台西发得之，乃置玄元庙于大宁坊。（卷 9，本纪第九，玄宗下）

2.（大历十二年五月）庚午，敕毁元载祖、父坟，剖棺弃骸，焚毁私庙主于大宁里。（卷 11，本纪第十一，代宗）

3.（兴元元年九月庚午）赐浑瑊大宁里第，并女乐五人，诏宰臣诸将赐乐馈赠如送李晟入第故事。（卷 12，本纪第十二，德宗上）

4.遣中官于万年县界黄台乡毁载祖及父母坟墓，斫棺弃枢，及私庙木主；并载大宁里、安仁里二宅，充修百司廨宇。（卷 118，列传第六十八，元载）

5.（兴元元年）九月，赐瑊大宁里甲第、女乐五人，入第之日，宰臣、节将送之，一如李晟入第之仪。（卷 134，列传八十四，浑瑊）

安兴坊

1.（天宝）五载七月，贵妃以微谴送归杨铦宅。比至亭午，上思之，不食。高力士探知上旨，请送贵妃院供帐、器玩、廪饩等办具百余车，上又分御馔以送之。帝动不称旨，暴怒笞挞左右。力士伏奏请迎贵妃归院。是夜，开安兴里门入内，妃伏地谢罪，上欢然慰抚。（卷 51，列传第一，后妃上，玄宗杨贵妃）

2.申王㧑、岐王范于安兴坊东南赐宅。（卷 95，列传第四十五，睿宗诸子）

胜业坊

1.宪于胜业东南角赐宅，申王㧑、岐王范于安兴坊东南赐宅，薛王业于胜业西北角赐宅，邸第相望，环于宫侧。（卷 95，列传第四十五，睿宗诸子）

2.代宗宝应元年，回纥与史朝义战，胜，擒其将士妻子老幼四百八十人。上以妇人虽为贼家口，皆是良家子女，被贼逼略，恻然愍之，令万年县于胜业佛寺安置，给粮料。（卷 50，志第三十，刑法）

3.王处存，京兆万年县胜业里人。世隶神策军，为京师富族，财产数百万。（卷 182，列传第一百三十二，王处存）

东市

1.（大历八年九月）癸未，晋州男子郇谟以麻辫发，持竹筐及苇席，哭于东市，请进三十字，如不称旨，请裹尸于席筐。（卷 11，本纪第十一，代宗）

2.（元和十四年九月戊寅）斩沂州乱首王弁于东市。（卷 15，本纪第十五，宪宗下）

3.（会昌三年八月十六日）万年县东市火。（卷 18 上，本纪第十八上，

武宗）

4.（乾宁二年七月）癸亥夜，阎圭与刘景宣子继晟、同州王行实纵火剽东市，请上出幸。（卷20上，本纪第二十上，昭宗）

5.会昌三年六月，万年县东市火，烧屋宇货财不知其数。（卷37，志第十七,五行）

6.初，太宗以古者断狱，必讯于三槐九棘之官，乃诏大辟罪，中书、门下五品已上及尚书等议之。其后河内人李好德，风疾瞀乱，有妖妄之言，诏按其事。大理丞张蕴古奏，好德癫病有征，法不当坐。治书侍御史权万纪，劾蕴古贯相州，好德之兄厚德，为其刺史，情在阿纵，奏事不实。太宗曰："吾常禁囚于狱内，蕴古与之弈棋，今复阿纵好德，是乱吾法也。"遂斩于东市。（卷50，志第三十，刑法）

7.枭后及安乐公主首于东市。翌日，敕收后尸，葬以一品之礼，追贬为庶人；安乐公主葬以三品之礼，追贬为悖逆庶人。（卷51，列传第一，后妃上）

8.大历中，元载弄权自恣，人皆恶之。八年七月，晋州男子郇谟以麻辫发，持竹筐及苇席哭于东市。（卷118，列传第六十八，元载）

9.休三子并斩于东市，籍没其家。（卷127，列传第七十七，源休）

10.至是，（蒋镇）与兄练等并授伪职，斩于东市西北街。（卷127，列传第七十七，蒋镇）

11.初，河内人李孝德，素有风疾，而语涉妄妖。蕴古究其狱，称好德癫病有征，法不当坐。治书侍御史权万纪劾蕴古家住相州，好德之兄厚德为其刺史，情在阿纵，奏事不实。太宗大怒，曰："小子乃敢乱吾法耶！"令斩（张蕴古）于东市。太宗寻悔，因发制，凡决死者，命所司五覆奏，自蕴古始也。（卷190上，列传第一百四十上，文苑上，张蕴古）

12.（永隆元年）（裴）行俭遂虏房伏念诣京师，斩于东市。（卷194上，列传第一百四十四上，突厥上）

13.（大历）十年九月，回纥白昼刺人于东市，市人执之，拘于万年县。其首领赤心闻之，自鸿胪寺驰入县狱，劫囚而出，斫伤狱吏。（卷195，列传第一百四十五，回纥）

安邑坊

1.（元和三年）（李）吉甫以疾在第，召医人陈登诊视，夜宿于安邑里第。温伺知之，诘旦，令吏捕登鞫问之，又奏劾吉甫交通术士。宪宗异之，召登面讯，其事皆虚，乃贬群为湖南观察使，羊士谔资州刺史，温均州刺史。朝议以所责太轻，群再贬黔南，温贬道州刺史。（卷137，列传第八十七，吕温）

2.（元和）三年八月，吉甫罢相，出镇淮南，群等欲因失恩倾之。吉甫尝召术士陈登宿于安邑里第。（卷155，列传第一百五，窦群）

升平坊

1.初，仲郢自拜谏议后，每迁官，群乌大集于升平里第，庭树戟架皆满，凡五日而散。诏下，不复集，家人以为候，唯除天平，乌不集。（卷165，列传第一百一十五，柳仲郢）

修行坊

1.（代宗广德中）（尉迟）胜乃于京师修行里盛饰林亭，以待宾客，好事者多访之。（卷144，列传第九十四，尉迟胜）

2.证善蓄积，务华侈，厚自奉养，童奴数百，于京城修行里起第，连亘间巷。岭表奇货，道途不绝，京邑推为富家。证素与贾𬤊善，及李训事败，禁军利其财，称证子㵾匿𬤊，乃破其家。一日之内，家财并尽。（卷163，列传第一百一十三，胡证）

来庭坊

1.天宝初，加力士冠军大将军、右监门卫大将军，进封渤海郡公。七载，加骠骑大将军。力士资产殷厚，非王侯能拟。于来庭坊造宝寿佛寺、兴宁坊造华封道士观，宝殿珍台，侔于国力。（卷184，列传第一百三十四，宦官，高力士）

永昌坊

1.至天宝元年正月癸丑，陈王府参军田同秀称于京永昌街空中见玄元皇帝，以"天下太平，圣寿无疆"之言传于玄宗，仍云桃林县故关令尹喜宅傍有灵宝符。（卷24，志第四，礼仪四）

2.（太和九年）十一月二十一日，李训事败，文宗入内。涯与同列归中书会食，未下箸，吏报有兵自阁门出，逢人即杀。涯等苍惶步出，至永昌里茶肆，为禁兵所擒，并其家属奴婢，皆系于狱。（卷169，列传第一百一十九，王涯）

永兴坊

1.（乾宁二年七月）癸亥夜，阆圭与刘景宣子继晟、同州王行实纵火剽东市，请上出幸。上闻乱，登承天门，遣诸王率禁兵御之。捧日都头李筠率本军侍卫楼上。阆圭以凤翔之卒攻李筠，矢及御座之楼扉。上惧，下楼与亲王、公主、内人数百幸永兴坊李筠营。扈跸都头李君实以兵继至，乃与筠两都兵士侍卫出启夏门，憩于华严寺，以候内人继至。其日晚，幸莎城镇。京师士庶从幸者数十万，比至南山谷口，暍死者三之一。至暮，为盗寇掠，恸哭之声，殷动

山谷。（卷 20 上，本纪第二十上，昭宗）

2. 太宗文德顺圣皇后长孙氏，长安人，隋右骁卫将军晟之女也。晟妻，隋扬州刺史高敬德女，生后。少好读书，造次必循礼则。年十三，嫔于太宗。隋大业中，常归宁于永兴里，后舅高士廉媵张氏，于后所宿舍外见大马，高二丈，鞍勒皆具，以告士廉。（卷 51，列传第一，后妃上）

崇仁坊

1.（至德元载七月）丁卯，逆胡害霍国长公主、永王妃侯莫陈氏、义王妃阎氏、陈王妃韦氏、信王妃任氏、驸马杨朏等八十余人于崇仁之街。（卷 10，本纪第十，肃宗）

2. 初，开元中置礼会院于崇仁里。（卷 107，列传第五十七，玄宗诸子）

3.（贞观）二十一年正月壬辰，（高士廉）薨于京师崇仁里私第，时年七十二。（卷 65，列传第十五，高士廉）

4. 是岁（贞元十七年）十月，遣使献论莽热于朝；德宗数而释之，赐（韦皋）第于崇仁里。（卷 140，列传第九十，韦皋）

5. 太子亦分院而居，婚嫁则同亲王、公主，在于崇仁之礼院。（卷 150，列传第一百，德宗顺宗诸子）

6.（贞元）十八年正月，韦皋擒吐蕃大首领论莽热来献，赐崇仁里宅以居之。（卷 196 下，列传第一百四十六下，吐蕃下）

平康坊

1.（李林甫）诸子以吉仪护柩还京师，发丧于平康坊之第。（卷 106，列传第五十六，李林甫）

宣阳坊

1. 弘罢河中，居崇里第；公武居宣阳里之北门，因省父，无疾暴卒，赠户部尚书。（卷 156，列传第一百六，韩公武）

亲仁坊

1.（开成）三年春正月庚申朔。甲子，宰臣李石遇盗于亲仁里，中剑，断其马尾，又中流矢，不甚伤。是时，京城大恐，捕盗不获，既而知仇士良新为。（卷 17 下，本纪第十七下，文宗下）

2. 时又追尊昭成、肃明二皇后，于亲仁里别置仪坤庙，四时享祭。（卷 25，志第五，礼仪五）

3.（杨）国忠子：暄、朏、晓、晞。暄为太常卿兼户部侍郎，尚延和郡主；朏为鸿胪卿，尚万春公主。兄弟各立第于亲仁里，穷极奢侈。（卷 106，列传第五十六，杨国忠）

4.（郭子仪）其宅在亲仁里，居其里四分之一，中通永巷，家人三千，相出入者不知其居。前后赐良田美器，名园甲馆，声色珍玩，堆积羡溢，不可胜纪。（卷120，列传第七十，郭子仪）

5.贞元六年，（卢群）入拜侍御史。有人诬告故尚父子仪嬖人张氏宅中有宝玉者，张氏兄弟又与尚父家子孙相告诉，诏促按其狱。群奏曰："张氏以子仪在时分财，子弟不合争夺。然张氏宅与子仪亲仁宅，皆子仪家事。子仪有大勋，伏望陛下特赦而勿问，俾私自引退。"德宗从其言，时人嘉其识大体。累转左司、职方、兵部三员外郎中。（卷140，列传第九十，卢群）

6.（开成）三年正月五日，石自亲仁里将曙入朝，盗发于故郭尚父宅；引弓追及，矢才破肤，马逸而回。盗已伏坊门，挥刀斫石，断马尾，竟以马逸得还私第。上闻之骇愕，遣中使抚问，赐金疮药，因差六军兵士三十人卫从宰相。（卷172，列传第一百二十二，李石）

7.（开成）三年正月，盗发亲仁里，欲杀宰相李石。其贼出于禁军，珙坐捕盗不获，罚俸料。（卷177，列传第一百二十七，崔珙）

永宁坊

1.时载义失地入朝，赐第于永宁里，给赐优厚。（卷17下，本纪第十七下，文宗下）

2.是日（昭宗大顺二年十二月丁亥），天威、捧日、登封三都乱，剽永宁里，至晚方定。（卷20上，本纪第二十上，昭宗）

3.乾元元年三月，改太史监为司天台，于永宁坊张守珪故宅置。敕曰："建邦设都，必稽玄象；分列曹局，皆应物宜。灵台三星，主观察云物；天文正位，在太微西南。今兴庆宫，上帝廷也，考符之所，合置灵台。宜令所司量事修理。"旧台在秘书省之南。仍置五官正五人。司天台内别置一院，曰通玄院。应有术艺之士，征辟至京，于崇玄院安置。其官员：大监一员，正三品。少监二人，正四品。丞三人，正六品。主簿三人，主事二人，五官正五人，五官副正五人，灵台郎一人，五官保章正五人，五官挈壶正五人，五官司历五人，五官司辰十五人，观生、历生七百二十六人。凡官员六十六人。宝应元年，司天少监瞿昙撰奏曰："司天丞请减两员，主簿减两员，主事减一员，保章正减三员，挈壶正减三员，监候减两员，司辰减七员，五陵司辰减五员。"从之。（卷36，志第十六，天文下，灾异）

4.司天台：旧太史局，隶秘书监。龙朔二年改为秘阁局，久视元年改为浑仪监。景云元年改为太史监，复为太史局，隶秘书。乾元元年三月十九日敕，改太史监为司天台，改置官属，旧置于子城内秘书省西，今在永宁坊东南角

也。（卷 43，志第二十三，职官二）

5. 及（杨）凭归朝，修第于永宁里，功作并兴，又广蓄妓妾于永乐里之别宅，时人大以为言。（卷 146，列传第九十六，杨凭）

6. 时京畿百姓皆寨于山谷，累年废耕耘，贼坐空城，赋输无入，谷食腾踊，米斗三十千。官军皆执山寨百姓，鬻于贼为食，人获数十万。朝士皆往来同、华，或以卖饼为业，因奔于河中。宰相崔沆、豆卢瑑扈从不及，匿之别墅，所由搜索严急，乃微行入永宁里张直方之家。朝贵怙直方之豪，多依之。既而或告贼云："直方谋反，纳亡命。"贼攻其第，直方族诛，沆、瑑数百人皆遇害。自是贼始酷虐，族灭居人。（卷 200 下，列传第一百五十下，黄巢）

永崇坊

1.（兴元元年七月辛卯）赐李晟永崇里第，女乐八人。（卷 12，本纪第十二，德宗上）

2. 是月（兴元元年七月），御殿大赦，赠晟父钦太子太保，母王氏赠代国夫人，赐永崇里第及泾阳上田、延平门之林园、女乐八人。入第之日，京兆府供帐酒馔，赐教坊乐具，鼓吹迎导，宰臣节将送之，京师以为荣观。（卷 133，列传第八十三，李晟）

昭国坊

1. 如今年春游城南时，与足下马上相戏，因各诵新艳小律，不杂他篇，自皇子陂归昭国里，迭吟递唱，不绝声者二十里余。樊、李在傍，无所措口。知我者以为诗仙，不知我者以为诗魔。（卷 166，列传第一百一十六，白居易）

晋昌坊

1. 乱兵既剽京城，屯于白华，乃于晋昌里迎朱泚为帅，称太尉，居含元殿。（卷 12，本纪第十二，德宗上）

2. 时太尉朱泚罢镇居晋昌里第，是夜，叛卒谋曰："朱太尉久困于宅，若迎为主，大事济矣。"泚尝节制泾州，众知其失权，废居怏怏，又幸泚宽和，乃请令言率骑迎泚于晋昌里。泚初迟疑，以食饲之，徐观众意，既而诸校齐至，乃自第张炬火入居含元殿。（卷 127，列传第七十七，姚令言）

3.（建中）四年十月，泾原兵叛，銮驾幸奉天。叛卒等以泚尝统泾州，知其失权废居，怏怏思乱。群寇无帅，幸泚政宽，乃相与谋曰："朱太尉久困空宅，若迎而为主，事必济矣！"姚令言乃率百余骑迎泚于晋昌里第。泚乘马拥从北向，烛炬星罗，观者万计，入居含元殿。（卷 200 下，列传第一百五十下，朱泚）

崇义坊

1. 贞元二年夏，京师通衢水深数尺。吏部侍郎崔纵，自崇义里西门为水漂

浮行数十步，街铺卒救之获免；其日，溺死者甚众。（卷37，志第十七，五行）

长兴坊

1.（元和九年六月乙未）置礼宾院于长兴里之北。（卷15，本纪第十五，宪宗下）

2.鸿渐晚年乐于退静，私第在长兴里，馆宇华靡，宾僚宴集。鸿渐悠然赋诗曰："常愿追禅理，安能挹化源。"朝士多属和之。（卷108，列传第五十八，杜鸿渐）

3.初，峘为户部尚书，岘为吏部尚书、知政事，峄为户部侍郎、银青光禄大夫，兄弟同居长兴里第，门列三戟，两国公门十六戟，一、三品门十二戟，荣耀冠时。（卷112，列传第六十二，李峘）

4.颢居戚里，有器度。大中时，恩泽无对。及宣宗弃代，追感恩遇，尝为诗序曰："去年寿昌节，赴麟德殿上寿，回憩于长兴里第。昏然昼寝，梦与十数人纳凉于别馆。馆宇萧洒，相与联句。予为数联，同游甚称赏。既寤，不全记诸联，唯省十字云'石门雾露白，玉殿莓苔青'，乃书之于楹。私怪语不祥，不敢言人。不数日，宣宗不豫，废朝会，及宫车上仙，方悟其事。追惟顾遇，续石门之句为十韵云：'间岁流虹节，归轩出禁扃。奔波陶畏景，萧洒梦殊庭。境象非曾到，崇严昔未经。日车乌敛翼，风动鹤飘翎。异苑人争集，凉台笔不停。石门雾露白，玉殿莓苔青。若匪灾先兆，何当思入冥。御炉虚仗马，华盖负云亭。白日成千古，金縢闷九龄。小臣哀绝笔，湖上泣青萍。'"未几，颢亦卒。（卷159，列传第一百九，郑颢）

5.训败之日，璠归长兴里第。是夜为禁军所捕，举家下狱；斩璠于独柳树，家无少长皆死。（卷169，列传第一百一十九，王璠）

永乐坊

1.乾封元年，分置明堂县，治永乐坊。（卷38，志第十八，地理一，关内道）

2.及（杨）凭归朝，修第于永宁里，功作并兴，又广蓄妓姜于永乐里之别宅，时人大以为言。（卷146，列传第九十六，杨凭）

靖安坊

1.（元和十年）六月辛丑朔。癸卯，镇州节度使王承宗盗夜伏于靖安坊，刺宰相武元衡，死之。（卷15，本纪第十五，宪宗下）

2.（元和十年）六月，遣盗伏于靖安里，杀宰相武元衡，京师震恐，大索旬日，天子为之旰食。（卷142，列传第九十二，王承宗）

3.（元和）十三年，至京师，表辞戎帅，因命华州刺史郑权代之，以靖安

里私第侧狭，赐地二十亩，令广其居。（卷143，列传第九十三，程怀直）

兴道坊

1.（开元八年六月二十一夜）京城兴道坊一夜陷为池，一坊五百余家俱失。（卷37，志第十七，五行）

开化坊

1.穆宗即位，就加特进，仍与一子四品正员官。寻诏赴阙，赐开化里第，进加同中书门下平章事。（卷161，列传第一百一十一，李光颜）

安仁坊

1.遣中官于万年县界黄台乡毁载祖及父母坟墓，斫棺弃枢，及私庙木主；并载大宁里、安仁里二宅，充修百司廨宇。（卷118，列传第六十八，元载）

2.顺宗闻之，深加礼异，允其所让。又锡安仁里第，亦固让不受。（卷141，列传第九十一，张茂昭）

3.时父作镇扬州，家财巨万，甲第在安仁里，杜城有别墅，亭馆林池，为城南之最。（卷147，列传第九十七，杜式方）

4.牧从兄悰隆盛于时，牧居下位，心常不乐。将及知命，得病，自为墓志、祭文。又尝梦人告曰："尔改名毕。"逾月，奴自家来，告曰："炊将熟而甑裂。"牧曰："皆不祥也。"俄又梦书行纸曰："皎皎白驹，在彼空谷。"寤寝而叹曰："此过隙也。吾生于角，徵还于角，为第八宫，吾之甚厄也。予自湖守迁舍人，木还角，足矣。"其年，（杜牧）以疾终于安仁里，年五十。（卷147，列传第九十七，杜牧）

光福坊

1.京城光福里第，起兄弟同居，斯为宏敞。（卷164，列传第一百一十四，王龟）

善和坊

1.（郑）注起第善和里，通于永巷，长廊复壁。日聚京师轻薄子弟、方镇将吏，以招权利。间日入禁军，与守澄款密，语必移时，或通夕不寐。李训既附注以进，承间入谒；而轻浮躁进者，盈于注门。（卷169，列传第一百一十九，郑注）

2.车驾还宫，进位左仆射，赐"持危启运保乂功臣"，食邑四千户，食实封二百户，赐铁券，恕十死罪，赐天兴县庄、善和里宅各一区，兼领京畿营田使。（卷179，列传第一百二十九，孔纬）

通化坊

1.（元和十年六月癸卯）又遣盗于通化坊刺御史中丞裴度，伤首而免。（卷

15，本纪第十五，宪宗下）

2.（元和）十年六月，王承宗、李师道俱遣刺客刺宰相武元衡，亦令刺度。是日，度出通化里，盗三以剑击度，初断靴带，次中背，才绝单衣，后微伤其首，度堕马。会度带毡帽，故创不至深。贼又挥刃追度，度从人王义乃持贼连呼甚急，贼反刃断义手，乃得去。度已堕沟中，贼谓度已死，乃舍去。居三日，诏以度为门下侍郎、同中书门下平章事。（卷170，列传第一百二十，裴度）

安业坊

1.沧州程怀直来朝，赐安业坊宅，妓一人，复令还镇。（卷13，本纪第十三，德宗下）

2.德宗优容之，依前检校右仆射，兼龙武统军，赐（程怀直）安业里甲第，妓女一人。（卷143，列传第九十三，程怀直）

3.隋文帝开皇中，将作大匠宇文恺依《月令》造明堂木样以献。帝令有司于京城安业里内规兆其地，方欲崇建，而诸儒争论不定，竟议罢之。（卷22，志第二，礼仪二）

永达坊

1.龟意在人外，倦接朋游，乃于永达里园林深僻处创书斋，吟啸其间，目为"半隐亭"。（卷164，列传第一百一十四，王龟）

通义坊

1.（义宁二年三月戊辰）唐国置丞相以下，立皇高祖已下四庙于长安通义里第。（卷1，本纪第一，高祖）

2.（武德六年）夏四月己未，旧宅改为通义宫。（卷1，本纪第一，高祖）

3.武德元年五月，备法驾于长安通义里旧庙，奉迎宣简公、懿王、景皇帝神主，升祔太庙。（卷177，列传第一百二十七，杨发）

宣义坊

1.贵妃姊虢国夫人，国忠与之私，于宣义里构连甲第，土木被绨绣，栋宇之盛，两都莫比，昼会夜集，无复礼度。（卷106，列传第五十六，杨国忠）

光德坊

1.京兆府……理京城之光德坊。（卷38，志第十八，地理一，关内道）

2.（乾宁二年九月）（孔纬）卒于光德里第，赠太尉。（卷179，列传第一百二十九，孔纬）

3.河东进奏官薛志勤扬言曰："崔相虽重德，如作镇河中代王珂，不如光德刘公，于我公事素也。"（卷179，列传第一百二十九，刘崇望）

4.思邈尝从幸九成宫，照邻留在其宅。时庭前有病梨树，照邻为之赋，其序曰："癸酉之岁，余卧疾长安光德坊之官舍。父老云：'是鄱阳公主邑司。昔公主未嫁而卒，故其邑废。'时有孙思邈处士居之。"（卷191，列传第一百四十一，孙思邈）

延康坊

1.（宝历二年六月癸亥）以延康坊官宅一区为诸王府司局。（卷17上，本纪第十七上，敬宗）

2.（贞观）十四年，太宗幸泰延康坊宅，因曲赦雍州及长安大辟罪已下，免延康坊百姓无出今年租赋，又赐泰府官僚帛有差。（卷76，列传第二十六，太宗诸子，濮王泰）

休祥坊

1.（武延秀）废休祥宅，于金城坊造宅，穷极壮丽，帑藏为之空竭。（卷183，列传第一百三十三，外戚，武延秀）

金城坊

1.（景龙三年）冬十月庚寅，幸安乐公主金城新宅，宴侍臣、学士。（卷7，本纪第七，中宗）

2.锁好弈棋，绛善棋，锁因焊与之交故，至是意焊在绛处金城坊，密召之，日晏，始令捕贼官捕之。万年尉薛荣光、长安尉贾季邻等捕之，逢焊于化度寺门。季邻为锁所引用，为赤尉，焊谓之曰："我与邢绛故旧，绛今反，恐事急妄相引，请足下勿受其言。"荣先等至绛门，绛等十余人持弓刃突出，荣先等遂与格战。季邻以焊语白锁，锁胳谓之曰："我弟何得与之有谋乎！"锁与国忠共讨逐绛，绛下人曰："勿损太夫人。"国忠为剑南节度使，有随身官以白国忠曰："贼有号，不可战。"须臾，骠骑大将军、内侍高力士领飞龙小儿甲骑四百人讨之，绛为乱兵所斩，擒其党善射人韦瑶等以献。（卷105，列传第五十五，王锁）

醴泉坊

1.（景龙三年十二月）乙酉，令诸司长官向醴泉坊看泼胡王乞寒戏。（卷7，本纪第七，中宗）

2.（元和）六年，诏与给事中刘伯刍、工部侍郎归登、右补阙萧俛等，同就醴泉佛寺翻译《大乘本生心地观经》，简最擅其理。（卷163，列传第一百一十三，孟简）

西市

1.（开元十三年）六月乙亥，废都西市。（卷8，本纪第八，玄宗上）

2.（元和八年夏四月）乙未，长安西市豕生三耳八足二尾。（卷15，本纪

第十五，宪宗下）

3.（六月癸卯武元衡被杀）武元衡死数日，未获贼。兵部侍郎许孟容请见，奏曰："岂有国相横尸路隅，不能擒贼！"因洒泣极言，上为之愤叹。乃诏京城诸道，能捕贼者赏钱万贯，仍与五品官，敢有盖藏，全家诛戮。乃积钱二万贯于东西市。京城大索，公卿节将复壁重轓者皆搜之。（卷15，本纪第十五，宪宗下）

4.（长庆二年九月）韩充送李翙男道源、道枢、道渝等三人，斩于西市；翙妻马氏、小男道本、女汴娘配于掖庭。（卷16，本纪第十六，穆宗）

5.（大和九年）六月乙亥朔，西市火。（卷17下，本纪第十七下，文宗下）

6.（大和）九年六月乙亥朔，西市火。（卷37，志第十七，五行）

7.（贞元四年）三月癸丑，鹿入京师西市门，众杀之。（卷37，志第十七，五行）

8.（元和）八年四月，长安西市门家豕生子，三耳八足，自尾分为二。（卷37，志第十七，五行）

9.（天宝）十载正月望夜，杨家五宅夜游，与广平公主骑从争西市门。杨氏奴挥鞭及公主衣，公主堕马，驸马程昌裔扶主，因及数挝。（卷51，列传第一，后妃上，玄宗杨贵妃）

10.（广明元年十一月）尚让、林言率前锋由禁谷而入，夹攻潼关。官军大溃，博野都径还京师，燔掠西市。（卷200下，列传第一百五十下，黄巢）

长寿坊

1.（大历二年八月）己卯，虎入长寿坊元载家庙，射生将周皓引弩毙之。（卷11，本纪第十一，代宗）

2.四年九月己卯，虎入京城长寿坊元载私庙，将军周皓格杀之。（卷37，志第十七，五行）

丰邑坊

1.（建中四年）二月，命崔汉衡持节答蕃，遣区颊赞等归。上初令宰相、尚书与蕃相区颊赞盟于丰邑里坛所。将盟，以清水之会疆场不定，遂罢。因留颊赞未遣，复令汉衡使于赞普。六月，答蕃使判官于頔与蕃使论颊没藏等至自青海。七月，以礼部尚书李揆加御史大夫，为入蕃会盟使。又命宰相李忠臣、卢杞、关播、右仆射崔宁、工部尚书乔琳、御史大夫于頔、太府卿张献恭、司农卿段秀实、少府监李昌夔、京兆尹王翃、左金吾卫将军浑瑊等与区颊赞等会盟于坛所。初，于頔至自蕃中，与尚结赞约："疆场既定，请归其使。"从之。以丰邑坊盟坛在京城之内非便，请卜坛于京城之西。其礼如清水之仪。先盟二

日，命有司告太庙，监官致斋。三日，朝服升坛，关播跪读盟文。盟毕，宴赐而遣之。（卷196下，列传第一百四十六下，吐蕃下）

曲江

1.（贞元四年九月）癸丑，赐百僚宴于曲江亭，仍作《重阳赐宴诗》六韵赐之。群臣毕和，上品其优劣，以刘太真、李纾为上等，鲍防、于邵为次等，张濛、殷亮等二十人又次之。唯李晟、马燧、李泌三宰相之诗不加优劣。（卷13，本纪第十三，德宗下）

2.（贞元六年）二月戊辰朔，百僚会宴于曲江亭，上赋《中和节群臣赐宴》七韵。（卷13，本纪第十三，德宗下）

3.（贞元六年）三月庚子，百僚宴于曲江亭，上赋《上巳诗》一篇赐之。（卷13，本纪第十三，德宗下）

4.（二月庚戌朔）是日中和节宰相宴于曲江亭，诸司随便，自是分宴焉。（卷13，本纪第十三，德宗下）

5.（贞元十一年三月）辛未，赐宰臣两省供奉官宴于曲江亭。（卷13，本纪第十三，德宗下）

6.（贞元十一年）九月己卯，赐宰臣两省供奉官宴于曲江，赋诗六韵赐之。（卷13，本纪第十三，德宗下）

7.（贞元十三年）二月丁巳，赐宰臣、两省供奉官宴于曲江亭。（卷13，本纪第十三，德宗下）

8.（贞元十三年）辛卯九日，宴宰臣百官于曲江，上赋诗以赐之。（卷13，本纪第十三，德宗下）

9.（贞元十七年）二月癸巳朔，赐群臣宴于曲江亭，上赋《中和节赐宴曲江诗》六韵赐之。（卷13，本纪第十三，德宗下）

10.（贞元十七年）三月乙丑，赐群臣宴于曲江亭。（卷13，本纪第十三，德宗下）

11.（贞元十七年九月）戊辰，群臣宴曲江，上赋《九日赐宴曲江亭诗》六韵赐之。（卷13，本纪第十三，德宗下）

12.（元和二年）三月辛卯，赐群臣宴于曲江亭。（卷14，本纪第十四，宪宗上）

13.（元和七年）三月己未。辛酉，以惠昭太子葬，罢曲江上巳宴。（卷15，本纪第十五，宪宗下）

14.（元和八年九月）戊午，赐群臣宴于曲江。（卷15，本纪第十五，宪宗下）

15.（长庆三年）三月丁巳，宰臣百僚赐宴于曲江亭。（卷16，本纪第十六，穆宗）

16.（长庆三年九月）赐宰臣百僚重九宴于曲江亭。（卷16，本纪第十六，穆宗）

17.（宝历二年三月）甲戌，赐宰臣百僚上巳宴于曲江亭。（卷17上，本纪第十七上，敬宗）

18.（大和五年）己酉，敕以李载义入朝，于曲江亭赐宴，仍命宰臣百僚赴会。（卷17下，本纪第十七下，文宗下）

19.（大和八年三月）甲寅，上巳，赐群臣宴于曲江亭。（卷17下，本纪第十七下，文宗下）

20.（大和九年二月）丁亥，发神策军一千五百人修淘曲江。如诸司有力，要于曲江置亭馆者，宜给与闲地。（卷17下，本纪第十七下，文宗下）

21.（大和九年秋七月）戊申，填龙首池为鞠场，曲江修紫云楼。（卷17下，本纪第十七下，文宗下）

22.（大和九年冬十月乙亥）内出曲江新造紫云楼彩霞亭额，左军中尉仇士良以百戏于银台门迎之。时郑注言秦中有灾，宜兴土功厌之，乃浚昆明、曲江二池。上好为诗，每诵杜甫《曲江行》云："江头宫殿锁千门，细柳新蒲为谁绿？"乃知天宝已前，曲江四岸皆有行宫台殿、百司廨署，思复升平故事，故为楼殿以壮之。（卷17下，本纪第十七下，文宗下）

23.（大和九年冬十月）壬午，赐群臣宴于曲江亭。（卷17下，本纪第十七下，文宗下）

24.（开成二年三月）乙丑夜，彗星长五丈，歧分两尾，其一指氐，其一掩房。丙寅，罢曲江宴。（卷17下，本纪第十七下，文宗下）

25.（开成二年八月甲申）又敕："庆成节宜令京兆尹准上巳，重阳例，于曲江会文武百僚。延英奉觞宜权停。"（卷17下，本纪第十七下，文宗下）

26.（开成二年冬十月）庚子，庆成节，赐群臣宴于曲江，上幸十六宅，与诸王宴乐。（卷17下，本纪第十七下，文宗下）

27.（开成三年冬十月）甲午，庆成节，命中人以酒酺、《仙韶乐》赐群臣宴于曲江亭。（卷17下，本纪第十七下，文宗下）

28.（开成四年三月）乙酉，赐群臣上巳宴于曲江。（卷17下，本纪第十七下，文宗下）

29.（开成四年冬十月）戊午，庆成节，赐群臣宴于曲江亭。（卷17下，本纪第十七下，文宗下）

30.（开成六年二月壬辰）以旱，停上巳曲江赐宴。（卷18上，本纪第十八上，武宗）

31.（大中元年二月丁酉）又敕："自今进士放榜后，杏园任依旧宴集，有司不得禁制。"武宗好巡游，故曲江亭禁人宴聚故也。（卷18下，本纪第十八下，宣宗）

32.（宝应二年）八月，国子学成祠堂、论堂、六馆及官吏所居厅宇，用钱四万贯，拆曲江亭子瓦木助之。（卷24，志第四，礼仪四）

33.开元中，萧嵩将于曲江南立私庙，寻以玄宗临幸之所，恐置庙非便，乃罢之。至是，炎以其地为庙，有飞语者云："此地有王气，炎故取之，必有异图。"语闻，上愈怒。及台司上具狱，诏三司使同覆之。（卷118，列传第六十八，杨炎）

34.德宗文思俊拔，每有御制，即命朝臣毕和。贞元四年九月，赐宴曲江亭，帝为诗，序曰：

朕在位仅将十载，实赖忠贤左右，克致小康。是以择三令节，锡兹宴赏，俾大夫、卿士得同欢洽也。夫共其戚者同其休，有其初者贵其终，咨尔群僚，颁朕不暇，乐而能节，职思其忧，咸若时则，庶乎理矣。因重阳之会，聊示所怀。早衣对庭燎，躬化勤意诚。时此万枢暇，适与佳节并。曲池洁寒流，芳菊舒金英。乾坤爽气澄，台殿秋光清。朝野庆年丰，高会多欢声。永怀无荒诫，良士同斯情。

因诏曰："卿等重阳会宴，朕想欢洽，欣慰良多，情发于中，因制诗序。今赐卿等一本，可中书门下简定文词士三五十人应制，同用'清'字，明日内于延英门进来。"宰臣李泌等虽奉诏简择，难于取舍，由是百僚皆和。上自考其诗，以太真及李纾等四人为上等，鲍防、于邵等四人为次等，张濛、殷亮等二十三人为下等；而李晟、马燧、李泌三宰相之诗，不加考第。（卷137，列传第八十七，刘太真）

35.（贞元）十四年春上巳，赐宰臣百僚宴于曲江亭，特令建封与宰相同座而食。（卷140，列传第九十，张建封）

36.时两公主出降，府司供帐事殷，又俯近上巳，曲江赐宴奏请改日。上曰："去年重阳，取九月十九日，未失重阳之意，今改取十三日可也。"（卷149，列传第九十九，归融）

37.绶在集贤，遇重阳，赐宰臣百官曲江宴；绶请与集贤学士别为一会，从之。（卷162，列传第一百一十二，韦绶）

38.文宗能诗，尝吟杜甫《江头篇》云："江头宫殿锁千门，细柳新蒲为谁绿？"始知天宝已前，环曲江四岸，有楼台行宫廨署，心切慕之。既得注言，即命左右神策军差人淘曲江、昆明二池，仍许公卿士大夫之家于江头立亭馆，以时追赏。时两军造紫云楼、彩霞亭，内出楼额以赐之。（卷169，列传第一百一十九，郑注）

39.属上巳曲江赐宴，群臣赋诗，度以疾不能赴。文宗遣中使赐度诗曰："注想待元老，识君恨不早。我家柱石衰，忧来学丘祷。"仍赐御札曰："朕诗集中欲得见卿唱和诗，故令示此。卿疾恙未瘳，固无心力，但异日进来。春时俗说难于将摄，勉加调护，速就和平。千百胸怀，不具一二。药物所须，无惮奏请之烦也。"御札及门，而度已薨，四年三月四日也。上闻之，震悼久之，重令缮写，置之灵座。（卷170，列传第一百二十，裴度）

40.（元和十年）（令狐楚）又奏请罢修曲江亭绢一万三千七百匹，回修尚书省，从之。

开成元年上巳，赐百僚曲江亭宴。楚以新诛大臣，不宜赏宴，独称疾不赴，论者美之。（卷172，列传第一百二十二，令狐楚）

41.大历二年，朝恩献通化门外赐庄为寺，以资章敬太后冥福；仍请以章敬为名，复加兴造，穷极壮丽。以城中材木不足充费，乃奏坏曲江亭馆、华清宫观楼及百司行廨、将相没官宅给其用，土木之役，仅逾万亿。（卷184，列传第一百三十四，宦官，鱼朝恩）

42.天宝元年，命有司宴于曲江，令宰臣已下同宴。又封曳夫为归昌王，授左金吾卫大将军，赐其子帛八十匹，放还。（卷197，列传第一百四十七，南蛮西南蛮，东女国）

《旧唐书》未有记录内容的坊共 59 座，分列如下：

永福坊、常乐坊、升道坊、立政坊、敦化坊、长乐坊、宣平坊、修政坊、青龙坊、曲池坊、翊善坊、光宅坊、通善坊、通济坊、务本坊、安善坊、大业坊、昌乐坊、安德坊、兰陵坊、开明坊、保宁坊、丰乐坊、崇业坊、延祚坊、太平坊、兴化坊、崇德坊、怀贞坊、丰安坊、昌明坊、修德坊、辅兴坊、颂政坊、布政坊、延寿坊、崇贤坊、延福坊、永安坊、敦义坊、大通坊、大安坊、安定坊、怀远坊、嘉会坊、永平坊、通轨坊、归义坊、昭行坊、普宁坊、义宁坊、居德坊、群贤坊、怀德坊、崇化坊、永和坊、常安坊、和平坊、永阳坊

《新唐书》中的唐长安里坊

（说明：除诸坊外，两市、曲江内容并录）

十六宅

1. 昭宗时，十六宅诸王华侈相尚，巾帻各自为制度，都人效之，则曰："为我作某王头。"识者以为不祥。（卷34，志第二十四，五行一）

2. 明年，韩建畏诸王有兵，请皆归十六宅，留殿后兵三十人，为控鹤排马官，隶飞龙坊，余悉散之，且列甲围行宫，于是四军二万余人皆罢。（卷50，志第四十，兵）

3. 通王滋，会昌六年始王夔，与庆王沂同封。帝初诏郓王居十六宅，余五王处大明宫内院，以谏议大夫郑漳、兵部郎中李郫为侍读，五日一谒乾符门，为王授经。（卷82，列传第七，十一宗诸子）

4. 天子将狩太原，韩建道迎之，留次华州。建畏王等有兵，遣人上急变，告诸王欲杀建，胁帝幸河中。帝惊，召建论之，称疾不肯入。敕滋与睦王、济王、韶王、彭王、韩王、沂王、陈王谒建自解，建留军中，奏言："中外异体，臣不可以私见。"又言："晋八王擅权，卒败天下。请归十六宅，悉罢所领兵。"帝不许。（卷82，列传第七，十一宗诸子）

5. 后三日，与刘季述矫诏以兵攻十六宅。诸王被发乘垣走，或升屋极号曰："帝救我！"建乃将十一王并其属至石堤谷杀之，徐以谋反闻，天下冤之。（卷82，列传第七，十一宗诸子）

6. 守澄捕申锡亲吏张全真、家人买子缘信及十六宅典史，胁成其罪。帝乃罢申锡为太子右庶子，召三省官、御史中丞、大理卿、京兆尹会中书集贤院杂验申锡反状。京师哗言相惊，久乃定。（卷152，列传第七十七，宋申锡）

7. 始，宣宗世，夔王以下五王处大明宫内院，而郓王居十六宅。（卷166，列传第九十一，杜悰）

8. 它日，帝召茂贞等曰："十六宅诸王日奏馁死者十三，王、公主、夫人皆间日食，今又将竭，奈何？"皆不敢对。（卷208，列传第一百三十三，宦者下，韩全海）

9. 建恶卫兵强，不利己，与巨川谋，即上飞变，告八王欲胁帝幸河中，因请囚十六宅，选严师傅督教，尽散麾下兵。书再上，帝不得已，诏可。（卷224

下，列传第一百四十九下，叛臣下，李巨川）

兴宁坊

1.（崔琳）其群从数十人，自兴宁里谒大明宫，冠盖骈哄相望。每岁时宴于家，以一榻置笏，犹重积其上。（卷109，列传第三十四，崔琳）

2.淄青平，进同中书门下平章事，徙昭义节度，赐第兴宁里。（卷154，列传第七十九，李愬）

3.（高力士）于来廷坊建佛祠，兴宁坊立道士祠，珍楼宝屋，国赀所不逮。钟成，力士宴公卿，一扣钟，纳礼钱十万，有佞悦者至二十扣，其少亦不减十。（卷207，列传第一百三十二，宦者上，高力士）

隆庆坊（隆庆池）

1.初，帝（玄宗）赐第隆庆坊，坊南之地变为池，中宗常泛舟以厌其祥。（卷22，志第十二，礼乐十二）

2.初，帝五子列第东都积善坊，号"五王子宅"。及赐第上都隆庆坊，亦号"五王宅"。玄宗为太子，尝制大衾长枕，将与诸王共之。睿宗知，喜甚。及先天后，尽以隆庆旧邸为兴庆宫，而赐宪及薛王第于胜业坊，申、岐二王居安兴坊，环列宫侧。（卷81，列传第六，三宗诸子，让皇帝宪）

道政坊

1.缙素奉佛，不茹荤食肉，晚节尤谨。妻死，以道政里第为佛祠，诸道节度、观察使来朝，必邀至其所，讽令出财佐营作。（卷145，列传第七十，王缙）

靖恭坊

1.璘字元亮。李怀光反，诏燧讨之。璘介五千兵先济河，与西师合。从燧入朝，为辅国大将军，赐靖恭里第一区、蓝田田四十顷。（卷193，列传第一百一十八，忠义下，符璘）

新昌坊

1.损，字子默，繇荫补蓝田尉，至殿中侍御史。家新昌里，与路岩第接。岩方为相，欲易其厩以广第。损族仕者十余人，议曰："家世盛衰，系权者喜怒，不可拒。"损曰："今尺寸土皆先人旧赀，非吾等所有，安可奉权臣邪？穷达，命也！"卒不与。（卷174，列传第九十九，杨损）

大宁坊

1.乃下诏赐载自尽，妻王及子扬州兵曹参军伯和、祠部员外郎仲武、校书郎季能并赐死，发其祖、父冢，斫棺弃尸，毁私庙主及大宁、安仁里二第，以赐百官署舍，破东都第助治禁苑。（卷145，列传第七十，元载）

2.赐大宁里甲第，女乐五人，将相送归第，与李晟钧礼。（卷155，列传第

八十，浑瑊）

安兴坊

1. 初，帝五子列第东都积善坊，号"五王子宅"。及赐第上都隆庆坊，亦号"五王宅"。玄宗为太子，尝制大衾长枕，将与诸王共之。睿宗知，喜甚。及先天后，尽以隆庆旧邸为兴庆宫，而赐宪及薛王第于胜业坊，申、岐二王居安兴坊，环列宫侧。（卷81，列传第六，三宗诸子，让皇帝宪）

2. 它日，妃以谴还铦第，比中仄，帝尚不御食，笞怒左右。高力士欲验帝意，乃白以殿中供帐、司农酒饩百余车送妃所，帝即以御膳分赐。力士知帝旨，是夕，请召妃还，下钥安兴坊门驰入。妃见帝，伏地谢，帝释然，抚尉良渥。（卷76，列传第一，后妃上，杨贵妃）

胜业坊

1. 训起流人，一岁至宰相，谓遭时，其志可行。欲先诛宦竖，乃复河、湟，攘夷狄，归河朔诸镇。意果而谋浅，天子以为然。俄赐第胜业里，赏赉旁午。（卷179，列传第一百四，李训）

2. 王处存，京兆万年人。世籍神策军，家胜业里，为天下高赀。（卷186，列传第一百一十一，王处存）

3. 初，帝五子列第东都积善坊，号"五王子宅"。及赐第上都隆庆坊，亦号"五王宅"。玄宗为太子，尝制大衾长枕，将与诸王共之。睿宗知，喜甚。及先天后，尽以隆庆旧邸为兴庆宫，而赐宪及薛王第于胜业坊，申、岐二王居安兴坊，环列宫侧。（卷81，列传第六，三宗诸子，让皇帝宪）

东市

1. 会昌元年五月，潞州市火。三年六月，西内神龙寺火；万年县东市火，焚庐舍甚众。（卷34，志第二十四，五行一，火不炎上）

2. （乾宁元年）太原李克用以其兵伐行瑜等，同州节度使王行实入迫神策中尉骆全瓘、刘景宣请天子幸邠州，全瓘、景宣及子继晟与行实纵火东市，帝御承天门，敕诸王率禁军捍之。捧日都头李筠以其军卫楼下，茂贞将阎圭攻筠，矢及楼扉，帝乃与亲王、公主幸筠军，扈跸都头李君实亦以兵至，侍帝出幸莎城、石门。诏嗣薛王知柔入长安收禁军、清宫室，月余乃还。（卷50，志第四十，兵）

3. 俄而临淄王引兵夜披玄武门入羽林，杀璇、播、崇于寝，斧关叩太极殿，后遁入飞骑营，为乱兵所杀。斩延秀、安乐公主。分捕诸韦、诸武与其支党，悉诛之，枭后及安乐首东市。翌日，追贬为庶人，葬以一品礼。（卷76，列传第一，后妃上）

4.明日，遂方燕，弁率其党挟兵进，遂惊，匿厕下，执而数其罪，杀之。其副张敦实、官属李矩甫皆死。弁自知留事。帝以沂、海新定，畏青、郓亦摇，乃拜弁开州刺史。至徐州，械送京师，斩东市。监军上遂所制杖，出示于朝为戒云。（卷 116，列传第四十一，王遂）

5.会诏使至，澈谓弘靖曰："公无负此土人，今天子使至，可因见众辨，幸得脱归。"即推门求出。众畏其谋，欲迁别馆。澈大骂曰："汝何敢反！前日吴元济斩东市，李师道斩军中，同恶者，父母妻子肉饱狗鼠鸱鸦。"众怒，击杀之。（卷 127，列传第五十二，张弘靖）

6.大历八年，有晋州男子郇谟以麻总发，持竹笥、苇席，行哭长安东市，人问之，曰："我有字三十，欲以献上，字言一事，即不中，以笥贮尸，席裹而弃之。"（卷 145，列传第七十，元载）

7.行俭纵单于镇兵蹑之，伏念意王师不能远，不设备，及兵至，惶骇不得战，遂遣使间道诣行俭，执温傅降，行俭虏之，送京师，斩东市。（卷 215 上，列传第一百四十上，突厥上，车鼻）

8.（大历）十年，回纥杀人横道，京兆尹黎干捕之，诏贷勿劾。又刺人东市，缚送万年狱，首领劫取囚，残狱吏去，都人厌苦。（卷 217 上，列传第一百四十二上，回鹘上）

9.景宣方与茂贞睦，故全瓘与凤翔卫将阎圭共胁帝狩岐，王行实及景宣子继晟纵火剽东市，帝登承天门，矢著楼阁。（卷 208，列传第一百三十三，宦者下，刘季述）

安邑坊

1.吉甫居安邑里，时号"安邑李丞相"。所论著甚多，皆行于世。前卒一岁，荧惑掩太微上相，吉甫曰："天且杀我。"再逊位，不许。（卷 146，列传第七十一，李吉甫）

2.奉诚园亭观，即其安邑里旧第云，故当世视畅以厚畜为戒。（卷 155，列传第八十，马畅）

3.（李德裕）所居安邑里第，有院号"起草"，亭曰"精思"，每计大事，则处其中，虽左右侍御不得豫。不喜饮酒，后房无声色娱。（卷 180，列传第一百五，李德裕）

升平坊

1.初，仲郢为谏议大夫，后每迁，必乌集升平第，庭树戟架皆满，五日乃散。及是不复集。卒于镇。（卷 163，列传第八十八，柳仲郢）

修行坊

1. 所居修行里，粗朴庳陋，饮食俭狭，室无媵婢。然任职久，势轧宰相，要官华使多出其门。自江淮茗橘珍甘，常与本道分贡，竞欲先至，虽封山断道，以禁前发，晏厚赍致之，常冠诸府，由是媚怨益多。（卷149，列传第七十四，刘晏）

光宅坊

1. 枭注首光宅坊，三日瘗之，群臣皆贺，乃夷其家。初，未获注，京师戒严，泾原、鄜坊节度使王茂元、萧弘皆勒兵备非常。及是人相庆。籍其赀，得绢百万匹，它物称是。注败前，菌生所服带上，褚中药化为蝇数万飞去。（卷179，列传第一百四，郑注）

2. 涯文有雅思，永贞、元和间，训诰温丽，多所稿定。帝以其孤进自树立，数访逮，以私居远，或召不时至，诏假光宅里官第，诸学士莫敢望。（卷179，列传第一百四，王涯）

永兴坊

1. 瑀亦知音，尝早朝过永兴里，闻笛音，顾左右曰："是太常工乎？"曰："然。"它日识之，曰："何故卧吹？"笛工惊谢。又闻康昆仑奏琵琶，曰："琵声多，琶声少，是未可弹五十四丝大弦也。"乐家以自下逆鼓曰琵，自上顺鼓曰琶云。（卷81，列传第六，三宗诸子，让皇帝宪之子瑀）

崇仁坊

1. 太子、亲王、公主婚嫁并供帐于崇仁之礼院。（卷82，列传第七，十一宗诸子）

宣阳坊

1. 建中三年九月己亥夜，虎入宣阳里，伤人二，诘朝获之。（卷35，志第二十五,五行二）

2. 元振虽少雄迈，及贵，居处乃俭约，手不置书，人莫见其喜愠。建宅宣阳里，未尝一至诸院厩。自朝还，对亲欣欣，退就室，俨如也。（卷122，列传第四十七，郭元振）

3. 安禄山反，遣张通儒劫百官置东都，伪授虔水部郎中，因称风缓，求摄市令，潜以密章达灵武。贼平，与张通、王维并囚宣阳里。三人者，皆善画，崔圆使绘斋壁，虔等方悸死，即极思祈解于圆，卒免死，贬台州司户参军事，维止下选。（卷202，列传第一百二十七，文艺中，郑虔）

4. 虢国居宣阳坊左，国忠在其南，自台禁还，趣虢国第，郎官、御史白事者皆随以至。居同第，出骈骑，相调笑，施施若禽兽然，不以为羞，道路为耻

骇。（卷 206，列传第一百三十一，外戚，杨国忠）

亲仁坊

1.（开成）三年正月，将朝，骑至亲仁里，狙盗发，射石伤，马逸，盗邀斫之坊门，绝马尾，乃得脱。天子骇愕，遣使者慰抚，赐良药。（卷 131，列传第五十六，宗室宰相，李石）

2. 宅居亲仁里四分之一，中通永巷，家人三千相出入，不知其居。前后赐良田、美器、名园、甲馆不胜纪。（卷 137，列传第六十二，郭子仪）

3. 仇士良使盗击宰相李石于亲仁里，迹出禁军，珙坐不能捕，以为负，望少衰。（卷 182，列传第一百七，崔珙）

4. 李石辅政，棱棱有风岸，士良与论议数屈，深忌之，使贼刺石于亲仁里，马逸而免。（卷 207，列传第一百三十二，宦者上，仇士良）

5. 勋平，进大同军节度使，赐氏李，名国昌，预郑王属籍，赐亲仁里甲第。（卷 218，列传第一百四十三，沙陀）

永宁坊

1. 于时凭治第永宁里，功役丛烦，又幽妓妾于永乐别舍，谤议颇欢，故夷简藉之痛摘发，欲抵以死。（卷 160，列传第八十五，杨凭）

2. 永宁王相国涯居位，窦氏女归，请曰："玉工货钗直七十万钱。"王曰："七十万钱，岂于女惜？但钗直若此，乃妖物也，祸必随之。"女不复敢言。后钗为冯球外郎妻首饰，涯曰："为郎吏妻，首饰有七十万钱，其可久乎！"（卷 163，列传第八十八，柳玭）

3. 是时，十一族赀货悉为兵掠，而涯居永宁里，乃杨凭故第，财贮巨万，取之弥日不尽。家书多与秘府侔，前世名书画，尝以厚货钩致，或私以官，凿垣纳之，重复秘固，若不可窥者。至是为人破垣剔取鈒轴金玉，而弃其书画于道。籍田宅入于官。（卷 179，列传第一百四，王涯）

4. 有诏召顺节，辄以甲士三百入，至银台门，何止之，景宣引顺节坐殿庑，部将嗣光审出斩之，从者大噪，出延喜门，剽永宁里，尽夕止。（卷 208，列传第一百三十三，宦者下，杨复恭）

5.（天宝）九载，兼河北道采访处置使，赐永宁园为邸。（卷 225 上，列传第一百五十上，逆臣上，安禄山）

6. 召王官，无有至者，乃大索里间，豆卢瑑、崔沆等匿永宁里张直方家。直方者，素豪桀，故士多依之。或告贼纳亡命者，巢攻之，夷其家，瑑、沆及大臣刘邺、裴谂、赵濛、李溥、李汤死者百余人。将作监郑綦、郎官郑系举族缢。（卷 225 下，列传第一百五十下，逆臣下，黄巢）

永崇坊

1. 有诏赐（李晟）第永崇里、泾阳上田、延平门之林园、女乐一列。晟入第，京兆供帐，教坊鼓吹迎导，诏将相送之。帝纪其功，自文于碑，敕皇太子书，立于东渭桥，以示后世云。又令太子录副以赐。（卷154，列传第七十九，李晟）

昭国坊

1. 昭国里崔山南琯子孙之盛，仕族罕比。（卷163，列传第八十八，柳玭）

2. （郑余庆）与从父絪家昭国坊，絪第在南，余庆第在北，世谓"南郑相"、"北郑相"云。（卷165，列传第九十，郑余庆）

晋昌坊（慈恩寺）

1. 懿宗诞日，宴慈恩寺，（赵）隐侍母以安舆临观，宰相方率百官拜恩于廷，即回班候夫人起居，搢绅以为荣。（卷182，列传第一百七，赵隐）

2. 凡天子飨会游豫，唯宰相及学士得从。春幸梨园，并渭水被除，则赐细柳圈辟疠；夏宴蒲萄园，赐朱樱；秋登慈恩浮图，献菊花酒称寿；冬幸新丰，历白鹿观，上骊山，赐浴汤池，给香粉兰泽，从行给翔麟马，品官黄衣各一。（卷202，列传第一百二十七，文艺中，李适）

3. 虔善图山水，好书，常苦无纸，于是慈恩寺贮柿叶数屋，遂往日取叶肄书，岁久殆遍。（卷202，列传第一百二十七，文艺中，郑虔）

长兴坊

1. 岘兄峘、峄。峘从上皇，岘翊戴肃宗，以勋力相高，同时为御史大夫，俱判台事，又合制封公，而峄为户部侍郎、银青光禄大夫，同居长兴里第，门列三戟。（卷131，列传第五十六，宗室宰相，李岘）

2. （郭）钒，字利用，尚德阳郡主。诏裴延龄为主营第长兴里。（卷137，列传第六十二，郭子仪）

永乐坊

1. 于时凭治第永宁里，功役丛烦，又幽妓妾于永乐别舍，谤议颇欢，故夷简藉之痛擿发，欲抵以死。（卷160，列传第八十五，杨凭）

2. 思忠等以国亡，皆愿入朝，见听，遂罢归义军，擢思忠左监门卫上将军兼抚王傅，两禀其奉，赐第永乐坊，分其兵赐诸节度。（卷217下，列传第一百四十二下，回鹘下，嗢没斯·李思忠）

靖安坊

1. （王）承宗怨，数上章诬诋。未几入朝，出靖安里第，夜漏未尽，贼乘暗呼曰："灭烛！"射元衡中肩，复击其左股，徒御格斗不胜，皆骇走，遂害

元衡，批颅骨持去。（卷 152，列传第七十七，武元衡）

兴道坊

1.（开元八年）六月庚寅夜，谷、洛溢，入西上阳宫，宫人死者十七八，畿内诸县田稼庐舍荡尽，掌闲卫兵溺死千余人，京师兴道坊一夕陷为池，居民五百余家皆没不见。（卷 36，志第二十六,五行三）

开化坊

1. 穆宗立，召还，赐开化里第，加同中书门下平章事。（卷 171，列传第九十六，李光颜）

2. 彦弼等以帝未即驾，愈悖，宫中禁索苛亟，帝与后相视泣，宫人私逃出都，民崩沸，或奔开化坊依胤第自固，闬无留家。（卷 208，列传第一百三十三，宦者下，韩全诲）

3. 全忠令其子友谅以兵围开化坊第，杀胤，汴士皆突出，市人争投瓦砾击其尸，年五十一，元规、陈班等皆死，实天复四年正月。（卷 223 下，列传第一百四十八下，奸臣下，崔胤）

安仁坊

1. 乃下诏赐载自尽，妻王及子扬州兵曹参军伯和、祠部员外郎仲武、校书郎季能并赐死，发其祖、父冢，斫棺弃尸，毁私庙主及大宁、安仁里二第，以赐百官署舍，破东都第助治禁苑。（卷 145，列传第七十，元载）

2. 复赐安仁里第，亦让不受。（卷 148，列传第七十三，张茂昭）

光福坊

1. 初，泌无妻，不食肉，帝乃赐光福里第，强诏食肉，为娶朔方故留后李晧甥，昏日，敕北军供帐。（卷 139，列传第六十四，李泌）

2. 常以光福第宾客多，更住永达里，林木穷僻，构半隐亭以自适。（卷 167，列传第九十二，王龟）

3. 式发自光福里第，麾帜皆东靡，猎猎有声，喜曰："是谓得天时矣！"闻贼用骑兵，乃阅所部，得吐蕃、回鹘迁隶数百，发龙陂监牧马起用之，集土团诸儿为向导，擒甫斩之。（卷 167，列传第九十二，王式）

兰陵坊

1. 殷保晦妻封，敖孙也，名绚，字景文。能文章、草隶。保晦历校书郎。黄巢入长安，共匿兰陵里。明日，保晦逃。贼悦封色，欲取之，固拒。贼诱说万词，不答。贼怒，勃然曰："从则生，不然，正膏我剑！"封骂曰："我，公卿子，守正而死，犹生也，终不辱逆贼手！"遂遇害。保晦归，左右曰："夫人死矣！"保晦号而绝。（卷 205，列传第一百三十，列女，殷保晦妻封绚）

善和坊

1. 铁券恕十死，又赐（孔纬）天兴良田、善和里第各一区，兼京畿营田使。（卷163，列传第八十八，孔纬）

2. 家有赐书三千卷，尚在善和里旧宅，宅今三易主，书存亡不可知。（卷168，列传第九十三，柳宗元）

3. 注资贪沓，既藉权宠，专鬻官射利，赀积巨万，不知止。起第善和里，通永巷，飞庑复壁，聚京师轻薄子、方镇将吏，以煽声焰。（卷179，列传第一百四，郑注）

崇业坊（玄都观）

1. 天宝中，有术士李遐周于玄都观院庑间为诗曰："燕市人皆去，函关马不归，人逢山下鬼，环上系罗衣。"而人皆不悟，近诗妖也。（卷35，志第二十五，五行二，诗妖）

2. 宰相欲任南省郎，而禹锡作《玄都观看花君子》诗，语讥忿，当路者不喜，出为播州刺史。（卷168，列传第九十三，刘禹锡）

永达坊

1. 龟，字大年，性高简，博知书传，无贵胄气。常以光福第宾客多，更住永达里，林木穷僻，构半隐亭以自适。（卷167，列传第九十二，王龟）

通义坊

1. （武德六年四月）己未，以故第为通义宫，祭元皇帝、元贞皇后于旧寝。（卷1，本纪第一，高祖皇帝）

光德坊

1. 太原邸吏薛志勤曰："崔公镇河中，不若光德刘公于我公最善。"光德，崇望所居坊也。（卷90，列传第十五，刘崇望）

2. 崔氏四世缌麻同爨，兄弟六人至三品，邠、郿、郸凡为礼部五，吏部再，唐兴无有也。居光德里，构便斋，宣宗闻而叹曰："郸一门孝友，可为士族法。"因题曰"德星堂"。后京兆民即其里为"德星社"云。（卷163，列传第八十八，崔邠）

延康坊

1. （贞观）十四年正月庚子，有司读时令。甲寅，幸魏王泰第，赦雍州长安县，免延康里今岁租赋。（卷2，本纪第二，太宗皇帝）

2. 后帝幸泰延康坊第，曲赦长安死罪，免坊人一年租，府僚以差赐帛。（卷80，列传第五，太宗诸子，濮王泰）

大通坊

1. （岐阳庄淑公主）开第昌化里，疏龙首池为沼。后家上尚父大通里亭为

主别馆。贵震当世。（卷 83，列传第八，诸帝公主）

金城坊

1. 唐兵攻长安，太宗屯金城坊，攻其西北，遂克之。（卷 2，本纪第二，太宗皇帝）

醴泉坊

1. 长安初，醴泉坊太平公主第井水溢流。又并州文水县猷水竭，武氏井溢。（卷 36，志第二十六,五行三，火沴水）

西市

1. 贞元二年二月乙丑，有野鹿至于含元殿前，获之；壬申，又有鹿至于含元殿前，获之。占曰："有大丧。"四年三月癸亥，有鹿至京师西市门，获之。（卷 35，志第二十五,五行二，毛虫之孽）

2. 元和八年四月，长安西市有豕生子，三耳八足，自尾分为二。足多者，下不一也。（卷 36，志第二十六,五行三）

3. 天宝二年，尹韩朝宗引渭水入金光门，置潭于西市，以贮材木。（卷 37，志第二十七，地理一）

4. 诏百官议，皆言亮当诛。帝遣长孙无忌、房玄龄就狱谓曰："法者，天下平，与公共为之。公不自修，乃至此，将奈何？"于是斩西市，籍其家。（卷 94，列传第十九，张亮）

5. 天宝初，召为京兆尹，分渭水入金光门，汇为潭，以通西市材木。（卷 118，列传第四十三，韩思复）

6. （顺宗）帝乃下诏："能得贼者赏钱千万，授五品官。与贼谋及舍贼能自言者亦赏。有不如诏，族之。"积钱东西市以募告者。于是左神策将军王士则、左威卫将军王士平以贼闻，捕得张晏等十八人，言为承宗所遣，皆斩之。（卷 152，列传第七十七，武元衡）

7. 御史崔元藻以覆按吴湘狱得罪，（柳）仲郢切谏，宰相李德裕不为嫌，奏拜京兆尹。置权量于东西市，使贸易用之，禁私制者。（卷 163，列传第八十八，柳仲郢）

8. 元和初，再朝献，始以摩尼至。其法日晏食，饮水茹荤，屏湩酪，可汗常与共国者也。摩尼至京师，岁往来西市，商贾颇与囊橐为奸。（卷 217 上，列传第一百四十二上，回鹘上）

9. 始，博野、凤翔军过渭桥，见募军服鲜襖，怒曰："是等何功，遽然至是！"更为贼乡导，前贼归，焚西市。（卷 225 下，列传第一百五十下，逆臣下，黄巢）

长寿坊

1. 大历四年八月己卯，虎入京师长寿坊宰臣元载家庙，射杀之。（卷35，志第二十五,五行二，毛虫之孽）

永阳坊（庄严寺）

1. 大历十年二月，庄严寺浮图灾。初有疾风震电，俄而火从浮图中出。（卷34，志第二十四,五行一，火不炎上）

曲江

1. 开元时，萧嵩尝度曲江南，欲立私庙，以为天子临幸处乃止，后炎复取以立庙。飞语云："地有王气，故炎取之。"帝闻，震怒，会狱具，诏三司同覆，贬崖州司马同正。（卷145，列传第七十，杨炎）

2. 故事，赐百官宴曲江，教坊倡颗杂侍，栖筠以任国风宪，独不往，台遂以为法。（卷146，列传第七十一，李栖筠）

3. 元巳，赐宴曲江，特诏与宰相同榻食。（卷158，列传第八十三，张建封）

4. 九月九日宴群臣曲江，绥请集贤学士得别会，帝一顺听。（卷160，列传第八十五，韦绥）

5. 岁旱，文宗忧甚，戢躬祠曲江池，一夕大澍，帝悦，诏兼御史大夫。（卷163，列传第八十八，孔戢）

6. 开成元年上巳，赐群臣宴曲江。（卷166，列传第九十一，令狐楚）

7. 上巳宴群臣曲江，度不赴，帝赐诗曰："注想待元老，识君恨不早。我家柱石衰，忧来学丘祷。"（卷173，列传第九十八，裴度）

8. 帝尝咏杜甫《曲江辞》，有"宫殿千门"语，意天宝时环江有观榭宫室，闻注言，即诏两神策治曲江、昆明，作紫云楼、采霞亭，诏公卿得列舍堤上。（卷179，列传第一百四，郑注）

9. 太和九年上巳，诏百官会曲江。（卷179，列传第一百四，贾𫗧）

10. 德宗以天下平，贞元四年九月，诏群臣宴曲江，自为诗，敕宰相择文人赓和。（卷203，列传第一百二十八，文艺下，刘太真）

11. 于是用度侈浩，公坏曲江诸馆、华清宫楼榭、百司行署、将相故第，收其材佐兴作，费无虑万亿。既数毁郭子仪，不见听，乃遣盗发其先冢，子仪诡辞自解，以安众疑。（卷207，列传第一百三十二，宦者上，鱼朝恩）

12. 帝遂问游幸费，对曰："闻懿宗以来，每行幸无虑用钱十万，金帛五车，十部乐工五百，犊车、红网朱网画香车百乘，诸卫士三千。凡曲江、温汤若畋猎曰大行从，宫中、苑中曰小行从。"帝乃诏类减半。（卷208，列传第一百三十三，宦者下，杨复恭）

13. 天授、开元间，王及子再来朝，诏与宰相宴曲江，封王曳夫为归昌王、左金吾卫大将军。（卷221上，列传第一百四十六上，西域上，东女）

14. 后遣子入献，诏宴于曲江，宰相会，册封宾义王，授右金吾卫大将军，还之。（卷222下，列传第一百四十七下，南蛮下，室利佛逝）

15. 武宗即位，宰相李德裕尤恶进士。初，举人既及第，缀行通名，诣主司第谢。其制，序立西阶下，北上东向；主人席东阶下。西向；诸生拜，主司答拜；乃叙齿，谢恩，遂升阶，与公卿观者皆坐；酒数行，乃赴期集。又有曲江会、题名席。至是，德裕奏："国家设科取士，而附党背公，自为门生。自今一见有司而止，其期集、参谒、曲江题名皆罢。"（卷44，志第三十四，选举上）

《新唐书》未有记录内容的坊共63座，分列如下：

永福坊、常乐坊、升道坊、立政坊、敦化坊、长乐坊、修政坊、青龙坊、曲池坊、翊善坊、来庭坊、永昌坊、平康坊、通善坊、通济坊、务本坊、崇义坊、安善坊、大业坊、昌乐坊、安德坊、开明坊、保宁坊、通化坊、丰乐坊、安业坊、延祚坊、太平坊、兴化坊、崇德坊、怀贞坊、宣义坊、丰安坊、昌明坊、修德坊、辅兴坊、颁政坊、布政坊、延寿坊、崇贤坊、延福坊、永安坊、敦义坊、大安坊、安定坊、怀远坊、嘉会坊、永平坊、通轨坊、归义坊、昭行坊、普宁坊、义宁坊、居德坊、群贤坊、怀德坊、崇化坊、丰邑坊、永和坊、常安坊、和平坊、永阳坊、宣平坊

历代长安图

1. 北宋吕大防《长安图》残拓（民国拓本，陕西师范大学博物馆藏，惠刚提供）

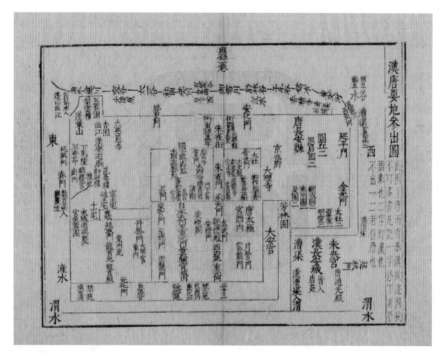

2.《汉唐要地参出图》(选自南宋程大昌《雍录》,明万历吴琯刻本)

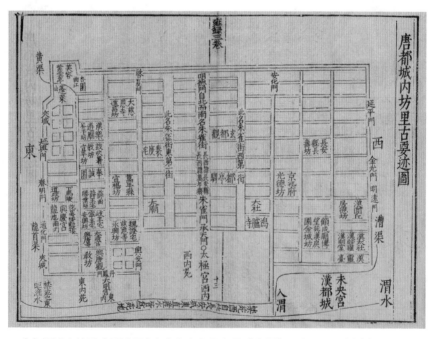

3.《唐都城内坊里古要迹图》(选自南宋程大昌《雍录》,明万历吴琯刻本)

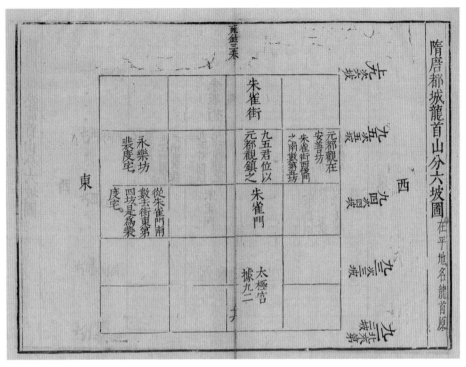

4.《隋唐都城龙首山分六坡图》（选自南宋程大昌《雍录》，明万历吴琯刻本）

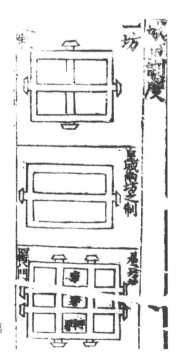

5.《唐城市制度图》（选自元李好文《长安志图》，明嘉靖十一年年李经刻本）

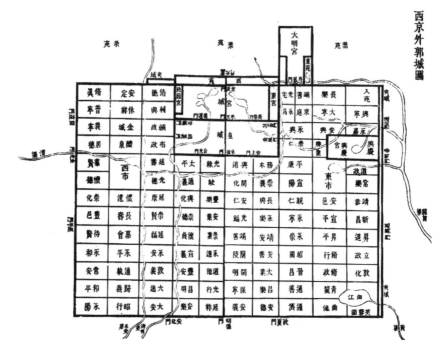

6.《西京外郭城图》(清徐松绘，选自清道光二十八年《唐两京城坊考》)

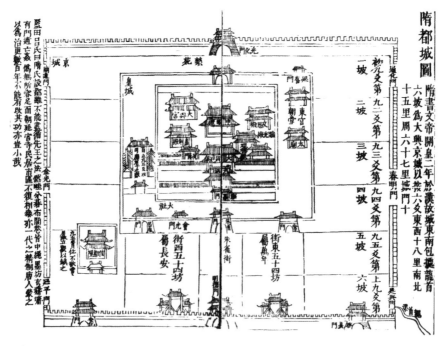

7.《隋都城图》(清康熙七年《咸宁县志》)

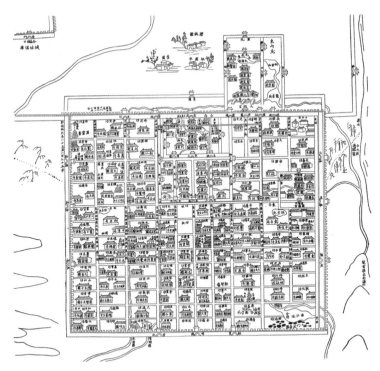

8.《汉唐长安城图》（清嘉庆王森文绘，今藏陕西历史博物馆）

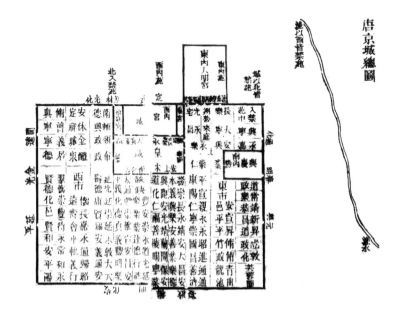

9.《唐京城总图》（选自清嘉庆二十四年《咸宁县志》）

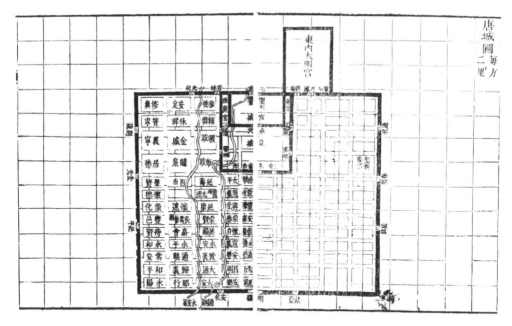

10.《唐城图》(选自清嘉庆二十年《长安县志》)

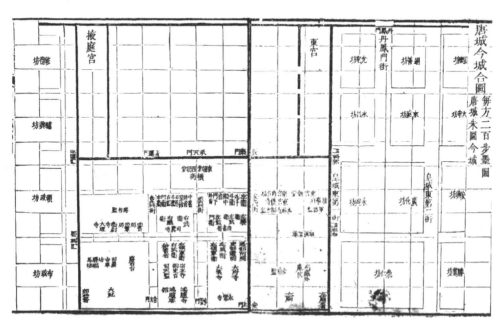

11.《唐城今城合图》(选自清嘉庆二十年《长安县志》)

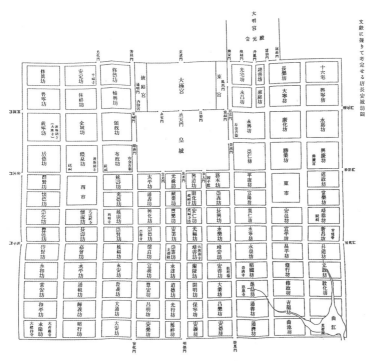

12.《唐长安城坊图》(选自足立喜六《长安史迹研究》)

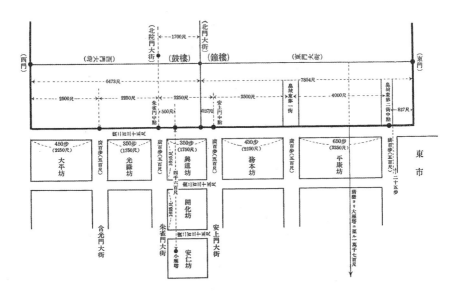

13.《西安府南城墙与唐代城坊比较图》(选自足立喜六《长安史迹研究》)

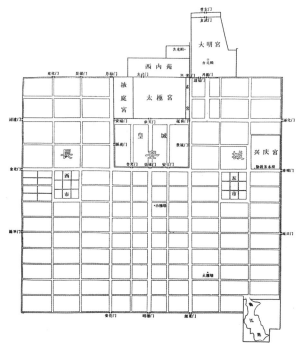

14.《长安城复原图》(中国科学院考古研究所唐城发掘队绘,选自《唐代长安城考古纪略》)

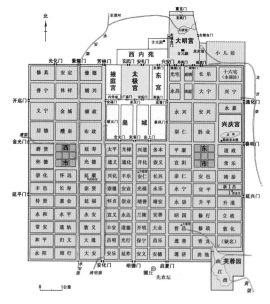

15.《唐代长安城平面图》(中国社会科学院考古研究所唐城发掘队)

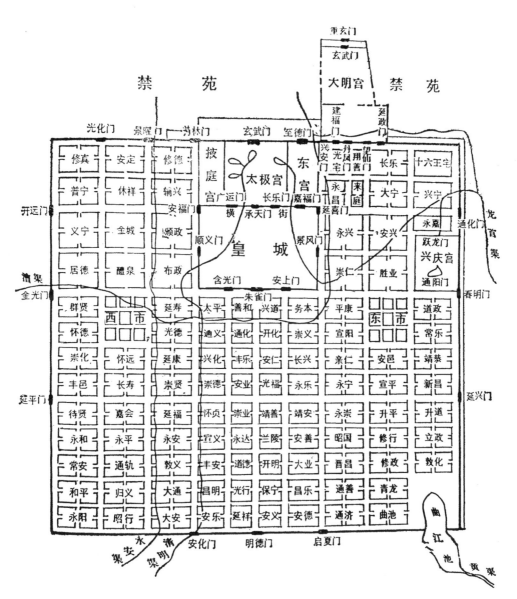

16.《唐代长安城图》(张永禄绘，选自《唐代长安词典》)

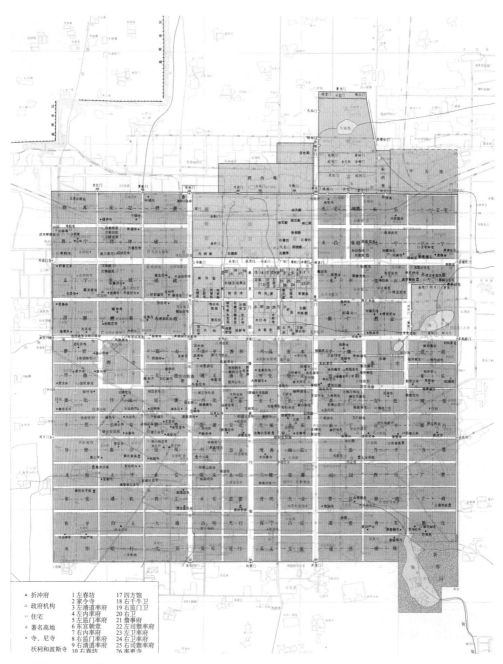

▲ 折冲府	1 左春坊	17 四方馆
△ 政府机构	2 家令寺	18 右千牛卫
□ 住宅	3 左清道率府	19 右监门卫
⬚ 著名高地	4 左内率府	20 右卫
· 寺、尼寺	5 左监门率府	21 詹事府
	6 东宫朝堂	22 左司御率府
妖祠和波斯寺	7 右监门率府	23 左卫率府
	8 右内率府	24 右卫率府
	9 右清道率府	25 右司御率府
	10 右春坊	26 率更寺

17.《唐长安城图》(唐初至唐玄宗天宝十四载,选自《西安历史地图集》,西安地图出版社 1996年版)

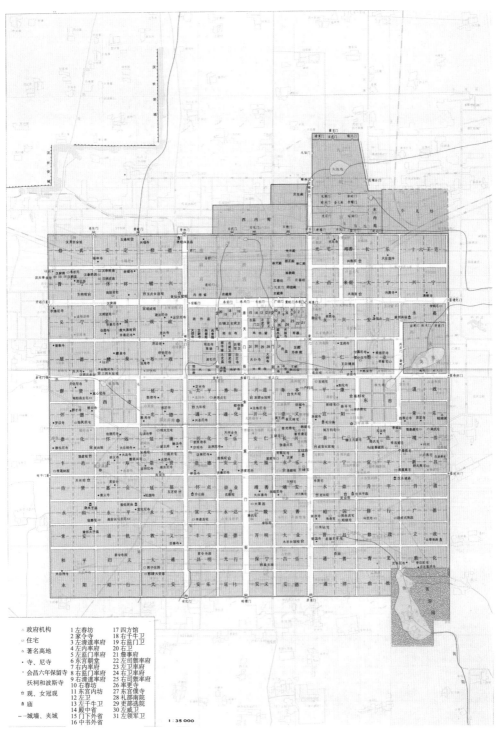

政府机构　　　1 左春坊　　　17 四方馆
住宅　　　　　2 家令寺　　　18 右千牛卫
著名高地　　　3 左清道率府　19 左监门卫
寺、尼寺　　　4 左内率府　　20 右卫
会昌六年保留寺 5 左监门率府　21 詹事府
　　　　　　　6 东宫朝堂　　22 右司禦率府
祆祠和波斯寺　7 右内率府　　23 左卫率府
观、女冠观　　8 右监门率府　24 右卫率府
庙　　　　　　9 右清道率府　25 右司禦率府
　　　　　　　10 右春坊　　　26 率更寺
城墙、夹城　　11 东宫内坊　　27 东宫仆寺
　　　　　　　12 左卫　　　　28 礼部南院
　　　　　　　13 左千牛卫　　29 吏部选院
　　　　　　　14 殿中省　　　30 左威卫
　　　　　　　15 门下外省　　31 左领军卫
　　　　　　　16 中书外省

1∶35 000

18.《唐长安城图》(唐肃宗至德元载至唐末，选自《西安历史地图集》，西安地图出版社 1996 年版)

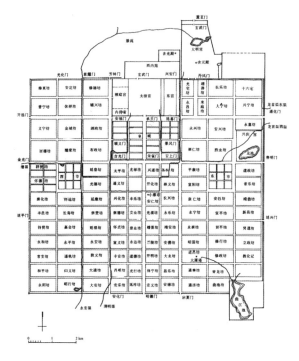

19. 隋唐长安城（选自《中国古代建筑史》第二卷《两晋、南北朝、隋唐、五代建筑》）

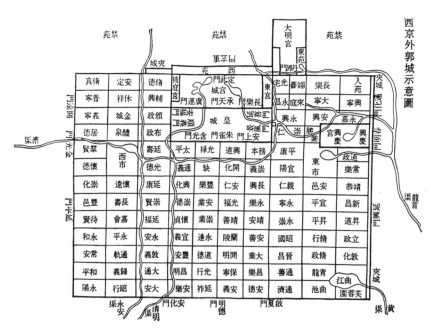

20.《西京外郭城示意图》（杨鸿年绘，选自《隋唐两京坊里谱》）

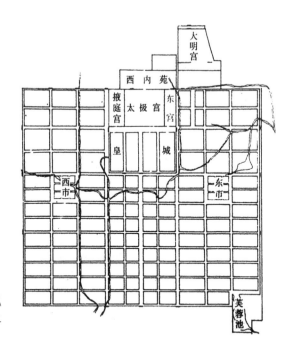

21. 唐长安城复原示意图（董鉴泓绘，选自《中国大百科全书》之《建筑　园林　城市规划》卷）

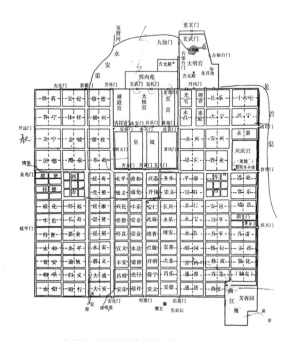

据《中国大百科全书·中国历史》（中国大百科全书出版社 1992 年版）第 1045

页《唐长安图》改绘：

1. 改大极宫广运门为永安门；

2. 改光禄坊为善和；

3. 改帙名为通化；

4. 改杯贞为怀真。

22.《唐西京长安城图》（李健超绘，录自《增订唐两京城坊考》）

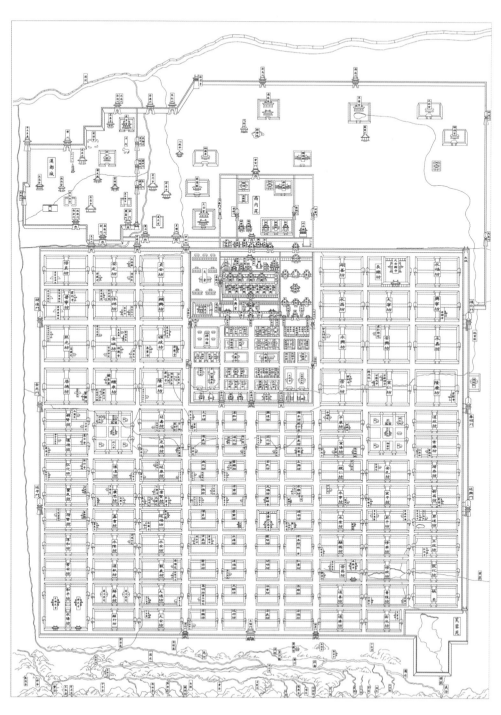

23.《补绘吕大防长安图》(王树声等绘，选自《北宋吕大防〈长安图〉补绘研究》)

后　记

　　西安是一座伟大的城市，历史赋予了她独一无二的文化基因，古来就有"都城大国实堪观，八水周流绕四山"的美誉。在中华民族空前兴盛的唐代，无数的名流雅士在这座城里生活，留下了无尽的辉煌和数以万计的诗文。唐长安城也是丝绸之路的起点，东西方商业、文化在这里交流互鉴、共同发展。习近平曾动情地描述："那时候的首都长安里来自各国的使臣、商人、留学生云集成群。这个大交流促进了中华文化远播世界，也促进了各国文化和物产传入中国。"[①]

　　然而，这座都城却不幸毁于904年的一场劫难。此后，政治动荡、战乱纷争，加之王朝重心东移、人口锐减，唐代长安的大部分区域逐渐废弃甚至湮没，城市范围大大缩小再不复当初。自唐代开始，就有学者记录着这座城市的点滴，名人宅邸、寺观庭园等具体位置都有记载，经后人补益完善，形成了诸如《新记》《长安志》《雍录》《唐两京城坊考》《增订唐两京城坊考》等专书。文献次第记载、彼此考证，使历史信息更加全面、完善，为后人留下了了解这座都城整体面貌和微观细节的大量信息，也为今天的学者研究考证提供了确凿历史素材。

　　唐时，长安城中有太极、大明、兴庆三宫，宫阙楼观鳞次栉比，无比壮丽且引人注目，朝堂风云变幻在这些建筑群落中上演，事件的前因后果、建筑的里里外外也在史料中留下了最真实的样子。宫殿之外，占据城市主体的100余座坊，则是更为生动和有趣之所在，大到王公贵族、各级官员，小到黎民百姓、贩夫走卒就在各个坊中经历着他们的人生大事、体味着他们的喜怒哀乐，甚至很多朝堂历史事件的策源和发生地就在某个坊中，鲜活的历史人物就在这里起居生活，长安真正的精彩也往往就在其中。

　　"为唐长安城的城市历史信息尽可能详细准确地梳理"是我一直以来的梦想。我经常想，这么伟大的一座都城，到今天究竟留给我们什么？曾经的盛世繁华、欢歌笑语，见证了无数悲欢离合，而在唐代以后却又骤然沉寂，几无人烟，

---

① 习近平：《习近平著作选读》第一卷，北京：人民出版社，2023年。

整个城市的废墟逐渐被掩埋到地下。清末民国时期，在原唐城遗址范围内的地面之上除了个别土台基址外，能够突兀存在让人直接感知的唐代建筑物就只剩下大小雁塔（大雁塔现今外形已非唐代原貌，唐代塔体在今外观形体以内）了，大部分唐代城市的内容仅凭目观已难以找寻。即使如此，地面上残存的一些基址和迹象仍让后人以各种方式不断进行辨识、凭吊与追忆。

我们可以想见，近代以来，随着现代考古学的传入，在大规模城市建设到来之前，假若有条件对唐长安每一个坊的遗址展开长期科学细致的考古调查和发掘，那收获无疑是巨大的，对于同时期的史学研究也将会大大促进。

诚然，中华人民共和国成立后，考古工作者对这座城市做了大量的实际工作，获得了很多丰富且直观的信息，历史地理与古文献方面的专家学者也取得了诸多研究成果，为我们今天了解和研究唐长安城提供了丰富的信息。遗憾的是，由于各种条件之制约，迄今为止并没有完整地将其中任何一座坊的遗址以考古发掘的形式予以揭示出来。而今，随着大规模城市建设的进行，要想再通过考古发掘的方式辨认出长安各坊的完整细节，显然已不可能。

一直以来，多有学者呼吁为唐长安城树立文化标识，相关部门也陆续做了一些工作，但因用功浩繁，亦无准确之详图为据，处于各坊旧址中的众多名人宅邸、寺观、园林等在今城内的相对位置寻找确认工作一直未能全面展开。在今天的西安市区，只能看到一些经过发掘确认并被保护展示的点（如新昌坊的青龙寺、靖善坊的兴善寺、晋昌坊的慈恩寺、安仁坊的建筑遗址、由隆庆坊扩成的兴庆宫等），90%以上的内容尚处于"游者不知其方"的状态。当然，在高楼林立的现代城市中对唐代旧址进行直接确认有莫大的难度，通过现代技术手段结合考古、文献资料与现有地上遗存来绘制复原一份完整准确的唐代长安城坊图，进而根据信史记载找出它们并予以标识，却是十分可行的，也是十分必要的。为此，我萌生了绘制精确细致的唐长安城古今对照图且在此基础上对其中内容进行寻访和考证的念头。

多年前，还在读大学期间，曾经根据考古和古代文献资料试着复原和释读了唐长安城的亲仁坊，结合历史文献和考古资料撰写了一篇论文，虽然限于当时认知，疏漏在所难免，但却是本书开始的一个尝试。2006年，闻知西北大学李健超教授编著的《增订唐两京城坊考》出版，当即购得学习，结合清代徐松的《唐两京城坊考》原书与杨鸿年《隋唐两京考》《隋唐两京坊里谱》等书学习阅读，得以对唐长安城的认知更加细致，并借此与阅读学习的相关史志及唐宋笔记等文献相互进行推敲、引证。其后，在跟随导师王树声教授学习的过程中，学术思维和眼界不断开阔，掌握了更为科学的治学方法，对隋唐长安城有了更为深入的研究和认识。从那时起，把这座城市每个坊的内容及位置——弄清并对应解析相关史料便成了我学习生活的主要任务之一，并一直为此而努力。我觉得有必要把这座城市的前世与今生对应起来，让大家都知道脚下这座城市在另外时空里曾经拥有和发生过的人和事。在今天的城市楼群中，唐代原始风物由于历史原因已然不可能再生和恢复，很多原址现在已然是高楼林立，只能根据现有的考古资料与地图绘制复原推定其位置、记录古今信息并对一些典型问题进行考证和推理，这倒让寻访研究工作本身产生了很多的想象与意趣。

传统上中国人都有一种志古、求古的情感，因此也产生了大量的相关著作。自唐代韦述开始，所有有志于考证、复原这座城市的人都是带着这样一种淳朴的情感来做这个工作的。唐长安城是中国城市史上的一座里程碑，是大唐辉煌文明的集中承载体，欲言唐之风物与文化，长安总是绕不过的。我想做的仅仅是想为这座世界名都留存些历史存念，并尽可能做得精确与细致，以延续丰富过往诸书内容。古代城市的历史与文化内涵绝不仅仅是巍峨宫殿中的内廷生活，更多的是由占据主体的长安市民所书写的市井欢歌。这些也正是西安这座城市的厚重所在，她承载了中华民族曾经的盛世记忆，其中海量的文化信息实在难以描述完全……

在本书的撰写过程中，授业恩师王树声教授一直给予关怀鼓励与悉心指导。中央文史研究馆馆员、著名考古学家安家瑶，中国唐史学会会长、陕西师范大学教授拜根兴认真审阅书稿并为本书作序，鼓励后学。孟欣、詹鹏超、王鑫、罗欣雅等同志协助进行了诗文整理点校、古今图绘制、古今址勘考等工作，中国社会科学院考古研究所龚国强、北京故宫博物院王军、中国建筑学会建筑史学分会吴书雷、西北大学博物馆贾麦明、陕西师范大学黄寿成、西安市文物局（原西安市文物园林局）韩保全、西安碑林博物馆陈根远等老师均给予了大力指导，我工作单位西安建筑科技大学的叶淑玲、王继武、高必征、高瑞龙、许志敏、王新文、严少飞、李小龙、朱军强等老师一直给予不断鼓励与帮助，西安博物院王自力、陈探戈两位老师在相关馆藏文物出土信息确证方面提供了有益补充。科学出版社文物考古分社孙莉社长为本书顺利出版提供了莫大支持。科学出版社编辑在出版过程中精益求精、追求完美的工作态度让我深表敬意。诸多前辈同好的帮助与鼓励，让我铭记在心，在此一并表示感谢。

到目前为止，虽然绘图、对照、考证工作已经完成，与坊市相关的诗文与原始史料亦分别选择录入，但在我看来，此书也只是唐长安城研究历程中的一个阶段性成果。今人所做的一切，都是继承并延续前人的成果，相信后之学者也一定会把这项工作不断完善补益，让盛世长安的踪迹代代相传。

当然，本书所整理考证的信息肯定也会有诸多不足，对于读者而言，确者采之，误者正之。如能为学界的唐长安城研究提供有益之启发，为社会公众认知唐长安城增添些许之帮助，则是书之作亦幸甚也。